Katja Nolles

# Moseltal – vom Dreiländereck bis Koblenz

W0403813

„Im Wein liegt Wahrheit – darum gehört das Moseltal zu den wahrsten Landschaften der Erde.“

*Gregor Brand,*
deutscher Schriftsteller, Lyriker und Verleger

106mo ct

## Impressum

Katja Nolles
**Reise Know-How Moseltal –
vom Dreiländereck bis Koblenz**

erschienen im
Reise Know-How Verlag Peter Rump GmbH
Osnabrücker Str. 79, 33649 Bielefeld

© Reise Know-How Verlag Peter Rump GmbH
**1. Auflage 2017**

Alle Rechte vorbehalten.

**Gestaltung**
Umschlag: Günter Pawlak, Peter Rump (Layout);
Caroline Tiemann (Realisierung)
Inhalt: Günter Pawlak (Layout);
Caroline Tiemann (Realisierung)
Fotonachweis: die Autorin (kn), Caroline Tiemann (ct),
www.fotolia.de (Autorennachweis jeweils am Bild)
Titelfoto: die Autorin (Motiv: Blick auf Leiwen
an der Trittenheimer Moselschleife)
Karten: Ingenieurbüro B. Spachmüller, der Verlag

**Lektorat:** Caroline Tiemann

**Druck und Bindung**
MediaPrint, Paderborn

**ISBN 978-3-8317-2810-7**
Printed in Germany

**Anzeigenvertrieb:** KV Kommunalverlag GmbH & Co. KG,
Alte Landstraße 23, 85521 Ottobrunn,
Tel. 089 928096-0, info@kommunal-verlag.de

Dieses Buch ist erhältlich in jeder Buchhandlung Deutschlands, der Schweiz, Österreichs, Belgiens und der Niederlande. Bitte informieren Sie Ihren Buchhändler über folgende Bezugsadressen:

**Deutschland**
Prolit GmbH, Postfach 9, D-35461 Fernwald (Annerod)
sowie alle Barsortimente

**Schweiz**
AVA Verlagsauslieferung AG
Postfach 27, CH-8910 Affoltern

**Österreich**
Mohr Morawa Buchvertrieb GmbH
Sulzengasse 2, A-1230 Wien

**Niederlande, Belgien**
Willems Adventure, www.willemsadventure.nl

Wer im Buchhandel trotzdem kein Glück hat, bekommt unsere Bücher auch über unseren **Büchershop im Internet: www.reise-know-how.de**

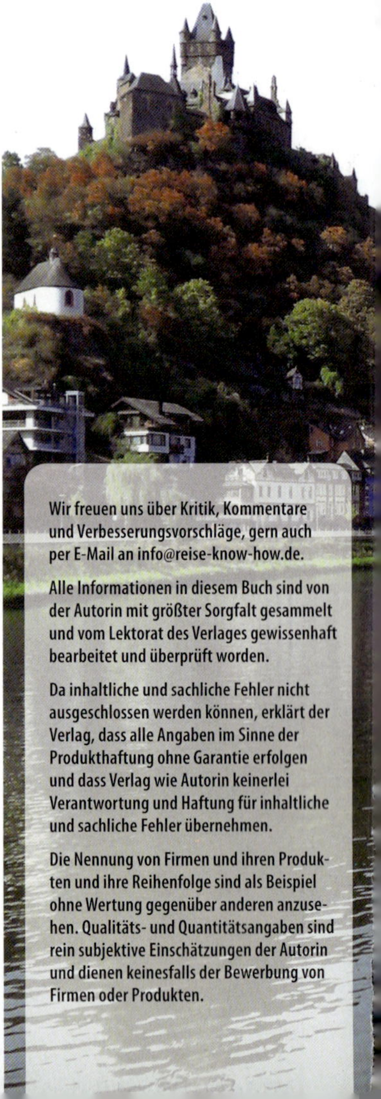

**Wir freuen uns über Kritik, Kommentare und Verbesserungsvorschläge, gern auch per E-Mail an info@reise-know-how.de.**

**Alle Informationen in diesem Buch sind von der Autorin mit größter Sorgfalt gesammelt und vom Lektorat des Verlages gewissenhaft bearbeitet und überprüft worden.**

**Da inhaltliche und sachliche Fehler nicht ausgeschlossen werden können, erklärt der Verlag, dass alle Angaben im Sinne der Produkthaftung ohne Garantie erfolgen und dass Verlag wie Autorin keinerlei Verantwortung und Haftung für inhaltliche und sachliche Fehler übernehmen.**

**Die Nennung von Firmen und ihren Produkten und ihre Reihenfolge sind als Beispiel ohne Wertung gegenüber anderen anzusehen. Qualitäts- und Quantitätsangaben sind rein subjektive Einschätzungen der Autorin und dienen keinesfalls der Bewerbung von Firmen oder Produkten.**

Katja Nolles

# MOSELTAL – VOM DREILÄNDERECK BIS KOBLENZ

REISE KNOW-HOW®

Auf der Reise zu Hause
www.reise-know-how.de

- Ergänzungen nach Redaktionsschluss
- kostenlose Zusatzinformationen und Downloads
- das komplette Verlagsprogramm
- aktuelle Erscheinungstermine
- Newsletter abonnieren

Bequem einkaufen im Verlagsshop

Oder Freund auf Facebook werden

# Vorwort

Das Moseltal entwickelt sich zu einem immer beliebteren Reiseziel. Die New York Times kürte die Moselregion 2016 zu einem der 52 Plätze weltweit, die man gesehen haben sollte. Kurz darauf wählten mehr als 22.000 Leser der Zeitschrift „Wandermagazin“ den Moselsteig zum schönsten Weitwanderweg Deutschlands.

Die Mosel entspringt in den französischen Vogesen und mündet nach 545 Kilometern in den Rhein. Der deutsche Teil der bedeutenden europäischen Wasserstraße windet sich vom Dreiländereck Frankreich/Luxemburg/Deutschland bis nach Koblenz, vorbei an historischen Winzerorten, trutzigen Burgen, schmucken Schlössern und steilen Weinbergen. Auf ihrem sich kühn schlängelnden Weg zur Mündung verändert die Mosellandschaft immer wieder ihr Gesicht. Während sich das Tal der Obermosel weit öffnet, ragen die Schieferfelsen der Terrassenmosel hoch auf, das Tal ist eng, die Hänge erheben sich steil. In Tausenden von Jahren hat die Mosel große Schleifen tief in das Schiefergebirge gegraben.

Überall an der Mosel ist das römische Erbe gegenwärtig. Nicht nur in der großartigen Römerstadt Trier, die eine Fülle antiker Denkmäler, von der Porta Nigra über die Konstantinbasilika bis zu den Kaiserthermen oder dem Amphitheater ihr eigen nennt – auch in kleinen Orten wie Perl, Igel, Longuich oder Neumagen-Dhron findet man spannende Spuren der Antike.

Zu den schönsten Orten des Mosellandes gehören das von der Reichsburg überragte Cochem, das mittelalterliche

Beilstein, auch „Dornröschen der Mosel“ genannt, das vom Jugendstil geprägte Traben-Trarbach oder der pittoreske Fachwerkort Bernkastel-Kues. Aber nicht nur entlang der Mosel gibt es viel zu entdecken, auch die Seitentäler von Saar, Sauer und Ruwer und die angrenzenden Höhen von Hunsrück und Eifel stecken voller Überraschungen.

In der Moselregion spielt das Thema Wein seit 2000 Jahren eine große Rolle. Schon die Römer bauten an den Hängen des Flusses Reben an, bis heute prägt der Weinbau die Landschaft. Mit seinen romantischen Winzerhöfen und schicken Vinotheken lockt das älteste Weinbaugebiet Deutschlands nicht nur Liebhaber edler Tropfen, sondern auch immer mehr Feinschmecker an. Gemütliche Landgasthäuser und Straußwirtschaften servieren regionale Spezialitäten und auch Sterneküche ist im Moselland immer häufiger zu finden.

Auch für Aktivurlauber hat die Region viel zu bieten. Ein dichtes Radwegenetz und der Moselsteig mit seinen Nebenwegen locken Radfahrer und Wanderer. Der Calmont-Klettersteig begeistert sportliche Outdoor-Fans und führt durch Europas steilsten Weinberg. Auf dem Wasser gibt es zahlreiche Freizeitmöglichkeiten, von Touren auf Ausflugsschiffen bis hin zum Wasserwandern mit Kanus.

Dieser Reiseführer stellt die schönsten Orte und Landschaften des Moseltals vor und liefert eine Fülle praktischer Tipps und Empfehlungen für eine ausgedehnte Reise oder für kurze Trips. Ein besonderes Augenmerk wird stets auf Attraktionen für Kinder gelegt, ob es um Entdeckungen in der Natur, Sport- und Spielangebote, Schwimmbäder oder Erlebnismuseen geht.

Ich wünsche spannende und erholsame Entdeckungen im Moseltal!

Katja Nolles

Genussvolle Fahrt auf der Mosel

101mo ct

# Inhalt

### „Abstecher" von der Mosel

Die Ortsbeschreibungen in diesem Buch folgen dem Lauf der Mosel vom Dreiländereck Frankreich/Luxemburg/Deutschland bis zur Mündung in den Rhein bei Koblenz. Zusätzlich zu den **Seitentälern von Saar, Sauer und Ruwer** werden einige Orte und Sehenswürdigkeiten beschrieben, die nicht weit von der Mosel entfernt sind und einen **Ausflug** lohnen: Abstecher von der Mosel.

### Nicht verpassen!

Die Highlights der Region erkennt man an der **gelben Hinterlegung.**

**Mein Tipp:** ...
... steht für spezielle Empfehlungen der Autorin: abseits der Hauptpfade, persönlicher Geschmack.

### Kinder-Tipps

Das Symbol kennzeichnet Sehenswürdigkeiten, Unterkünfte und Aktivitäten, an denen auch kleine Mosel-Urlauber ihre Freude haben. Eine Auflistung dieser Kinder-Tipps findet sich zu Beginn jedes Kapitels in einem Kasten.

**Der Schmetterling** ...
... kennzeichnet Tipps mit einer ökologischen Ausrichtung: Naturgenuss, der besonders nachhaltig oder umweltverträglich ist.

# Exkurse



# Karten



### Preiskategorien Gastronomie

Die Restaurants sind in folgende Preiskategorien unterteilt, wobei der Preis für ein **Hauptgericht/ Menü** gilt. Bei Hotelrestaurants wird die Kategorie des Restaurants nur angegeben, wenn sie von der des Hotels abweicht.

① bis 10 € / bis 15 €
② 10–15 € / bis 20 €
③ 15–20 € / bis 25 €
④ 20–30 € / bis 30 €
⑤ Luxusklasse

### Preiskategorien Unterkünfte

Die Preiskategorien der beschriebenen Unterkünfte gelten jeweils für zwei Personen im **Doppelzimmer mit Frühstück.**

① bis 50 €
② 50–75 €
③ 75–100 €
④ 100–150 €
⑤ Luxusklasse

## 1 Obermosel | S. 12

Die Obermosel zwischen dem Dreiländereck bei **Schengen** (S. 16) und **Konz** (S. 35) am Zusammenfluss von Saar und Mosel windet sich durch ein breites Tal. In **Nennig** (S. 23) erinnert das Mosaik einer Portikusvilla an die glanzvolle Zeit der Römer. Es ist das größte Mosaik nördlich der Alpen. An der Saar liegt das idyllische Städtchen **Saarburg** (S. 42). Die Altstadt mit ihren pittoresken Fachwerkhäusern und Barockbauten und den verwinkelten Gassen ist absolut sehenswert, auch wegen des Leukbachs, der mitten im Ort über einen 20 Meter hohen Wasserfall ins Tal stürzt. Schließlich ist die berühmte **Saarschleife** (S. 58) ein Highlight in der Region. Das Tal der Sauer ist ebenfalls einen Ausflug wert: Sowohl auf luxemburgischer wie auch auf der Eifeler Seite gibt es außerordentliche Sehenwürdigkeiten, so **Echternach** (S. 64) mit seiner Abtei oder die **Teufelsschlucht** (S. 62) in der Südeifel.

## 2 Trier und Umgebung | S. 68

In der breitesten Talweitung der Mosel liegt Trier. Deutschlands älteste Stadt hat viele Facetten. Sie ist reich an Kultur und Kunstschätzen und es gibt eine Fülle bedeutender Sehenswürdigkeiten zu entdecken. Doch nicht nur das römische Erbe macht Trier zu einem faszinierenden Ort. *Karl Marx* kam hier zur Welt, sein Geburtshaus ist heute Museum. Die Universitätsstadt ist auch eine sehr junge Stadt mit einer lebendigen Kulturszene. Ob einkaufen oder ausgehen, in Trier gibt es für jeden Geschmack und jeden Geldbeutel etwas. Ein Abstecher in den Hunsrück lässt sich auch mit dem Fahrrad gut entlang der Ruwer machen. Im **Tal der Ruwer** (S. 102) stehen schöne alte Mühlen.

## 3 Mittelmosel | S. 106

Bei Trier beginnt die Mittelmosel, die Hänge werden steiler, die Mosel gräbt sich mäandrierend in großen Schleifen durch das Rheinische Schiefergebirge. In **Neumagen-Dhron** (S. 138) wird die Bedeutung der Römer für den Weinbau an der Mosel deutlich. Der Ort gilt als ältester Weinort Deutschlands. Das Weinkulturelle Zentrum in **Bernkastel-Kues** (S. 168) ist ein modernes Multimedia-Museum, das in die Geschichte und Bedeutung des Weinbaus an der Mosel einführt. Ein Jugendstil-Juwel ist **Traben-Trarbach** (S. 200). Ende des 19. Jh. war die Doppelstadt zweitwichtigster Weinhandelsplatz, nur Bordeaux setzte noch mehr Wein um.

## 4 Terrassenmosel | S. 220

Die Untermosel, auch Terrassenmosel genannt, ist der romantischste Abschnitt des Flusses. Hier präsentiert sich die Mosel von ihrer schönsten Seite. Die Bewirtschaftung der steilen Weinberge ist schwer, doch das Ergebnis – ein fruchtiger Riesling – wird von Weinliebhabern besonders geschätzt. Der **Calmont** bei **Bremm** (S. 253) ist sogar der steilste Weinberg Europas. Auf Felsspornen über dem Tal thronen imposante Wehranlagen wie die Burg Metternich über dem pittoresken Weinort **Beilstein** (S. 263). Die **Reichsburg Cochem** (S. 277) ist eine der schönsten Burgen an der Mosel. Ein besonderes Schmuckstück ist die **Burg Eltz** (S. 302), die versteckt in einem Seitental liegt. Die **Ehrenburg** (S. 319) ist ein Erlebnis für Familien und Mittelalterfans.

## 5 Koblenz | S. 336

Koblenz am Zusammenfluss von Rhein und Mosel bietet viel Geschichte und Kultur. Die historische Garnisonsstadt hat eine hübsche Altstadt mit kleinen Gassen und schönen Plätzen. Weltbekannt ist nicht nur das Deutsche Eck, sondern auch die Festung Ehrenbreitstein. Eine moderne Kabinenseilbahn befördert Besucher von den Rheinanlagen über den Fluss hinauf zur größten Festungsanlage Deutschlands.

001mo kn

# 1 Obermosel

Die meisten Menschen denken bei „Mosel" an steile Weinberge, bekrönt von malerischen Burgruinen, und an Winzerdörfer mit pittoresken Fachwerkhäusern. Dieses Bild stimmt aber nur für die Mittel- und Terrassenmosel. Das weite Tal der Obermosel ist landschaftlich völlig anders: Die Weinberge sind hier nur sanft geneigt. Die aus Frankreich kommende Mosel bildet über 35 Kilometer die Grenze zwischen Luxemburg und Deutschland.

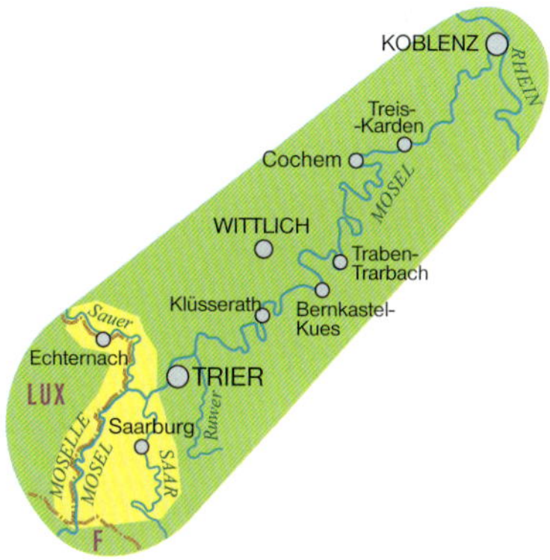


< Das Grutenhäuschen, ein römischer Grabtempel in den Weinbergen oberhalb von Igel

## Obermosel und Tal der Saar

□ Übersichtskarte Tal der Sauer S. 61


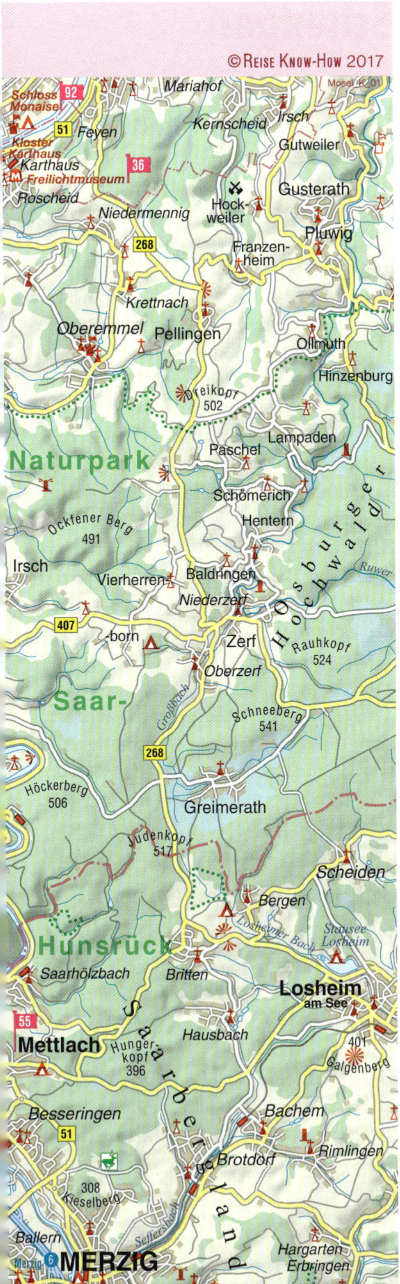


# DIE OBERMOSEL MIT SAARTAL UND SAUERTAL

Das Gebiet der Obermosel umfasst den rund 45 Kilometer langen Flussabschnitt zwischen Perl und Schengen im deutsch-französisch-luxemburgischen Dreiländereck und der Saarmündung bei Konz. Beide Uferseiten haben schöne Orte und herausragende Sehenswürdigkeiten zu bieten, ebenso wie die beiden großen Seitentäler der Saar und der Sauer.

Die **Weinreben** wachsen hier nicht auf Schiefer-, sondern auf **Kalkböden,** weshalb der Elbling die klassische Rebsorte im Dreiländereck ist. Sie ist eine der ältesten Kulturrebsorten und wurde schon von den Römern angepflanzt. Ursprünglich war sie in ganz Europa verbreitet, heute ist sie eine Rarität und fast nur noch an der Obermosel, der Saar und der Sauer zu finden. Besonders beliebt ist der Elbling für die Herstellung von Winzersekten. Aber auch andere trockene Weißweine wie weiße Burgundersorten werden an der Obermosel angebaut. Vor einigen Jahren kamen außerdem verschiedene Rotweinsorten wie Blauer Spätburgunder oder Dornfelder hinzu.

Auf der luxemburgischen Seite erstrecken sich 1300 Hektar Weinberge über die Hänge der Mosel. Auch hier wächst der Wein auf Kalkböden, weiter südlich außerdem auf Lehmböden.

# DIE DEUTSCH-LUXEMBURGISCHE MOSEL

**NICHT VERPASSEN!**

- **Centre Européen** in Schengen | 17
- **Archäologiepark Römische Villa Borg** bei Perl | 20
- Tropische Pflanzen und Tiere im **Schmetterlingsgarten** von Grevenmacher | 32
- Die **Igeler Säule,** römisches Grabmal mit Welterbestatus | 33
- **Römische Tempelanlage** auf dem Metzenberg bei Tawern | 39

**Diese Tipps erkennt man an der gelben Hinterlegung.**

## Schengen

Obwohl Schengen ein **luxemburgischer Winzerort** mit noch nicht einmal 5000 Einwohnern ist, dürfte der Name jedem geläufig sein. Am 14. Juni 1985 wurde hier im deutsch-französisch-luxemburgischen **Dreiländereck** Geschichte geschrieben. Auf dem Moselschiff „M.S. Princesse Marie-Astrid“ unterschrieben Vertreter aus Belgien, Deutschland, Frankreich, Luxemburg und den Niederlanden das **Schengener Abkommen.** Es besiegelte die Abschaffung der Grenzkontrollen zwischen den Unterzeichnern und war damit ein wichtiger Schritt in Richtung eines freien europäischen Grenzverkehrs.

Auf der **Place des Etoiles** („Sternenplatz“) vor dem Centre Européen stehen die **Colonnes des Nations.** Die Sterne auf diesen Säulen symbolisieren die Mitgliedsstaaten des Schengen-Raums. Auf den Bronzesternen zeigen winzige Skulpturen die Wahrzeichen und Besonderheiten des jeweiligen Landes. Davor sind Bronzeplatten im Boden eingelassen, die die Namen der Staaten tragen, die jeweiligen Landesflaggen flattern darüber.

Ein Stück weiter Richtung Moselbrücke steht auf der **Moselpromenade Esplanade** ein Stück der Berliner Mauer als Symbol für den Wegfall der Grenzen. Hinter der Moselbrücke ist der Anlegeplatz der „M.S. Princesse Marie-Astrid“, einer Nachfolgerin des Fahrgastschiffes, auf dem das Schengener Abkommen unterzeichnet wurde. Die drei Stahlstelen auf der Moselpromenade erinnern an das Ereignis.

## Centre Européen

Über die Hintergründe des Schengener Abkommens und die **Entwicklung der europäischen Einigung** informiert das Centre Européen. Zu dem 2010 eröffneten Komplex gehören das **Musée Européen Schengen** (Europäisches Museum Schengen), das **Europe Direct,** eine Informationsstelle mit Dokumentationen über die Aktivitäten der Europäischen Union, und ein Bistro. Das interaktive Museum informiert über das Schengener Abkommen und den europäischen Einigungsprozess.

■ **Centre Européen,** 6, rue Robert Goebbels, L-5444 Schengen, www.visitschengen.lu, Tel. (+352) 26 66 58 10. Der Eintritt ist frei.

☐ Symbole für den freien Grenzverkehr: die Nationensäulen im luxemburgischen Schengen

002mo kn

## Schloss Schengen

Der Vorgängerbau des Schlosses war eine 1350 erstmals urkundlich erwähnte Wasserburg. Ende des 18. Jh. gelangte die Burg in den Besitz der Familie *Collart*. Im Jahr 1812 ließ *Jean-Nicolas Collart* die Anlage abreißen und durch den neoklassizistischen Bau ersetzen. Lediglich der **Rundturm** neben dem heutigen Schloss blieb stehen. 1871 war der französische Schriftsteller *Victor Hugo* zu Gast in dem Schloss. Er fertigte eine Zeichnung des romantischen Turms. In dem schmalen Nebenturm führt eine Wendeltreppe in die einzelnen Geschosse. Der **Schlossgarten** befindet sich hinter dem Centre Européen und ist frei zugänglich. Das Schloss und der Turm sind nur von außen zu besichtigen.

## Informationen

■ **Touristen-Informationsbüro,** rue Robert Goebbels, L-5444 Schengen, Tel. (+ 352) 23 60 93 11, www.schengen-tourist.lu, tägl. 10–17 Uhr. Zu der Touristinformation im Ponton auf der Mosel gegenüber dem Centre Européen gehören ein Souvenir-Geschäft und ein Fahrradverleih.

## Wandern

### Traumschleife „Schengen grenzenlos – Schengen sans frontières"

Der Premium-Wanderweg ist die einzige grenzüberschreitende Traumschleife des Saar-Hunsrück-Steigs. Die knapp acht Kilometer lange Strecke bietet schöne Ausblicke nach Deutschland und ins französische Lothringen. Sie führt in das Naturschutzgebiet Strombierg und in die Nähe von Contz les Bains. Start ist am Centre Europeén in Schengen.

☐ Auf der „M.S. Princesse Marie-Astrid" wurde das Schengener Abkommen unterzeichnet

003mo kn

## In der Umgebung

### Badesee Remerschen

Am Fuß der Weinberge zwischen Schengen und Remich liegt der luxemburgische Ort **Remerschen.** Durch jahrzehntelangen Kies- und Sandabbau am Moselufer entstand nahe dem Ort eine 130 Hektar große **Seenlandschaft,** die Wassersportler gern nutzen. Schwimmen, Tretbootfahren, Surfen, Beachvolleyball, Kanu- und Kajakfahren und Angeln sind in der **Freizeitanlage** möglich. Für kleinere Kinder ist ein flacher Bereich abgetrennt. Ein Restaurant, ein Bistro und mehrere Kinderspielplätze gehören zur Anlage.

Das große Freizeitgelände liegt im **Naturschutzgebiet Haff Réimech.** Hier trifft man Ornithologen an, die seltene Vögel beobachten. Mittlerweile wurden 253 Vogelarten gezählt. Auf einer künstlichen Insel hat man 2016 das **Naturschutzzentrum Biodiversum** errichtet. Im Erdgeschoss des futuristischen Gebäudes führt eine Ausstellung in die Geschichte des Naturschutzgebietes und die Unterwasserwelt der Baggerseen ein. Im Obergeschoss werden weitere luxemburgische Naturschutzgebiete und das Thema Nachhaltigkeit präsentiert. Die Ausstellung ist interaktiv, man kann schauen, anfassen und ausprobieren.

- **Badesee Remerschen,** Zone de récréation et de loisirs, Bréicherwee, L-5441 Remerschen, Erw. 3 €, Kinder bis 10 J. frei.
- **Biodiversum,** 5, Bréicherwee, www.biodiversum.lu, Di–So 10–17 Uhr. Führungen durch die Ausstellung werden auch auf Deutsch angeboten, darüber hinaus auch geführte Wanderungen um die Weiher.

# Perl

Durch die Nähe zu Frankreich und Luxemburg ist das gegenüber von Schengen auf der saarländischen Moselseite gelegene Perl seit einigen Jahren eine aufstrebende Gemeinde. In den Gewerbegebieten schießen Supermärkte und Discounter wie Pilze aus dem Boden. Franzosen, vor allem aber Luxemburger kommen über die Grenze, um in Perl einzukaufen, denn Lebensmittel sind in Deutschland günstiger. Umgekehrt fahren die Deutschen nach Luxemburg zum Tanken, um die dortigen Steuervorteile auszunutzen. Tabak und Kaffee werden aus dem gleichen Grund gern im Nachbarland gekauft. Ebenfalls preiswerter sind dort oftmals Sekt, Wein und Spirituosen.

Perl besteht aus vierzehn Ortsteilen. Eine beliebte Touristenattraktion ist der Nachbau einer römischen Villa in **Perl-Borg,** drei Kilometer in Richtung Saarburg gelegen.

## Sehenswertes

### Park von Nell

Der **Barockgarten** des Parks von Nell ist im Sommer eine wahre Blütenpracht. Er gehört zu einem barocken Hofhaus, dem **Palais von Nell,** das zwischen der Pfarrkirche und der Quirinuskapelle liegt (Biringerstr. 14). Hinter diesem stattlichen, 1733 erbauten Gebäude erstreckt sich die farbenfrohe, sehr gepflegte Gartenanlage mit Buchsbaumbegrenzung, jahreszeitlich wechselnden Schmuckbeeten

004mo kn

und einem Springbrunnen im Zentrum. Der Nell'sche Park wurde im Rahmen des Projektes „Gärten ohne Grenzen" nach alten Plänen zum Barockgarten umgestaltet. Er ist ganzjährig frei zugänglich.

⌃ Der Palais von Nell in Perl mit seiner barocken Gartenanlage

› Das Herrenhaus der Römischen Villa Borg

## Archäologiepark Römische Villa Borg

Im Archäologiepark Römische Villa Borg sind eine **Villa Rustica,** ein imposantes Herrenhaus mit Nebengebäuden, Badeanlagen, Wandelhallen und Gärten zu entdeckten. Die Villa wurde auf römischen Fundamenten originalgetreu aufgebaut und vermittelt einen guten Eindruck von der Pracht, die sich Privilegierte in der Antike leisten konnten. Durch ein Torhaus gelangt man in die Anlage. Im **Herrenhaus** gibt es einen großen Empfangssaal und **Museumsräume,** in denen römische und vorrömische Originalfundstücke und Repliken ausgestellt sind. Ausgestattet sind die Räume außerdem mit Repliken antiker Möbel und Skulpturen.

Besonders beeindruckend ist der **Badetrakt,** der einen guten Einblick in die antike Badekultur gewährt. Er besteht aus einem Kaltbad, dessen Wände kunstvoll mit Meerestieren bemalt sind, und einem mit Marmor ausgekleideten Warmbad. Die daran anschließenden Räume mit Liegen dienten der Entspannung. Für behagliche Wärme sorgte eine Fußbodenheizung (Hypokaustum).

In der Mitte der Villenanlage befindet sich ein **Ziergarten** mit künstlichem Teich und einem niedrigen Buchsbaumlabyrinth. Hinter den Gebäuden sind Kräuter-, Obst- und Gemüsegärten angelegt. Auch die **Küche** mit Vorratsraum ist sehenswert: Die Öfen sind voll funktionstüchtig und werden für Veranstaltungen zum Thema „Kochen wie die Römer" auch benutzt.

In einem der Wirtschaftsgebäude ist eine **Taverne** untergebracht, in der neben regionaler und mediterraner Küche auch römisches Essen nach Originalrezepten serviert wird (s.u.: „Essen und Trinken").

Regelmäßig finden Veranstaltungen zu verschiedenen Themen statt, darunter die **Römertage** Anfang August, an denen Legionäre, Gladiatoren, Handwerker und Händler in der Römischen Villa Borg ihr Lager aufschlagen.

■ **Archäologiepark Römische Villa Borg,** Im Meeswald 1, 66706 Perl-Borg, Tel. (06865) 91170, www.villa-borg.de, Erw. 5 €, Kinder bis 6 J. frei, bis 14 J. 2 €, Familien (zwei Erw. und Kinder bis 14 J.) 10 €, Di–So und Fei, Febr., März und Nov. 11–16 Uhr, April bis Okt. 10–18 Uhr, Dez. und Jan. geschl. **Öffentliche Führungen:** von April bis Oktober jeden ersten Sonntag im Monat ab 11.30 Uhr. **Erlebnisführungen:** Jatros erzählt den Besuchern von seinem Leben als Sklave in der römischen Villa Borg (90-minütige Erlebnisführung für Erwachsene 80 €,

005mo kn

006mo kn

Kinder-Erlebnisführung 65 €). Hausherrin Valentina führt die Besucher durch die Villa und schildert ihr Leben und ihre Aufgaben als römische Matrona (zweistündige Erlebnisführung für Erwachsene 90 €, Kinder-Erlebnisführung 80 €). Beide Führungen zzgl. Eintritt und nur nach Voranmeldung, Buchungen unter Tel. (06865) 91170.

# Praktische Tipps

## Informationen

- **Touristinformation der Gemeinde Perl,** Trierer Str. 28, 66706 Perl, Tel. (06867) 660, www.perl-mosel.de, Mo, Mi und Fr 8.30–12 Uhr, Di 8.30–12 und 13.30–18 Uhr, Do 8.30–12 und 13.30–15.30 Uhr.

## Essen und Trinken

- **Bistro Kelterhaus**①-②, Bahnhofstr. 100, 66706 Perl, Tel. (068 67) 9113170, www.bistro-kelterhaus.de, Di–So 12–21 Uhr. Im Mittelpunkt der Speisekarte steht die hausgemachte Bratwurst. Sogar in den selbstgebackenen Hamburgerbrötchen steckt sie drin. Außerdem gibt es Vegetarisches und einen günstigen Mittagstisch.
- **Taverne Borg**②, Im Meeswald 1, 66706 Perl-Borg, Tel. (06865) 911712, http://taverne-borg.de, April bis Okt. Di–So 11–18 Uhr, Febr., März und Nov. Di–So 11–16 Uhr, Dez. So 11–16 Uhr, Jan. geschlossen. In der Taverne werden neben regionalen Gerichten auch Speisen nach Rezepten des römischen Feinschmeckers *Marcus Gavius Apicius* (um 25 v.Chr.–42 n.Chr.) serviert, z.B. *pernaet et fabacia verides* (Schinkenbraten mit Feigensauce und dicken Bohnen) oder *tisanam* (Gerstengraupensuppe mit Schinkenwürfeln und Gemüse), dazu gibt es *mulsum* (römischer Gewürzwein). Zusätzlich werden Themenabende wie Spanferkelessen oder Krimi-Dinners angeboten.

⌃ Anschaulich rekonstruiert: Ruheraum in der Römischen Villa Borg

## Aktivitäten

■ **Archäologie- und Naturlehrpfad Römische Villa Borg:** Leicht zu gehen und auch für Kinder interessant ist dieser familienfreundliche, nur etwa einen Kilometer lange Weg zwischen dem Parkplatz „Auf Schiffels" und der Römischen Villa Borg. Entlang der Strecke gibt es fünf Stationen mit Informationen, teilweise auch zum Anfassen und Ausprobieren.

■ **PerlBad,** Sporthalle Perl, Auf dem Sabel 4, 66706 Perl, Tel. (06867) 5178, Di 14–22 Uhr, Mi 14–21 Uhr, Do 14–22 Uhr, Fr 14–21 Uhr, Sa 14–19 Uhr, So 8–13.30 Uhr, Erw. 4 €, Jugendliche 2,50 €, Familien 10 €. Das Hallenbad bietet vier Bahnen im 25-Meter-Sportbecken, Dampfgrotte, Solarium, Sauna und Eltern-Kind-Bereich.

## Öffentliche Verkehrsmittel

■ **Bahn:** RB 82 (Elbling-Express): Wittlich – Trier – Nennig – Perl.

## Wandern

### Traumschleife „Villa Borg Trail"

Der sechs Kilometer lange, leicht zu gehende Seitenweg des Saar-Hunsrück-Steigs führt durch das Tal der Leuk und die Wiesen und Wälder rund um den Archäologiepark Römische Villa Borg. Start ist am Parkplatz der Villa Borg (Im Meeswald 1, 66706 Perl-Borg).

# Nennig

Nennig ist ein Ortsteil der Gemeinde Perl und liegt acht Kilometer nördlich des Ortes. Für die Region ist das Weindorf ungewöhnlich sonnenverwöhnt. Am 8. August 2003 kletterte das Thermometer auf sagenhafte 40,3 Grad, die höchste je gemessene Temperatur in Deutschland. 2010 erreichte Nennig erneut diesen Spitzenwert. Bis 2015 hielt der Ort den bundesweiten **Hitzerekord,** dann wurde das bayerische Kitzingen neuer Rekordhalter. Auch Nennig hat bedeutende Spuren der Römer aufzuweisen: Das größte römische Mosaik nördlich der Alpen findet sich im Ort.

## Sehenswertes

### Römermosaik und römische Villa

Das repräsentative Mosaik aus dem 2./3. Jh. n.Chr. schmückte vermutlich den Festsaal einer römischen Villenanlage (villa urbana), die an der Römerstraße Metz – Trier stand. Das rund 10x16 Meter große Mosaik wurde 1852 entdeckt und stellt Szenen aus dem Amphitheater dar, darunter eine Tierhatz mit verwundetem Leoparden. Schätzungsweise drei Millionen Steinchen wurden für die kunstvollen Darstellungen der Kämpfer, Tiere, Musikanten und der floralen und geometrischen Muster verwendet.

■ **Römermosaik und römische Villa,** Römerstraße 11, 66706 Perl-Nennig, Tel. (06866) 1329, März, Okt. und Nov. Di–So 9–11.30 und 13–16.30

Uhr, April bis Sept. Di–So 8.30–12 und 13–18 Uhr, Mo und 1. Dez. bis Ende Feb. geschl., Erw. 1,50 €, Kinder 0,75 €.

## Tumulus

Der **römische Grabhügel** liegt am Ortsrand von Nennig, rund 500 Meter von der römischen Villa entfernt. Ursprünglich gab es noch einen zweiten, kleineren Grabhügel. Die Anlage stammt aus dem 2. Jh. n.Chr. 30.000 Kubikmeter Erde wurden für den Tumulus aufgeschüttet.

## Schloss Berg

Oberhalb des Ortes steht auf einer Anhöhe das Schloss Berg. Der Bau geht vermutlich auf eine Wasserburg aus dem 9./10. Jh. zurück. Unter *Johann von Kriechingen und Pittlingen* wurde die Wehranlage 1580 zum Schloss umgebaut. 1944/49 wurde das kleine Renaissance-Schloss fast völlig zerstört. 1950 ging die Ruine in den Besitz des Saarlands über und wurde in den folgenden Jahren wieder aufgebaut und später verkauft. Heute befinden sich in dem Schloss ein Casino, ein Gourmetrestaurant und ein 5-Sterne Hotel (s.u.).

007mo kn

# Praktische Tipps

## Informationen

■ **Verkehrsverein Nennig e.V.,** Bübinger Str. 5, 66706 Perl-Nennig, Tel. (06866) 1439, www.nennig.de, Jan. bis April, Nov. bis Mitte Dez. Mo und Di 10–12 Uhr, Do und Fr 14–16 Uhr, Mi geschl., Mai bis Okt. Mo–Fr 10–12 und 14–16 Uhr, Mitte Dez. bis Mitte Jan. geschl. **Verleih von Citybikes** (ab 12 € pro Tag) und **E-Bikes** (ab 20 € pro Tag).

## Unterkunft, Essen und Trinken

■ **Victor's Residenz-Hotel Schloss Berg**⑤, Schloßstr. 27–29, 66706 Perl-Nennig, Tel. (06866) 790, www.victors.de. Das luxuriöse Hotel bietet einen Wellnessbereich mit Pool. Im **Gourmetrestaurant** zaubert 3-Sterne-Koch *Christian Bau* kulinarische Finessen. Etwas günstiger, allerdings immer noch nichts für den kleineren Geldbeutel ist das gemütliche **Victor's Landgasthaus „Die Scheune"**④. Serviert werden Gaumenfreuden wie Carrée vom Ibericoschwein mit Walnusskruste, Seeteufelmedaillon auf Bohnencreme mit Krustentierschaum oder regionale Spezialitäten wie Hoorische mit Viezschaum.

### Camping

■ **Mosel-Camping Dreiländereck,** Zur Moselbrücke 15, 66706 Perl-Nennig, www.mosel-camping.de. Der Campingplatz liegt direkt am Moselufer an der Brücke nach Remich/Luxemburg.

## Öffentliche Verkehrsmittel

■ **Bahn:** RB 82 (Elbling-Express): Wittlich – Trier – Nennig – Perl.

‹ Teil des Römermosaiks in Nennig

008mo kn

# Remich

Genau gegenüber von Nennig, verbunden durch eine Moselbrücke, liegt der luxemburgische Ort Remich (lux. Réimech). Die Römer nannten den Ort Remacum. Eine kilometerlange, baumbestandene Moselpromenade, die **Esplanade,** versprüht geradezu südländisches Flair. Ein Café reiht sich hier ans andere, Restaurants locken mit sonnigen Terrassen. Inbegriff der Lebensfreude ist der **Bacchusbrunnen** auf der Esplanade, geschaffen von dem luxemburgischen Künstler *Wil Lofy.* Die Bronzestatue des römischen Weingottes dreht sich durch den Wasserdruck der Brunnenpumpe um die eigene Achse. Zuletzt wurde Remich 1983 von einem Hochwasser heimgesucht. Wie verheerend das sein kann, zeigen Informationstafeln entlang der Promenade mit **historischen Fotos.**

## Informationen

- **Tourist Info Remich,** gare routière, L-5553 Remich, Tel. (+35223) 698488, http://visitremich.lu.

## Einkaufen

- **Boulangerie-Pâtisserie Mosella,** 21, place du marché, L-5555 Remich. Das Motto der kleinen Pâtisserie, deren Einrichtung noch komplett aus den 1950ern stammt, heißt: „Mir schaffen mat Herz an Hand, do left naischt vum Band!" („Wir arbeiten mit Herz und Hand, da läuft nichts vom Band!"). Und so schmecken die süßen und deftigen Backwaren auch. Unbedingt probieren: die wunderbaren Eclairs mit Vanille-, Schoko- oder Cappuccino-Füllung.

⌃ Schloss Berg in Nennig

### Feste und Veranstaltungen

- **Stréimännchen/Stréifrächen:** Am Aschermittwoch wird das Ende des Karnevals mit der Tradition des Stréimännchen-Verbrennens eingeläutet. Die Jugend trägt eine große Strohpuppe durch die Straßen von Remich bis auf die Brücke. Dort wird sie angezündet und in die Mosel geworfen.
- **Ironman Luxemburg 70.3:** Rund 2000 Teilnehmer lockt der Triathlon jährlich im Juni nach Remich, er ist damit einer der sportlichen Höhepunkte der Region. Die Triathleten absolvieren eine 1,9 km lange Schwimmstrecke durch die Mosel, eine 90-km-Fahrradstrecke durch die Weinberge und eine 21,1 km lange Laufstrecke entlang dem Flussufer.
- **Bacchusfest:** Im August feiern die Remicher ihr Weinfest auf der Esplanade. Neben den Weinen und Crémants (luxemburgische Schaumweine) der Remicher Winzer gibt es Essensstände, Live-Musik und einen großen Flohmarkt.

# Ehnen

Das luxemburgische Ehnen (lux. Éinen) mit seinen engen Gassen und alten Wohnhäusern lädt zu einem Spaziergang ein. Bemerkenswert ist die **Rundkirche,** sie ist die einzige des Großherzogtums. Gleich am Moselufer liegt das ehemalige Wellensteinsche Anwesen, in dem das Nationale Weinmuseum zu besichtigen ist.

### Weinmuseum Ehnen

Die Ausstellung in dem Winzerhaus aus dem 18. und 19. Jh. führt in die Geschichte des Weinbaus im Großherzogtum Luxemburg und die Arbeit im Weinberg und im Keller ein. Im Hinterhof befindet sich ein **Musterweinberg.** Zum Abschluss des Rundgangs wird ein Glas Rivaner oder ein Glas Traubensaft ausgeschenkt.

- **Musée du Vin Ehnen,** 115, route du vin, L-5416 Ehnen, Tel. (+352) 76 00 26 und 75 88 88, www.entente-moselle.lu/de/weinmuseum, 1. April bis 31. Okt. täglich 9.30–11.30 und 14–17 Uhr, Mo geschl. oder nach Absprache, Erw. 3,50 €, Kinder (bis 15 J.) 1,50 €.

# Nittel

Nittel liegt an einer großen Windung der Mosel auf der rheinland-pfälzischen Seite, umrahmt von Weinbergen und hohen Felsen aus Muschelkalk. Mit 290 Hektar Rebfläche ist Nittel der **größte Weinbauort an der Obermosel.** Entsprechend viele Weingüter mit Straußwirtschaften und Gutsschänken sind hier zu finden. In erster Linie wird Elbling angebaut. Der Kalkboden ist ideal für die Rebe, er verleiht dem Wein einen besonderen Geschmack. Außerdem ist der Elbling für die Sektherstellung sehr gut geeignet.

### Rochus-Kapelle

Hoch über Nittel, von einem kleinen Friedhof und Weinbergen umgeben, steht die mittelalterliche **Wallfahrtskapelle** St. Rochus, die 1432 erstmals urkundlich erwähnt wird. Von hier hat man einen herrlichen Blick ins Moseltal und nach Luxemburg. Im frühen 18. Jh. wurde die Kapelle als zweischiffige Halle umgestaltet. Um 1850, mit dem Ausbruch einer Cholera-Epidemie, begannen die Wallfahrten zu der kleinen Kirche auf dem Berg. Von Nittel aus führt ein **Stationenweg** zur Kapelle (geöffnet So und Fei 10–20 Uhr, in den Herbst- und Wintermonaten nur bis Einbruch der Dunkelheit).

## Nitteler Fels

Im **Naturschutzgebiet** Nitteler Fels zwischen Nittel und dem Nachbardorf Wellen wachsen **wilde Orchideen** auf Trockenrasen oberhalb der bis zu 40 Meter hohen Dolomit- und Kalkfelswände. Sie blühen im April und Mai. Die Felsen entstanden vor 210 Millionen Jahren, als das Triasmeer das imposante Kliff schuf.

## Unterkunft, Essen und Trinken

■ **Culinarium im Weingut Matthias Dostert** ③-④, Weinstr. 5, 54453 Nittel, Tel. (06584) 91450, www.culinarium-nittel.de. Im Culinarium kocht der österreichische Koch *Walter Curman* feine, moderne Küche und regionale Klassiker. Zum Restaurant gehört eine **Kochschule,** die Crashkurse oder Kochkurse zu bestimmten Themen anbietet. **Übernachtungen**③ sind im Landgasthof und im nahen Gästehaus Schlafgut (mit Wellnessbereich) möglich.

■ **Sektscheune im Weingut Hellershof Zilliken**②-③, Weinstraße 14–18, 54453 Nittel, Tel. (06584) 91500, www.zilliken.com, März bis Dez. Mo, Do und Fr ab 17 Uhr, Sa und So ab 12 Uhr. Neben Elbling und Riesling baut die Familie Grauburgunder, Weißburgunder und Blauen Spätburgunder an. Zu den eigenen Weinen werden regionale Gerichte serviert.

■ **Weinstube Weingut Apel**② Weinstraße 26, 54453 Nittel, Tel. (06584) 314, www.apel-weingut.de, März bis Nov. tägl. ab 12 Uhr. In der Weinstube mit sehr schöner Terrasse werden Gäste mit Gerichten aus der Winzerküche verwöhnt. Serviert werden zum Beispiel Moselzander, auf Rebholz gegrillte Winzersteaks, Elbling-Sülze oder Tresterfleisch. Die **Zimmer**②-③ sind modern und behaglich. Zum Weingut gehört auch eine **Vinothek** (tägl. geöffnet).

## Aktivitäten

■ **Weinlehrpfad:** Entlang des 1,3 km langen Weges informieren Hinweistafeln über Weinbau und Ortsgeschichte. Start ist am Ortsausgang Richtung Wellen (Im Stolzenwingert 1).

## Feste und Veranstaltungen

■ **Weinlehrpfadfest:** Am Ostersamstag veranstalten Nitteler Winzer unter dem Motto „Erlebnis und Genuss im Weinlehrpfad" einen Rundgang mit Weinverkostung. Informationen unter www.weinlehrpfadfest-nittel.de.

■ **St. Rochus Weinkirmes und deutsch-lëtzeborger Weinhappening:** Auf der gegenüberliegenden Uferseite von Nittel liegt der luxemburgische Ort Machtum (lux. Meechtem). Zusammen feiern die beiden Weinorte am dritten Augustwochenende ein gemeinsames Fest mit Feuerwerk, Musik, Tanz und kostenlosem Schiffspendelverkehr über die Mosel.

# Wasserstraße Mosel

Die Mosel gehört zu den meistbefahrenen Binnenwasserstraßen Deutschlands, nach dem Rhein ist sie die bedeutendste Wasserstraße. Als Großschifffahrtsstraße hat sie sogar internationale Bedeutung. Die Mosel verbindet den Rhein mit dem saarländischen Montanrevier und dem französischen Industriegebiet Lothringen. Rund 16 Millionen Gütertonnen, hauptsächlich Massengüter wie Steinkohle und Koks, werden jährlich auf ihr transportiert, Tendenz steigend. Containerschiffe wie auf dem Rhein sieht man auf der Mosel aber nur noch selten.

## Moselkanalisation

Ab 1958 kanalisierte man die Mosel und baute sie zwischen Thionville und Koblenz zur Großschifffahrtsstraße aus. Zwischen dem französischen Neuves Maisons und Koblenz regulieren **28 Staustufen** einen Höhenunterschied von 161 Metern. Doch die damals berechnete Kapazitätsgrenze der Schleusen von jährlich 10 Millionen Tonnen ist längst überschritten. Hinzu kommt, dass die Personen- und Freizeitschifffahrt ebenfalls zugenommen hat. Die Schleu-

011mo ct

sen, die zwischen 1958 und 1964 gebaut wurden, müssen erneuert werden, auch weil die **Schleusenkammern zu klein** werden. Mit dem Ausbau der Staustufen mit je einer zweiten Schleusenkammer soll die Mosel als Schifffahrtsstraße zukunftsfähig gemacht werden. Die Abwicklung würde schneller gehen, lange Wartezeiten würden wegfallen. Auch die jährliche Komplettsperrung wegen Wartungsarbeiten an den in die Jahre gekommenen Schleusen gäbe es nicht mehr. 2030 sollen alle Moselschleusen ausgebaut sein – ein Mammutprojekt, das sich laut Prognosen aber wohl doch nicht so schnell umsetzen lassen wird.

012mo ct

## Eisgang

Vor der Kanalisation fror die Mosel in besonders kalten Jahren öfter zu als heute. Wenn die Eisfläche dick genug war, liefen die Menschen Schlittschuh, Musikkapellen spielten und es gab Glühwein. Das war die schöne Seite einer **zugefrorenen Mosel,** doch schrecklich sind die Eisgänge, die auch heute noch vorkommen, wenn auch nicht mehr so häufig. Das letzte Mal fror die Mosel im Jahr 1997 zu. Eine klirrende Kälte mit nächtlichen Temperaturen im zweistelligen Minusbereich ließ die Mosel zufrieren. Spezialschiffe brachen die Eisfläche immer wieder auf, doch die Schifffahrt musste dennoch bald eingestellt werden. Bei St. Aldegund hatten sich dicke Eisschollen zusammengeschoben und es kam zu einem **Wasserstau.** Der nächste moselaufwärts gelegene Ort war Alf. Die Überschwemmung schloss 150 Häuser ein und richtete großen Schaden an.

◁ Ausflugsfahrt auf der Terrassenmosel

▷ Schleusendurchfahrt bei Bruttig-Fankel

## Hochwasser

Winterlichen Eisgang, der die Schifffahrt lahmlegt, gibt es seit der Kanalisation seltener. Doch dass der Schiffsverkehr auf der Mosel wegen Hochwassers gesperrt werden muss, kommt nach wie vor regelmäßig vor. Im Winter, vor allem aber im Frühjahr, wenn Schneeschmelze und heftige Regenfälle die Mosel anschwellen lassen, besteht Hochwassergefahr. Wenn der Fluss über seine Ufer tritt und die Pegelstände unaufhaltsam steigen, werden Straßen gesperrt, Fähren stellen ihren Betrieb ein und schlimmstenfalls laufen die Keller der ufernahen Häuser voll. Die geplagten Anwohner haben sich meist darauf eingestellt, sie wissen, wie man sich bei Hochwasser zu verhalten hat. Bis 2012 galt Hochwasser als ein Elementarereignis und war nicht versicherbar. Das hat sich glücklicherweise inzwischen geändert.

Legendär ist das **Weihnachtshochwasser von 1993.** Es gilt als das schlimmste Hochwas-

010mo kn

ser seit der Jahrtausendflut im Jahr 1784. Am 11. Dezember 1993 setzte über Mitteleuropa starker Regen ein. Zunächst machte sich kaum jemand Sorgen. Doch es goss weiter, fast ohne Unterbrechung. Nachdem am Vortag ein regelrechter Wolkenbruch die Pegel schnell ansteigen ließ, wurde am 23. Dezember Katastrophenalarm ausgerufen. Am Pegel Trier wurde ein Wasserstand von 11,32 Meter gemessen. Die Mosel verwandelte sich in eine reißende Flut. Sandsäcke wurden gefüllt, künstliche Wände errichtet. Vergeblich, in den Orten entlang der Mosel standen ganze Häuserreihen tief im Wasser und Straßenzüge mussten evakuiert werden. In Bernkastel-Kues drohte die Moselbrücke einzustürzen. Tausende mussten die Weihnachtsfeiertage zwischen zertrümmertem Hausrat, Schlamm und Geröll verbringen.

Die Gemeinden an der Mosel und ihren Seitenflüssen haben in der Vergangenheit viele Maßnahmen zum Schutz vor Hochwasser ergriffen. Moseluferstraßen wurden gleichzeitig als Damm angelegt, neue Dämme und Dammtore gebaut, mobile Schutzmauern angeschafft. Doch die Gefahr eines Hochwassers besteht immer, weshalb auch weiterhin Hochwasserschutzkonzepte entwickelt werden.

Hochwassermeldungen für Mosel, Saar und Sauer und Auskünfte über den Pegelstand erteilt das Hochwassermeldezentrum Mosel in Trier: www.hochwasser-rlp.de.

Eisschollen auf der Mosel – auch heute noch friert der Fluss gelegentlich zu

# Grevenmacher

Der Weinort Grevenmacher (lux. Gréiwemaacher) gilt als **Hauptstadt der Luxemburger Mosel.** Er ist Verwaltungssitz und seit 1839 Hauptort des Kantons Grevenmacher. Eine Brücke verbindet die Stadt mit der Gemeinde **Wellen** auf deutscher Seite.

## Sektkellerei Bernard-Massard

Seit 1921 gibt es die Caves Bernard-Massard in Grevenmacher. Es ist die größte privat geführte Kellerei in Luxemburg. Hergestellt wird Sekt in traditioneller Flaschengärung. Zu einem Rundgang gehören eine audiovisuelle Vorführung, eine Kellereibesichtigung und eine Verkostung.

■ **Caves Bernard-Massard S.A.,** 22, route du vin, L-6794 Grevenmacher, Tel. (+352) 75 05 45 228, www.bernard-massard.lu, 1. April bis 31. Okt. 9.30–18 Uhr oder nach Vereinbarung, Mo geschl., Erw. (Führung und ein Glas Bernard-Massard) 6 €, Kinder (Führung und ein Glas Traubensaft) 3,50 €. Da der Jardin des Papillons (s.u.) der Kellerei gehört, gibt es auch Kombitickets.

## M.S. Princesse Marie-Astrid

Am Moselufer von Grevenmacher befindet sich der **Anlegesteg** der „M.S. Princesse Marie-Astrid". Seit 50 Jahren fahren die **Vergnügungsschiffe** dieses Namens auf der Mosel. Das aktuelle Schiff lief 2010 vom Stapel, auf einem seiner Vorgänger wurde das Schengener Abkommen unterzeichnet (s.o.: Schengen). Von Ostern bis September fährt die „M.S. Princesse Marie-Astrid" zwischen Trier und Schengen nach einem festen Fahrplan. Darüber hinaus kann man Sonderfahrten buchen: nach Bernkastel-Kues, Neumagen-Dhron oder zu anderen Zielen an der Mosel. Außerdem gibt es Themenabende, Partys, Konzerte, kulinarische Weinproben und mehr. Die „M.S. Princesse Marie-Astrid" bietet Platz für 500 Passagiere. Die Schiffsküche serviert regionale und saisonale Gerichte, dazu Weine und Crémants der Luxemburger Mosel.

■ **M.S. Princesse Marie-Astrid,** Entente Touristique de la Moselle, 10, route du vin, L-6794 Grevenmacher, Tel. (+352) 75 82 75, www.marie-astrid.lu (Reservierungen und Informationen).

## Maacher Kulturhuef

Bis 1975 war der Kulturhof ein Schlachthaus, heute ist es ein Ort der Kreativität, mit einem Kino, verschiedenen Workshopangeboten, kulturellen Veranstaltungen und zwei Museen. Schwerpunkt der Dauerausstellung im **Druckmuseum** ist die Entwicklung des Buchdrucks in Luxemburg, vor allem in der Zeit zwischen 1850 und 1950. Zu den Exponaten gehören Kniehebel-, Schnell- und Tiegelpressen sowie Setzkästen mit Bleilettern.

Die Ausstellung im **Spielkartenmuseum** zeigt das kunstvolle Handwerk der Spielkartenherstellung im 18. und 19. Jh. Die Dynastie der Grevenmacher Kartenmacher wurde von *Jean Dieudonné* gegründet, der sich 1754 in dem Moselort niederließ. Schon damals waren es Steu-

013mo kn

ervorteile in Luxemburg, die den Handwerker bewogen, seinen Betrieb in Grevenmacher anzusiedeln. Das Museum erzählt auch von Kuriosem, zum Beispiel war es den Kartenmachern während der Französischen Revolution verboten, gekrönte Figuren abzubilden. Die Dieudonné'sche Manufaktur bestand bis 1880. Zu der Dauerausstellung gehören Spielkarten, Druckplatten, Druckbögen und Werkzeuge. Reproduktionen historischer Kartenspiele aus Frankreich und Luxemburg sind im Museumsshop erhältlich.

■ **Kulturhuef,** 54, route de Trèves, L-Grevenmacher, Tel. (+352) 3522674641, www.kulturhuef.lu. Die beiden Museen sind tägl. 14–18 Uhr geöffnet, Mo geschl., der Eintritt ist frei.

■ Im **Kulturcafé** im schicken Industriestil gibt es Burger, Salate, Vegetarisches, Veganes und einen wechselnden Mittagstisch, Di 11–14 Uhr, Mi–Sa 11–23 Uhr, So11–20 Uhr, Mo geschl.

## Schmetterlingsgarten

Zebrafalter, Glasflügler, Grüngestreifter Schwalbenschwanz, Weiße Baumnymphe, Blauer Morphofalter oder Goldene Hekale: In dem **tropischen Garten** flattern Hunderte exotischer Schmetterlinge aus der ganzen Welt. Sämtliche Entwicklungsstadien lassen sich entdecken, vom Ei über die Raupe bis zur Puppe. Und mit etwas Glück kann man das Ende dieser Metamorphose miterleben und einen der Schmetterlinge aus seinem Kokon schlüpfen sehen. Die farbenprächtigen Schmetterlinge flattern um die Besucher und manchmal landen sie auf Armen, Schultern oder Köpfen. Nicht nur Falter, auch **Vögel** fliegen in dem blühenden Garten herum. Auf dem Boden flitzen winzige, chinesische Zwergwachteln hin und her. Sie sind nicht nur ausgesprochen putzig, sondern vertilgen Spinnen, die den zarten Insekten gefährlich werden könnten. In **Terrarien** sind Gespenstschrecken, Chamäleons und Geckos zu bewundern, im Teich schwimmen Goldfische und am Ufer dösen Schildkröten. Mindestens genauso sehenswert sind die zahlreichen **exotischen Pflanzen,** die mit ihren Blüten den Faltern die Nahrung liefern.

Im Gewächshaus herrscht eine tropische Temperatur von 27 °C und 70 % Luftfeuchtigkeit, ideal für Tiere und Pflanzen. Für Besucher kann das feuchtwarme Klima nach einer Weile anstrengend werden. Für eine kleine Erholungspause gibt es ein Bistro im Eingangsbereich. Der Schmetterlingsgarten liegt am Ortsausgang von Grevenmacher Richtung Trier.

- **Schmetterlingsgarten (Jardin des Papillons),** route de Trèves, L-6793 Grevenmacher, Tel. (+352) 75 85 39, www.papillons.lu, 1. April bis 31. Okt. 9.30–17 Uhr, Erw. 7 €, Kinder (bis 12 J.) 4 €.

## Informationen

- **Touristinformation,** 10, route du vin, L-6794 Grevenmacher, Tel. (00352) 75 82 75, www.grevenmacher-tourist.lu.

014mo kn

Exemplare im Schmetterlingsgarten von Grevenmacher

# Igel

Das bekannteste Denkmal in dem rund neun Kilometer südwestlich von Trier nahe der luxemburgischen Grenze liegenden Ort ist die Igeler Säule. Das römische Pfeilergrab ist mit einem **Adler** bekrönt. Vom lateinischen Wort für Adler *(aquila)* leitet sich der Name Igel ab.

## Igeler Säule

Das monumentale Grabmal einer Tuchhändlerfamilie ist heute das **größte römische Pfeilergrab** nördlich der Alpen. Es zählt zum **UNESCO-Welterbe.** Die vermögende Familie der *Secundinier* errichtete die rund 23 Meter hohe Säule um 250 n.Chr. Besonders schön ist der detailreiche **Reliefschmuck,** der Szenen aus dem Alltagsleben und dem Tuchhandel, aber auch griechische und römische Mythologie zeigt. Auf der Vorderseite ist die Familie *Secundinier* dargestellt, zwei Brüder und weitere Verwandte. Im Mittelalter dachte man irrtümlich, dass auf der architektonisch gegliederten Sandsteinsäule die Hochzeit von *Constantinus Chlorus* mit der hl. *Helena,* der Mutter *Konstantins des Großen,* zu sehen ist. Das rettete die Igeler Säule vor der Zerstörung durch Steinräuber. Schon *Napoleon* und *Goethe* besichtigten das Monument. Letzterer zeigte sich von der Igeler Säule begeistert: Er zeichnete und beschrieb sie, unter anderem in seiner autobiografischen „Kampagne in Frankreich“. Ein Abguss der Säule mit originalgetreuer Bemalung steht im Rheinischen Landesmuseum in Trier.

## Grutenhäuschen

In den Weinbergen bei Igel-Liersberg steht ein **römischer Grabtempel,** liebevoll Grutenhäuschen genannt. Der Unterbau des zweistöckigen Gebäudes besteht aus einem Gruftgewölbe, in dem die Sarkophage aufgestellt wurden. Daher leitet sich auch der Name ab: *Grut* bedeutet „Grotte“. Das obere Geschoss besteht aus einem quadratischen Raum und einer Säulenhalle davor. Sechs Säulen tragen den Giebel des Gebäudes. Vermutlich wurde der Grabbau im späten 3. oder 4. Jh. errichtet.

Das Grutenhäuschen steht an der Straße von Igel nach Luxemburg im Weinberg über der Mosel oberhalb des Weingutes Löwener Mühle. Es ist frei zugänglich. Für Heiratswillige werden darin **standesamtliche Trauungen** abgehalten (Standesamt Trier-Land, Tel. (0651) 9798110).

## Informationen

- **Deutsch-Luxemburgische Tourist-Information,** Moselstr. 1, 54308 Langsur-Wasserbilligerbrück, Tel. (06501) 602666, www.lux-trier.info, Mitte Okt. bis 31. März Mo–Fr 11–16 Uhr, Sa, So und Fei geschl., 1. April bis Mitte Okt. Mo–Fr 9–17 Uhr, Sa und Fei 10–14 Uhr, So geschl. Die Tourist-Info ist im ehemaligen Zollgebäude in Wasserbilligerbrück untergebracht und vertritt die Urlaubsregionen Trier-Land und Mertert/Wasserbillig.

## Unterkunft, Essen und Trinken

- **Hotel-Restaurant Igeler Säule**②-③, Trierer Str. 41, 54298 Igel, Tel. (06501) 92610, www.igelersaeule.de, Mo 17–21 Uhr, Di–Sa 11.30–14 und 17.30–21.30, So 11.30–14 Uhr. Das familiengeführte Hotel liegt direkt neben der berühmten Igeler Säule. Mit Hallenbad und Sauna, im Restaurant wird saisonale Küche serviert.

## Öffentliche Verkehrsmittel

- **Bus:** Stadtbus Linie 3: Trier – Igel (www.vrt-info.de).
- **Bahn:** RE 5108: Trier – Igel – Luxemburg-Stadt (Gare Centrale).

015mo kn

016mo kn

# Konz

Konz liegt rund neun Kilometer südwestlich von Trier am **Zusammenfluss von Saar und Mosel.** Zu Römerzeiten hieß der Ort Contionacum, später wurde daraus Konz. Im 4. Jh. n.Chr. ließ der römische Kaiser *Valentian I.* hier eine großzügige Residenz errichten.

☐ Welterbe der UNESCO:
die Igeler Säule, ein römisches Pfeilergrab

☐ Kloster Karthaus bei Konz

## Sehenswertes

### Spätrömischer Kaiserpalast

Der Kaiserpalast wurde im 4. Jh. auf einer Hochterrasse mit Blick auf die Saar erbaut. Viel ist von der spätrömischen Residenz Kaiser *Valentians I.* (364–375 n.Chr.) nicht erhalten. Ein paar **Mauern** wurden rekonstruiert und mit Informationstafeln versehen. Um einen Eindruck von der Größe der Anlage zu vermitteln, sind im Pflaster die Umrisse der Räume angedeutet, eine **Stahlskulptur** mit großen Fensterbögen verdeutlicht ihre einstige Höhe. Die Räume der prachtvollen Residenz waren mit Wandmalereien und Marmor geschmückt. Es gab eine Fußbodenheizung, ein großes Bad und eine Halle für Empfänge. Bei Ausgrabungen entdeckte man einen Goldschatz und ein Diatretglas.

■ **Spätrömischer Kaiserpalast,** Martinstr. 22 (an der Pfarrkirche St. Nikolaus), ganzjährig frei zugänglich.

## Pfarrkirche St. Nikolaus

Die als „Zelt Gottes unter den Menschen" 1961 von dem Architekten *Hermann Baur* entworfene Kirche steht auf den Resten des Kaiserpalastes. Die Malereien auf der Altarwand und in der Krypta gestaltete *Georg Meistermann.*

## Kloster Karthaus

Das barocke Kartäuserkloster im Ortsteil Karthaus wurde zwischen 1670 und 1830 erbaut und während der Französischen Revolution zerstört. 1855 kauften Franziskanerinnen die Ruinen und ließen den Südflügel nach den barocken Bauplänen wieder aufbauen. Heute dient das ehemalige Kloster als Bürgerhaus und **Kulturzentrum.**

■ **Kloster Karthaus,** Brunostraße, 54329 Konz, www.konz.eu. Zu den Parkplätzen gelangt man über die Schwester-Patienta-Straße.

▷ Im Freilichtmuseum Roscheider Hof

## Roscheider Hof

**MEIN TIPP:** Das **Volkskunde- und Freilichtmuseum** gibt Einblicke ins Alltagsleben früherer Zeiten. Auf dem mehr als 20 Hektar großen Außengelände sind Häuser aus dem Hunsrück und der Region Mosel-Saar aufgebaut. Das Herz des Freilichtmuseums sind die Gebäude des Roscheider Hofes, eines bereits 1330 erwähnten Gutshofs. In den ehemaligen Ställen und Scheunen sind Dauerausstellungen zu den Themen Waschen, Backen, Wohnen, Volksglaube, Viezherstellung und Weinbau zu sehen, es gibt Ofen- und Takenplatten und Kinderspielzeug. Eine der Attraktionen ist ein komplett eingerichteter Tante-Emma-Laden.

Neben den kleinen, bunten **Bauerngärten** ist das **Rosarium** des Freilichtmuseums ein besonderer Hingucker. Im Sommer blühen hier 8000 Rosenstöcke und betören die Besucher mit ihrem Duft. Ein Schmuckstück im Rosarium ist das **Gartenhaus der Familie Maret.** Es wurde um 1830 erbaut und stand im Garten eines Hauses in der Trierer Altstadt. Der farbenfrohe Biedermeierpavillon ist reich geschmückt und mit neugotischen und klassizistischen Zierelementen versehen.

■ **Volkskunde- und Freilichtmuseum Roscheider Hof,** Roscheiderhof 1, 54329 Konz, Tel. (06501) 92710, www.roscheiderhof.de, Di–Fr 9–18 Uhr (Nov. bis März 9–17 Uhr), Sa, So und Fei 10–18 Uhr (Nov. bis März 10–17 Uhr), Mo (außer Fei) geschl. Letzter Einlass eine Stunde vor Schließung. Erw. 5 €, Kinder bis 6 J. frei, Kinder 6–13 J. 2 €, Schüler ab 14 Jahre 4 €, Familien 12 €.

■ Im **Museumsrestaurant Hofschänke**①-② und im Biergarten werden regionale Gerichte, Rei-

017mo kn

bekuchen, Eis, Viez, Kaffee und Kuchen serviert, 1.4.–31.10. Di–So 11–23 Uhr, 1.11.–31.3. Di–Sa 18–22 Uhr, So 12–22 Uhr, Mo Ruhetag (außer an Feiertagen).

## Praktische Tipps

### Informationen

- **Tourist-Information Konz,** Saarstr. 1, 54329 Konz, Tel. (06501) 601804-0, www.saar-obermosel.de, 1. Nov. bis 31. März Mo–Fr 9–17 Uhr, April Mo–Fr 9–18 Uhr, 1. Mai bis 31. Okt. Mo–Fr 9–18, Sa 10–14 Uhr.

### Einkaufen

- **Wochenmarkt:** Obst, Gemüse und regionale Produkte gibt es samstags von 7 bis 12 Uhr auf dem Marktplatz vor dem Rathaus. Unbedingt probieren: den handwerklich hergestellten Käse der Hofkäserei Altfuchshof aus Saarburg-Kahren.

### Aktivitäten

- **Sportboothafen:** Der Hafen am Mosel-KM 200 bietet knapp 30 Gästeliegeplätze mit Strom- und Wasseranschlüssen, Tel. (06501) 4431, www.wsc-konz.de.

018mo kn

## Feste und Veranstaltungen

■ **Saar-Pedal:** autofreier Erlebnistag im Saartal zwischen Konz und Merzig, immer am dritten Sonntag im Mai (www.saarpedal.de). Entlang der insgesamt 40 km langen Route gibt es ein buntes Programm mit Essen und Getränken.

■ **Konzer Sommerkonzerte:** eine Reihe öffentlicher Konzerte mit Klavier- und Kammermusik im Festsaal des Klosters Karthaus, Termine unter www.konz.eu.

■ **Weihnachtsdorf im Roscheider Hof:** Am zweiten und dritten Adventswochenende findet im Volkskunde- und Freilichtmuseum ein Weihnachtsmarkt mit Kunsthandwerk, Basteleien und Kulinarischem statt. Gäste des Weihnachtsdorfes haben an diesen Tagen freien Eintritt ins Museum.

## Wandern

### Ölmühlenwanderweg in Konz-Niedermennig

Die rund sechs Kilometer lange, leicht zu gehende Route startet an der Historischen Ölmühle im Ortsteil Niedermennig. Die 1849 aus Schieferbruchstein erbaute Mühle diente bis in die 1960er Jahre zum Mahlen von Raps und Nüssen. Der Weg führt durch das sogenannte Konzer Tälchen. Sehr sehenswert sind die zeitgenössischen Werke des Projekts „Skulpturen am Fluss“, das Teil des Skulpturenweges Rheinland-Pfalz ist. Von dem Bildhauer *Johannes Michler* stammt die Skulptur „Welle und Falte“, von *Eileen Mac Donagh* das Werk „Sentry“. Bänke am Mühlenweiher laden nach der Tour zum Entspannen ein.

^ Alte Zahnarztpraxis im Roscheider Hof

> Römische Tempelanlage auf dem Metzenberg

# In der Umgebung

## Römische Tempelanlage bei Tawern

Der Ort **Tawern** liegt zwischen Mosel und Saar und ist aus einer römischen Straßensiedlung hervorgegangen. In der Antike führte eine wichtige Fernstraße, die den Mittelmeerraum mit Metz und Trier verband, durch den Ort. Für Reisende, die auf ihr unterwegs waren, gab es mehrere *tabernae* (Raststätten). Von dem Begriff *taberna* leitet sich der Ortsname Tawern ab.

Ebenfalls für die Reisenden gedacht war der Merkur geweihte Tempel auf dem **Metzenberg.** Hier brachte man dem Gott des Handels Opfergaben dar und bat ihn um eine sichere Ankunft. Der gallo-römische Tempelbezirk wurde zwischen dem 1. und 4. Jh. genutzt und ist heute teilweise rekonstruiert. Bei den archäologischen Ausgrabungen konnten sieben Kultbauten aus verschiedenen Epochen nachgewiesen werden. Zwei dieser Tempel sowie Umgrenzungsmauern, Eckgebäude und ein Torbau wurden wieder aufgebaut. Besonders sehenswert ist der **Umgangstempel,** der innen mit **Wandmalereien** verziert ist. Im Brunnen der Tempelanlage entdeckte man den Kopf einer **Merkurstatue.** Anhand dieses Fundes wurde sie rekonstruiert, farbig gefasst und in dem Tempel an ihrem ursprünglichen Standort aufgestellt.

■ **Anfahrt:** der Beschilderung in Tawern zum Parkplatz am Fuß des Metzenbergs folgen. Ein Fußweg führt zu der frei zugänglichen Tempelanlage.

019mo kn

# IM TAL DER SAAR



**Diese Tipps erkennt man an der gelben Hinterlegung.**

Die Saar ist ein besonders schöner Nebenfluss der Mosel. Ihre Quellen liegen in Frankreich: im Elsass und in Lothringen. Sie mündet bei Konz in die Mosel und ist mit 235 Kilometern der längste Zufluss. Berühmt ist die Saarschleife bei Mettlach-Orscholz, sie ist das Wahrzeichen des Saarlandes. Aber auch bei Hamm, einem Ortsteil von Taben-Rodt, macht die Saar eine beeindruckende Schleife. Der Höhenrücken zwischen Saar und Obermosel nennt sich Saargau. Eine landschaftliche Besonderheit sind die vielen Streuobstwiesen mit Apfel- und Birnbäumen. Aus diesen Mostsorten mit den auffällig kleinen Früchten wird der regionaltypische Viez gekeltert (siehe Exkurs). Doch noch berühmter als für den Viez ist die Saarregion für ihren Wein. Seit 2000 Jahren wird er bereits auf den Schieferböden angebaut, in Saarburg seit dem Mittelalter. Rund 800 Hektar Rebflächen bewirtschaften die Saarwinzer, vorwiegend Riesling. Der prominenteste unter ihnen dürfte Moderator und Journalist Günther Jauch sein. 2010 kaufte er das renommierte Weingut Othegraven bei Kanzem.

## SaarRieslingSommer

**Mein Tipp:** Jedes Jahr im August findet der SaarRieslingSommer statt. Dann öffnen Saarwinzer zwischen Serrig und Konz-Könen ein Wochenende lang ihre Keller und laden zu **Weinproben** ein. Zwischen den Weingütern gibt es einen **kostenlosen Bustransfer.** Die Tickets gelten an beiden Tagen für alle Weingüter. Preise, Termine und teilnehmende Winzer unter www.saar-riesling-sommer.de.

www.fotolia.de © KlausMJan

# Kanzem

Kanzem liegt südlich von Konz an der Saar. Der Ort wurde erstmals 1030 erwähnt. In der frühen Neuzeit war er bis 1794 eine luxemburgische Enklave im kurtrierischen Territorium. Das Ortsbild ist geprägt von **engen Gassen und historischen Gebäuden,** darunter ehemalige adelige und kirchliche Weingüter. Die **Vinothek „Buch und Wein"** hat 18 Weine der umliegenden Winzer im Angebot, die man zu Hofpreisen kaufen kann (s.u.). Gleichzeitig ist die Vinothek eine Bücherei, in der man sich gleich das passende Buch zum Wein ausleihen kann. Beides wird ehrenamtlich betrieben.

Bei Kanzem liegt die **Wiltinger Saarschleife,** die zwar nicht so berühmt ist wie die Saarschleife bei Orscholz, aber fast genauso schön. Der idyllische, naturbelassene Altarm der Saar ist ideal für Kanutouren.

## Einkaufen

- **Vinothek „Buch und Wein",** Brückenstr. 8, 54441 Kanzem, Mo, Sa und So 15–18 Uhr, Di 17–20 Uhr, Fr 17–21 Uhr.

Die Saar bei Kanzem

■ **Weingut von Othegraven,** Weinstr. 1, 54441 Kanzem, Tel. 06501/150042, www.von-othegraven.de, Öffnungszeiten mit Verkostungsmöglichkeit Mo–Fr 8.30–16.30 Uhr, Weinproben nach Vereinbarung (ab 6 Personen, Mo–Sa, pro Person 20 €). Das idyllische Weingut von Othegraven liegt gegenüber von Kanzem an einem Altarm der Saar inmitten eines großen Parks mit alten, teilweise exotischen Baumriesen. Fernsehmoderator *Günther Jauch* ist seit ein paar Jahren der Besitzer. Das Weingut kannte er schon als Kind, denn seine Großmutter war eine geborene *von Othegraven.* Für den erstklassigen Wein ist allerdings Kellermeister *Andreas Barth* verantwortlich.

## Aktivitäten

■ **Kanuverleih:** Kanu SaarFari, Wassersportzentrum am Saarufer, 54441 Schoden, Tel. (06581) 910103 und 0152-34003462, www.kanuverleih-saar.de. Das Wassersportzentrum verleiht Kanus für Touren auf der Saar. Seit Neuestem gehört auch die Hawaiianische Sportart **Stand Up Paddling (SUP)** zum Angebot. SUP-Boards können gemietet werden, außerdem gibt es SUP-Anfängerkurse.

# Saarburg

Die idyllische Kleinstadt liegt eingebettet zwischen Weinbergen und Wäldern. Mitten durch Saarburg fließt der **Leukbach.** Ursprünglich floss er um den Ort herum, doch im 13. Jh. wurde er umgebettet, damit genug Löschwasser zur Verfügung stand. Wegen seiner kleinen Bachbrücken wird das Viertel rund um den **Buttermarkt** auch „Klein Venedig" genannt. Mit seinen Straßencafés, Restaurants und schmalen Gassen verströmt es südländisches Flair. Im Ortskern bildet der Leukbach einen rauschenden, 20 Meter hohen **Wasserfall.** Ein Stück weiter treibt er die drei Mühlräder der ehemaligen Hackenberger Mühle an (s.u.).

Der **historische Stadtkern** mit seinen Fachwerk- und Barockbauten bietet einige malerische Winkel, aber auch die Unterstadt mit ihren bunten **Fischerhäusern** ist sehenswert. Schon früh spielten Fischerei, Schifffahrt und Flößerei in Saarburg eine wichtige Rolle. Diese Zeiten sind längst vorbei, heute gibt es für Wassersportler eine **Schiffsanlegestelle.** Hoch über der Unterstadt thront die Saarburg, im Jahr 964 von Graf *Siegfried von Luxemburg* errichtet. 1291 erhob König *Rudolf I.* Saarburg zur Reichsstadt und verlieh dem Ort die Marktrechte.

[>] Die Ruine der Saarburg über der Stadt

# Sehenswertes

## Ruine Saarburg

Im Jahr 964 kaufte Graf *Siegfried von Luxemburg* den Berg Churbelun und ließ darauf eine Burg errichten. Die Saarburg lag strategisch günstig auf dem Bergrücken zwischen der Saar und dem Leukbach. Zusätzlich legte man zum Schutz der Anlage zwei Gräben an. Über den Halsgraben führte eine Zugbrücke. Ab dem frühen 12. Jh. gehörte die Saarburg den Trierer Erzbischöfen, die die Anlage weiter ausbauen ließen. Im 18. Jh. verlor die Wehranlage ihre Bedeutung, sie wurde dem Verfall preisgegeben. Das spätgotische **Kurfürstenhaus** war ursprünglich ein mehrstöckiger Wohnturm. In dem noch erhaltenen Teil ist heute das Restaurant Landhausküche untergebracht (s.u.). Gegenüber dem Kurfürstenhaus steht ein **Rundturm.** Von seiner Spitze aus hat man einen wunderbaren Blick ins Saartal. Ein Panoramaweg, der sogenannte **Churbelunpfad,** führt rund um die Saarburg. Hinweistafeln informieren über die Geschichte der Anlage.

## Museum Glockengießerei Mabilon

Bis 2002 war die Glockengießerei Mabilon in Familienbesitz. Die Vorfahren der Gießerfamilie kamen im 18. Jh. als Wandergießer aus Saumur an der Loire in die Region. *Urbain Mabillot* (später *Urbanus Mabilon,* 1744–1818) heiratete in die

021mo kn

Saarburger Glockengießerfamilie *Stocky* ein und stiftete 1773 sieben Glocken an die Stadt. So erhielt er das Gieß- und das Bürgerrecht. Heute ist die Gießerei ein Museum. Im Eingangsbereich informieren Tafeln über die Geschichte des Glockengießens. Gießhalle, Zeichenzimmer, Lehmraum, Kronenraum und verschie-

022mo kn

dene Werkstätten gewähren den Besuchern Einblicke in das komplizierte Handwerk des Glockengusses. In der Manufaktur wurden Bronzeglocken in allen erdenklichen Größen hergestellt, sehr kleine, aber auch bis zu fünf Tonnen schwere.

■ **Museum Glockengießerei Mabilon,** Staden 130, 54439 Saarburg, Tel. (06581) 2336, www.museum-glockengiesserei-mabilon.de, Mo–Fr 9–17 Uhr, Sa, So und Fei 11–17 Uhr, Erw. 3,50 €, Jugendl. 2 €, Kinder bis zehn Jahre frei, Familien 8 €. **Kombikarten** für das Museum Glockengießerei Mabilon, das AmüseuM und das Mühlenmuseum gibt es jeweils in den Museen. Führungen finden von April bis November dienstags um 14 Uhr statt, eine Anmeldung ist nicht erforderlich. Führungen zu speziellen Themen für Gruppen gibt es ebenfalls, Informationen und Anmeldung über die Homepage.
■ Zum Museum gehört das integrative **Begegnungscafé Urban,** Mo–Fr 9–17 Uhr, Sa, So und Fei 11–17 Uhr, www.kulturgiesserei-saarburg.de. Angeboten werden Kaffee und Kuchen sowie eine Bistrokarte mit wechselnden Gerichten.

## AmüseuM

Die Ausstellung in dem städtischen Museum in der ehemaligen kurfürstlichen Mühle am Wasserfall zeigt **alte Handwerksberufe** wie Glockengießer, Schuster, Drucker, Gerber oder Schiffer. Die **Städtische Galerie** im Dachgeschoss zeigt in Wechselausstellungen zeitgenössische Werke regionaler und überregionaler Künstler. Im Eingangsbereich des AmüseuMs befindet sich das **Kulturbüro** (s.u.: „Informationen"), das über Veranstaltungen und Gästeführungen informiert.

■ **AmüseuM,** Am Markt 29, 54439 Saarburg, Tel. (06581) 994642, Mo–Fr, So und Fei 11–16 Uhr, Erw. 3 €, Kinder (6–14 J.) 0,70 €, Jugendl. und Studenten 2 €. Städtische Galerie So–Fr 11–16 Uhr, Sa geschlossen, Eintritt 2 €.

⊏ Der Wasserfall des Leukbachs im historischen Stadtkern

## Mühlenmuseum

Die **Hackenberger Mühle** unterhalb des Wasserfalls stammt aus dem 13. Jh. Zu dem Mühlenkomplex gehören drei Mühlen, in denen noch bis 1974 Getreide gemahlen wurde. Ein Museum informiert über die Geschichte des Müllerhandwerks.

■ **Mühlenmuseum,** Staden 6 (Kontakt über das AmüseuM), April bis Okt. tägl. außer Mo 14–17 Uhr.

## Sesselbahn

Die Sesselbahn verbindet Saarburg mit dem **Warsberg.** Während der 700 Meter langen Fahrt kann man in den offenen Doppelsesseln einen wunderbaren Ausblick auf das Saartal genießen. Auch Fahrräder können mit der Sesselbahn transportiert werden, sie sind im Preis inbegriffen. **Leihfahrräder** gibt es neben der Talstation. Gleich neben der Bergstation befindet sich eine Sommerrodelbahn (s.u.). Auf zahlreichen **Wanderwegen** lässt sich die Umgebung erkunden. Eine der Routen führt bergab zum Greifvogelpark (Dauer rund 40 Minuten). Ei-

**Übernachtung**
1 Landal Ferienpark Warsberg
3 Hotel Villa Keller
4 Camping Waldfrieden
6 Saarburger Hof

**Essen und Trinken**
2 Landhausküche
3 Restaurant Villa Keller, Keller's Wirtshaus
6 Saarburger Hof

**Einkaufen/Sonstiges**
5 Weingut Forstmeister Geltz Zilliken
7 Wochenmarkt

ne kurze, nur 1,4 Kilometer lange Wanderung führt vom Warsberg durch die **Weinberge** hinab zur Stadtmitte. Entweder gelangt man mit der Sesselbahn zum Startpunkt der Route auf dem Warsberg oder man nimmt das Auto und fährt anschließend mit der Sesselbahn wieder nach oben. An den schönsten Aussichtspunkten laden Ruhebänke zu kleinen Pausen ein.

■ **Sesselbahn,** Im Erdenbach 43, 54439 Saarburg, Tel. (06581) 995218, www.saarburger-sesselbahn.de, Einzelfahrt: Erw. 3,80 €, Kinder (4–14 J.) 2,20 €, Hin- und Rückfahrt: Erw. 5,50 €, Kinder 3,50 €, Woche vor Ostern bis 31. Okt. Di–So 10–18 Uhr, Mo geschl. (außer an Feier- und Ferientagen), Juli und Aug. tägl. 10–19 Uhr.

### Greifvogelpark

Der Greifvogelpark liegt mitten im Grünen zwischen Saarburg und Mannebach. Zum Programm gehören temporeiche Flugvorführungen mit **Falken, Adlern und Bussarden.** Hängebauchschweine, Erdmännchen, Waschbären, Meerschweinchen, Frettchen, Ziegen und Hasen leben ebenfalls in dem kleinen Park. In den Ferien werden eintägige Workshops angeboten, in denen der Nachwuchs Falkner- oder Tierpflegerdiplome ablegen kann oder sich auf eine Eselswanderung begibt.

■ **Greifvogelpark Saarburg,** Am Engelbach 1, 54439 Saarburg, Tel. (06581) 996094, www.greifvogelpark-saarburg.de, März bis Nov. tägl. 10–18 Uhr, in den Wintermonaten auf Anfrage. Flugvorführungen tägl. um 11 und 15 Uhr, Erw. 5,50 €, Kinder (4–15 J.) 4,50 €, Familien (2 Erw., 1 Kind) 15 €, mit 2 Kindern 19 €, mit 3 Kindern 23 €.

# Praktische Tipps

## Informationen

■ **Tourist-Information Saarburg,** Graf-Siegfried-Str. 32, 54439 Saarburg, www.saar-obermosel.de, Tel. (06581) 995980, 1. April bis 31. Oktober Mo–Fr 9–18 Uhr, zusätzlich 1. Mai bis 31. Oktober Sa 10–14 Uhr, 1. November bis 31. März Mo–Fr 9–17 Uhr.

■ **Kulturbüro,** Am Markt 29 (im AmüseuM), 54439 Saarburg, Tel. (06581) 994642, Mo–Fr, So und Fei 11–16 Uhr.

## Unterkunft, Essen und Trinken

3 **Hotel Villa Keller**③, Brückenstr. 1, 54439 Saarburg, Tel. (06581) 92910, www.villa-keller.de, 3 **Restaurant**③-④ Mi–So 12–15 und ab 18 Uhr, 3 **Kellers Wirtshaus**② 1. Mai bis 30. Okt. Mi–So 11–23 Uhr, 1. Nov. bis 30. April Mi–Sa ab 17 Uhr, So ab 11 Uhr, jeweils Mo und Di Ruhetag. Die historische Villa Keller liegt direkt am Saarufer mit Blick auf die Altstadt und die Saarburg. *Wolfgang Müntnich* kocht regionale Gerichte, es gibt eine äußerst umfangreiche Weinkarte und eine sehr schöne Veranda. Zum Hotel gehört außerdem ein gemütliches Wirtshaus mit kleiner Speisekarte und Biergarten.

6 **Saarburger Hof**③, Graf-Siegfried-Straße 37, 54439 Saarburg, Tel. (06581) 92800, http://saarburger-hof.de. Stilvolles Familienhotel im Zentrum. Regionale und saisonale Küche werden im 6 **Restaurant**③-④ oder in der rustikaleren 6 **Gaststube**③ serviert.

2 **Landhausküche**③, Auf dem Burgberg 1, 54439 Saarburg, Tel. (06581) 920945, http://restaurant-saarburg.de, Mi–So 12–16 und ab 19 Uhr. Das gemütliche Restaurant im alten Gemäuer der Saarburg bietet gute Küche und von der Terrasse einen tollen Blick über das Tal. Unbedingt probieren: Mannebacher Bier vom Fass.

### Ferienpark

**1 Landal Ferienpark Warsberg,** 54439 Saarburg, Tel. (06581) 914610, www.landal.de/parks/warsberg. Der Ferienpark liegt hoch über Saarburg auf dem Warsberg, zu erreichen mit dem Auto oder der Sesselbahn. Direkt neben dem Gelände liegt die Sommerrodelbahn. Die Preise der 145 Ferienhäuser und 40 Mobilheime variieren je nach Größe, Kategorie und Saison.

## Camping

**4 Camping Waldfrieden,** Im Fichtenhain 4, 54439 Saarburg, www.campingwaldfrieden.de. Der ruhige Platz liegt idyllisch mitten im Grünen in einem Seitental am Ortsrand von Saarburg. Zum Zentrum sind es etwa 2 km. Die Stellplätze sind durch Hecken abgetrennt. Ausritte und Reitunterricht auf Islandpferden gehören zum Angebot.

### In Mannebach

■ **Mannebacher Brauhaus**①-②, Hauptstr. 1, 54441 Mannebach, Tel. (06581) 99277, www.mannebacher.de, tägl. ab 12 Uhr. Braumeister *Hans-Günter Felten* braut nicht nur das bekannte naturtrübe Mannebacher, sondern auch ganz neue Biersorten. Sogar Whiskey stellt er aus Mannebacher Bier her. Die Braustube ist ansprechend mit antiken Möbeln, zeitgenössischen Kunstwerken und den kupfernen Sudgefäßen eingerichtet. Besonders hübsch ist der Biergarten im Innenhof. Serviert wird gutbürgerliche Küche.

### In Ayl

■ **Linden's Pension und Restaurant**③-④, Neustr. 2, 54441 Ayl, Tel. (06581) 4105, www.pension-linden.de, Di–Sa ab 15.30 Uhr, So ab 11 Uhr. Modernes Restaurant mit gehobener, regionaler Küche. Zu ausgefallenen Keationen wie Zanderfilet mit gegrillter Wassermelone und Aprikosen-Couscous oder weißem Tomatensüppchen mit Basilikumravioli werden Rieslinge von der Saar serviert.

023mo kn

## Einkaufen

**7 Wochenmarkt:** Obst, Gemüse und regionale Produkte werden mittwochs und samstags auf dem Heckingplatz angeboten (7.30–13 Uhr).

**5 Weingut Forstmeister Geltz Zilliken,** Heckingstr. 20, 54439 Saarburg, Tel. (06581) 2456, www.zilliken-vdp.de. Familie *Zilliken* betreibt das renommierte Weingut seit 1742. Ihre feinen Rieslinge wachsen auf den Weinlagen „Saarburger Rausch" und „Ockfener Bockstein". Der Weinführer Gault&Millau zeichnete *Hans-Joachim Zilliken* und seine Tochter *Dorothee* als Winzer des Jahres 2017 aus.

## In Trassem

■ **Forellengut Rosengarten,** Untere Neumühle 48–57, 54441 Trassem, Tel. (06581) 91990, www.fisch-rosengarten.de. Die nachhaltige Fischzucht und Flussfischerei (Saar und Mosel) befindet sich knapp 5 km von Saarburg entfernt. Regenbogen-, Lachs- und Bachforellen, Saibling, Stör, Barsch, Karpfen, Aal und Zander – zum Angebot gehören über Buchenholz geräucherte Fische und Frischfische, außerdem Fischpasteten, Salate und Fischsuppen. Hofladen Do und Fr 10–12 und 14–17 Uhr, Sa 8–12 Uhr.

▲ Saarburg mit der Kirche St. Laurentius

## In Mannebach

■ **Käserei Mannebach,** Riedhof, Im Ried 1, 54441 Mannebach, Tel. (06581) 2376, www.mannebacher-kaese.de, www.mannebacher-kaesemarkt.de, Do und Fr 14–19 Uhr. Im Käseladen gibt es handwerklich hergestellten Kuh-Rohmilchkäse: Schnittkäse, Camembert und Frischkäse, dazu Öle, Pesto und hausgemachtes Eis. Besichtigungen mit Käseverkostung werden ebenfalls angeboten.

**Käsemarkt auf dem Riedhof:** Jeden Samstag 10–16 Uhr (Ostern bis Mitte Dez.) werden auf dem Riedhof Käse und regionale Produkte verkauft. Zum Angebot gehören Käse vom Riedhof und vom Altfuchshof in Saarburg-Kahren, Wein aus Riol, Pasta, Fleisch, Wurst, Brot, Kuchen, Viez, Honig, Edelbrände und Liköre. Besonders fein: der Viez-Secco von Herbert Stors aus Mannebach.

### In Serrig

■ **Hofgut Serrig,** Domänensiedlung, 54455 Serrig, Tel. (06581) 91450, www.hofgut-serrig.de, Di–Fr 10–12.30 und 15–18 Uhr, Sa 9–13 Uhr, Mo geschlossen. Auf dem Hofgut arbeiten Menschen mit Behinderung. Im Hofgutladen gibt es neben Obst, Gemüse, Fleisch, Wurst, Eiern, Nudeln, Konfitüren, Honig, Säften, Viez und Edelbränden auch gestrickte Socken und Kunsthandwerkliches. Ab Serrig ist das rund einen Kilometer oberhalb des Ortes gelegene Hofgut ausgeschildert.

## Aktivitäten

■ **Stadtführungen:** Der einstündige Rundgang durch den Ort findet donnerstags ab 14 Uhr statt (März bis Oktober). Start ist an der Tourist-Info (Graf-Siegfried-Str. 32), Erw. 5 €, ermäßigt 2,50 €, Familien 12 €. Für Gruppen gibt es außerdem mittelalterliche Führungen, Nachtwächter-, Mühlen- und Weinbergsführungen (Termine und Preise beim AmüseuM).

**Sommerrodelbahn,** In den Urlaub 9, 54439 Saarburg, Tel. (06581) 996670, www.sommerrodelbahn-saarburg.de, Einzelfahrt 2 €, Zehnerkarte 16 €, eine Woche vor Ostern bis Ende Okt., in den Ferien und Fei tägl. 11–18 Uhr, außerhalb der Ferienzeit Mo Ruhetag (außer Fei), Juli/Aug. tägl. 11–21 Uhr, Nov. bis Ostern So 12–17 Uhr (nur bei schönem Wetter). Die 530 Meter lange Bahn liegt direkt an der Bergstation der Sesselbahn. Unterwegs wird das Tempo des Rodelschlittens von einem Geschwindigkeitsmesser angezeigt, bis zu 44 km/h sind möglich. Wie schnell man werden will, bestimmt man mit dem Bremshebel selbst.

■ **Freizeit-Hallenbad,** Am City-Parkplatz, 54439 Saarburg, Tel. (06581) 988700, www.freizeitbaeder-saarburg.de, im Sommer (1. Mai bis 30. Sept.) Di–Fr 8–20 Uhr, Sa und So 9–18 Uhr, Mo geschl., im Winter (1. Okt. bis 30. April) Mo 14–20 Uhr, Di und Fr 8–21 Uhr, Mi und Do 8–20 Uhr, Sa und So 9–18 Uhr, Erw. 4,70 €, Jugendl. 2,20 €, Familien 13 €, ab 18 Uhr gelten günstigere Feierabendtarife. Zum Hallenbad gehören Strömungskanal, Babybecken (30 °C), Schwallduschen, Massagedüsen, Sauna, Solarium und eine Cafeteria.

Das beheizte **Freibad** nebenan bietet ein 50-Meter-Becken, ein Erlebnisbecken mit Riesenrutsche, ein Sprungbecken, ein Babybecken und ein Beachvolleyballfeld, geöffnet in den Sommermonaten Mo–Fr 8–20 Uhr, Sa, So und Fei 9–19 Uhr, Erw. 3,50 €, Jugendl. 2 €.

■ **Schiffsrundfahrten:** SPS Saar Personenschifffahrt, Anlegestelle Saarburg, Brückenstraße, 54439 Saarburg, Tel. (06581) 99188, www.saarflotte.de. Die Personenschiffe „Saargold" und die „Saarstern" bieten Rundfahrten ab Saarburg, Tagesfahrten zwischen Saarburg und Mettlach und zur Saarschleife.

## Feste und Veranstaltungen

■ **Saarburger Markttage:** am ersten Wochenende im Juli von Freitagabend bis Sonntag Live-Musik auf zwei großen Bühnen in der Innenstadt, kulinarische Stände und Krammarkt. Sonntags laden die Saarburger Geschäfte zum Bummeln ein.

■ **Drachenbootrennen:** Das Rennen auf der Saar findet am dritten Sonntag im August statt.

■ **Saarweinfest:** Am ersten Wochenende im September lockt das Weinfest drei Tage lang Tausende Besucher in die malerische Altstadt, um die Rieslinge und Winzersekte aus den Weinorten des unteren Saartals zu probieren. An den Essensständen gibt es regionaltypische Gerichte, dazu Live-Musik. Samstags wird die Saar-Obermosel-Weinkönigin gekrönt, feierlich umrahmt von einem Feuerwerk und Fackelschwimmern, die die nächtliche Saar illuminieren. Sonntags findet ein Festumzug durch die Innenstadt statt.

- **Goldener Oktober:** Kunsthandwerker- und Bauernmarkt am Monatsanfang, gleichzeitig verkaufsoffener Sonntag.
- **Saarburger Christkindlmarkt:** weihnachtlicher Markt auf dem Buttermarkt am 1. und 2. Adventswochenende.
- **Viktorianischer Weihnachtsmarkt:** Der Weihnachtsmarkt in den Werkhallen der ehemaligen Glockengießerei findet am dritten Adventswochenende statt und versetzt die Besucher in die Zeit von *Charles Dickens* zurück. Viele kommen kostümiert, darunter auch Fans der Steampunk-Szene. Die Steampunk-Bewegung verbindet die Science-Fiction-Literatur des 19. Jh. von Autoren wie *Jules Verne* mit der Moderne und kombiniert Mode im viktorianischen Stil mit skurrilen dampf- und zahnradgetriebenen Apparaturen und Accessoires. Die originellsten Kostüme werden prämiert.

## Öffentliche Verkehrsmittel

- **Bahn:** RE 1: Koblenz – Saarburg – Saarbrücken, RB 71: Trier – Saarburg – Homburg (Saar).

Im Museum Glockengießerei Mabilon

024mo kn

# Viez – ein Getränk, das es in sich hat

*Äbbelwoi* oder *Stöffsche* heißt er in Hessen. An der Saar, der Mosel, im Hunsrück und in der Eifel nennt man ihn *Viez:* aus Äpfeln gekelterter und vergorener Fruchtwein mit dem typisch herben Geschmack. Der *Cidre* in Frankreich und der *Cider* in England sind eher perlige Apfelschaumweine und unterscheiden sich auch geschmacklich deutlich vom **herben Apfelwein.**

Für den Viez werden meist sehr säurehaltige **Äpfel von Streuobstwiesen** verwendet. Die eher kleinen, säuerlichen Mostäpfel mit harter Schale sind frisch kaum zu genießen, können aber gut gekeltert werden. Je nach verwendeter Sorte variiert der Geschmack, auch Birnen werden manchmal dazugegeben. Da die Äpfel von Streuobstwiesen stammen, ist der Viez nicht aus einer einzigen, sondern aus vielen Apfelsorten gekeltert – also eine Art Cuvée. Je nach Region und Produzent unterscheiden sie sich deutlich im Geschmack.

Getrunken wird der Viez aus der **Viezporz,** darin bleibt er länger kühl und frisch. Der Name leitet sich von „Porzellan" ab, denn die Krüge sind typischerweise aus weißem Porzellan und fassen 0,4 Liter.

Woher die Bezeichnung kommt, ist umstritten. Manche sagen, *Viez* leite sich von dem lateinischen Wort *vice* für „an Stelle von" ab, also Ersatz für den teureren Wein – oder aber vom lateinischen *faece,* was für minderwertigen Wein steht. Böse Zungen behaupten, der Ausdruck komme vielmehr von dem französischen Wort *vite* für „schnell", was auf die abführende Wirkung des Getränkes anspielt, die bei übermäßigem Genuss eintreten kann. Vor allem der frische, süße Viez ist für seine „durchschlagende" Wirkung berüchtigt. **Süßer Viez** ist der unvergorene oder nur leicht vergorene Apfelmost. Er hat nur kurz Saison, es gibt ihn nach der Apfelernte im Herbst.

Viez hat zwar weniger **Alkohol** als Wein, doch es sind immerhin noch 7 bis 8 %. Deshalb und wegen des herben Geschmacks sind **Viez-Schorle, Viez-Cola** und **Viez-Limo** beliebte Mischgetränke. Bei Puristen ist das verpönt, doch für manche wird der Viez erst durch den süßen Mix oder das Verdünnen mit Mineralwasser trinkbar.

Seit regionale Produkte immer beliebter werden, steigt auch der Viez in der Gunst der Konsumenten. Menschen, die nicht aus der Region stammen, müssen sich allerdings erst an den ungewöhnlichen Geschmack gewöhnen. Eine Liebe auf ersten Blick – oder besser: ersten Schluck – ist eher selten.

In Trier gibt es seit 2010 die **Viezbruderschaft.** Die Mitglieder kümmern sich um die Erhaltung des Brauchtums rund um den Viez und die Erhaltung der Streuobstwiesen. Außerdem organisieren sie alle zwei Jahre im August das **Trierer Viezfest.** Bei dem Straßenfest trifft man sich auf dem Domfreihof, um bei einem kühlen Porz Viez unter den Platanen gemeinsam zu feiern. Neben Viez, Apfelsaft oder Viezsecco von regionalen Viezproduzenten werden moselfränkische Gerichte wie *Teerdisch* oder *Dippelappes* angeboten. Der Erlös dient immer einem guten Zweck.

## Die Viezstraße

**Mein Tipp:** Die Viezstraße (franz.: Route du Cidre) ist eine 150 Kilometer lange touristische Straße, die vom saarländischen Wallerfangen bis nach Trier verläuft und an den schönsten Sehenswürdigkeiten des Saargaus vorbeiführt. Man kann die kurvenreiche Strecke mit dem Auto oder dem Motorrad erkunden. An der Strecke liegen unter anderem das Freilichtmuseum **Roscheider Hof** in Konz, die **Römische Tempelanlage in Tawern,** die **Römische Villa Borg** bei Perl und die **Saarschleife** bei Mettlach-Orscholz. Direktvermarkter, Partnerbetriebe und Einkehrmöglichkeiten sind mit dem Viezstraßenlogo (Apfel) gekennzeichnet. Das jährliche Veranstaltungsprogramm gibt der Naturpark Saar-Hunsrück als Broschüre heraus, sie ist in den Touristinformationen der Region erhältlich. Im Internet findet man die Broschüre als pdf-Datei unter www.viezstrasse-online.de.

# Kastel-Staadt

Der kleine Ort Kastel-Staadt liegt auf einem **Plateau hoch über der Saar** gegenüber der Weingemeinde Serrig. Schon die Römer und Kelten siedelten hier. Der keltische Stamm der Treverer errichtete an der strategisch günstigen Stelle um das Jahr 100 v.Chr. ein Stammeszentrum (Oppidum). Die spätkeltische Siedlung war rund 30 Hektar groß und mit einem Graben und einem Wall geschützt. Bei Ausgrabungen entdeckte man 2012 ein **gallo-römisches Kulttheater,** das zum Teil rekonstruiert wurde.

Berühmt ist Kastel-Staadt für die Klause am östlichen Ende des Hochplateaus oberhalb der Saar. Der preußische Kronprinz *Friedrich Wilhelm IV.* erhielt sie 1833 als Geschenk. Neben der Klause ließ er von seinem Baumeister *Karl Friedrich von Schinkel* eine Grabkirche für König *Johann von Böhmen* errichten. Als Dank für die Klause förderte der Kronprinz 1840 den Bau der sogenannten **Schinkelschule** in Kastel. Das für preußische Schulen typische, klassizistische Gebäude bestand aus zwei Trakten, einem Klassenzimmer und einer Lehrerwohnung.

## Alte Pfarrkirche St. Johannes

Vom Besucherparkplatz der Klause aus gelangt man zunächst zur Pfarrkirche St. Johannes der Täufer. Sie steht etwas verlassen da, gehörte sie doch ursprünglich zu einem bereits im Mittelalter aufgegebenen Dorf. Errichtet wurde sie im 12. Jh. (Kirchturm) und 13. Jh. (Langhaus). Bemerkenswert sind die Fratzen an den Schallarkaden des Kirchturms, die das Gotteshaus vor Dämonen beschützen sollten.

Hinter der Kirche befindet sich ein Ehrenfriedhof für gefallene Soldaten des Zweiten Weltkriegs. Vom **Mahnkreuz** aus hat man einen fantastischen Blick ins Saartal und auf den von Weinbergen umgebenen Ort Serrig.

## Klause Kastel-Staadt

Ein sehr bekanntes und äußerst beliebtes Fotomotiv ist die Klause Kastel-Staadt. Sie gilt als ein Höhepunkt der deutschen Romantik. Bereits die Kelten und Römer nutzten das Sandsteinplateau, auf dem die Klause steht, als Kultstätte. Im Mittelalter bildete man an der südöstlichen Seite des **Sandsteinfelsens** das Grab Christi nach, indem man eine Höhle in Form einer **Grabnische** in den Fels schlug. Ein Pilgerpfad verband die Nachbildung des Heiligen Grabes mit der Pfarrkirche St. Johann. Um 1600 lebte der französische Franziskanermönch *Roméry* als Einsiedler auf dem Plateau. Der Eremit nutzte die seit dem Mittelalter vorhandenen **Höhlen** als Klause. Außerdem grub er zwei Kammern in den Sandsteinfels und schuf eine zweigeschossige Kapelle. In der unteren (Kapelle St. Helena) befindet sich ein Sakralraum. In der oberen (Kreuzkapelle) erkennt man eine schrankartige Nische.

Ab 1794 war die Klause verlassen und zerfiel. Der preußische Kronprinz *Friedrich Wilhelm IV.* ließ neben der in den Fels geschlagenen Kapelle 1835–38 eine **Grabkapelle** für König *Johann von Böh-*

025mo kn

*men* (1296–1346) errichten. Baumeister war der berühmte *Karl Friedrich von Schinkel.* Der Kronprinz verehrte den blinden König aus dem Hause Luxemburg, der seinerzeit als Verkörperung des Ritterideals galt und 1346 trotz Blindheit in die Schlacht von Crécy zog und dort den Tod fand. In der Grabkapelle, die auf den Grundmauern einer Wallfahrtskapelle aus dem frühen 17. Jh. errichtet wurde, befindet sich ein schwarzer Marmorsarkophag. Die Gebeine König *Johanns* lagen bis 1946 darin, dann wurden sie auf Veranlassung des Staates Luxemburg exhumiert und in der Kathedrale Luxemburg beigesetzt.

■ **Klause Kastel-Staadt,** Saarblickstr. 2, 54441 Kastel-Staadt, Tel. (06582) 535, im März Sa, So und Fei 9–13 und 14–17 Uhr, April bis Sept. Mi–So und Fei 9–13 und 14–18 Uhr, Okt. Mi–So und Fei 9–13 und 14–17 Uhr, Nov. Mi–So und Fei 10–16 Uhr, Dez. geschl., Erw. 4 €, Kinder und Jugendl. 2,50 €, Familien (1 Erw. und Kinder) 4 €, 2 Erw. und Kinder 8 €. Die AntikenCard Trier (Premium, siehe S. 77) gilt auch für die Klause.

## Wandern

### Traumschleife „Kasteler Felsenpfad"

Der knapp neun Kilometer lange Wanderweg ist teilweise recht fordernd, festes Schuhwerk ist unbedingt notwendig. Der Weg führt über das Hochplateau von Kastel-Staadt. Höhepunkte sind die Klause (hier wird Eintritt erhoben) und die bizarren, hoch aufragenden Buntsandsteinfelsen. Start ist auf dem Parkplatz der Klause in Kastel-Staadt.

☒ Die Grabkapelle von Kastel-Staadt auf dem Felsen über Saar

# Mettlach

Mettlach liegt an der berühmten Saarschleife. Ortsprägend ist das beeindruckende Gebäude der Alten Abtei direkt am Saarufer. Einst war das Kloster eine berühmte Klosterschule, heute ist es der Hauptsitz der **Keramikfirma Villeroy & Boch.** Für Schnäppchenjäger ist Mettlach ein lohnendes Ausflugsziel. Die Innenstadt hat sich in den letzten Jahren in ein kleines **Outlet-Center** verwandelt. Neben Geschäften mit Porzellan von Villeroy & Boch gibt es etliche weitere Läden bekannter Marken.

## Alte Abtei

*Lutwinus,* der spätere Erzbischof von Trier, gründete die **Benediktinerabtei** im letzten Viertel des 7. Jh. Im 18. Jh. wurde das spätbarocke Abteigebäude nach den Plänen des sächsischen Baumeisters *Christian Kretzschmar* errichtet. Die für ihre Klosterschule berühmte Abtei wurde im Zuge der Französischen Revolution 1794 aufgegeben. 1809 kaufte *Jean-François Boch* das inzwischen stark verfallene Gebäude und ließ es instandsetzen. Heute hat die Firma **Villeroy & Boch** in dem historischen Gemäuer ihren **Hauptsitz.**

In dem angrenzenden, öffentlich zugänglichen Abteipark steht der **Alte Turm.** Das um 989 errichtete Bauwerk war Teil einer früheren Abteikirche und diente als Grabkirche des *Lutwinus.* Es ist das älteste sakrale Gebäude des Saarlands. Zwischen Abtei und Altem Turm steht der gusseiserne **Schinkel-Brun-**

027mo kn

**nen.** Kronprinz *Friedrich Wilhelm*, der spätere König *Friedrich Wilhelm IV.*, schenkte ihn 1833 *Jean-François Boch.* Der Entwurf stammt von dem berühmten preußischen Baumeister *Karl Friedrich Schinkel.* Bekrönt ist der Brunnen von einer Skulptur, die *Johann*, König von Böhmen und Graf von Luxemburg, darstellt. Er war ein Vorfahr des Kronprinzen.

**Living Planet Square** nennt sich das zeitgenössische Ensemble zweier Künstler neben dem Alten Turm. Der „Erdgeist" ist ein Werk von *André Heller. Stefan Szczesny* schuf die „Weltkarte des Lebens", das größte keramische Puzzle der Welt.

## Erlebniszentrum Villeroy & Boch

Das **Keramikmuseum** in der Alten Abtei präsentiert die Mitte des 19. Jh. von *Eugen von Boch* gegründete Sammlung. Die keramischen Schätze stammen aus verschiedenen Epochen. Zu bewundern sind königliche Nachttöpfe, päpstliches Speisegeschirr, wunderschöne Jugendstilwaschbecken und barocke Prunkgefäße.

In einem **Filmsaal** werden 260 Jahre Keramik- und Unternehmensgeschichte gezeigt. Den Grundstein für das inzwischen internationale Unternehmen legten *François Boch* und *Nicolas Villeroy.* Die Produktpalette umfasst Keramikwaren wie Geschirr oder Fliesen. In der **Erlebniswelt Tischkultur** sind aktuelle Produkte ausgestellt. Das **Museumscafé** anno 1892 ist mit mehr als 15.000 handgearbeiteten Fliesen im Stil des Dresdner Milchladens ausgeschmückt.

■ **Erlebniszentrum Villeroy & Boch,** Saaruferstraße 1–3, 66693 Mettlach, Tel. (06864) 811020, www.vibo.info/erleben, Erw. 4,50 €, Kinder (7–18 Jahre) 2,50 €, Gruppen (ab 10 Personen) 3,50 €, Familien (Eltern mit Kindern unter 15 Jahren) 9 €, tägl. geöffnet, genaue Öffnungszeiten der verschiedenen Abteilungen finden sich auf der Website. Museumscafé Di–So 11–17.30 Uhr.

⌃ Schinkel-Brunnen und Alter Turm im Abteipark

› Die Alte Abtei in Mettlach

## Einkaufen

■ **Mettlach-Outlet-Center,** Freiherr-von-Stein-Str., 66693 Mettlach, Tel. (06864) 2031, www.mettlachoutletcenter.de, Mo–Fr 9.30–19 Uhr, Sa 9.30–18 Uhr. Die Läden sind rund um den Marktplatz und in den abzweigenden Gassen zu finden. Neben Villeroy & Boch sind auch Geschäfte von Bassetti, Silit, Laura Ashley, Birkenstock oder Vossen vertreten.

## Aktivitäten

■ **Schiffsrundfahrten:** SPS Saar Personenschifffahrt, Anlegestelle Mettlach, Saaruferstraße, Tel. 06581/99188, www.saarflotte.de. Rundfahrten ab Mettlach, Tagesfahrten zwischen Saarburg und Mettlach und zur Saarschleife mit den Personenschiffen „Saargold" und „Saarstern".

## Feste und Veranstaltungen

■ **Kammermusiktage Mettlach:** Seit 1986 finden im Sommer Klassikkonzerte im Refektorium der Alten Abtei statt. Auf dem Festival treten international renommierte Musiker auf, aber auch Künstler, die noch am Beginn ihrer Karriere stehen. Termine unter www.musik-theater.de.

026mo kn

029mo kn

# Die Saarschleife

Die Saarschleife liegt nahe dem Dreiländereck und ist das **Wahrzeichen des Saarlands.** Einen Panoramablick auf das Naturwunder bietet der **Aussichtspunkt Cloef** in Mettlach-Orscholz 180 Meter hoch über dem Fluss. Viele Prominente und Staatsgäste haben die Aussichtsterrasse bereits besucht, darunter *Friedrich Wilhelm IV., König von Preußen, Jacques Chirac, Lech Kaczyński* und *Angela Merkel.* Vom Cloef-Atrium aus erreicht man den Aussichtspunkt in rund zehn Fußminuten.

⌃ Die berühmte Saarschleife bei Mettlach

› Am Aussichtsturm endet der Baumwipfelpfad

## Baumwipfelpfad Saarschleife

Übertroffen wird der spektakuläre Blick auf den berühmten Flusslauf nur noch von dem erst 2016 eröffneten Aussichtsturm des Baumwipfelpfades oberhalb des Aussichtspunktes Cloef. In bis zu **23 Metern Höhe** verläuft der 1250 Meter lange **Holzsteg** auf Pfeilern über dem Waldboden. Er endet in dem 42 Meter hohen **Aussichtsturm** mit einem sagenhaften Blick auf die Saarschleife, an klaren Tagen sogar bis zu den Vogesen. Die Errichtung des 42 Meter hohen Turms war zunächst umstritten. Kritiker befürchteten einen Eingriff in die Natur und die Landschaft und eine Verschandelung der Saarschleife. Doch inzwischen ist er eine Attraktion, die viele Touristen anzieht.

Es gibt mehrere Stationen, an denen über den Lebensraum Wald informiert

028mo kn

wird, und **Erlebnisstationen für Kinder.** Für Abwechslung sorgen eine **Rutsche** und eine Rialtobrücke mit Wackelelementen. Mit höchstens sechs Prozent Steigung ist der Pfad auch für Kinderwagen und Rollstuhlfahrer geeignet. Hunde sind nicht erlaubt.

■ **Baumwipfelpfad Saarschleife,** Cloef-Atrium, Tel. (06865) 1864810, Erw. 10 €, Kinder (6–14 J.) 8 €, Familien (2 Erw. und Kinder 6–14 J.) 21,50 €. Der Pfad ist ab 9.30 Uhr geöffnet.

## Besucherzentrum im Cloef-Atrium

Im Besucherzentrum gibt es eine **Tourist-Information,** eine Naturpark-Infostelle und ein Bistro. Eine **Regio- und Vinothek** bietet Weine, Sekte und Crémants von der Saar und der Mosel, aus Frankreich und Luxemburg an. Zum Sortiment gehören außerdem regionale Spezialitäten wie Edelbrände, Liköre, Viez, Honig, Senf und Essig. Zum **Bistro Mirabell** (tägl. 10–22 Uhr) gehört eine sehr schöne Terrasse an einem großen Teich.

■ **Tagungs- und Besucherzentrum Cloef-Atrium,** 66693 Mettlach-Orscholz, Tel. (06865) 91150, www.touristinfo-mettlach.de, Mai bis Okt. tägl. 10–17 Uhr, Nov. bis April 11–16 Uhr.

■ **Anfahrt:** Aus Richtung Koblenz auf der A1 bis Trier und weiter über die B51 Richtung Saarbrücken bis Mettlach. Aus Richtung Karlsruhe über die A5 Richtung Kaiserslautern – Saarbrücken, weiter über die A8 Richtung Luxemburg, Abfahrt Mettlach. Im Mettlacher Ortsteil Orscholz befindet sich ein Wanderparkplatz am Cloef-Atrium. Der Fußweg (rund 5–10 Min.) ist ausgeschildert.

# IM TAL DER SAUER

Die Sauer (französisch Sûre) ist ein 173 km langer Nebenfluss der Mosel, der wie diese zwischen Luxemburg und Deutschland die Grenze bildet. Bei Wasserbillig mündet er in die Mosel. Früher verliefen auf beiden Seiten des Flusses Bahnstrecken, jetzt ist es der Sauertal-Radweg. Zu den schönsten Naturdenkmälern der Südeifel gehört die Sandsteinfelsenlandschaft rund um die Teufelsschlucht bei Irrel. Kultureller Höhepunkt auf der anderen Seite des Sauer ist Echternach, die älteste Stadt Luxemburgs. Ebenfalls sehenswert ist das schmucke, spätbarocke Schloss Weilerbach mit seiner schönen Gartenanlage.

## Informationen

- **Ferienregion Felsenland Südeifel,** Neuerburger Straße 6, 54669 Bollendorf, Tel. (06525) 933930, www.felsenland-suedeifel.de.

**NICHT VERPASSEN!**

- **Dinosaurierpark Teufelsschlucht** – Jurassic Park in der Eifel | 62
- **Echternach** – die älteste Stadt Luxemburgs mit einer sehenswerten Abtei | 64
- **Schloss Weilerbach** mit barockem Garten | 67

**Diese Tipps erkennt man an der gelben Hinterlegung.**

## Sauertal-Radweg

Entlang des luxemburgisch-deutschen Grenzflusses Sauer führt der Sauertal-Radweg **von Wasserbillig an der Mosel bis Ettelbrück.** Er ist ideal, um das idyllische Tal und seine Sehenswürdigkeiten kennenzulernen. Der 61,5 Kilometer lange Radweg verläuft auf beiden Seiten des Flusses, doch auf der luxemburger Seite ist die mit „Piste-Cyclable-de-la-Basse-Sûr“ ausgeschilderte Route noch etwas schöner. Die Strecke ist verkehrsarm, weil sie größtenteils auf eigenen Wegen verläuft. Außerdem ist sie sehr eben und deshalb auch gut für Kinder und Senioren geeignet.

**Tal der Sauer**

0 2 km ©Reise Know-How 2017

# Teufelsschlucht

**MEIN TIPP:** Die Teufelsschlucht ist eine märchenhafte **Sandsteinfelsenwelt** mit abenteuerlich engen Schluchten, geheimnisvollen Klüften, moosbewachsenen Felsvorsprüngen und meterhohen Steilwänden aus Sandstein. Diese bizarr geformten Felsriesen sind ein ganz besonderes Naturerlebnis, das Wanderer hinter jeder Kurve in neues Erstaunen versetzt. Wer hier wandert, bewegt sich auf einem 190 Millionen Jahre alten Meeresboden.

Das **Naturparkzentrum Teufelsschlucht in Ernzen** informiert über die märchenhafte Landschaft. Es ist Startpunkt von Rundwanderwegen durch die Schlucht und beherbergt eine Touristinformation mit Audioguide-Verleih und und das Bistro „TeufelsKüche".

■ **Naturparkzentrum Teufelsschlucht,** Ferschweilerstr. 50, 54668 Ernzen, Tel. (06525) 933930, www.teufelsschlucht.de.

## Wandern

Die Teufelsschlucht kann man auf drei verschiedenen Wanderwegen erkunden: Die kürzeste Route ist der „Kleine Rundweg Teufelsschlucht" mit knapp zwei Kilometern. Der „Große Rundweg Teufelsschlucht" ist 3,5 Kilometer lang und führt zur spektakulärsten Felspartie der Gegend, dem **Ferschweiler Plateau.** Die „Teuflische Acht" ist eine 5,8 Kilometer lange, fantastische Tour zwischen der Teufelsschlucht und den **Irreler Wasserfällen.** Die Wege sind nicht für Kinderwagen oder Rollstühle geeignet.

## Dinosaurierpark Teufelsschlucht

Jurassic Park in der Eifel: In **Ernzen** an der deutsch-luxemburgischen Grenze sind im 2015 eröffneten Dinosaurierpark Teufelsschlucht **mehr als 100 lebensgroße Rekonstruktionen** prähistorischer Saurier ausgestellt. Zwar gibt es unter anderem auch einen Nachbau einer Szene aus dem Film „Jurassic World" zu sehen, doch der Schwerpunkt des Themen- und Erlebnisparks auf dem Gelände des Naturparkzentrums liegt auf einer wissenschaftlich fundierten Darstellung der Urzeit – entsprechend dem aktuellen wissenschaftlichen Forschungsstand. Auf einem rund 1,5 Kilometer langen Rundweg durch die Urzeit kann man den Dinopark mit Urzeitriesen wie T-Rex, Allosaurus oder Eifelosaurus erkunden. Die Zeitreise führt vom Devon vor 420 Millionen Jahren bis zu den Eiszeitjägern und Mammuts vor etwa 40.000 Jahren. Der größte Saurier ist ein Langhals, ein sogenannter Diplodocus mit beeindruckenden 23 Metern Länge und fünf Metern Höhe.

Der Rundweg ist für Kinderwagen geeignet. Spannend für Kinder ist auch das **Forschercamp** mit Mitmachbereich. Hier kann der Nachwuchs Saurierskelette ausgraben, Fossilien präparieren oder Dinofiguren bemalen. Neben dem **Bistro FelsenKessel** und einer Snack-Sta-

Unterwegs in der Teufelsschlucht

031mo kn

030mo kn

tion am Forschercamp gibt es für Selbstversorger mehrere Picknicktische auf dem Parkgelände.

■ **Dinosaurierpark Teufelsschlucht,** Ferschweilerstr. 50, 54668 Ernzen, Tel. (06525) 9339344, www.dinopark-teufelsschlucht.de, März bis Okt. tägl. 9–18 Uhr (letzter Einlass 17 Uhr), Ende Okt./Anfang Nov. tägl. 9–17 Uhr (letzter Einlass 16 Uhr). Kinder (4–12 J.) 7,50 €, Jugendl. (ab 13 J.) und Erw. 9,50 €. Mittels App lässt sich vorab eine Audiotour kostenlos auf das Smartphone laden oder man nutzt dafür das kostenlose WLAN rund um den Eingangsbereich des Dinoparks. Die Audiotour gibt es wahlweise auf Deutsch, Englisch, Niederländisch oder Französisch. Der Link zur „Lauschtour-App" ist unter www.dinopark-teufelsschlucht.de zu finden.

⌃ „Kleine" Überraschung am Wegesrand

# Echternach

Die älteste Stadt Luxemburgs hat ihren ganz besonderen Charme. Die Entdeckung der Reste eines römischen Palastes aus dem 1. Jh. n.Chr. zeigt, dass Echternach schon in der Römerzeit besiedelt war. Im Jahr 698 gründete der hl. *Willibrord* aus Northumberland hier eine **Benediktinerabtei.** Das heutige Abteigebäude ließ Abt *Gregorius Schouppe* aus Cröv zwischen 1728 und 1731 errichten. Die Anfang des 11. Jh. errichtete und 1250 umgebaute **Abteikirche** wurde im Zweiten Weltkrieg zerstört, danach aber wieder aufgebaut.

**Kultur** wird in der Stadt großgeschrieben. Das Festival International Echternach bietet klassische Konzerte, im September findet ein Jazzfestival statt. International bekannt ist Echternach für die **Springprozession** am Pfingstdienstag. Sie wurde 2010 von der UNESCO als „Immaterielles Kulturerbe der Menschheit" ausgezeichnet. Das rhythmische Springen ist eine Art Gebet, in das der ganze Körper einbezogen wird. Alljährlich nehmen Tausende an der Prozession durch die Stadt bis zum Grab des hl. *Willibrord* in der Abteikirche teil.

## Sehenswertes

### Abteimuseum

Im 10. und 11. Jh. war die Abtei für ihre **Maler- und Schreibschule** berühmt. Das Museum der Buchmalerei präsentiert Werke aus dieser Zeit. Es ist in den Kellerräumen des Abteipalastes von 1727 untergebracht. Neben Faksimiles der in der Echternacher Benediktinerabtei angefertigten Handschriften beleuchten Exponate das Leben und Werk des hl. *Willibrord*.

- **Abteimuseum,** 11, parvis de la basilique, L-6486 Echternach, Tel. (+352) 72 74 72, www.willibrord.lu, tägl. geöffnet, 1.–30. April und 1.–31. Okt. 10–12 und 14–17 Uhr, 1. Mai bis 30. Juni und 1.–30. Sept. 10–12 und 14–18 Uhr, 1. Juli bis 31. August 10–18 Uhr, Erw. 3 €, Senioren über 60 Jahre 1,50 €, Kinder und Jugendliche bis 21 Jahre frei.

### Römervilla Echternach

Die Römervilla ist ein Besucherzentrum, das den Alltag im Herrenhaus einer großen römischen Villenanlage veranschaulicht: mit prunkvollen Empfangs- und Speiseräumen, einer großzügigen Badeanlage und verschiedenen Privaträumen. Die Villa aus dem 1.–5. Jh. n.Chr. gehörte zu einem der größten römischen Landgüter nördlich der Alpen.

- **Römervilla Echternach,** rue des romains 47a, L-6478 Echternach, April bis Mitte Okt. 10–12 und 13–17 Uhr, Mo geschl.

## Praktische Tipps

### Informationen

- **Echternach Tourist Office,** 9-10, parvis de la basilique, L-6486 Echternach, Tel. (+352) 72 02 30, www.echternach-tourist.lu, www.mullerthal.lu.

### Unterkunft

- **Jugendherberge Echternach**①, chemin vers Rodenhof, L-6487 Echternach, Tel. (+352) 26 27 66 400, http://youthhostels.lu. Die Jugendherberge liegt mitten im Freizeitzentrum am Echternacher See. Die Zimmer mit jeweils 2–6 Betten haben alle ein eigenes Bad. Zum Angebot gehören eine Sporthalle, eine 14 m hohe Indoor-Kletterwand, eine Trampolinanlage und ein Fahrradverleih.

### Feste und Veranstaltungen

- **Echternacher Springprozession:** Immer am Pfingstdienstag springen die Teilnehmer, begleitet von einer Polkamelodie, durch Echternach bis zum Grab des hl. *Willibrord* in der Abteikirche.
- **Festival International Echternach:** Das Klassikfestival bietet jährlich im Mai und Juni Konzerte renommierter Musiker, fördert aber auch den künstlerischen Nachwuchs.

### Wandern

Wandern auf den Müllerthal-Trails: Die drei prämierten Wanderrouten in der **Kleinen Luxemburger Schweiz** rund um Echternach sind insgesamt 110 Kilometer lang und lassen sich beliebig kombinieren. Absoluter Höhepunkt ist das Felsenlabyrinth. In der Wolfsschlucht gab es nie Wölfe, dafür Natur pur. Auf dem Hochplateau im Herzen der Kleinen Luxemburger Schweiz liegt der Ort **Berdorf.** Von hier aus kann man seine Wanderung durch das Müllerthal starten. Kein Geheimtipp mehr ist die Käserei in Berdorf (s.u.). Für den Kuh- und Ziegenmilchkäse der Manufaktur kommen die Kunden von weit her.

## In der Umgebung

### Echternacher See

Im waldreichen **Freizeit- und Erholungszentrum** Echternach liegt der 35 Hektar große See, auf dem Segeln, Paddeln, Surfen, Tretboot fahren und Angeln möglich sind. Rund um den See gibt es außerdem Minigolf, Spielplätze, Indoor-Klettern, einen Bike-Park und vieles mehr.

- **Echternacher See,** chemin vers Rodenhof, L-6479 Echternach, Tel. (+352) 72 04 57, www.mullerthal.lu.

Charmantes Städtchen: Echternach an der Sauer

032mo kn

## Aquatower Berdorf

Ein Erlebnis ist der **Wasserturm** in Berdorf mit einer Ausstellung zum Thema Wasser und vielen interaktiven Stationen. Vor allem aber kann man von der **Aussichtsplattform** in 50 Metern Höhe einen wunderbaren Blick in die Umgebung genießen.

■ **Aquatower Berdorf,** 106a, rue de Consdorf, L-6551 Berdorf, http://aquatower-berdorf.lu, Erw. 3,50 €, Kinder (bis 6 J.) frei, Schüler und Studenten (bis 18 J.) 2 €.

### Einkaufen

MEIN TIPP: **Käserei Berdorfer,** Fromagerie Schmalen-Brouwer, 2 rue de Consdorf, L-6551 Berdorf, www.berdorfer.lu/de. Zum Angebot gehören Käsespezialitäten wie der *Berdorfer Kéis* aus Vollmilch, Weinkäse, Ziegenkäse oder würziger Winterkäse. Im Hofladen kann man die Spezialitäten auch probieren.

# Schloss Weilerbach

Ein sehenswertes Schloss findet sich nordwestlich von Echternach auf der rheinland-pfälzischen Seite der Sauer. Das kleine spätbarocke Schloss ließ der letzte Abt der Reichsabtei Echternach, *Emanuel Limpach,* als Sommerresidenz und Verwaltungssitz der benachbarten Eisenhütte erbauen. Der österreichische Baumeister *Paul Mungenast* (1735–97) plante das 1780 vollendete Schloss. 1794 besetzten französische Revolutionstruppen Weilerbach. Schloss und Hütte wurden 1797 versteigert. An die Eisenhütte, die in unmittelbarer Nachbarschaft stand, erinnert heute nicht mehr viel. Vom Hochofen und der Gießerei sind nur noch Reste erhalten, einzig die alten Wassergräben, die das Areal durchziehen, sind von der frühindustriellen Anlage geblieben.

Der **Terrassengarten** des Schlosses ist frei zugänglich. Von hier aus hat man einen schönen Blick ins Tal der Sauer. Der Barockgarten wird durch Buchsbaumeinfassungen streng symmetrisch gegliedert, es gibt Wasserbecken mit Fontänen und ein hübsches Gartenhäuschen. Das Brunnenhaus ist mit Vasen, Nachtvögeln und einem Harlekin bemalt.

Der **Festsaal** des Schlosses dient heute für Kulturveranstaltungen, im Pavillon können sich Brautpaare trauen lassen. In der **Remise,** in der einst die Kutschen untergebracht waren, ist ein Museumscafé eingerichtet. Ausgestellt sind Erzeugnisse der Eisenhütte Weilerbach wie Öfen, Takenplatten und landwirtschaftliche Geräte.

■ **Schloss Weilerbach,** Trierer Str. 1, 54669 Bollendorf, Tel. (06561) 154270.

■ **Museumscafé Remise,** Tel. (06526) 1333, Ostern bis Mitte Oktober tägl. 11–18 Uhr.

# 2 Trier und Umgebung

Deutschlands älteste Stadt ist ein gutes Ziel für Tagesausflüge. Aber auch ein mehrtägiger Besuch lohnt sich: In der Innenstadt reiht sich eine historische Sehenswürdigkeit an die nächste und die Fußgängerzone ist ein wahres Einkaufsparadies. Das Tal der aus den Hunsrück-Höhen herabfließenden Ruwer, die im gleichnamigen Trierer Ortsteil in die Mosel mündet, ist einen Abstecher wert.

146hu kn

◁ Blick vom Kreuzgang auf Liebfrauenkirche und Dom

# TRIER

Die viertgrößte Stadt von Rheinland-Pfalz erstreckt sich in einem weiten Tal der Mittelmosel, eingebettet zwischen den Hochflächen des Hunsrücks und der Eifel und nicht weit von der Grenze zu Luxemburg. Mit ihrer über 2000-jährigen Geschichte bietet die großartige Römerstadt eine Fülle antiker Denkmäler, von der Porta Nigra über die Konstantinbasilika bis zu den Kaiserthermen oder dem Amphitheater. Doch auch alle anderen Kunstepochen haben in der Moselmetropole ihre Spuren hinterlassen. Heute leben knapp 115.000 Menschen in Trier, davon rund 19.000 Studenten.

**NICHT VERPASSEN!**

- Das römische Stadttor **Porta Nigra** | 73
- Der Domfreihof mit dem **Dom St. Peter** und der **Liebfrauenkirche** | 79, 81
- Das **Rheinische Landesmuseum** und sein Trierer Goldschatz | 84
- Das **Amphitheater** – mit Wasser gefüllt, wurden darin Schiffsschlachten nachgestellt | 84
- Spätbarocke Kirchenbaukunst in **St. Paulin** | 88

**Diese Tipps erkennt man an der gelben Hinterlegung.**



Allein der **Dom** ist eine Mischung aus europäischen Baustilen: Im Kern römisch, vereint er darüber hinaus Romanik, Gotik, Barock und sogar die Moderne. Ganz anders die **Liebfrauenkirche** gleich neben dem Dom. Sie ist, architektonisch gesehen, aus einem Guss und gilt als frühestes Beispiel einer gotischen Kirche in Deutschland. Beide haben gemeinsam, dass sie **UNESCO-Weltkulturerbestätten** sind, so wie fünf weitere Trierer Baudenkmäler: Das Amphitheater, die Barbarathermen, die Kaiserthermen, die Thermen am Viehmarkt und die Porta Nigra dürfen sich ebenfalls mit diesem Titel schmücken. Als Stadt hat Trier damit die größte Zahl an Weltkulturerbestätten deutschlandweit.

Trier ist außerdem Pilgerstadt, mit einer **Wallfahrt zum Heiligen Rock** im Dom und zum **Grab des Apostels Matthias** in der Benediktinerabtei St. Matthias. Außerdem ist die Stadt der Geburtsort von **Karl Marx.** Am 5. Mai 1818 erblickte er in der Brückenstraße 10 das Licht der Welt. Tausende Touristen aus China pilgern jährlich zu seinem Geburtshaus.

## Stadtgeschichte

Um 250 v.Chr. besiedelte der keltische Stamm der **Treverer** das Gebiet der heutigen Stadt. Die Römer errichteten im Jahr 30 v.Chr. ein Militärlager auf dem Petrisberg und 18/17 v.Chr. die erste **Brücke über die Mosel.** Die Römerbrücke wird auch heute noch genutzt und ist die älteste Brücke Deutschlands. Ebenfalls 17. v.Chr. gründete Kaiser *Augustus*

## Trier und Tal der Ruwer

0 — 2 km ©Reise Know-How 2017

die Stadt **Augusta Treverorum** (lat. „Stadt des Augustus im Land der Treverer"). Ende des 2. Jh. errichteten die Römer das Amphitheater mit Platz für bis zu 20.000 Zuschauern. Um 180 n.Chr. wurde im Zuge des Baus einer Stadtmauer auch die Porta Nigra als eines von damals vier Stadttoren errichtet.

*Eucharius* wurde um 270 n.Chr. erster **Bischof** von Trier. Alemannen und Franken zerstörten im 3. Jh. die Stadt. Nach dem Wiederaufbau entwickelte sich Augusta Treverorum zur größten römischen Stadt nördlich der Alpen. Sie wurde **Kaiserresidenz,** *Konstantin der Große* verwaltete von hier aus das Weströmische Reich. Mit 50.000 Einwohnern zählte *Treveris,* wie Trier im 4. Jh. hieß, zu den zehn größten Städten im römischen Imperium. Im Jahr 316 verlegte er seine Residenz von Trier nach Byzanz (später *Konstantinopel* genannt). 324 wurde *Konstantin* Alleinherrscher über das römische Imperium und Kaiser des gesamten Reiches. Über einem Teil des Palastes von Kaiserin *Helena,* der Mutter

*Konstantins,* errichtete man im 4. Jh. eine Doppelkirchenanlage.

Im 5. Jh. übernahmen die **Franken** die Macht im Trierer Land. 882 eroberten die **Wikinger** Trier und zerstörten die Stadt. 958 wurde das Marktkreuz als Symbol für das von König *Otto I.* erhaltene Marktrecht aufgestellt. Der griechische Mönch *Simeon* ließ sich im Jahr 1030 in den Ostturm der Porta Nigra einmauern. Nach seinem Tod 1035 wurde der Einsiedler heiliggesprochen. Gleichzeitig ließ Erzbischof *Poppo von Babenberg* die Porta Nigra zu einer Doppelkirche umbauen und das **Simeonstift** wurde gegründet.

1522 griff Ritter *Franz von Sickingen* Trier an, doch die Belagerung scheiterte, er zog erfolglos wieder ab. 1674/1675 besetzten **französische Truppen** die Stadt und zerstörten sämtliche Klöster. Französische Revolutionstruppen zogen 1794 in Trier ein, 1804 ordnete *Napoleon* den Abriss der Simeonskirche an, die Teil der Porta Nigra war. Auch alle anderen religiösen Bauten wurden säkularisiert.

Zehn Jahre später wiederum zogen preußische Truppen in die Stadt ein. Bis 1945 gehörte Trier zur **preußischen Rheinprovinz.** 1912 baute man eine zweite Brücke über die Mosel, sie erhielt den Namen Kaiser-Wilhelm-Brücke. 1944 wurde Trier bei Bombenangriffen stark zerstört. Als dritte Moselbrücke wurde die Konrad-Adenauer-Brücke 1973 errichtet. Im Jahr 1986 feierte man das 2000-jährige Bestehen der Stadt und 2010 das 500-jährige Jubiläum der ersten Heilig-Rock-Ausstellung.

[>] Die imposante Porta Nigra zählt zum UNESCO-Welterbe

# Sehenswertes

## Im Zentrum

Als Ausgangspunkt für einen Spaziergang durch die Stadt bietet sich die Porta Nigra an. Die Tourist-Information liegt gleich nebenan.

### Porta Nigra

Die Porta Nigra ist Triers **Wahrzeichen** und das am besten erhaltene **römische Stadttor** nördlich der Alpen.

Das „Schwarze Tor" wurde ungefähr 180 n.Chr. erbaut und war eines von insgesamt vier Toren, die zur Stadtmauer gehörten. Im Jahr 1030 ließ sich der griechische Mönch *Simeon* in den Ostturm der Porta Nigra einmauern. Nach seinem Tod 1035 wurden die Gebeine des Einsiedlers in der Porta Nigra begraben, der Eremit wurde heiliggesprochen. Erzbischof *Poppo von Babenberg* ließ zu Ehren *Simeons* zwei übereinanderliegende Kirchen in das Stadttor einbauen. Die Umwandlung zu einer **Doppelkirche** (1036–1802) ist auch der Grund, warum die Porta Nigra trotz ihrer wechselhaften Geschichte in einem so guten Zustand erhalten blieb. 1802 ließ *Napoleon* Kirche und Stift aufheben und bald darauf alle kirchlichen Anbauten entfernen.

Der Name „Schwarzes Tor" wurde der Porta Nigra erst im Mittelalter verpasst. Eigentlich sind die bis zu sechs Tonnen schweren Quader, aus der sie erbaut wurde, aus hellem Sandstein. Doch Brände und Umwelteinflüsse haben das Gestein dunkel werden lassen. Die Trierer nennen das Stadttor schlicht „die Porta".

Ebenso spannend wie lehrreich sind die **Erlebnisführungen** in der Porta Nigra, zum Beispiel mit einem römischen Zenturio oder einem Römer, der das typische Gewand, die Toga, trägt. Karten sind nebenan in der Tourist-Information erhältlich.

■ **Porta Nigra,** Simeonstr., April bis September 9–18 Uhr, Nov. bis Feb. 9–16 Uhr, Okt. und März 9–17 Uhr, Erw. 4 €, ermäßigt 2,50 €, Kinder und Jugendliche (6–17 J.) 2,50 €, Kinder unter 6 Jahren frei, Familien (1 Erw. und bis 4 Kinder) 4 €, Familien (2 Erw. und bis 4 Kinder) 8 €, Multimediaguide Erw. 2 €, Kinder 1 €.

## Stadtmuseum Simeonstift

Als die antike Porta Nigra zur Doppelkirche St. Simeon ausgebaut wurde, errichtete man nebenan ein Stiftsgebäude für Kanoniker. Das Besondere und in Deutschland einzigartig ist der **zweistöckige Kreuzgang.** Bis 1802 blieb das Stift bestehen, dann wurde auf Befehl von *Napoleon* das Kloster aufgehoben und das Gebäude privatisiert.

Seit 1904 ist das Stadtmuseum im Simeonstift untergebracht. Sein Schwerpunkt ist die **Kunst-, Kultur- und Stadtgeschichte** Triers. Im Trebeta-Saal sind die mittelalterlichen Figuren des Trierer Hauptmarkts ausgestellt, denn dort ste-

147hu kn

# Trier

**Übernachtung**
1 Römerstadt-Jugendherberge
2 Nells Park Hotel
5 Hotel Römischer Kaiser, Altstadt-Hotel
6 Hotel Restaurant Frankenturm
12 Hotel ibis Styles Trier
23 Campingpark Treviris
32 Hotel Villa Hügel
34 Hotel Petrisberg

**Essen und Trinken**
3 Rest. Brunnenhof
6 Restaurant Frankenturm
7 New Mintons
9 Schlemmereule, Walderdorffs
10 Wirtshaus zur Glocke
11 Suite au Chocolat
14 Brasserie Trier
15 Zum Domstein
16 Christis – Eis und Kaffee
17 Weinstube Kesselstatt
18 Weinsinnig
19 Cubiculum
21 Bitburger Wirtshaus
22 Burgeramt
24 Astarix
28 Krämerie Maison Schmitz
30 Textorium/ Gastronomie in der Tuchfabrik
31 Weinhexe
33 Blesius Garten, Becker's

0 200 m
© Reise Know-How 2017
Nachtleben
7 New Mintons
19 Cubiculum
24 Astarix
31 Weinhexe
Einkaufen
4 Trier-Shop
8 Wochenmarkt Hauptmarkt
13 Einkaufs-passage Galerie
18 Weinsinnig
20 Konplott
25 Wochenmarkt Viehmarkt
26 Kaufhaus Popp
27 Ideenreich, Fräulein Prusselise
28 Krämerie Maison Schmitz, Terra Viva
29 Bischöfliche Weingüter Trier
2 Nells Park, Ruwer
L145
St. Paulin
Broadway
Stadtmuseum Simeonstift
Simeon-stift-platz
Porta Nigra
St. Maximin
Dreikönigen-haus
Judengasse
Rotes Haus
Steipe
Marktkreuz
Haupt-markt
Dom-frei-hof
Museum am Dom
Dom
St. Gangolf
Liebfrauen-kirche
Bahnhof
Konstantin-basilika
Kurfürstliches Palais
Jesuiten-kirche
Palastgarten
Rheinisches Landesmuseum
TuFa
Schatzkammer der Stadtbibliothek Weberbach
Kaiserthermen
Hallenbad Stadt Trier
Petrisberg
Skulpturen-garten Universitäts-campus, Korlingen
Amphi-theater
Turm Luxemburg
L143
Glockengießerstr.
Maarstr.
Engelstr.
Paulinstr.
Theobaldstr.
Nordallee
Maximinstr.
Alkuinstr.
Thebäerstr.
Schöndorfer Str.
B.-Neumann-Str.
Schönbornstr.
Petrusstr.
Kutzbachstr.
Moselstr.
Theodor-Heuss-Allee
Christophstr.
Rindertanzstr.
Göbenstr.
Moltkestr.
Roonstr.
Bismarckstr.
In der Reichsabtei
Sichelstr.
Kochstr.
Deworastr.
Bahnhofstr.
Stockstr.
Jakobstr.
Simeonstr.
Glockenstr.
Sternstr.
Windstr.
Dominikanerstr.
Balduinstr.
Ostallee
Predigerstr.
An der Schellenmauer
Gangolfstr.
Brotstr.
Palaststr.
Liebfrauenstr.
Banthusstr.
Große Eulenpfütz
Mustorstr.
Konstantinstr.
Hosenstr.
Jesuitenstr.
Weberbach
Seizstr.
Gartenfeldstr.
Güterstr.
Bergstr.
Kreuzweg
Sachsenstr.
Agritiusstr.
Helenenstr.
Kronprinzenstr.
Weimarer Allee
Schützenstr.
Kurfürstenstr.
Rahnenstr.
Wechselstr.
Hermesstr.
Egbertstr.
Hettnerstr.
Kaiserstr.
Charlottenstr.
Wilmowskystr.
Sickingenstr.
Spitzmühle
Olewiger Str.
An den Kaiserthermen Str.

149hu kn

hen heute nur noch Kopien. Dazu gehören das Marktkreuz aus dem 10. Jh., die Steipenfiguren aus dem 15. Jh. und die Figuren des Petrusbrunnens aus dem 16. Jh. Im Roten Saal fasziniert ein großes **Stadtmodell,** das Trier in der Zeit um 1800 zeigt. Ein besonderer Schatz ist die **Netsuke-Sammlung** des Industriemanagers und Kunstsammlers *Dr. Martin Schunck* (1900–87). Rund 900 Netsuke (kleine, geschnitzte Figuren aus Japan) sind zu bewundern. Die winzigen Kunstwerke aus Elfenbein, Knochen oder Holz dienten im 18. und 19. Jh. in Japan als Gürtelschmuck und Glücksbringer.

■ **Städtisches Museum Simeonstift,** Simeonstr. 60, Tel. (0651) 7181459, www.museumtrier.de, tägl. 10–17 Uhr, Mo geschl., Erw. 5,50 €, Kinder bis 10 Jahre frei, Familien (2 Erw. und Kinder) 9 €, kostenlose Audioguides.

## Dreikönigenhaus

Ein paar Meter weiter in der Simeonstraße steht das Dreikönigenhaus. Das **frühgotische Patrizierhaus** mit prächtiger Fassade wurde um 1230 als Wohnturm erbaut. Zum Schutz vor Überfällen wurde der Eingang einige Meter über der Straße angelegt. Er war nur über eine Holztreppe oder -leiter zu erreichen, die bei einem Angriff schnell hochgezogen werden konnte. Die Farbfassung im maurischen Stil hat man nach Originalfunden rekonstruiert. Der Name Dreikönigenhaus stammt der Überlieferung nach von einem Gemälde, das früher in dem Haus hing. Das Gebäude ist nur von außen zu besichtigen.

## Judengasse

Geht man vom Dreikönigenhaus weiter Richtung Hauptmarkt, fallen einem auf der rechten Seite der Simeonstraße drei sehr schöne **Fachwerkhäuser** ins Auge. Zwischen den ersten beiden führt ein steinernes Portal (1219) in eine schmale Gasse. Hier begann früher das mittelalterliche Judenviertel. Nachts wurde nach dem Läuten der „Lumpenglocke" von St. Gangolf die Pforte mit einem schweren Tor verschlossen.

☒ Steipe und Rotes Haus am Hauptmarkt

## Hauptmarkt

Das Ensemble historischer Gebäude macht den Hauptmarkt zu einem der schönsten Plätze Deutschlands. Im Zentrum stehen das Marktkreuz und der **Petrusbrunnen.** König *Otto I.* verlieh im Jahr 958 Trier die Stadtrechte. Das **Marktkreuz,** das aus einer römischen

### AntikenCard

**Mein Tipp:** Die **AntikenCard Basic** beinhaltet für 12 € den Eintritt in zwei Römerbauten und ins Landesmuseum. Mit der **AntikenCard Premium** für 18 € kann man vier Römerbauten besuchen, das Landesmuseum, die römische Villa Otrang und die Klause Kastel außerhalb von Trier. Außerdem erhält man mit der AntikenCard ermäßigten Eintritt in das mediale Raumtheater „Im Reich der Schatten" im Landesmuseum, ins Museum am Dom und ins Museum Simeonstift. Auf römische Toga- und Erlebnisführungen gibt es mit der Karte 10 % Rabatt. Ab dem Kauf ist die Karte ein Jahr gültig, der Eintritt für bis zu vier Kinder oder Jugendliche bis 18 Jahre ist inbegriffen. Die AntikenCard gibt es bei allen Römerbauten, im Landesmuseum und bei der Tourist-Information Trier.

Säule gefertigt wurde, erinnert daran. Eine Skulptur des Trierer Stadtpatrons Petrus bekrönt den Marktbrunnen, den der Bildhauer *Hans Ruprecht Hoffmann* 1595 schuf. Darunter sind vier Kardinaltugenden dargestellt: Justitia (Gerechtigkeit) mit Waage und Schwert, Prudentia (Klugheit) mit Spiegel und Schlange, Fortitudo (Mut, Tapferkeit) mit einer zerbrochenen Säule und Temperantia (Mäßigung), die Wein mit Wasser verdünnt. Bemerkenswert sind die kleinen Äffchen, die hinter den Tugenden Schabernack treiben. Sie stehen für das Böse und Lasterhafte.

Die **Löwen-Apotheke** ist die älteste Apotheke in Deutschland. Die 1483 erbaute **Steipe** ist das ehemalige Fest- und Empfangsgebäude der Stadt. Der Name kommt von den Stützen der Spitzbogenarkaden, die die Trierer in ihrer Mundart *Steipen* nennen. Die Fassade der Steipe ist mit Figuren der Heiligen Jakobus, Helena, Petrus und Paulus sowie zwei Rolandstatuen geschmückt. Die geharnischten Rolande sind Sinnbilder der Eigenständigkeit einer Stadt. Die sogenannten Riesen wurden auch zum Trotz gegen die Machthaber, die Trierer Bischöfe und Kurfürsten, angebracht. Während die linke Figur mit Blick auf die Bürgerkirche St. Gangolf das Visier offen trägt, lässt der Ritter ganz rechts mit Blick auf den Dom das Visier angriffslustig herunter. In der Steipe befindet sich heute ein **Spielzeugmuseum** (s.u.: „Aktivitäten für Kinder").

Neben der Steipe (Richtung Dietrichstraße) steht das **Rote Haus** aus dem Jahr 1684. Besonders schön an dem Spätrenaissancebau sind die rote Sandsteinfassade und die geschwungenen Giebelvoluten. Beide Häuser wurden bei einem Bombenangriff 1944 völlig zerstört und erst zwischen 1968 und 1970 wieder aufgebaut.

## St. Gangolf

Die **Bürgerkirche** St. Gangolf ist völlig mit Häusern umbaut. Zugang erhält man von der Marktseite durch das barocke Eingangsportal. An der Ostseite von St. Gangolf findet man die im Volksmund **Gadämcher** genannten, offenen Holzbuden, die es bereits seit dem Mittelalter gibt und die heute als Souvenirläden genutzt werden. 1507 wurde der Turm von St. Gangolf um zwei Stockwerke erhöht. Mit seinen 62 Metern war er damit höher als der Dom. Das passte dem Erzbischof ganz und gar nicht, er ließ 1515 den Südwestturm des Doms erhöhen, so dass dieser wiederum den von St. Gangolf überragte.

## Frankenturm

Geht man vom Hauptmarkt aus an der Steipe und dem Roten Haus vorbei in die Dietrichstraße, gelangt man nach etwa 50 Metern zum Frankenturm. Wie das Dreikönigenhaus gehört er zu den **mittelalterlichen Wohntürmen** und hatte seinen Eingang als Schutz vor Angriffen ebenfalls im ersten Stock. Den Namen hat der Turm nicht etwa von den Franken, sondern von *Franco von Senheim*, der im 14. Jh. dort wohnte. Das romani-

› Der Dom

sche Gebäude aus dem 11. Jh. wurde umfassend restauriert, die einziehbare Holztreppe durch eine Metalltreppe ersetzt. Der Frankenturm kann nur im Rahmen einer Gruppen- oder Erlebnisführung besichtigt werden (www.trier-info.de).

## Dom St. Peter

Vom Hauptmarkt aus gelangt man über die Sternstraße zum Trierer Dom. Mit seiner 1700-jährigen Baugeschichte ist er die **älteste Bischofskirche Deutschlands** und UNESCO-Weltkulturerbe.

034mo kn

150hu kn

Der römische Kern geht auf das 4. Jh. zurück. Nachdem *Konstantin der Große* im Jahr 313 die Religionsfreiheit gewährte, begann man zwei Jahre später mit dem Bau einer gewaltigen Kirchenanlage, die die Grundflächen des Doms, der Liebfrauenkirche und des Domfreihofs einnahm und fast bis zum Hauptmarkt reichte. *Helena,* die Mutter Kaiser *Konstantins,* soll ihren Palast dem Trierer Bischof *Agritius* für den Kirchenbau geschenkt haben. *Agritius* errichtete im Jahr 315 eine dreischiffige Basilika. Bischof *Maximinius* baute um 330 n.Chr. parallel dazu die Südostbasilika, es entstand eine große Doppelkirche. Dann folgte der Bau zweier weiterer Kirchen, der Nordost- und Nordwestbasilika. Um 340 n.Chr. kam noch ein 40x40 Meter großer Quadratbau mit mächtigen Säulen aus Odenwälder Granit hinzu. Er bildet bis heute den antiken Kern des Doms.

Vor dem Domportal liegt eine dieser **Granitsäulen,** die man 1614 bei Grabungsarbeiten unter dem Dom fand. Kinder rutschen auf der inzwischen glatt polierten Säule gern herum. Trierer Schulkinder lernen seit eh und je das passende **Mundartgedicht „Den Domstaan".** Die erste Strophe lautet: „Om Duhmstaan sei mer romgerötscht, et waor net emmer ginstig, de Box zeröss, de Kaap verlohr, de Kopp zerschonn, blutrinstig." (Auf dem Domstein sind wir herumgerutscht, das war nicht immer günstig, die Hose zerrissen, die Mütze verloren, den Kopf blutig gestoßen.)

Im Laufe der Zeit war der Dom immer wieder Angriffen ausgesetzt, vor allem die Wikinger zerstörten ihn im Jahr 882 stark.

Der Legende nach brachte die Mutter Kaiser *Konstantins* im Jahr 324 von einer Wallfahrt nach Palästina das Gewand Christi, den **Heiligen Rock,** mit nach Trier. Die Aufbewahrung der Christusreliquie wird erstmals 1196 urkundlich erwähnt. Im Mittelalter begannen die **Wallfahrten** zum Heiligen Rock. Sie finden heute in unregelmäßigen Abständen statt, die letzte war 2012. Alljährlich kommen Gläubige an den Heilig-Rock-Tagen nach Trier, doch der Rock selbst bleibt im Schrein verborgen. Nur zu besonderen Anlässen wird er gezeigt.

Momentaufnahmen am Dom: [^] der Kreuzgang [>] und die zum Rutschen einladende Granitsäule aus dem 4. Jahrhundert

■ **Dom St. Peter,** Domfreihof, 1. Nov. bis 31. März 6.30–17.30 Uhr, 1. April bis 31. Okt. 6.30–18 Uhr. Gruppenführungen nach Voranmeldung bei der **Dom-Information** (Liebfrauenstr. 12/Ecke Domfreihof, 54290 Trier, Tel. (0651) 979079-0, www.dominformation.de).

## Liebfrauenkirche

Die Liebfrauenkirche, wie der Dom **UNESCO-Weltkulturerbe,** imponiert durch ihre stimmige Architektur und den prächtig gestalteten Innenraum. Sie ist der **früheste gotische Zentralbau in Deutschland.** Die Baumeister, die die Kirche für Erzbischof *Theoderich II.* errichteten, kamen aus der Île de France und der Champagne. Sie kannten die neuen Bauwerke der Hochgotik, wie die Kathedrale Notre Dame in Reims, ein Meisterwerk der gotischen Kunst, und brachten die moderne, filigrane Formensprache mit nach Trier. 33 Jahre (1227–60) vergingen, bis die Kirche mit dem Grundriss einer zwölfblättrigen Rose, einer Rosa Mystica, fertiggestellt war.

■ **Liebfrauenkirche,** Liebfrauenstr., April bis Okt. 10–18 Uhr, Nov. bis März 10–17 Uhr, Führungen sind nach Voranmeldung bei der Dom-Information möglich.

## Museum am Dom

Das Museum zeigt vor allem kirchliche Kunstgegenstände. Schwerpunkt sind die archäologischen Funde aus den spätantiken Vorgängerbauten des Doms. Einer der Höhepunkte ist das **Konstantinische Deckengemälde,** das in drei Metern Tiefe unter dem Dom geborgen wurde: Zehn Jahre waren nötig, um das spätantike Werk aus den mehr als 30.000 Fragmenten zu rekonstruieren.

■ **Museum am Dom,** Bischof-Stein-Platz 1/Windstr. 6, Tel. (0651) 7105255, www.bistum-trier.de/museum, Di–Sa 9–17 Uhr, So 13–17 Uhr, Erw. 3,50 €, Schüler und Studenten 2 €.

151hu kn

## Konstantinbasilika

Folgt man vom Domplatz aus der Liebfrauenstraße, gelangt man zur Konstantinbasilika. Die imposante Aula palatina (Palastaula), erbaut 310 n.Chr., diente als Repräsentations- und Empfangshalle der römischen Kaiser. Sie gilt als der größte erhaltene säulenlose Raum der Antike und Kaiser *Konstantin* als ihr Erbauer. Schon zur Römerzeit wurde die Palastaula mit einer raffinierten, Hypocaustum genannten Warmluftheizung geheizt. Die Konstantinbasilika ist **UNESCO-Weltkulturerbe** und wird seit 1856 als evangelische Kirche genutzt.

■ **Konstantinbasilika,** Konstantinplatz, April bis Okt. Mo–Sa 10–18 Uhr, So 13–18 Uhr, Nov. bis März Mo–Sa 10–12 und 14–16 Uhr, So 13–18 Uhr.

## Kurfürstliches Palais und Palastgarten

Das Kurfürstliche Palais, das sich an die Konstantinbasilika anschließt, ist heute Verwaltungssitz und kann leider nur von außen besichtigt werden. 1615 ließ Kurfürst *Lothar von Metternich* den Nord- und Ostflügel des Palais im Renaissancestil errichten. Um 1756 gab Kurfürst *Johann Philipp von Walderdorff* den Um- und Ausbau des Südflügels, also auch der gartenseitigen **Rokokofassade,** in Auftrag. Hofarchitekt *Johannes Seiz,* ein Schüler *Balthasar Neumanns,* übernahm die Aufgabe zusammen mit dem Bildhauer *Ferdinand Tietz,* der den **Figurenschmuck** auf der Attika des Palais und im Park schuf.

Der wunderschön gestaltete, **barocke Palastgarten** ist im Sommer Treffpunkt für viele Menschen, die hier spazierengehen, sonnenbaden, picknicken, grillen oder Partys feiern. Die weiträumige Gartenanlage und das prachtvolle Palais bilden eine so harmonische Einheit, dass man sich heute kaum vorstellen kann, dass der Park von der Französischen Revolution bis ins 20. Jh. ein Exerzierplatz war. Erst ab 1936 wurde der Park nach alten Plänen wieder angelegt. Vor dem Palais steht ein von *Ferdinand Tietz* entworfener **Brunnen.** Arkadenförmig zugeschnittene Hainbuchenwände mit Bogenöffnungen umfassen und gliedern den barocken Teil des Parks. Das Betreten der Rasenflächen ist hier verboten.

Hinter dieser streng geometrischen Gartenanlage öffnet sich Richtung Kaiserthermen der landschaftlich gestaltete Park mit einer **Liegewiese.** Rechts am Palais vorbei führt ein Weg zu einem schönen Spielplatz für kleinere Kinder, gleich daneben wurde ein Bolzplatz angelegt.

## Stadtbibliothek Weberbach

In der **Schatzkammer** der Stadtbibliothek gibt es bibliophile Schätze zu entdecken, so den zum Weltdokumentenerbe der UNESCO gehörenden „Codex Egberti“ oder Originalhandschriften von *Nikolaus Cusanus, Johann Wolfgang von Goethe* und *Karl Marx.* Neben kostbaren Handschriften und prachtvollen Bucheinbänden sind mittelalterliche Zauber- und Segenssprüche, eine Gutenbergbibel und barocke Coronelli-Globen ausgestellt.

■ **Schatzkammer der Stadtbibliothek Weberbach,** Weberbach 25, www.stadtbibliothek-weber

152hu kn

bach.de/Schatzkammer, Di–So und Fei 10–17 Uhr, Erw. 5 € (mit TrierCard 3,75 €), Kinder bis 10 J. frei, Schüler, Studenten und Senioren ab 65 J. 3 €, Familien 8 €. Jeden ersten Samstag im Monat um 11 Uhr findet eine kostenlose öffentliche Kinderführung durch die Schatzkammer statt. Audio-Guide-Führungen gibt es in Deutsch, Französisch, Englisch und Niederländisch (2 €). Alternativ gibt es eine App zum Download aufs Smartphone (2 €).

## Kaiserthermen

**Mein Tipp:** Am südlichen Rand des Palastgartens liegen die Kaiserthermen, auch sie sind **Weltkulturerbe.** Die Thermen wurden Ende des 3. Jh. erbaut und sind damit die jüngste der drei römischen Badeanlagen in Trier. Nachdem die Stadt zur Kaiserresidenz erhoben wurde, begann man, einen Palastbezirk zu errichten. Die Kaiserthermen waren ein Teil davon und darüber hinaus eine der größten Badeanlagen des Römischen Reiches. Allerdings wurde der Thermenkomplex nie fertiggestellt.

Das Besondere ist das unterirdische, **labyrinthartige Kellergangsystem.** Von diesen Bediengängen aus wurden die sechs Kesselräume angefeuert, die das ankommende kalte Wasser auf 40 Grad erhitzten. Es wurde in Badebecken geleitet, eine Fußbodenheizung sorgte dafür, dass es nicht abkühlte und der Raum angenehm temperiert war.

Eine **Ausstellung** im Eingangsbereich der Kaiserthermen informiert über die Geschichte der Thermen.

☐ Das Kurfürstliche Palais, im Hintergrund die Konstantinbasilika

■ **Kaiserthermen,** Weimarer Allee 2, Jan. bis Feb. und Nov. bis Dez. 9–16 Uhr, März und Okt. 9–17

Uhr, April bis Sept. 9–18 Uhr, Erw. 4 €, Kinder und Jugendl. (6–18 J.) 2,50 €, Kinder unter 6 J. frei, Familien (1 Erw. und bis 4 Kinder) 4 €, Familien (2 Erw. und bis 4 Kinder) 8 €, Multimediaguide Erw. 2 €, Kinder 1 €.

## Rheinisches Landesmuseum

Einen umfassenden Überblick über die römische Vergangenheit Triers gibt das Rheinische Landesmuseum. In den weitläufigen Räumen mit den wertvollen, **antiken Ausstellungsstücken** könnte man ganze Tage verbringen. Auf ein Exponat ist man besonders stolz: Der **Trierer Goldschatz** ist einer der größten Goldschätze aus römischer Zeit, die jemals gefunden wurden. Die mehr als 2600 römischen Münzen, insgesamt 18,5 Kilogramm Gold, wurden 1993 bei Bauarbeiten entdeckt.

Zwar dokumentiert das Museum die Geschichte der Region von der Urzeit bis zum Ende des 18. Jh., doch der Schwerpunkt der 4500 ausgestellten Objekte liegt auf der römischen Zeit. Dazu gehören auch die berühmten Grabdenkmäler aus Neumagen wie das „Weinschiff" oder das „Schulrelief" und prachtvolle Mosaiken.

Ein **Stadtmodell** zeigt Trier in römischer Zeit. Man sieht alle vier Stadttore, den Basilikenkomplex unter dem Trierer Dom, einen gallo-römischen Tempelbezirk und einen Circus Maximus, in dem Wagenrennen veranstaltet wurden. Vor allem kann man sehr gut erkennen, dass das Straßennetz von Augusta Treverorum schachbrettartig angelegt war.

**Mein Tipp:** Einen ganz neuen Weg geht das Museum mit der **Rauminszenierung „Im Reich der Schatten"**. Mit dem Trierer Kaufmann Gaius Albinius Asper und dem Götterboten Merkur taucht der Besucher in die Unterwelt ein. Originalexponate werden mit Licht- und Filmeffekten und atmosphärischer Musik in Szene gesetzt und machen das mediale Raumtheater zu einem besonderen Erlebnis.

■ **Rheinisches Landesmuseum Trier,** Weimarer Allee 1, Tel. (0651) 97740, Di–So 10–17 Uhr, Erw. 8 €, Kinder und Jugendl. (6–18 J.) 4 €, Familien (1 Erw. und bis 4 Kinder) 8 €, Familien (2 Erw. und bis 4 Kinder) 16 €, Kinder bis 6 J. frei. Termine der öffentlichen Führungen und der regelmäßig stattfindenden, immer sehr sehenswerten Sonderausstellungen unter www.landesmuseum-trier.de.

Rauminszenierung „Im Reich der Schatten": täglich außer Mo 11.30 und 14.30 Uhr, Dauer 45 Minuten, www.im-reich-der-schatten.de.

## Amphitheater

Rund zehn Fußminuten vom Landesmuseum entfernt liegt unterhalb des Petrisberges das Amphitheater. Es wurde Ende des 2. Jh. erbaut und war in die römische Stadtmauer integriert. 20.000 Menschen hatten auf den Zuschauerrängen rund um die ovale Arena Platz. Das Volk wurde mit blutrünstigen Kämpfen unterhalten. Dazu gehörten Gladiatorenkämpfe, Menschen traten gegeneinander an, ausgehungerte Tiere wurden aufeinander losgelassen. Gefangene, darunter auch Stammesfürsten, wurden wilden Tieren zum Fraß vorgeworfen. Eine Besonderheit des Trierer Amphitheaters war, dass die Arena mit Wasser gefüllt werden konnte, um Schiffsschlachten nachzustellen. In dem Raum unter dem Amphitheater bereiteten sich die Gladiatoren auf ihre Kämpfe vor, Gefangene harrten ihres Schicksals. Es gab Umkleidekabinen und 15 Käfige für die Tiere. In der Mitte stand eine hölzerne Hebebühne, die spektakuläre Inszenierungen ermöglichte.

■ **Amphitheater,** Bergstr. 45, April bis September 9–18 Uhr, Jan., Feb., Nov. und Dez. 9–16 Uhr, März und Okt. 9–17 Uhr, Erw. 4 €, Kinder und Jugendl. (6–18 J.) 2,50 €, Kinder unter 6 J. frei, Familien (1 Erw. und bis 4 Kinder) 4 €, Familien (2 Erw. und bis 4 Kinder) 8 €.

## Karl-Marx-Haus

Im Geburtshaus von *Karl Marx* ist ein **Museum** untergebracht. Zwar gibt es nur wenige originale Ausstellungsstücke zu sehen, dafür aber eine fundierte Dokumentation über Leben und Werk des Philosophen, Ökonomen und Revolutionärs. Zu dem Haus gehört auch ein schöner Garten.

*Marx* wurde am 5. Mai 1818 geboren, sein Vater *Heinrich* war Advokat am Landgericht Trier, musste dafür aber vom jüdischen Glauben zum Protestantismus übertreten, da es Juden zu dieser Zeit nicht erlaubt war, Juristen zu werden. Das Haus in der Brückenstraße ist das Geburtshaus von Karl Marx, doch er lebte nur kurze Zeit dort. Die Familie zog schon sehr bald in die Simeonstraße um, nur 100 Meter von der Porta Nigra entfernt. *Karl Marx* lebte hier bis zu seinem Abitur im Jahr 1835. Eine Plakette an der Fassade erinnert an den berühmten Bewohner. Das Museum in der Brückenstraße besuchen jährlich mehr als 30.000 Menschen, ein Drittel davon kommt aus China. Im Museumsshop gibt es alles von Marx-Wein über Marx-Schokolade bis hin zu Marx-Büsten.

■ **Karl-Marx-Haus,** Brückenstr. 10, Tel. (0651) 970680, www.fes.de/Karl-Marx-Haus, April bis Okt. tägl. 10–18 Uhr, Nov. bis März Di–So 11–17 Uhr, Mo 14–17 Uhr, Erw. 4 €, Schüler/Studenten 2,50 €, Familien 7 €.

## Thermen am Viehmarkt

Die erst 1986 entdeckten Fundamente einer römischen Badeanlage sind die kleinsten Thermen in Trier. Die Funktion des ursprünglichen Gebäudes aus dem 2. Jh. ist noch ungeklärt, im 4. Jh. wurde es zu einem öffentlichen Bad umgebaut.

Die Ruine ist durch eine imposante **Glas-Stahl-Konstruktion** des Star-Architekten *Oswald Mathias Ungers* (1926–2007) geschützt. Die Trierer gaben ihr den Spitznamen „Ungers-Vitrine", allerdings bezeichnete auch der Architekt selbst den Bau als Vitrine. Die Viehmarkt-Thermen werden auch für Ausstellungen, Konzerte und andere Veranstaltungen genutzt.

■ **Thermen am Viehmarkt,** Viehmarktplatz 1, tägl. 9–17 Uhr, Erw. 4 €, Kinder u. Jugendl. (6–18 J.) 2,50 €, Kinder unter 6 J. frei, Familien (1 Erw. und bis 4 Kinder) 4 €, Familien (2 Erw. und bis 4 Kinder) 8 €, Rentner und Auszubildende 3 €.

## Jesuitenkirche

In der Jesuitenkirche zwischen Brot- und Neustraße ist der Theologe und Dichter *Friedrich Spee von Langenfeld* begraben. Der Jesuit verfasste 1631 eine

154hu kn

kämpferische Schrift gegen die Hexenprozesse. Die „Cautio criminalis" erregte seinerzeit viel Aufsehen. Sie zu schreiben, war für *Spee* ein großes Risiko, weshalb er sie anonym veröffentlichte.

■ **Jesuitenkirche,** Jesuitenstr., tägl. 8.30–17 Uhr.

Der Sankt Georgsbrunnen auf dem Kornmarkt

St. Matthias

## Sankt Georgsbrunnen

Auf dem Kornmarkt steht ein sehr schöner Rokoko-Brunnen. Der Sankt Georgsbrunnen wurde zu Ehren des Kurfürsten *Franz Georg von Schönborn* errichtet. Er ist mit dem Drachentöter St. Georg bekrönt, die Figuren darunter stellen die vier Jahreszeiten dar. Gebaut wurde der Brunnen 1750/51 nach Plänen des Hofbaumeisters *Johannes Seiz,* der auch das Kurfürstliche Palais entworfen hat.

# Trier Süd

## Barbarathermen

Die von der UNESCO zum **Weltkulturerbe** erklärten Barbarathermen aus dem 2. Jh. n.Chr. waren zur Zeit ihrer Erbauung die zweitgrößte Badeanlage des Römischen Reiches. Der palastartige Thermenkomplex war prunkvoll eingerichtet und mit 42.000 Quadratmetern deutlich größer als die Kaiserthermen. Für das Wohlbefinden wurden nicht nur marmorverkleidete Räume mit beheizten Bade- und Schwimmbecken geboten, sondern auch Sport- und Erholungsanlagen, Speiseräume, Läden und Schönheitssalons. Die Anlage diente fast drei Jahrhunderte lang als Badetempel und luxuriöser Wellness-Betrieb. Heute erinnert nur noch wenig an den einstigen Thermenpalast. Die weitgehend abgebrochenen Ruinen der Barbarathermen wirken recht unspektakulär. Ein Steg führt durch die Anlage, auf einer Aussichtsplattform befinden sich weitere Informationen.

**Barbarathermen,** Friedrich-Wilhelm-Str., April bis Sept. 9–18 Uhr, Jan./Feb. und Nov./Dez. 9–16 Uhr, März und Okt. 9–17 Uhr. Der Eintritt ist frei.

## Benediktinerabtei St. Matthias

Die Abtei St. Matthias gehört zu den sehenswertesten Bauwerken in Trier. Die **spätgotische Basilika** mit dem breiten Westbau und dem hoch aufragenden Turm ist beeindruckend. Die Front stammt aus dem Jahr 1160, 1650 kamen die barocken Voluten und Anfang des 18. Jh. die Portale hinzu.

Die St. Matthiaskirche liegt mitten in einem **antiken Gräberfeld.** Schon in dem ältesten Vorgängerbau verehrten Christen die ersten beiden Trierer Bischöfe *Eucharius* und *Valerius.* Beim

033mo kn

Neubau der Kirche im 12. Jh. fand man die Reliquien des Apostels *Matthias,* die man zuvor zum Schutz vor Plünderungen versteckt hatte. Seitdem pilgern Gläubige bis heute zu dem berühmten **Apostelgrab** in der Krypta von St. Matthias. Im 13. Jh. baute man die Klostergebäude an die Kirche an. Im Zuge der Säkularisierung wurde das Kloster 1802 aufgegeben, aber seit 1922 leben wieder Mönche in der Abtei.

### Mattheiser Weiher

Hinter dem Kloster St. Matthias, zwischen den Stadtteilen Weismark und Heiligkreuz, liegt der Mattheiser Weiher. Eigentlich sind es mehrere Weiher inmitten einer idyllischen **Parklandschaft,** die zu Spaziergängen einlädt. Einst nutzten die Mönche der Abtei die Weiher zur Fischzucht. Unter dem alten Baumbestand finden sich auch Speierlinge. Die Bäume wurden vor rund 150 Jahren angepflanzt. Mit Hilfe ihrer gerbstoffhaltigen Früchte machte man den Viez, den für die Region typischen Fruchtwein aus Holzäpfeln, haltbarer. Der **Herrenweiher** ist mit einer Fläche von 2,3 Hektar der größte Weiher im Park.

■ **St. Matthias,** Matthiasstr. 85, tägl. 8–19 Uhr, www.abteistmatthias.de.

## Am Moselufer

### Moselkranen

Am Krahnenufer stehen zwei besondere Denkmäler, die sogenannten Moselkranen. Die Dächer dieser alten **Hebekräne** sind drehbar, bewegt wurden sie durch große Laufräder und Seilzüge im Inneren der runden Unterbauten. Mit ihnen be- und entlud man die Handelsschiffe auf der Mosel. Der nördlichere, **Alte Kran** wurde bereits im Jahr 1413 errichtet, der **Zollkran** im Jahr 1774.

### Zurlauben

Das ehemalige **Fischerviertel** Zurlauben liegt direkt an der Kaiser-Wilhelm-Brücke. In den kleinen Fischerhäusern haben sich einige **Restaurants und Kneipen** niedergelassen. Im Sommer sind die Weinterrassen und Biergärten davor ein schöner Platz mit Blick auf die Mosel. Am Zurlaubener Ufer befindet sich auch eine Schiffsanlegestelle für **Ausflugsboote,** die Rundfahrten auf der Mosel anbieten. Höhepunkt des Jahres ist das Moselfest „en Zalawen", wie die Trierer sagen. Es findet am zweiten Juliwochenende statt (s.u.: „Feste und Veranstaltungen").

## Trier Nord

### St. Paulin

Die einschiffige Kirche, entworfen von *Balthasar Neumann* (Innenausstattung) und *Christian Kretschmar* (Architektur), wurde zwischen 1734 und 1757 errichtet

[>] St. Paulin

und ist ein **Meisterwerk spätbarocker Kirchenbaukunst.** Außen wirkt der schlichte Saalbau schlank, fast schon zierlich. Der helle Innenraum hingegen beeindruckt durch eine prachtvolle, geradezu überbordende Ausschmückung mit weißen Stuckelementen und farbenfrohen Deckengemälden. *Christoph Thomas Scheffler* schuf die **Deckenfresken** 1743. Sie zeigen neben der Geschichte des hei-

155hu kn

ligen Paulinus auch das Martyrium der Thebäischen Legion. Der Legende nach weigerten sich die Legionäre, ihrem christlichen Glauben abzuschwören. Sie wurden hingerichtet und das dabei vergossene Blut färbte das Wasser der Mosel angeblich auf fast 30 km rot.

In der Krypta steht der **Sarkophag des Bischofs Paulinus,** der von 346 bis 353 Bischof von Trier war. Er wurde nach Phygrien (Kleinasien) verbannt, wo er 358 starb. Seine Gebeine überführte man um 400 nach Trier. In der Krypta sind auch Reste des römischen Vorgängerbaus aus dem 4. Jh. zu sehen. Der antiken Kirche folgte nach einem Brand eine romanische, die wiederum 1674 von französischen Truppen gesprengt wurde. Kurfürst und Erzbischof *Franz Georg von Schönborn* ließ die Kirche in ihrer heute noch erhaltenen Form errichten.

■ **St. Paulin,** Thebäerstr., 54292 Trier, Mo, Mi, Fr und Sa 8–17 Uhr, Di 11–18.30 Uhr, Do 8–18.30 Uhr, So 10–19.30 Uhr.

## St. Maximin

Die Fundamente von St. Maximin datieren ins späte 4. Jh., ein Teil der Nordostseite stammt aus dem Jahr 942. Alle anderen Bauteile der **ehemaligen Reichsabtei** wurden 1684 errichtet. Nach der französischen Revolution wurde die Abtei St. Maximin aufgegeben. Heute ist das Gebäude eine Mehrzweckhalle. Bei einer Führung kann das **spätantike, christliche Gräberfeld** unter der Kirche besichtigt werden. Fast 300, teils übereinander gestapelte Sarkophage und die Begräbnisstätten dreier Trierer Bischöfe wurden dort bei archäologischen Grabungen freigelegt.

■ **St. Maximin,** Maximinstraße, Führungen Karfreitag bis Dezember jeden 1. Fr im Monat, ab 17 Uhr, Dauer 1 Stunde, max. 16 Teilnehmer, 4,50 €, ermäßigt 3,50 €, Buchung zzgl. Gebühren unter www.ticket-regional.de. Gruppenführungen bis max. 16 Teilnehmer 45 €, Buchung bei der Dom-Information, Tel. (0651) 9790790, www.trierer-dom.de.

## Nells Park

Der von den Trierern liebevoll **Nells Ländchen** genannte Park wurde von *Nikolaus Nell,* Kanonikus am damaligen Stift St. Paulin, vor mehr 200 Jahren angelegt. *Nell* kaufte ein nördlich von Trier gelegenes Sumpfgebiet und ließ es entwässern. Ihm schwebte ein romantischer Landschaftspark im englischen Stil vor, so wie es zu dieser Zeit in Mode kam. Zwischen 1793 und 1801 verwandelte er das Gelände in eine **idyllische Gartenanlage** mit Teichen, Rasenflächen und einem Gutshaus. Heute ist Nells Park die größte öffentliche Grünanlage in der Innenstadt von Trier und für jeden zugänglich.

Der **Rosengarten** im Park mit mehr als 6000 Rosenbüschen erinnert an den Trierer Rosenzüchter *Peter Lambert* (1859–1939). Mit fast 200 Rosenzüchtungen hält er bis heute den Weltrekord.

# In der Umgebung

## Petrisberg

Über dem Amphitheater erhebt sich der Petrisberg. Auf dem Gelände der ehemaligen Landesgartenschau östlich der Innenstadt erstreckt sich der **Petrispark** mit mehreren schönen Spielplätzen für Kinder, Sportplätzen und einem ganz besonderen Aussichtsturm. Der 20 Meter hohe **Turm Luxemburg** oder auch „Turm der Träume und Sehnsüchte" war ein Geschenk der Stadt Luxemburg an Trier. Anlass war die Landesgartenschau 2004. Die begehbare Skulptur aus Stahl wurde von dem luxemburgischen Architekten *François Valentiny* entworfen. Sie steht in der Nähe der Universität Trier und bietet Aussichtsplattformen in verschiedene Richtungen.

Die Sportanlagen unterhalb des Turms, darunter ein **Beachvolleyballplatz** und ein **Skatepark,** sind frei zugänglich (tägl. 8.30–22 Uhr). Für Kinder gibt es einen Wald- und einen **Wasserspielplatz** (www.petrisberg.de).

156hu kn

## Skulpturengarten auf dem Universitätscampus

Der Skulpturengarten in der hügeligen **Parklandschaft,** die die Universität Trier umgibt, ist eine Mischung aus Schaustücken des Fachbereichs Geowissenschaften und Kunstwerken. Neben Arbeiten von Bildhauern wie *Anna Kubach-Wilmsen, Wolfgang Kubach, Waldemar Otto* oder *Christoph Mancke* stehen Granitbrocken aus dem Fichtelgebirge, Quarzitbrocken aus dem Taunus oder Lavabomben aus der Eifel.

## Weißhauswald und Wildgehege

Der Weißhauswald auf der linken Moselseite oberhalb von Pallien ist ein Naherholungsgebiet mit vielen Spazierwegen. Sehr hübsch ist das 1829 erbaute **Drachenhaus.** Namensgeber sind die Drachen aus Kupfer auf dem Dachge-

⌃ Skulptur mit Aussicht:
Turm Luxemburg auf dem Petrisberg

sims, die allerdings erst mehr als vierzig Jahre nach der Errichtung des klassizistischen Gebäudes hinzugefügt wurden. Im **Wildgehege** tummeln sich Rot-, Schwarz-, Dam- und Muffelwild, Wildschweine, verschiedene Fasan- und Hühnerrassen und Ziegen. Auf dem Waldspielplatz können sich Kinder austoben, im **Haus des Waldes,** einem Blockhaus mit kleinem Waldmuseum, erfährt man Wissenswertes über Pflanzen und Tiere. Hier startet auch ein 3,5 km langer **Waldlehrpfad.** Im Herbst sammeln die Trierer Maronen unter den alten Esskastanienbäumen, die einst die Römer in die Region brachten.

■ **Anfahrt:** Zum Weißhauswald gelangt man über die Kaiser-Wilhelm-Brücke und die Bitburger Straße (B51). Ab der Abfahrt „Weißhaus/Fachhochschule" folgt man der Beschilderung „Wildgehege". Parkmöglichkeiten gibt es am Weißhausbrunnen und am Wildgehege.

## Mariensäule

Die weithin sichtbare Mariensäule auf der linken Moselseite ist das höchstgelegene Denkmal von Trier (300 m ü. NN) und bietet einen wunderschönen **Panoramablick** auf die Stadt und die Mosel. Die 40 m hohe Säule auf dem Markusberg oberhalb von West-Pallien wurde 1866 errichtet und sollte daran erinnern, dass Papst *Pius IX.* 1854 die unbefleckte Empfängnis Mariens zum Dogma erhoben hatte. Zu dieser Zeit wurden viele Mariensäulen errichtet, doch in Trier war es gleichzeitig ein Protest der vorwiegend katholischen Stadtbevölkerung gegen die preußisch-protestantische Regierung.

## Schloss Monaise

Schloss Monaise liegt auf der linken Moselseite Richtung Zewen. Entworfen wurde die **frühklassizistische Sommerresidenz** (1779–83) von dem französischen Architekten *François Ignace Mangin.* Bauherr des kleinen Lustschlosses war der Trierer Domdechant *Philipp Franz Graf von Walderdorff.* Der Name Monaise bedeutet „meine Muße" oder „meine Leichtigkeit". Eine Inschrift über der Mittelachse der Hauptfassade lautet „OTIUM CUM DIGNITATE" („Muße mit Würde").

Das Schloss kann nicht besichtigt werden, allerdings befindet sich ein gutes **Restaurant** mit gehobener Küche darin. Die Beletage ist für Hochzeiten und festliche Anlässe buchbar, der **Park** öffentlich zugänglich.

■ **Schloss Monaise,** 54294 Trier-Zewen, Tel. (0651) 828670, www.schloss-monaise.de.

☒ Der Hauptmarkt

# Praktische Tipps

## Informationen

■ **Tourist-Information Trier,** An der Porta Nigra, 54290 Trier, Tel. (0651) 978080, www.trier-info.de, 2. Jan. bis 28. Feb. Mo–Sa 10–17 Uhr, So 10–13 Uhr, 1. März bis 30. April und 1. Nov. bis 30. Dez. Mo–Sa 9–18 Uhr, So 10–15 Uhr, 1. Mai bis 31. Okt. Mo–Sa 9–18 Uhr, So 10–17 Uhr.

■ **Dom-Information Trier,** Liebfrauenstr. 12/ Ecke Domfreihof, Tel. (0651) 9790790, www.dom information.de, Mo–Sa 9.30–17.30 Uhr, So und Fei 12–17.30 Uhr.

## Unterkunft

**1 Römerstadt-Jugendherberge**①, An der Jugendherberge 4, 54292 Trier, Tel. (0651) 146620, www.diejugendherbergen.de. Die Jugendherberge liegt in Zentrumsnähe direkt am Moselufer. Sie gehört zur Kategorie IV+, das heißt, alle Zimmer verfügen über Dusche und WC.

**12 Hotel ibis Styles Trier**②, Metzelstr. 12, 54290 Trier, Tel. (0651) 994920, www.ibis.com. Das moderne Hotel liegt zentral in der Fußgängerzone im historischen Gebäude des Alten Posthofs am Kornmarkt. Das schicke Design greift in jedem Zimmer das Thema Römer auf. Gutes Preis-Leistungsverhältnis und sehr nettes Personal.

**5 Hotel Römischer Kaiser**②-③, Porta-Nigra-Platz 6, 54292 Trier, Tel. (0651) 9770100, www.friedrich-hotels.de/roemischer-kaiser/. Das Hotel aus der Gründerzeit liegt in in unmittelbarer Nähe zu Porta Nigra und Fußgängerzone.

**5 Altstadt-Hotel**②-③, Christophstr. 27 (Ecke Porta-Nigra-Platz), 54290 Trier, Tel. (0651) 9770 200, www.friedrich-hotels.de/altstadt-hotel/. Das Hotel gehört zur gleichen Unternehmensgruppe wie der Römische Kaiser und hat ebenfalls drei Sterne. Ein großer Vorteil ist die zentrale Lage.

**6 Hotel Restaurant Frankenturm**②-③, Dietrichstr. 3, 54290 Trier, Tel. (0651) 978240. Das Hotel

035mo kn

liegt direkt in der Fußgängerzone. Im Erdgeschoss ist ein sehr beliebtes italienisches 6 **Restaurant** mit kleinem Innenhof.

34 **Hotel Petrisberg**②, Sickingenstr. 11 und 13, 54296 Trier, Tel. (0651) 4640, www.hotel-petrisberg.de. Einer der größten Vorzüge des ruhig gelegenen Hotels ist der herrliche Blick über Trier und das Moseltal.

2 **Nells Park Hotel**②, Dasbachstr. 12, 54292 Trier, Tel. (0651) 14440, www.nellsparkhotel.de. Das Thema Wellness spielt eine große Rolle in dem netten Hotel am Stadtrand. Das ist auch für Paare interessant, die Verwöhn-Wochenenden oder Romantik-Arrangements buchen möchten.

32 **Hotel Villa Hügel**④-⑤, Bernhardstr. 14, 54295 Trier, Tel. (0651) 937100, www.hotel-villa-huegel.de. Das Vier-Sterne-Hotel in der schmucken Jugendstilvilla mit modernen Anbauten bietet einen Wellnessbereich mit Sauna und Schwimmbad und eine große Dachterrasse mit tollem Blick über Trier.

### Camping

23 **Campingpark Treviris,** Luxemburger Str. 81, 54294 Trier, Tel. (0651) 86921, www.camping-treviris.de. Der Campingplatz liegt direkt an der Mosel auf der gegenüber liegenden Seite.

### Trier per App erkunden

**Mein Tipp:** Die App **„Talking Stones"** führt auf ganz besondere Weise in die Geschichte der Römerstadt ein. Die sechs Stätten (Porta Nigra, Dom, Thermen am Viehmarkt, Basilika, Kaiserthermen und Amphitheater) und 22 Stationen sind in einen spannenden **Krimi aus der Zeit der Römer** verpackt. Die Krimitour „Die Verschwörung des Prätorianers" (3,99 €) legt dabei vor allem Wert auf kuriose Geschichten, deshalb werden nur die wichtigsten Fakten über die Denkmäler genannt. Per GPS kann die App feststellen, an welcher Sehenswürdigkeit man sich gerade befindet.

Für **Kinder** bis 14 Jahren gibt es die spannende Geschichte „Zeitenschnüffler" (2,99 €), an der der Koblenzer Kinderbuchautor *Stefan Gemmel* mitgearbeitet hat. Über Riol gibt es die kostenlose Variante „Die letzte Schlacht der Treverer". Unter www.talking-stones.de finden Lehrer die didaktischen Möglichkeiten für Schulen (Überprüfung des Wissenstands, Urkunden etc.). Entwickelt wurde die App als Studienprojekt der Universität Trier.

## Essen und Trinken

Gastronomisch hat Trier das ganze Spektrum zwischen rustikalem Essen in Wirtsstuben bis hin zur feinen Küche der Gourmetrestaurants zu bieten. Nicht nur in der Innenstadt gibt es viele Einkehrmöglichkeiten, auch der von Weinbau geprägte Stadtteil Olewig lohnt einen Blick.

3 **Restaurant Brunnenhof**①-②, Simeonstiftsplatz 6, Tel. (0651) 945750, www.brunnenhof-trier.com. Das Restaurant mit Bar und Café liegt direkt am Museum Simeonstift neben der Porta Nigra. Serviert werden Burger, Salate, Pasta, Fleisch und Fisch. In der Bar herrschen regionale Weine vor, aber es gibt auch Cocktails und den für Trier typischen Viez.

15 **Zum Domstein**①-②, Hauptmarkt 5, Tel. (0651) 74490, www.domstein.de, tägl. 8.30–24 Uhr. Regionale und internationale Küche; im Weinkeller wird abends römisches Essen nach *Markus Gavius Apicius* (30 n.Chr.) serviert, dazu gibt es *Mulsum,* den Aperitif der Römer. Die Weinkarte ist ausgesprochen umfangreich.

9 **Schlemmereule**③-④, Domfreihof 1b, Tel. (0651) 73616, www.schlemmereule.de. Gourmetküche für Feinschmecker im historischen Palais Walderdorff gegenüber dem Dom. Da die Schlemmer-

eule zu den besten Restaurants in Trier gehört und schnell ausgebucht ist, sollte man reservieren.

**9 Walderdorffs**②-③, Domfreihof 1a, Tel. (0651) 9944412, www.walderdorffs.de, So–Do 12–15 und 18–22 Uhr, Fr 12–15 und 18–23 Uhr, Sa 12–23 Uhr. Im Sommer ist die Terrasse auf dem Domfreihof mit Blick auf den Dom und die Liebfrauenkirche ein toller Ort, um die leckereren Tapas zu genießen. Berühmt ist das Walderdorffs auch für seine Steaks vom Grill und das Cordon Bleu.

**17 Weinstube Kesselstatt**①-②, Liebfrauenstr. 10, Tel. (0651) 41178, www.weinstubekesselstatt.de, tägl. 10–24 Uhr. Die Terrasse der Weinstube Kesselstatt gegenüber von Dom und Liebfrauenkirche ist im Sommer ein sehr beliebter Ort. Zum Angebot des Restaurants gehören auch kleine Speisen wie gratinierte Baguettes oder Käseplatten (darunter auch der sehr gute, handgefertigte Bauernkäse aus Mannebach).

**11 Mein Tipp: Suite au Chocolat,** Glockenstr. 9, Tel. (0651) 9129681, www.suite-au-chocolat.de, Mo–Fr 9–19 Uhr, Sa 9–20 Uhr, So 10–19 Uhr. Das hübsche Spezialitäten-Café in der Altstadt bietet Kaffee und Trinkschokoladen, Kuchen, Frühstück und eine kleine Mittagskarte. Verkauft werden handgefertigte Pralinen, Schokoladen aus ausgesuchten Manufakturen, Kaffee (auch aus eigener Röstung) und Tee. Wer in die Welt der Chocolatiers und Baristas eintauchen möchte, kann Kurse zur Zubereitung von Pralinen, Törtchen und Eis buchen oder an Verkostungen teilnehmen.

**22 Burgeramt,** Nagelstr. 18, Mo–Do 12–22 Uhr, Fr und Sa 12–24 Uhr. Freunde der amerikanischen Küche können sich auf richtig gute Burger aus frischen Zutaten zu einem fairen Preis freuen. Es gibt klassische Burger oder welche mit Erdnusssoße und Ananas oder mit Gorgonzola, Walnüssen, Preiselbeermarmelade und Rucola. Ab mittags wird ein britisches Frühstück angeboten, stilecht mit weißen Bohnen, Bacon, Ei und gebratenen Tomaten. Ebenfalls sehr lecker sind die Süßkartoffel-Pommes.

**10 Mein Tipp: Wirtshaus zur Glocke**①-②, Glockenstr. 12, Tel. (0651) 73109, www.glocketrier.de, täglich 11.30–24 Uhr. Seit 1803 ist das Traditionswirtshaus „Zur Glocke" ein Gastronomiebetrieb. Wer die regionale Küche kennenlernen will, ist hier genau richtig: *Teerdisch* (Sauerkraut mit Kartoffelstampf), *Mehlkniedel mit Griewen* (Mehlknödel mit Speck und Apfelmus) oder *Flieten* (Hähnchenflügel) stehen auf der Speisekarte. Die Glocke ist außerdem Stammsitz der Trierer Viezbruderschaft, Grund genug, wirklich guten Viez auszuschenken.

**21 Bitburger Wirtshaus**①, Am Kornmarkt 3, Tel. (0651) 4361880, www.bitburger-wirtshaus.de. Preisgünstiges Wirtshaus im Casino am Kornmarkt. Zum Angebot gehören Salate, Suppen, Flammkuchen und Trierer *Flieten* (Hähnchenflügel), als Variante auch internationale Chicken Wings (amerikanisch, spanisch, asiatisch, mexikanisch usw.).

**16 Christis – Eis und Kaffee,** Sternstr. 5. In dem kleinen Café in einer Stichstraße, die den Hauptmarkt mit dem Domvorplatz verbindet, gibt es hausgemachtes Eis in ungewöhnlichen Sorten wie Salty Peanut oder Holunderblüte. Im Winter sind der Glühwein und der Kakao sehr beliebt.

**33 Blesius Garten**①-②, Olewigerstr. 135, Tel. (0651) 36060, www.blesius-garten.de, tägl. 12–14.15 und 18–22.15 Uhr. Auch wenn der Trierer Ortsteil Olewig eigentlich ein Weinort ist – das Restaurant verfügt über eine hauseigene Brauerei, in der ein sehr leckeres, naturtrübes Bier gebraut wird. Das Kraft Bräu gibt es als Helles, Dunkles, Weizen und als Saisonbier. Im Restaurant wird moderne, sehr gute Landhausküche serviert.

**33 Becker's**④-⑤, Olewiger Str. 206, Tel. (0651) 938080, Di–Sa ab 19 Uhr, www.beckers-trier.de. Gault Millau bescheinigt dem Restaurant in Olewig „höchste Kreativität und Qualität" und von Michelin gab es zwei Sterne. Man sollte unbedingt reservieren, da das Restaurant oft ausgebucht ist. Neben einer hervorragenden Küche gibt es auch Angebote wie Weinpicknicks oder Kochkurse.

**14 Brasserie Trier**②-③, Fleischstr. 12, Tel. (0651) 978000, www.brasserie-trier.de, tägl. 12–22 Uhr, durchgehend warme Küche. In der zentral gelegenen Brasserie in der Nähe des Hauptmarktes wird

Bitburger Pils frisch gezapft. Dazu serviert man deutsche Küchenklassiker mit französischem Einschlag.

30 **Textorium/Gastronomie in der Tuchfabrik** ①-②, Wechselstr. 4–6, Tel. (0651) 47482, www.textorium-trier.de, Mo–Fr 12–14.30 Uhr, tägl. 18–1 Uhr. Täglich wechselnder Mittagstisch, montags Pizzatag, dienstags Schnitzeltag. Neben der Speisekarte, die auch viel für Vegetarier bietet, kann man sich den Belag seiner Pizza oder den Nudelauflauf ganz nach Geschmack selbst zusammenstellen. Sonntags gemeinsames Tatort-Gucken auf Großbildleinwand und zusätzlichem großen Fernseher, dafür sollte man aber vorab einen Platz reservieren.

■ **Foodtrucks der Tastebrothers**①: Die Foodtrucks sind mehr als mobile Imbissbuden. Der Burgertruck ist ein quietschgelber amerikanischer Schulbus und kaum zu übersehen. Die Tastebrothers *Marius Felzen* und *Oliver Schmidt* machen richtig gute Burger, kein Wunder, denn die beiden sind gelernte Köche. Die Burger werden vor den Augen der Kunden frisch zubereitet, die Produkte stammen aus der Region. Neuerdings ergänzt ein Currywursttruck das Angebot. Zur Wurst gibt es klassische Currysoße, aber auch hausgemachte BBQ-, Ratatouille- oder Chilli Cheese-Sauce. Zwischen 11.30 und 14.30 Uhr sind die zwei Foodtrucks in den Industriegebieten rund um Trier und Wittlich unterwegs, Termine und Standorte unter www.tastebrothers.com.

### In Euren

■ **Eurener Hof**③, Eurener Str. 184, im Ortsteil Euren auf der linken Moselseite, Tel. (0651) 82400, www.eurener-hof.de. Das Traditionshaus mit angeschlossenem **Hotel** bietet gleich in mehreren Restaurants (Laurentius Stube, Wilder Kaiser und Gutsstube) gehobene Küche.

157hu kn

Die Kaiserthermen

## Nachtleben

24 **Astarix,** Karl-Marx-Str. 11, Tel. (0651) 72239, www.astarixtrier.de, tägl. 12–23, Fr, Sa bis 23.30 Uhr. Kneipe und sehr günstiges, bei Studenten beliebtes 24 Restaurant. Neben der Speisekarte, die auch viel Auswahl für Vegetarier und Veganer bietet, kann man den Belag seiner Pizza ganz nach Geschmack selbst zusammenstellen. Das gilt auch für die Nudelaufläufe oder das Wunsch-Eis zum Nachtisch.

7 **New Mintons,** Jakobstraße 13, Tel. (0651) 9790265, Mo–Sa ab 10 Uhr (open end), So ab 10 Uhr (open end), www.newmintons.de. Das New Mintons am Stockplatz ist 7 **Restaurant,** Bistro und Bar in einem und sehr beliebt bei Jüngeren. Es gibt Pizza-, Cocktail-, Schnitzel- und Burgerabende, sonntags Frühstücksbuffet (10–14 Uhr).

31 31 **Weinhexe,** Saarstr. 18, Tel. (0651) 74137, Mo–Sa ab 17 Uhr, www.weinhexe-trier.de. In dem Weinlokal gibt es neben einer sehr großen Auswahl an edlen Tropfen auch Leckeres aus der „Hexenküche", Kunstausstellungen und Weinproben.

19 19 **Cubiculum,** Hosenstraße 2, Tel. (0651) 45127, www.pizzasalat.de, tägl. 18–1 Uhr, Sa und So bis 2 Uhr. Gemütliche Kellerkneipe mit fantasievoller Speisekarte, berühmt für das Zwiebelbrot und den Pizzasalat (verschiedene Salate, serviert auf einer Pizza Margarita). Die Pizzen kann man sich nach Geschmack selbst zusammenstellen. Für hungrige Nachtschwärmer gibt es eine Nachtkarte.

## Einkaufen

Die **Neustraße** im Süden Triers gehört zu den kreativsten Einkaufsstraßen. Ein ausgefallener Laden reiht sich an den anderen, ob Design, Antiquitäten, Feinkost, Klamotten oder Geschenkideen.

Zum Shoppen und Schlemmen fast ebenso schön ist die **Nagelstraße,** in die die Neustraße mündet. Auch hier gibt es originelle Läden und Restaurants. Doch eigentlich ist die gesamte Trierer Fußgängerzone ideal für Konsumfreudige, vor allem die **Simeonstraße,** die die Porta Nigra mit dem Hauptmarkt verbindet, die **Fleisch-** und die **Brotstraße** und etwas versteckt auch die **Palaststraße.** Von kleinen Boutiquen bis zu großen Einkaufspassagen ist alles vorhanden.

4 **Trier-Shop,** An der Porta Nigra, Tel. (0651) 978080, www.trier-info.de. Im Laden der Tourist-Information findet man außer den üblichen Stadtplänen, Büchern, Rad- und Wanderkarten auch ausgefallene Dinge wie Nudeln in Form der Porta Nigra, Karl-Marx-Devotionalien oder den Trierer Viez Porz mit lustigen Sprüchen.

28 **Krämerie Maison Schmitz,** Neustraße 29, www.kraemerie.de. Nostalgischer, aber erst 2015 eröffneter Feinkostladen mit regionalen und internationalen Leckereien. Die 28 **Bistroküche** bietet zwischen 11.30 und 13.30 Uhr verschiedene Gemüse- und Salatgerichte, Panini, Quiches, Tartes und Tartelettes, auch für Vegetarier und Veganer (Gastronomie Mo–Sa 9.30–18 Uhr).

26 **Kaufhaus Popp,** Neustr. 22, Mo–Sa 11–19 Uhr, www.kaufhaus-popp.de. Schrill, bunt und etwas verrückt präsentiert sich das Kaufhaus Popp. Erstehen kann man trendige Deko, Kleidung, Accessoires, Postkarten, Porzellan und vieles mehr.

27 **Mein Tipp:** **Fräulein Prusselise,** Neustr. 23, Tel. (0651) 2078794, Di–Fr 11–18 Uhr, Sa 11–16 Uhr, Mo geschlossen. Fröhliche, individuelle Mode, entworfen und handgefertigt von zwei jungen Modedesignerinnen.

27 **Ideenreich,** Neustr. 24, Tel. (0651) 48494, www.ideenreich-trier.de, Mo 14–18.30 Uhr, Di–Fr 10–18.30 Uhr, Sa 11–17 Uhr. Zusammenschluss mehrerer Künstlerinnen und Handwerkerinnen, die in der Ladengalerie Keramik, Schmuck, Handarbeiten, Fotografien und Bilder verkaufen.

28 **Terra Viva,** Neustr. 28, Tel. (0651) 42277, www.terravivatrier.de, Mo–Sa 10–18.30 Uhr. Besonders schöner, kleiner Laden mit Design- und Geschenkartikeln.

20 **Konplott,** Konstantinstr. 12, Tel. (0651) 1704 617, www.konplott.com. Konplott-Läden mit den

limitierten Kollektionen des glitzernden Modeschmucks gibt es inzwischen nicht nur in Düsseldorf, Hamburg, Konstanz oder auf dem Berliner Ku'damm, sondern auf der ganzen Welt. Stars wie *Madonna, Shakira* und *Kim Wilde* lieben die extrovertierten Stücke. Doch was wenigen bekannt ist: *Miranda Konstantinidou* begann ihre steile Karriere als Schmuckdesignerin in Trier, wo sie an der Fachhochschule Modedesign studierte. Am Anfang arbeitete sie in einer kleinen Werkstatt und belieferte Händler, inzwischen gibt es weltweit 900 Filialen. Eine weitere in Trier befindet sich in der 13 **Einkaufspassage Galerie** in der Fleischstraße 62.

18 **Weinsinnig,** Palaststr. 12, Tel. (0651) 9790156, Di–Sa. ab 11 Uhr, www.weinsinnig.com. Der Laden ist Vinothek und 18 **Weinbar.** Angeboten werden edle Tropfen der Top-Winzer von Mosel und Saar zum Kauf oder zum Trinken in der gemütlichen Bar. Der Clou ist die begehbare Weinkarte, bei der der Gast mitbestimmt, welcher Wein ausgeschenkt wird. Dazu gibt es kleine Speisen wie Flammkuchen, Käse oder Antipasti.

29 **Vinothek der Bischöflichen Weingüter Trier,** Gervasiusstr. 1, www.bischoeflicheweingueter.de, Mo–Fr 9–18 Uhr, Sa 10–14 Uhr, So und Fei geschl., Parkmöglichkeiten im Innenhof. Die Bischöflichen Weingüter bewirtschaften knapp 100 Hektar Fläche, in erster Linie wird Riesling angebaut. Dazu gehören berühmte Weinlagen wie „Ürziger Garten", „Trittenheimer Apotheke" oder „Piesporter Goldtröpfchen". Das Weingut erzeugt hervorragende Weine, die in der Vinothek probiert und gekauft oder online bestellt werden können. Teile des weitläufigen Kellers unter der Stadt wurden schon von den Römern angelegt und gehen auf das 6. Jh. zurück. 240 Fuderfässer sind in dem heute rund 30.000 m² großen Kellergewölbe untergebracht. Zum Angebot des Weingutes gehören verschiedene Weinproben: klassische, kulinarische, im Weinberg oder als Stadtrundgang. Die Termine finden sich auf der Website.

- **Wochenmarkt:** auf dem 8 Hauptmarkt Mo–Fr 7–18.30 Uhr, Sa 7–13 Uhr; auf dem 25 Viehmarktplatz Di und Fr, 1. April bis 30. Sept. 7–14 Uhr, 1. Jan. bis 31. März u. 1. Okt. bis 31. Dez. 8–14 Uhr.

## Kultur

- **Stadttheater,** Am Augustinerhof, Theaterkasse: Tel. (0651) 718181, www.theatertrier.de. Vertreten sind die Sparten Musiktheater, Schauspiel und Ballett mit Vorstellungen im Großen Haus. Das Junge Theater findet auf der Studio-Bühne und im Foyer statt, aber auch „außer Haus" in Fabrikhallen und an anderen ungewöhnlichen Orten. Außerdem gibt das Philharmonische Orchester der Stadt Trier Sinfoniekonzerte.
- **Tuchfabrik (TuFa),** Wechselstr. 4, Tel. (0651) 7182410, www.tufatrier.de. Die Tuchfabrik, kurz TuFa genannt, ist Kulturzentrum, Kleinkunstbühne und Ausstellungsraum. Geboten werden Kabarett- und Liederabende, Konzerte, Theateraufführungen und Lesungen. Nach einer Vorstellung kann man den Abend im Textorium, einer netten Kneipe im Erdgeschoss der TuFa, ausklingen lassen.
- **Broadway,** Paulinstr. 18, Tel. (0651) 141122, www.broadway-trier.de. Das Programmkino nennt sich auch KinoKulturZentrum und zeigt neben Hollywood-Streifen Filmkunst in OmU-Fassung oder Dokumentationen. Beliebt ist das Schlemmerkino mit Begrüßungssekt und auf den jeweiligen Film abgestimmten Leckereien. Koch ist *Peter Schmalen* von der Schlemmereule (s.o.).

## Feste und Veranstaltungen

- **Rosenmontagszug:** Beim Straßenkarneval im Februar herrscht Ausnahmezustand im Trierer Stadtzentrum. Alljährlich feiern mehrere Zehntausend Besucher entlang der fünf Kilometer langen Umzugsstrecke. Währenddessen ist die Innenstadt weiträumig gesperrt.
- **Altstadtfest:** Am letzten Juniwochenende finden auf zahlreichen Bühnen Live-Konzerte statt,

von Rock, Jazz und Elektro bis Independent. Zwischen Porta Nigra und Kornmarkt, auf dem Domfreihof und auf anderen Plätzen gibt es neben der kostenlosen Musik auch zahlreiche Essens- und Getränkestände. Auch „der Meister“ *Guildo Horn* ist meist auf einer der Bühnen zu finden. Programm unter www.altstadtfesttrier.de.

■ **Internationaler Trierer Stadtlauf:** Seit der 2000-Jahr-Feier der Stadt 1984 wird die Volkslaufveranstaltung alljährlich in der Innenstadt durchgeführt. Die Siegerehrungen finden vor der Porta Nigra statt (www.triererstadtlauf.de).

■ **Trierer Handwerkermarkt:** großer Kunsthandwerkermarkt am ersten Juliwochenende. Mehr als 100 Handwerker zeigen samstags und sonntags ihre Unikate. Ein Rundweg führt vorbei am Museum Simeonstift, durch den Brunnenhof, zum Simeonstiftplatz und rund um die Porta Nigra.

■ **Illuminale Trier:** Lichterfest im August mit leuchtenden Installationen, Objekten und Musik an immer neuen, ausgewählten Spielorten.

■ **Zurlaubener Moselfest:** Am Zurlaubener Ufer bzw. „en Zalawen“ werden bereits seit 60 Jahren am zweiten Juliwochenende Live-Musik und zahlreiche Stände und Buden geboten. Freitags ist Fassanstich, samstags großes Feuerwerk, sonntags Frühschoppen und Familientag, montags klingt das Fest langsam aus (www.zurlaubener-heimatfest.de).

■ **Olewiger Weinfest:** schönes Stadtteilfest mit großem Feuerwerk im August.

■ **Drachenfest auf der Korlinger Höhe:** Nicht nur Profis lassen Anfang Oktober filigrane Flugobjekte wie bunte Lenkdrachen, lindwurmartige Chinadrachen oder grazile Snowflakes aufsteigen. Jeder Besucher darf seinen eigenen Drachen steigen lassen, umso größer wird das farbenfrohe Spektakel. Zum Rahmenprogramm gehören Workshops und Live-Musik. Der Eintritt ist frei (www.spiel-mit-dem-wind.de). Die Drachenwiese liegt bei bei Korlingen südöstlich von Trier.

■ **Allerheiligenmesse:** dreitägige Kirmes auf dem Viehmarkt. Das traditionsreiche Fest wird seit mehr als 100 Jahren auf diesem Platz gefeiert.

■ **Weihnachtsmarkt:** wegen der hübschen historischen Kulisse des Hauptmarkts und des Domfreihofs einer der schönsten Weihnachtsmärkte in Deutschland (www.triererweihnachtsmarkt.de).

■ **Trierer Silvesterlauf:** Der einen Kilometer lange Rundkurs durch die Trierer Altstadt startet auf dem Hauptmarkt. Frauen absolvieren 5 km, Männer 8 km. Für Jugendliche gibt es Strecken zwischen 600 m und 5 km. 2016/2017 nahmen rund 2000 Profi- und Freizeitläufer aus mehr als 20 Nationen teil. Alljährlich säumen Tausende Zuschauer die Strecke und sorgen mit Sambatrommeln, Trillerpfeifen und Konfetti für Stimmung (www.silvesterlauf.de).

## Aktivitäten

**MEIN TIPP:** **Erlebnisführungen:** Die Tourist-Information Trier bietet verschiedene Erlebnisführungen an, zum Beispiel mit einem Zenturio in Paraderüstung, der durch die Porta Nigra führt und mit viel Humor Geschichten und Merkwürdigkeiten rund um das Tor erzählt. Ins mystische Mittelalter geht es mit „Der Teufel in Trier“: Gladiator Valerius führt durch den Keller und die Arena des Amphitheaters. Preise und Termine unter www.erlebnisfuehrungen.de. Wegen der begrenzten Teilnehmerzahl ist eine Voranmeldung ratsam.

■ **Segway Trier Tour:** Zweieinhalbstündige Stadterkundung auf einem Segway, Start ist an der Porta Nigra. Von März bis November, Montag bis Samstag jeweils täglich um 15 Uhr, Sonntag und Feiertage um 11 Uhr, ab 15 Jahre. Die Teilnehmer müssen mindestens einen Mofa-Führerschein haben und die Straßenverkehrsordnung kennen. Standardtour 59 €, verkürzte Tour 39 €. Buchungen: segworks Trier, Südallee 23, 54290 Trier, Tel. (0651) 69933089, www.segworks.de.

■ **Stand Up Paddling:** Trick17, Tel. (0651) 9941717, www.trick17-trier.de. Zwei- bis dreistündiger Kurs für Anfänger, geübt wird vor der Jugendherberge Trier. 45 € inkl. Leihboard und Paddel.

■ **Weinkulturpfad am Petrisberg:** Der 1,6 km lange Themenweg „Weinkulturpfad" startet an der Sickingenstraße im Osten von Trier und verläuft durch Weinberge bis zum Stadtteil Olewig. Dabei führt er zu einem der schönsten Aussichtspunkte der Stadt, dem Turm Luxemburg, der einen sagenhaften Blick vom Petrisberg über die Altstadt bietet.

■ **Freibad Nord,** Zurmaiener Str. 122, Tel. (0651) 25145, in der Saison Mo–Fr 6–19.30 Uhr, Sa, So und Fei 9–18 Uhr (bei schönem Wetter bis 19.30 Uhr). Das Wasser der Schwimmer- und Nichtschwimmerbecken wird mit einer Solaranlage beheizt. Die Liegewiese ist rund 3000 qm groß, die Spielwiese 5500 qm.

■ **Freibad Süd,** An der Härenwies 10, Tel. (0651) 1456875, in der Saison Mo–Fr 12–20 Uhr, Sa, So und Fei 10–18 Uhr (bei schönem Wetter bis 20 Uhr), in den Sommerferien Mo–Fr 10–20 Uhr, Sa, So und Fei 10–18 Uhr (bei schönem Wetter bis 20 Uhr). Barrierefreies Bad mit Wasserspielgarten für den Nachwuchs, 10-Meter-Sprungturm, 75 Meter langer Edelstahlrutsche und großer Liege- und Spielwiese.

■ **Hallenbad Stadt Trier (Bad an den Kaiserthermen),** Südallee 7, Tel. (0651) 7172350, Mo 13–22 Uhr, Di–Fr 6–22 Uhr, Sa 6–21 Uhr, So und Fei 9–18 Uhr. Familienfreundliches Bad mit Schwimmer- und Nichtschwimmerbecken, Springerbecken mit 5-Meter-Turm, 75-Meter-Rutsche mit Lichteffekten, Kindererlebnislandschaft mit Wikingerschiff und großer Saunalandschaft.

■ **SlowMosel,** Tel. 0173 3609445, www.slowmosel.de. *Tillmann Otto* führt individuelle Kurz-Reisen an der Mosel durch, möglichst abseits der Touristenrouten und mit Blick auf die Themen Kultur und Genuss. Zum Angebot gehören Tagesführungen oder Halbtagesfahrten zu den Themen Römer, Wein, Gärten sowie Picknick-Fahrten im VW-Käfer Baujahr 1960.

### Für Kinder

**Spielzeugmuseum,** Dietrichstr. 51 (in der Steipe), Tel. (0651) 75850, www.spielzeugmuseum-trier.de, April bis Dez. Di–So 11–18 Uhr, Jan. bis März Di–So 11–17 Uhr, Mo Ruhetag, Erw. 4,50 €, Jugendl. (11–18 J.) 2,50 €, Kinder (4–10 J.) 2 €, Kinder unter 4 J. frei, Familien (2 Erw. und bis zu 3 Kinder) 12 €. Ein kinderwagen- und rollstuhlgeeigneter Eingang befindet sich in der Jakobstr. 4.

Eigentlich ist das Museum nicht nur etwas für Kinder, denn die alten Schätzchen wecken bei Erwachsenen die Erinnerung an die eigene Kindheit und längst vergessenes Spielzeug. Auf zwei Stockwerken sind rund 5000 Stücke ausgestellt, darunter Zinnfiguren, Blechspielzeug, Eisenbahnen, Plüschtiere und Dampfmaschinen. Die ältesten Exponate sind ein phönizischer Würfel aus Bronze und römische Spielsteine aus Ton.

**Stadtführung für Kinder:** „2000 Jahre – 4000 Schrittchen" heißt der kindgerechte, rund zweistündige Stadtrundgang für 5–14-Jährige. Die Tour findet in Begleitung der Eltern statt. Erzählt werden spannende Geschichten, zum Abschluss geht es in das labyrinthartige Gangsystem der Kaiserthermen. Von Mai bis Oktober Sa 15 Uhr, im Juli, August und Oktober auch Fr 15 Uhr, 6,50 € pro Person. Informationen und Tickets bei der Tourist-Information Trier, online buchbar unter www.trier-info.de.

**Domführung für Kinder:** Auch im Dom gibt es offene kindgerechte Führungen zu verschiedenen Themen. Termine unter www.dominformation.de, Karten und Informationen bei der Dom-Information (Liebfrauenstr. 12 / Ecke Domfreihof, Tel. (0651) 979079-2).

**Museumrallyes:** Die Trierer Museen (Rheinisches Landesmuseum, Stadtmuseum Simeonstift, Spielzeugmuseum, Museum am Dom und Karl-Marx-Haus) bieten Führungen und Rallyes für Kinder an. Weitere Informationen gibt es bei den jeweiligen Museen.

Die Bastion in Pfalzel

## Öffentliche Verkehrsmittel

- **Bahn:** Direkte Verbindungen nach Koblenz und Boppard über Cochem. Der Bahnhof Pfalzel liegt an der Strecke (www.vrminfo.de).
- **Bus:** Flibco-Shuttle: Trier – Morbach – Flughafen Hahn (www.flibco.com).

  Rhein-Mosel-Bus L202: Trier – Thomm – Reinsfeld – Hermeskeil; R200 und R290: Trier – Hermeskeil – Türkismühle (www.rhein-mosel-bus.de).

  Verkehrsverbund Region Trier L33: Trier – Schillingen – Hermeskeil (www.vrt-info.de).

  SWT7: Trier – Pfalzel – Ehrang, Trierer Hafen.
- **Fahrradbus:** RegioRadler Ruwer-Hochwald RR290: Trier – Hermeskeil – Türkismühle (Mai bis November Sa und So, in den rheinland-pfälzischen Sommerferien auch Mo, Mi und Fr), www.rhein-mosel-bus.de.

  RegioRadler Moseltal: Trier – Bernkastel-Kues – Bullay (tägl. 1. April bis 1. Nov., Reservierungen unter www.regioradler.de).

# Pfalzel

Pfalzel, das etwa fünf Kilometer moselabwärts auf der anderen Seite liegt, ist ein besonders hübscher Stadtteil von Trier. Ein Bummel durch den Ort ist wie ein Spaziergang durch die Geschichte. Der Name leitet sich von *Palatiolum* (kleiner Palast) her. Der spätrömische, **festungsartige Palast** wurde Mitte des 4. Jh. in der Nähe einer Brücke errichtet, deren Überreste man erst jüngst entdeckte. Der wehrhafte Bau kontrollierte den nördlichen Zugang nach Trier. Um 700 wurde ein Nonnenkloster inmitten der Anlage gegründet. Teile der Palastruine bezog man in den Bau der **Klosterkirche** (ehemalige Stiftskirche St. Maria) ein, und zwar nicht nur die noch

036mo kn

037mo kn

vorhandenen Mauern, sondern auch einen **römischen Mosaik- und einen Marmorfußboden.** Die integrierten **Mauerreste** lassen sich heute noch in verschiedenen Hauswänden nachvollziehen, teilweise bis ins zweite Geschoss.

Der Stiftsbering wurde von einer Wallmauer mit einst sechs mächtigen Bastionen geschützt. Die **Bastion** zur Mosel hin ist noch gut erhalten und kann tagsüber besichtigt werden.

- **Bastion Pfalzel,** Mai bis Sept. 9–19 Uhr, Okt. bis April 9–17 Uhr.

### Öffentliche Verkehrsmittel

- **Bahn:** Der Bahnhof Pfalzel liegt an der Strecke Trier – Koblenz (www.vrminfo.de).
- **Bus:** SWT7: Trier – Pfalzel – Ehrang, Trierer Hafen.

Reste römischer Mauern, in die Wände integriert, finden sich an verschiedenen Häusern in Pfalzel

# Im Tal der Ruwer

Die Ruwer entspringt am 708 m hohen Rösterkopf, dem höchsten Berg im Osburger Hochwald, einem Teil des Hunsrücks. Der kleine Mittelgebirgsfluss mündet nordöstlich von Trier in die Mosel und ist für die **guten Weinlagen** in diesem Abschnitt bekannt. Charakteristisch für das Ruwertal sind die **Mühlen.** In der Karlsmühle in Mertesdorf lassen Gebäudereste darauf schließen, dass die Mühle ursprünglich eine Gesteinsmühle war, in der schon die Römer mit Wasserkraft Marmorblöcke sägten. Ein Grabrelief, das ganz in der Nähe der Karlsmühle gefunden wurde, zeigt hinter einem römischen Paar einen Mühlstein. Damit gilt die Karlsmühle als älteste Gesteinsmühle nördlich der Alpen. Heute ist die Karlsmühle ein Weingut mit Hotel und Restaurant, das wegen des tollen Ambientes, der Live-Musik und der hervorragenden Weine als Ausflugsziel geschätzt wird (s.u.).

### Ruwer-Hochwald-Radweg

**MEIN TIPP:** Zwischen Ruwer und Hermeskeil verläuft der äußerst beliebte Ruwer-Hochwald-Radweg. Die rund 50 Kilometer lange Strecke folgt dem Lauf des kleinen Flüsschens Ruwer. Dabei verläuft sie auf der **alten Trasse der Hochwaldbahn.** Insgesamt 20 Brücken werden bei der Tour überquert. Die Strecke passiert große Waldgebiete, idyllische Auen und pittoreske Weindörfer. Da es auf den 50 Kilometern stetig sanft bergab geht, ist der Radweg auch für weniger

Sportliche geeignet. Landgasthöfe und Weingüter mit Gastronomie laden zu Pausen bei einem Riesling von der Ruwer ein.

■ Der Ruwer-Hochwald-Radweg ist an den **Radlerbus** angeschlossen, der Ausflügler zurück zum Ausgangspunkt bringt (s.u.). Detaillierte Informationen über den Ruwer-Hochwald-Radweg gibt es unter www.ruwer-hoch wald-radweg.de.

## Ruwer

Der Gemeinde Ruwer liegt an der Mündung des namensgebenden Flusses in die Mosel. Zusammen mit dem Winzerdorf Eitelsbach wurde Ruwer 1969 in die Stadt Trier eingemeindet. Inzwischen sind die beiden Orte fast zu einem Stadtteil zusammengewachsen.

### Öffentliche Verkehrsmittel

■ **Bus:** Stadtbus Linie 30: Bonerath – Trier – Ruwer, Stadtbus Linie 86: Trier – Ruwer – Mertesdorf (www.vrt-info.de).

■ **Fahrradbus:** RegioRadler Moseltal: Trier – Ruwer – Bullay (tägl. 1. April bis 1. Nov.).

RegioRadler Ruwer-Hochwald: Trier – Ruwer – Türkismühle (Mai bis Anfang Okt. Sa, So und Fei, in den rheinland-pfälzischen Ferien auch Mo, Mi u. Fr, Reservierungen unter www.regioradler.de).

## Mertesdorf

Der Ortskern von Mertesdorf liegt in einem Seitental der Ruwer. Schon die Römer siedelten hier, wie der Fund einer Gesteinsmühle an der **Karlsmühle** zeigt. 893 wird Mertesdorf erstmals urkundlich erwähnt.

Zu Mertesdorf gehört der Ortsteil **Grünhaus,** der eigentlich nur aus dem Weingut Maximin Grünhaus mit seinem weitläufigen Park besteht. Ursprünglich gehörte das Weingut der Benediktinerabtei St. Maximin, erst mit der Säkularisation unter *Napoleon* kam es in private Hände. Mit dem Weingut Maximin Grünhaus und dem Weingut Erben von Beulwitz gibt es in dem kleinen Ort gleich zwei Spitzenweinerzeuger (s.u.).

122hu kn

☒ Relikt der Hochwaldbahn am Ruwer-Hochwald-Radweg

## Unterkunft, Essen und Trinken

**MEIN TIPP: Hotel-Restaurant Karlsmühle③**, Im Mühlengrund 2, 54318 Mertesdorf, Tel. (0651) 5123, www.karlsmuehle.de. Gemütliches Hotel in schöner Lage mit 42 Zimmern. Im Restaurant (Mo–Fr 17.30–22 Uhr, Sa, So und Fei 12–22 Uhr) und im Biergarten werden Wildspezialitäten, Flammkuchen, Forellen aus eigener Zucht und Weine aus eigenem Anbau serviert. Jeden Mittwoch gibt es Live-Musik mit Blues, Jazz, Rock und Pop (Programm siehe Website). Archäologische Funde wie Mauerwerk und Reste von Marmorsteinen lassen darauf schließen, dass es die Karlsmühle bereits in der Römerzeit gab. In der Gesteinsmühle wurden Marmorblöcke für Fußböden und Wände zurechtgesägt.

■ **Hotel Weis③-④**, Eitelsbacherweg 4, 54318 Mertesdorf, Tel. (0651) 95610, www.hotel-weis.de. Das gediegene Hotel mit Spa-Bereich gehört zum renommierten Weingut *Erben von Beulwitz*. Im **Restaurant** werden regionale Spezialitäten frisch kreiert.

## Einkaufen

■ **Weingut Maximin Grünhaus,** Hauptstr. 1, 54318 Mertesdorf, Tel. (0651) 5111, www.vonschubert.com, Mo–Fr 8–12 und 13–17 Uhr, Sa 8–12 Uhr. Das Weingut ist nicht nur Mitglied im Verein Deutscher Prädikatsweingüter (VDP), Gutsbesitzer *Dr. Carl von Schubert* ist seit 2016 auch der Vorsitzende des großen Rings.

## Aktivitäten

**Freibad Ruwertal,** Hauptstr. 4a, 54318 Mertesdorf, Tel. (0651) 52336, www.freibad-ruwertal.de, Anfang Mai bis Mitte Juni Mo–Fr 6–19 Uhr, Sa 9–19 Uhr, So und Fei 9–18 Uhr, Mitte Juni bis Mitte Aug. Mo–Fr 6–19.30 Uhr, Sa 9–19 Uhr, So und Fei 9–19 Uhr, Mitte Aug. bis Mitte Sept. Mo–Fr 7–19 Uhr, Sa 9–19 Uhr, So und Fei 9–18 Uhr, Erw. 3,50 €, Jugendl. 2 €. Eingebettet ins idyllische Ruwertal, bietet das Freibad einen Drei-Meter-Sprungturm, große Liegewiesen, ein Nichtschwimmerbecken mit Rutsche und Wasserfall, ein Planschbecken und ein Beachvolleyballfeld.

## Öffentliche Verkehrsmittel

■ **Bus:** Stadtbus Linie 30: Bonerath – Trier – Mertesdorf, Stadtbus Linie 86: Trier – Ruwer – Mertesdorf (www.vrt-info.de).

# Waldrach

Waldrach ist der **größte Weinort im Ruwertal.** Vor allem Riesling wird rund um das Dorf angebaut, die bekannteste Weinlage ist die „Waldracher Krone“. Aber auch sehr guten Viez stellt man in Waldrach her. Bereits die Römer lebten hier, wie der Fund von Siedlungsresten zeigt. Schon *Ausonius* erwähnt in seinem Gedicht „Mosella“ 371 n.Chr. eine Marmorschleifmühle. Im Jahr 802 wird der Ort erstmals urkundlich als *Valeriacum* erwähnt.

## Römische Wasserleitung

1974 fand man bei Bauarbeiten eine römische Wasserleitung aus Sandsteinquadern und Schieferbruchsteinen. Die Leitung aus dem 2. Jh. n.Chr. war ursprünglich 13 Kilometer lang und versorgte die Stadt Augusta Treverorum (heute Trier) täglich mit rund 25.000 Litern Wasser aus der Ruwer. Direkt am Ruwer-Hochwald-Radweg steht an der Ruwertalstraße eine **Rekonstruktion** des Querschnitts der Wasserleitung aus dem damals gefundenen Baumaterial.

### Essen und Trinken

■ **Landgasthaus Hühnerstall,** Untere Kirchstr. 2, 54320 Waldrach, Tel. (06500) 680, www.huehnerstall-waldrach.de, Mo–Fr ab 16 Uhr, Sa und So ab 11 Uhr. Gutbürgerliche und italienische Küche sowie regionaltypische Gerichte wie *Flieten* (frittierten Hähnchenflügel) oder Flammkuchen, Wildgerichte und täglich wechselnder Mittagstisch. Bei schönem Wetter ist der Biergarten ein toller Platz.

### Einkaufen

MEIN TIPP: **Viezmosterei Andreas Scherf,** Scherfsmühle, Ruwergasse 29, 54320 Waldrach, Tel. (06500) 7259, Mo und Di 9–13 Uhr, Do und Fr 15–18 Uhr. „Scherfs Viez" gilt vielen Trierern als der Beste. Passend zur 5-Liter-Bag-in-Box gibt es einen aus Holz gefertigten „Viezbock" (37,50 €), den sich Viezfreunde nach Wunsch beschriften lassen können.

### Feste und Veranstaltungen

■ **Ruwer-Riesling-Weinmarkt:** Auf der größten Weinpräsentation im Ruwertal präsentieren die Weingüter im November mehr als 100 Riesling- und Burgunderweine (Fr/Sa 18–22 Uhr, Eintritt 15 €).

### Öffentliche Verkehrsmittel

■ **Bus:** Stadtbus Linie 30: Bonerath – Trier – Waldrach, Stadtbus Linie 86: Trier – Mertesdorf – Waldrach (www.vrt-info.de).

## Riveris-Talsperre

Einige Kilometer südlich von Waldrach liegt die Riveris-Talsperre, die den Ruwer-Nebenfluss Riveris aufstaut. Sie wurde von 1954 bis 1958 als Trinkwasserreservoir für die Stadt Trier erbaut. Um den Stausee, der ein Fassungsvermögen von fünf Millionen Kubikmetern hat, führt ein schöner, knapp acht Kilometer langer Rundweg.

## Sommerau

MEIN TIPP: Das kleine Dorf Sommerau liegt direkt an der Ruwer. Erstaunlich ist, dass der kleine Fluss bereits im 13. Jh. begradigt wurde, indem man an der schmalsten Stelle der Ruwerschleife eine Verbindung grub. Seit dieser historischen Flussbegradigung rauscht das Wasser schäumend über die Felsen und bildet einen idyllischen **Wasserfall.** Überragt wird Sommerau von einer **Burgruine** aus dem 13. Jh. Im Dreißigjährigen Krieg erlitt sie große Schäden, die Nutzung als Steinbruch im 19. Jh. tat das Übrige. Die Burgruine ist frei zugänglich und idealer Ort für ein romantisches Picknick.

### Essen und Trinken

■ **Gut Sommerau**①, Bachweg 3, 54317 Sommerau, Tel. (06588) 9878858, www.gut-sommerau.de, Di–Fr 16–22.30 Uhr, Sa und So 11–22.30 Uhr, Mo Ruhetag. Sehr schönes Ambiente und eine tolle Terrasse direkt am Ruwer-Hochwald-Radweg. Neben italienischen Weinen auch Riesling vom Sommerauer Schlossberg.

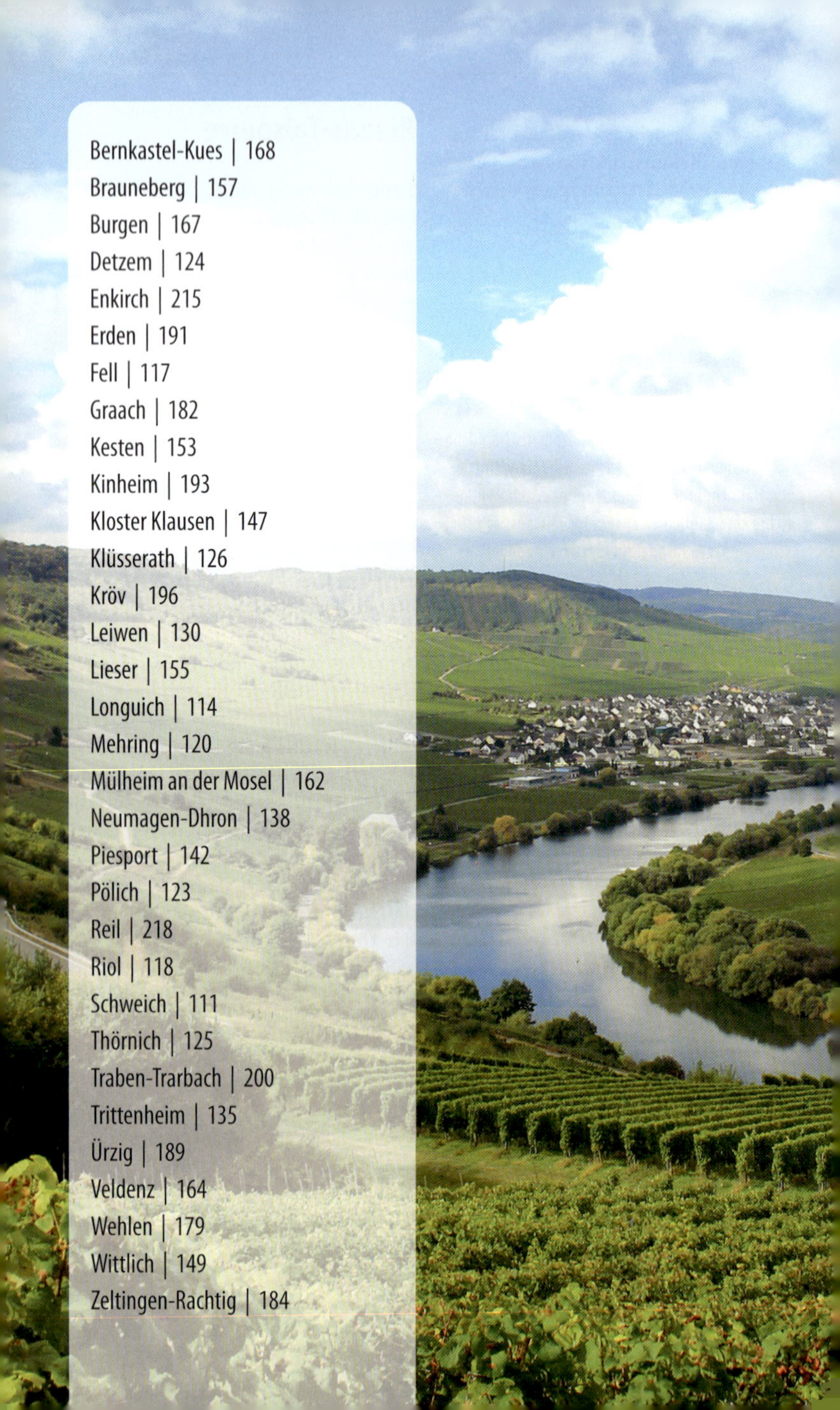

# 3 Mittel-mosel

Hinter Trier verändert die Landschaft ihren Charakter: Die Hänge werden steiler, die Mosel zieht abenteuerliche Schleifen. Eine der faszinierendsten ist die Trittenheimer Moselschleife, sie wurde als „Schönste Weinsicht 2016" gekürt. Überhaupt besticht die Mittelmosel mit atemberaubenden Aussichten. Der Weinbau hat in der Region eine lange Geschichte. Hier findet man die ältesten römischen Kelteranlagen nördlich der Alpen.

< Blick auf Leiwen an der Trittenheimer Moselschleife

Oberkail
KYLLBURG
Orsfeld
Schwarzenborn
Karl
Gipperath
Schladt
Plein
Gransdorf
Großlittgen
Bademi
Badem
Gindorf
Spangdahlem
Musweiler
Minderlittgen
Pickließem
Dahlem
Spangdahlem
Landscheid
Burg (Salm)
Hupperath
WITTLICH
Dudeldorf
Spang
Spangdahlem Airbase
Gondorf
Niederkail
Salm
Philippsheim
Kyll
Binsfeld
Bergweiler
Wittlich-West
Kreuz Wittlich
Arenrath
Bruch
Beilingen
Hecken-
Niersbach
Herforst
Burgberg 351
Asberg 355
Speicherer Wald
Gladbach
Dreis
Salmtal
Salmrohr
SPEICHER
Greverath
land
Dörbach
Preist
Heidweiler
Dodenburg
Pohlbach
Klausen
Sehlem
Orenhofen
Auw an der Kyll
Dierscheid
Heckenmünster
Salmtal
Wallfahrtskirche
Esch
Hosten
Schleidweiler
Zemmer
Thomasberg 378
Hetzerath
Rodt
Naurath (Eifel)
Rivenich
Meulenwald
Hansenberg 401
MOSEL
Föhren
Industriepark Region Trier
Burgberg 321
Föhren
Klüsserath
Kordel
Zoonenberg 401
Quintbach
Römerberg 359
Bekond
Köwerich
Mosel
Quint
Schweich
Ensch
Thörnich
Laurentiuskapelle
Butzweiler
SCHWEICH
Ferienpark
Issel
Detzem
Leiwen
Hochburg 300
Mehringer Berg 419
Kenn
Schleich
Ehrang
Trier-Ehrang
Longen
Dreieck Moseltal
Alsberg 330
Longuich
Mehring
Pölich
Kenn
Ferienzentrum Sonnenberg
Pfalzel
Ruwer
Riol
Triolago
Villa Rustica
Fünfseenblick
Biewer
Mehring
Weißhauswald
Kockelsberg 334
Niederfell
Fell
Trier-Verteilerkreis
Grünhaus
Pallien
Mertesdorf
Goldberg 420
Naurath (Wald)
TRIER
Porta Nigra
Dom
Kürenz
Kasel
Feller Bach
Kaiserthermen
Gartenfeld
Neu-Kürenz
Ruwer
Olewig
Amphitheater
Tarforst
Waldrach
Thomm
Bescheid
Filsch
Burgkopf 475
Heiligkreuz
Weismark
Morscheid
Korlingen
Herl
Lorscheid

0 2 km
© Reise Know-How 2017

# ENTLANG DER RÖMISCHEN WEINSTRASSE

Die Römische Weinstraße ist ein Urlaubsgebiet, das sich zwischen Schweich und Trittenheim entlang der Mittelmosel erstreckt. Im Fokus der Region steht die römische Geschichte, die hier überall ihre Spuren hinterlassen hat. Entlang der Mosel verliefen wichtige römische Versorgungsstraßen. Zur Urlaubsregion Römische Weinstraße gehören die Stadt Schweich und die zur gleichnamigen Verbandsgemeinde zählenden Ortschaften. In der Gegend gibt es ein gut ausgebautes Fahrrad- und Wanderwegenetz und viele Möglichkeiten für Wassersport. Mountainbiker können die Pisten des Mountainbiketrailparks Mehring unter die Räder nehmen. Die Nähe zu Trier ist ein weiterer Pluspunkt der Urlaubsregion Römische Weinstraße.

## NICHT VERPASSEN!

- **Molitorsmühle Schweich** – historische Mühle mit Wasserturbine | 113
- **Villa Urbana Longuich** – Reste einer römischen Villa mit Marmorbad | 115
- **Besucherbergwerk Fell** – Schieferabbau in 70 Metern Tiefe | 117
- Das **Haus der Krippen** in Klüsserath | 128
- **Aussichtspunkt Zummethöhe** mit Blick auf die Trittenheimer Moselschleife | 132

**Diese Tipps erkennt man an der gelben Hinterlegung.**

[>] Der Andres-Brunnen in Schweich

# Schweich

Schweich liegt auf der linken (nördlichen) Seite der Mosel und ist eine noch sehr junge Stadt, erst 1984 erhielt sie die Stadtrechte. In keltischer Zeit hieß Schweich noch *Soiacum* und auch die Römer siedelten hier, wie der Fund einer antiken Villa zeigt. Im Jahr 762 schenkte *Bertrada,* fränkische Königstochter und Mutter *Karls des Großen,* Schweich dem von ihrer Familie gegründeten Kloster Prüm in der Eifel.

Zu den ältesten Gebäuden in Schweich zählt das **Alte Weinhaus.** Es wurde im 17. Jh. errichtet und hieß ursprünglich nach seinen ehemaligen Besitzern Geiben-Haus. Heute ist darin die Touristinformation untergebracht.

Der **Autor Stefan Andres** (1906–70) verbrachte seine Jugend in Schweich. Er war in den 1950er Jahren einer der meistgelesenen deutschen Autoren. Der **Brunnen** neben dem Schweicher Schulzentrum ist ihm gewidmet. Das Werk von *Johannes Scherl* zeigt Szenen aus *Andres'* Roman „Der Knabe im Brunnen“. Im Niederprümer Hof hält ein kleines Museum die Erinnerung an den Schriftsteller wach (s.u.).

## Sehenswertes

### Ehemalige Synagoge

Die Schweicher Synagoge wurde 1862 errichtet, da die jüdische Gemeinde im 19. Jh. wuchs und die alte Synagoge nicht mehr genug Platz bot. In direkter Nachbarschaft befand sich die jüdische Schule. 1938 wurde die Synagoge während der Novemberpogrome verwüstet, danach diente sie als Lagerraum. 1987 bis 1989 wurde sie renoviert und die Wandbemalung nach alten Fotografien

039mo kn

rekonstruiert. Von einem Vorraum führt eine Treppe zur Frauenempore. Vor dem ehemaligen Thoraschrein stand ursprünglich ein Pult zum Vorbeten und Vorsingen. Das Rundfenster darüber lässt das Licht der aufgehenden Sonne in den Saal scheinen. Heute ist die ehemalige Synagoge eine **Kultur- und Veranstaltungsstätte,** in der Konzerte, Ausstellungen und Lesungen stattfinden.

■ **Ehemalige Synagoge,** Richtstraße hinter Haus Nr. 42, kulturelle Veranstaltungen sind unter www.kultur-in-schweich.de zu finden.

## Fährturm

Der ehemalige Fährturm am Moselufer ist das **Wahrzeichen der Stadt.** Kurfürst *Clemens Wenzeslaus* ließ ihn Ende des 18. Jh. erbauen. Ungewöhnlich ist seine fünfeckige Form. Die moselaufwärts gerichtete Spitze diente in den Zeiten, als die Mosel noch zufrieren konnte, als Eisbrecher. Ursprünglich stand ein zweiter Turm auf der gegenüberliegenden Uferseite. Zwischen beiden Türmen war ein Seil gespannt, an dem die **Gierseilfähre,** die die Strömung zur Überquerung des Flusses ausnutzte, befestigt war. Der zweite Turm wurde 1902 beim Bau der Moseltalbahn abgerissen.

## Niederprümer Hof

Der Niederprümer Hof wurde auf den Resten einer römischen Villa erbaut. Zwischen 1285 und 1296 ging die Hofanlage als Schenkung an das Benediktinerinnenkloster Niederprüm und diente als Verwaltungssitz. Heute befindet sich in dem alten Gemäuer die Stefan-Andres-Gesellschaft. An **Stefan Andres,** der in der 1950er Jahren ein Bestseller-

040mo kn

autor war und inzwischen fast gänzlich in Vergessenheit geraten ist, erinnert ein **Museum.** Gezeigt werden seine Werke, darunter Erst- und Sonderausgaben und Exponate aus dem Besitz des Autors. Zum Kulturzentrum gehört auch ein umfangreiches **Archiv** mit Briefen, Handschriften, Rezensionen und wissenschaftlichen Arbeiten zum Werk des Schriftstellers.

- **Niederprümer Hof,** Hofgartenstr. 26, Tel. (06502) 6524, Di 14–16 Uhr und nach Vereinbarung.

### Molitorsmühle

Die Museumsmühle am Föhrenbach ist ein ganz besonderes Kulturdenkmal. 1824 wurde sie als **Loh-, Öl- und Schleifmühle** erbaut. 1830 kam sie in den Besitz der Familie *Molitor* und wurde bis 1972 betrieben. Über vier Stockwerke verteilt sich die vollständig erhaltene Mühlentechnik aus dem 19. und frühen 20. Jh. Die Mühle wird nicht von einem klassischen Mühlrad angetrieben, sondern von einer **Wasserturbine** aus Metallguß. Wenn während der Führung die hölzerne Mechanik in Gang gesetzt wird, vibriert das ganz Gebäude. Auf einem Pult liegt noch das Rechnungsbuch, als wäre hier erst gestern noch Korn zu Mehl gemahlen worden. Besucher erfahren nicht nur alles über die komplizierte Technik der Mühle, sondern bekommen auch einiges an Hintergrundwissen vermittelt: wie feucht das Getreide sein durfte, wieso Unkrautsamen lebensgefährlich werden konnten und was eine niedrige Mehltype wie 405 von einer hohen unterscheidet. Spannende Fragen wie diese werden während der Führung beantwortet.

◁ In der Molitorsmühle

- **Museumsmühle Molitorsmühle,** Am Föhrenbach, 54338 Schweich, www.molitorsmuehle.de, Ostern bis Ende Okt. Sa, So und Fei 14–18 Uhr und ganzjährig nach Vereinbarung (Tel. (06502) 1336), Erw. 3 €, Kinder (ab 5 J.) 1 €, Schüler/Studenten 1,50 €, Familien 6 €. Am deutschen Mühlentag (Pfingstmontag) ist der Eintritt frei.
- **Anfahrt:** Einen Kilometer hinter dem Ortsausgang Richtung Föhren liegt vor dem Hotel Leinenhof ein Parkplatz. Von hier aus sind es noch rund 100 Meter bis zur Mühle.

## Praktische Tipps

### Informationen

- **Tourist-Information Römische Weinstraße,** Brückenstr. 46, 54338 Schweich, Tel. (06502) 93380, www.roemische-weinstrasse.de, 1. Mai bis 31. Okt. Mo–Fr 9–12.30 und 13–18 Uhr, Sa 9–12 Uhr, 1. Nov. bis 30. April Mo–Fr 9–12.30 und 13–17 Uhr.

### Unterkunft, Essen und Trinken

- **Hotel Grefen**②-③, Brückenstr. 31, 54338 Schweich, www.hotel-grefen.de, Mo und Di ab 17 Uhr, Mi–Fr 10–14 und ab 17 Uhr, Sa ab 17 Uhr, So 11–14 Uhr. Zum zentral gelegenen, familiengeführten Hotel gehört ein **Restaurant,** in dem frische, regionale Gerichte, aber auch bajuwarische Schmankerln oder Mediterranes wie Piccata Milanese oder Saltimbocca serviert werden.

### Aktivitäten

■ **Wassersport- & Freizeitzentrum Kreusch,** Am Yachthafen, 54338 Schweich, Tel. (06502) 91300, www.kreusch.de. Zum Angebot gehören Gastliegeplätze, ein **Camping- und Wohnmobilplatz** (Vier-Sterne) mit Restaurant im Fährturm und der Verleih von Tretbooten, Kajaks und eines führerscheinfreien Motorboots.

**Erlebnisbad Schweich,** Zum Schwimmbad 1, 54338 Schweich, Tel. (06502) 2497, Mo 10–19 Uhr, Di und Mi 7–19 Uhr, Do–So und Fei 8–19 Uhr, an Hochsommertagen bis 20 Uhr. Das Freibad mit 50-Meter-Edelstahlbecken, Spiel- und Spaßbecken, Riesenrutsche, Kinderrutsche, Kleinkinderbecken, Beachvolleyballfeld und vielem mehr ist besonders für Familien mit Kindern geeignet. Badesaison ist Mitte Mai bis Mitte September.

■ **Golfplatz Ensch-Birkenheck,** Golf Club Trier e.V., 54340 Ensch-Birkenheck, Tel. (06507) 993255, www.golf-club-trier.de. Einige Kilometer nordöstlich von Schweich liegt die 18-Loch-Golfanlage des Golf-Clubs Trier, die auch für Gastspieler offen steht. Das leicht hügelige Gelände ist umgeben von Wäldern und Weinbergen.

■ **Flugplatz Trier-Föhren,** 54343 Föhren, Tel. (06502) 2999, www.flugplatz-trier.de. Der knapp sieben Kilometer von Schweich entfernte Flugplatz bietet **Rundflüge, Ballonfahrten** und **Fallschirmspringen** (auch Tandemsprünge).

### Feste und Veranstaltungen

■ **Fest der Römischen Weinstraße:** Anfang Mai präsentieren sich entlang der Brückenstraße die Weinorte zwischen Schweich und Trittenheim mit Wein- und Essensständen, mit verkaufsoffenem Sonntag und Schweicher Markttagen.

■ **Mühlenhof-Fest:** Am 2. Sonntag nach Pfingsten findet in der Museumsmühle Molitorsmühle alljährlich ein Fest statt, der Eintritt ist an diesem Tag frei.

■ **Stadtfest vor der Synagoge:** am zweiten Septemberwochenende auf dem Synagogenvorplatz mit Musik, Getränke- und Imbissständen.

### Öffentliche Verkehrsmittel

■ **Bahn:** Bahnhof Schweich, Moselstrecke Trier – Cochem – Koblenz (www.vrminfo.de).

■ **Fahrradbus:** RegioRadler Moseltal: Trier – Schweich – Bullay (tägl. 1. April bis 1. Nov., Reservierungen unter www.regioradler.de).

# Longuich

Gegenüber von Schweich auf der südlichen Moselseite liegt Longuich. Der Ortsname (ausgesprochen: „Longich“) ist gallo-römisch und kommt von der lateinischen Bezeichnung *longus vicus* für „langes Dorf“. Die Römer haben seit dem 1. Jh. viele Spuren in dem Ort hinterlassen. Beeindruckend ist die Villa Urbana, ein teilrekonstruiertes, palastartiges Gebäude am Fuße eines Südosthangs mit Blick auf die Mosel.

## Sehenswertes

Im Ortsinneren gibt es eine Reihe schöner **Winzerhäuser** und Weingüter, darunter der ehemalige **Maximiner Gutshof,** eine imposante, 1714 von der

[>] Die teilrekonstruierte römische Villa in Longuich

041mo kn

Reichsabtei St. Maximin errichtete Vierflügelanlage. Von dem Vorgängerbau ist noch ein Treppenturm aus dem 16. Jh. am Ostflügel erhalten.

## Pfarrkirche St. Laurentius

Die Saalkirche wurde 1771 nach einem Entwurf von *Johannes Seitz,* Hofbaumeister des Kurfürstentums Trier, erbaut. *Seitz,* der in Trier unter anderem den prachtvollen Südflügel des Kurfürstlichen Palais entwarf, bezog den **romanischen Turm** der Vorgängerkirche in die Planung mit ein, erhöhte ihn jedoch um zwei Geschosse. Das Kircheninnere stammt größtenteils aus der Bauzeit. Älter ist unter anderem die spätgotische, aus Holz geschnitzte **Traubenmadonna** auf der Mondsichel mit Jesuskind.

## Alte Burg

Die sogenannte Alte Burg in der Maximinstraße, ein rustikaler Bruchsteinbau und **ehemaliger Rittersitz,** wird 1360 erstmals erwähnt. Im 16. Jh. wurde das Gebäude umgebaut, erhalten sind aus dieser Zeit die spätgotischen Sandsteinfenster. Im 18. Jh. ging die Alte Burg in den Besitz der Abtei Trier über. Heute befindet sich in dem urigen Gebäude ein **Gästehaus mit Weinschänke,** in dem zünftige Rittermahle zelebriert werden (www.alteburg-longuich.de).

## Villa Urbana Longuich

In den Weinbergen oberhalb des Ortes steht eine teilweise wieder hergestellte Villa Urbana, die Ende des 2. Jh. bis Mitte des 4. Jh. genutzt wurde. Zu besichtigen sind der **Bädertrakt** sowie Wohn- und Vorratsräume. In dem Kaltbad *(frigidarium)* ist eine Wanne noch fast vollständig erhalten. Nicht nur der Fußboden wurde beheizt, es gab auch eine Wandheizung *(tubuli)* und eine beheizbare Wanne *(caldarium)*. Der luxuriöse Bädertrakt war mit **Marmor und Glasmosaiken** ausgekleidet, auf den Wänden befanden sich Malereien. Informationstafeln geben Aufschluss über die ursprünglich rund 110 Meter breite, palastartige Anlage, die vermutlich während der Germaneneinfälle im 4. Jh. zerstört wurde.

■ **Villa Urbana Longuich,** die Anlage ist frei zugänglich, Führungen finden von Mai bis Oktober jeden Sonntag ab 10.30 Uhr statt, Gruppen auf Anfrage (Tel. (06502) 994111 oder 1716).

# Praktische Tipps

## Informationen

■ **Tourist-Information Longuich-Kirsch,** Maximinstraße 18, 54340 Longuich-Kirsch, Tel. (06502) 1716, www.longuich.de, 1. April bis Anfang Nov. Mo–Sa 10–12 Uhr, Fr 10–12 und 16–18 Uhr.

## Unterkunft, Essen und Trinken

MEIN TIPP: **WeinKulturgut Longen-Schlöder,** Kirchenweg 9, 54340 Longuich, Tel. (06502)8345, www.longen-schloeder.de. Zum Weingut gehören eine **Vinothek** und eine charmante **Weinstube** ①-② mit sonniger Außenterrasse. Zu der sehr leckeren Winzerküche wird der hauseigene Steillagenwein serviert (tägl. 11–23 Uhr, Di Ruhetag). Musik, Literatur und Kunst haben einen festen Platz im **Kulturprogramm** des Weingutes. Der Südtiroler Stararchitekt *Matteo Thun* entwarf für das Weingut moderne Gästehäuser in Form kleiner **Winzerhäuschen**③-④ aus Holz und Schiefer mit eigenen Vorgärtchen. Hier fühlen sich nicht nur Architekturfans wohl.

## Aktivitäten

■ **Segway:** mosel e motion, Im Paesch 1a, 54340 Longuich, Tel. (06502) 933919, http://mosel-emotion.de. Wer noch unerfahren im Umgang mit einem Segway ist, kann eine Übungsstunde mit ausführlicher Fahreinweisung im Segway-Park am Freizeitsee Triolago buchen (Dauer rund eine Stunde, 29 €). Am Anfang der darüber hinaus angebotenen Touren durch die Landschaft rund um Longuich, Fell, Schweich, Mehring und Riol steht ebenfalls jeweils eine Fahreinweisung. Sie führen durch Weinberge oder folgen den Spuren der römischen Weingötter (Dauer zwischen 2 und 4 Stunden, Kosten zwischen 49 und 75 €).

## Feste und Veranstaltungen

■ **St. Laurentius-Weinkirmes:** am 2. Augustwochenende, Höhepunkt des Festes ist die große öffentliche Weinprobe.

## Öffentliche Verkehrsmittel

■ **Bus:** Linie 333-1: Trier – Longuich – Neumagen-Dhron (www.vrt-info.de).

## Wandern

### Seitensprung „Longuicher Sauerbrunnen"

Die gut zehn Kilometer lange Route führt unter anderem an der römischen

Villa Urbana vorbei und zum namensgebenden Sauerbrunnen. Das Wasser der Quelle ist ein sehr eisenhaltiges und kohlensaures Mineralwasser. Ein Wehrmutstropfen des Moselsteig-Partnerweges ist der Autobahnlärm, der einen streckenweise begleitet. Start des gut ausgeschilderten Rundweges ist der Parkplatz am Kreisverkehr in Longuich.

## Abstecher: Fell

Fell, zwischen dem Osburger Hochwald und dem südlichen Moselufer gelegen, ist nicht nur ein Weinanbauort, es war auch lange eine **Bergbausiedlung.** Im Noßerntal zwischen Fell und dem Nachbarort Thomm wurde von 1500 bis 1964 in mehr als 100 Gruben **Dachschiefer** abgebaut. Aus den Stollen „Barbara“ und „Hoffnung“ entstand das Besucherbergwerk Fell. Auch **Thomm** ist ein ehemaliges Bergwerkdorf und hat viele Zeugnisse aus der Zeit des Schieferabbaus bewahrt.

Berühmt ist der **Thommer Viez.** Die Apfelweinkelterei Gorges (Kirchstr. 10) stellt ihn her, ausgeschenkt wird er unter anderem im Bistro WeinStein im Besucherbergwerk in Fell.

### Besucherbergwerk Fell

70 Meter unter Tage demonstrieren lebensgroße Figuren mit historischen Werkzeugen die gefahrvolle Arbeit der sogenannten Layenbrecher in den Stollen, die auch imposante Weitungen haben. Das Museum ist ansprechend und modern eingerichtet und informiert nicht nur über die **Geschichte des Schieferbergbaus** in Fell, sondern auch über die Themen Wein, Geologie und Naturschutz.

Der **Grubenwanderweg** unterhalb des Besucherbergwerks ist ein Lehrpfad, der an den zahlreichen Bergbauspuren wie Halden, alten Stollen oder Förderwagen aus der Zeit der Dachschiefergewinnung vorbeiführt. Festes Schuhwerk ist erforderlich.

- **Besucherbergwerk Fell,** Auf den Schiefergruben, 54341 Fell, Tel. (06502) 994019, www.bergwerk-fell.de, 1. April bis 31. Okt. Di–So und Fei 10–18 Uhr (letzte Führung 17 Uhr), Nov. bis März Winterpause, Kinder 6–17 J. 4 €, Erw. 6,50 €, Familien 18 €.

### Essen und Trinken

- **Bistro WeinStein,** im Besucherbergwerk Fell, Tel. (06502) 988588. Ausgeschenkt werden Weine von Feller Winzern, außerdem gibt es Pommes, Currywurst, Eis, Kaffee und Kuchen. Unbedingt probieren sollte man den Thommer Viez.
- **Weinlokal und Restaurant zum Winzerkeller**③, Kirchstraße 41, 54341 Fell, Tel. (06502) 9384435, www.zum-winzerkeller.de, Mo–Mi, Fr und Sa ab 16 Uhr, So ab 11.30 Uhr, Do Ruhetag. Küchenchef *Josef Stülb* zaubert frische, genussvolle Gerichte, aber auch kleine Leckereien zum Wein. Die Karte wechselt je nach Saison, besonders empfehlenswert ist das Wild aus der Region.

### Feste und Veranstaltungen

- **Feller Markt:** Am dritten Septemberwochenende findet das Weinfest in Fell statt. Die Feller Winzer präsentieren ihre Weine bei einer großen, öffentlichen Weinprobe (Infos unter www.feller markt-mosel.de).

## Öffentliche Verkehrsmittel

- **Bus:** Rhein-Mosel-Bus R200: Trier – Thomm – Hermeskeil – Türkismühle.

## Wandern

### Traumschleife „Schiefer-Wackenweg"

Die zwölf Kilometer lange, mittelschwere Route führt durch das idyllische Noßerntal vorbei an Relikten des Dachschieferbergbaus bis zum Besucherbergwerk Fell und wieder zurück nach Thomm. Start ist an der Kirche in Thomm.

# Riol

In der Römerzeit hieß der Weinort Riol, Nachbarort von Longuich, *Rigodulum*. 70 n.Chr. fand ganz in der Nähe eine schicksalhafte Schlacht statt. Der junge Treverer *Iulius Valentinus* zettelte einen Aufstand der keltischen Stämme gegen die Römer an und besetzte Augusta Treverorum, das heutige Trier. Um die Stadt zurückzuerobern, schickte Kaiser *Vespasian* seinen General *Petilius Cerialis* mit mehreren Kohorten aus Mogontiacum (Mainz) in die Moselstadt. Um sich gegen die anrückende Übermacht der Römer zu verteidigen, besetzte *Valentinus* mit nur einer Hundertschaft Treverer einen schmalen und gut zu verteidigenden Militärstraßenabschnitt. Eilig wurden Gräben und Steinbarrikaden errichtet und eine Zeit lang konnten die Treverer Widerstand leisten. Doch letztendlich unterlagen sie und *Valentinus* wurde gefangen genommen. Am nächsten Tag erreichte *Cerialis* Augusta Treverorum und schlug den Aufstand nieder. Die **Schlacht bei Rigodulum** war eine der wichtigsten Schlachten der Römer gegen die Treverer. Sie ging als letztes Gefecht der Treverer gegen die römischen Besatzer in die Geschichtsbücher ein. In der Folgezeit wurden die keltischen Stämme endgültig romanisiert.

Bereits *Tacitus* schilderte in der Antike die Schlacht bei Rigodulum. Doch wo genau sie stattgefunden hatte, blieb fast 2000 Jahre ein Geheimnis. Erst 2016 entdeckte ein Archäologenteam die Stelle. Man fand Münzen, Schleuderblei, Kleinteile aus Bronze und Lanzenspitzen – mehr nicht, denn damals war es üblich, die Getöteten zu plündern und alles Verwertbare mitzunehmen. Doch die Archäologen sind sich sicher: Auf der

**Mein Tipp:** Die **App „Talking Stones"** führt mit dem Audiopaket „Die letzte Schlacht der Treverer" in die Geschichte des berühmten Gefechtes bei Rigodulum gegen die Römer ein. Im Gegensatz zu den zwei anderen Audiopaketen über Trier (siehe dort) steht die Geschichte über Riol kostenlos zur Verfügung. Die App gibt es in der iPhone-Version im App-Store bei iTunes und in der Android-Version im Play Store.

Hochfläche zwischen Mosel, Dhron und Feller Bach fand die berühmte Schlacht bei Rigodulum statt.

## Wein- und Infostand

Am Moselufer betreibt die **Tourist-Information** einen Weinstand. Hier kann man während der Urlaubssaison zwischen Mai und Anfang Oktober am Wochenende die Weine der Rioler Winzer probieren und sich über die Freizeitangebote der Region informieren.

## Freizeitsee Triolago

Der am Ortsrand von Riol unmittelbar hinter dem Moselufer gelegene Triolago lädt zu diversen Freizeitaktivitäten ein. Besonders beliebte Attraktionen sind neben dem **Badestrand** die 1170 Meter lange **Allwetterrodelbahn** und die **Wasserskiseilbahn. Tretboot- und Ruderbootverleih** und ein Volleyballfeld bieten Abwechslung vom Sonnen und Baden. Die Freizeitanlage bietet außerdem einen **Segway-Parcour, Fußballgolf** und **Spielgolf.** Letzteres ist eine Art Minigolf auf Rasenbahnen, die richtigen Golfplätzen ähneln. Es gibt Hügel, Böschungen, Gras- und Sandbunker, Felsen und Findlinge. Auch die Regeln sind dem Minigolf entlehnt: Die Spieler versuchen, mit möglichst wenigen Schlägen den Ball ins Loch einzuputten. Zu der weitläufigen Drei-Seen-Anlage gehören ein **Hotel,** ein **Restaurant,** ein **Feriendorf** und ein **Campingplatz.**

- **Freizeitsee Triolago,** Zur Talstation 1, 54340 Riol, http://triolago.com, www.triolago-spielgolf.de. Badestrand: Mo–Fr 13–19 Uhr, Sa, So und in den Ferien 10–19 Uhr, Erw. 3 €, Kinder (7–14 J.) 2 €, Kinder unter 7 J. frei.

## Feste und Veranstaltungen

- **Zum Wohl Riol:** Am dritten Wochenende im Juni wird von Freitag bis Sonntag am Moselufer das Rioler Weinfest mit großer Weinprobe am Samstag veranstaltet.

## Öffentliche Verkehrsmittel

- **Bus:** Linie 333-1: Trier – Riol – Neumagen-Dhron (www.vrt-info.de).

## Wandern

### Weinlehrpfad und Klettersteig Riol

Ein abwechslungsreicher Wanderweg ist die Kombination des Weinlehrpfades mit dem Rioler Klettersteig (zusammen 6,5 Kilometer). Zunächst folgt man dem Weinlehrpfad. Nach knapp zwei Dritteln der Strecke (zwischen den Stationen 12 und 13) folgt man dem Bergwanderweg, der durch den Kammerwald zum Aussichtspunkt „Kumer Knüppchen" führt. Knapp 200 Höhenmeter müssen überwunden werden, bis man am Zielpunkt oberhalb von Mehring und Riol angekommen ist. Von hier aus hat man einen wunderbaren Blick über die Rioler Talweite. Über schwierige Felspassagen des Klettersteigs helfen Stahlseile. Trittsicherheit und festes Schuhwerk sind erforderlich. Wieder zurückgekehrt auf dem Weinlehrpfad, folgt man dem letzten Drittel des Weges Richtung Riol. Start ist in der Bahnhofstraße.

# Mehring

Mehring liegt rund 15 Kilometer von Trier entfernt. 2300 Menschen leben in dem Winzerort, der sich mit einem großen Neubaugebiet auch auf die Hunsrückseite erstreckt. Überhaupt ist Mehring keine typische Moselgemeinde mit historischem Ortskern. 1840 vernichtete ein Brand das halbe Dorf, 1945 zerstörten während der Luftangriffe Bomben viele Häuser und im Zuge der Moselkanalisation wurden in den 1960er Jahren zahlreiche Gebäude abgerissen.

Doch immerhin ist Mehring die **fünftgrößte Weinbaugemeinde** an der Mosel. Die Weinlagen heißen „Blattenberg", „Goldkupp" und „Zellerberg", vor allem Riesling wird angebaut. Bis zum Bau der Moselbrücke setzte man am alten Fährturm mit einer Fähre über die Mosel. Neben den zahlreichen wunderschönen Wanderwegen ist vor allem die Rekonstruktion einer römischen Villa einen Abstecher wert.

## Sehenswertes

Die **Pfarrkirche St. Medardus,** ein klassizistischer Saalbau mit einem für die Gegend ungewöhnlichen Zwiebelturm, geht auf das Jahr 1834 zurück.

Das kleine **Heimat- und Weinmuseum** im barocken Rathaus aus der Mitte des 18. Jh. zeigt neben einer Ausstellung über die Ortsgeschichte historische Geräte aus 2000 Jahren Weinbau.

■ **Heimat- und Weinmuseum,** Bachstraße 47, 1. April bis 31. Okt. Mo–Do 9–11.30 Uhr, Fr 9–11.30 und 16–18 Uhr, Sa 9–11 Uhr.

### Römische Villa

Das Herrenhaus eines römischen Gutshofes (Villa Rustica) auf dem gegenüber-

042mo kn

liegenden Moselufer wurde in der Mitte des 2. Jh. errichtet. Im Laufe des 3. und 4. Jh. erfolgten mehrere An- und Umbauten, die Villa gehörte zu den größten des Trierer Landes. Immerhin 34 prächtig ausgestattete Räume hatte das weitläufige Gebäude. Rekonstruiert wurden die **Hauptfront** mit dem Säulengang und den beiden Eckrisaliten, ein Wohnraum mit **Mosaiken** sowie Teile des **Badetraktes.**

- **Römische Villa,** ganzjährig geöffnet, frei zugänglich. Führungen So (Ostern bis 1. Nov.) ab 11.30 Uhr, 2 € pro Person, Anmeldung unter Tel. (06502) 8756 oder 1413.
- **Anfahrt:** Die Villa ist mitten in einem Neubaugebiet zu finden. Ab der Moselbrücke ist der Weg ausgeschildert, Parkplätze gibt es direkt an der Villa.

## Fünfseenblick

Der Fünfseenblick bietet eine tolle Aussicht auf die mäandrierende Mosel. Vom 25 Meter hohen **Aussichtsturm** aus wirken die Windungen des Flusses wie fünf Seen. Zu erreichen ist der Aussichtpunkt zu Fuß vom Mehringer Ortsteil auf der rechten Seite der Mosel. Von der Römervilla aus folgt man der Beschilderung des Moselhöhenweges.

# Praktische Tipps

## Informationen

- **Touristinformation Mehring,** Bachstraße 47, 54346 Mehring, Tel. (06502) 1413, www.mehring-mosel.de, 1. April bis 31. Okt. Mo–Do 9–11.30 Uhr, Fr 9–11.30 und 16–18 Uhr, Sa 9–11 Uhr.

## Unterkunft, Essen und Trinken

- **Hänsel's, das kleine Restaurant**②, Moselstraße 23, 54346 Mehring, Tel. (06502) 997610, www.haensels-mehring.de, April bis Okt. tägl. ab 12 Uhr, Di Ruhetag, Nov. bis März Mi–Sa ab 17 Uhr, So und Fei ab 12 Uhr, Mo und Di Ruhetag. Das kleine, aber feine Restaurant in der Nähe des Fährturms mit Blick auf die Mosel und die Mehringer Schweiz verwöhnt seine Gäste mit leckerer, preiswerter Küche und heimischen Weinen. Als moselländische Spezialität serviert Küchenchef *Markus Madertz* gefüllte Kartoffelklöße und Moselfisch.

### In der Umgebung

- **Rüssels Landhaus**⑤, Büdlicherbrück 1, 54426 Naurath (Wald), Tel. (06509) 91400, www.landhaus-st-urban.de, Do–Mo 12–14 und 18.30–21.30 Uhr, Di und Mi geschl. 15 Autominuten von Mehring entfernt liegt Naurath/Wald. Hier führt *Harald Rüssel* sein Restaurant, das zu den fünf besten Gourmetrestaurants in Rheinland-Pfalz gehört. *Rüssel,* bekannt durch seine Kochsendungen beim SWR und Autor mehrerer Kochbücher, zaubert kreative Gerichte aus regionalen Produkten. Seine Kochkunst wurde unter anderem von Guide Michelin und Gault&Millau ausgezeichnet. Wildgerichte liegen dem Sternekoch besonders am Herzen. Die **Hotelzimmer**④ in dem wunderschön restaurierten, ehemaligen Mühlenanwesen sind sehr geschmackvoll eingerichtet.

## Einkaufen

- **Hutladen Hauptsache Charlotte,** Bachstr. 26, Tel. (0157) 31343370, www.hauptsache-charlotte.de, Do und Fr 10–12.30 und 13–18 Uhr, Sa 10–14 Uhr. Hüte, Kappen, Mützen und Haarschmuck aus Meisterhand gibt es in dem kleinen Laden im

◁ Die Villa Rustica von Mehring

Herzen von Mehring. *Charlotte Müller* führt den einzigen Hutladen der ganzen Region. Für Menschen mit Mut zum Hut bietet die junge Modistenmeisterin Form- und Stilberatung und Maßanfertigungen nach individuellen Wünschen.

■ **Classisches Weingut Hoffranzen,** Schulstraße 22, 54346 Mehring, Tel. (06502) 8441, www.weingut-hoffranzen.de. Das Weingut befindet sich seit 1601 im Familienbesitz. Im „Eichelmann 2017" wird es als „überdurchschnittliches Weingut" empfohlen. Jungwinzerin *Carolin Hoffranzen* wurde außerdem beim Wettbewerb des Genussmagazins „Selection" als „Beste Rieslingsortiment-Jungwinzerin" ausgezeichnet. Zum Weingut gehören **Gästezimmer**② und eine **Ferienwohnung.**

■ **Weingut Endesfelder,** Bachstr. 3, 54346 Mehring, Tel. (06502) 99320, www.weingut-endesfelder.de. Das Weingut ist das Elternhaus von *Lena Endesfelder,* der deutschen Weinkönigin 2016/17. Sie führt gemeinsam mit Mutter *Cordula* und Schwester *Sahra* den Winzerbetrieb im Ortskern von Mehring. In der ehemaligen Scheune können die leichten, feinen Weine und Winzersekte probiert und gekauft werden. Anlässlich der Krönung wurde auch eine „Queens-Edition" kreiert.

## Aktivitäten

■ **Trailpark Mehring:** Der Trailpark im Kammerwald bietet Mountainbikern auf verschiedenen Schwierigkeitsstufen Nervenkitzel und Spaß. Anfänger können auf der blau markierten Übungsstrecke fahren, sehr geübte Fahrer wählen die schwarze Freeride-Piste mit vielen Sprüngen. Es gibt eine Enduro-Piste, eine Traverse und den „Grenzgraben" mit Sprungelementen. Streckenplan und Nutzungsbestimmungen unter www.mtb-club-mehring.de/trailpark. 1. März bis 31. Okt., bei Regen sind die naturbelassenen Strecken nicht befahrbar. Der Trailpark befindet sich zwischen der A1, K85 und Mehring. Parkplätze am Mehringer Sportplatz sind ausgeschildert.

## Feste und Veranstaltungen

■ **St. Medardus Weinkirmes:** Das Weinfest zu Ehren des Wetterheiligen Medardus findet im Juni rund um das Kulturzentrum Alte Schule statt. Während der dreitägigen Kirmes wird die Mehringer Weinkönigin gewählt.

■ **Mehringer Winzerfest:** Beim ältesten Weinfest der Mittelmosel präsentieren Mehringer Jungwinzer Anfang September ihre Weine, die neue Weinkönigin wird gekrönt, Winzerkapellen und Winzertanzgruppen treten auf, es gibt Live-Musik und ein Festspiel. Das Winzerfest am Moselufer dauert vier Tage.

## Öffentliche Verkehrsmittel

■ **Bus:** Linie 333-1: Trier – Mehring – Neumagen-Dhron (www.vrt-info.de).

■ **Fahrradbus:** RegioRadler Moseltal: Trier – Mehring – Bullay (tägl. 1. April bis 1. Nov., Reservierungen unter www.regioradler.de).

## Wandern

### Extratour „Mehringer Schweiz"

Der Premiumwanderweg verläuft im Wald auf der rechten Seite der Mosel. Einige Abschnitte des 13,5 Kilometer langen Weges sind Kletterpassagen, die aber auch umgangen werden können. Die Route führt unter anderem durch die Blockhalde des Steinbruchs in der Pölicher Held, zum Aussichtspunkt Fünfseenblick und an der Römervilla vorbei. Festes Schuhwerk ist erforderlich, Start ist auf dem Parkplatz am Sportplatz im Neubaugebiet.

# Pölich

Der Ortsname Pölich kommt aus dem Lateinischen, *pulchra villa* bedeutet „schönes Landhaus“. Die **antike Wasserleitung** des römischen Gutshofes, auf den der Name anspielt, wurde oberhalb der Kirche freigelegt. Die Tunnelwasserleitung *(qanat)* versorgte die großzügige Badeanlage der Villa mit Wasser aus der Voreifel. Die um 206 n.Chr. in den Schieferfels gehauene Leitung ist insgesamt 400 Meter lang, rund 50 Meter sind begehbar. Wer mag, kann durch den durchschnittlich 1,20 Meter hohen und einen halben Meter breiten Kanal hindurchlaufen.

043mo kn

## Camping

■ **Moselcamping Pölicher Held,** Zum Moselufer, 54340 Pölich, Tel. (06507) 703347, www.moselcamp.de. Der gepflegte Campingplatz mit Sauna, Gaststube und Bootsanlegestelle liegt direkt an der Mosel.

## Essen und Trinken

■ **Straußwirtschaft Weinstube Schömann** ①-②, Hauptstr. 4, 54340 Pölich, Tel. (06507) 4236, Ostern bis Anfang Juni und Sept./Okt. Fr ab 17 Uhr, Sa und So ab 16 Uhr. Zu den moseltypischen Gerichten trinkt man am besten den hauseigenen Riesling, der auch im Gault&Millau lobend erwähnt wird. Ebenfalls sehr empfehlenswert ist der Winzersekt des Weingutes.

## Aktivitäten

■ **Finnenbahn:** Zusammen mit dem Nachbarort Mehring hat die Gemeinde auf der Moselhöhe eine mit weichen Hackschnitzeln bedeckte, 1100 Meter lange Finnenrundbahn angelegt, auf der Jogger und Crossläufer gelenkschonend trainieren können.

## Öffentliche Verkehrsmittel

■ **Bus:** Linie 333-1: Trier – Pölich – Neumagen-Dhron (www.vrt-info.de).
■ **Fahrradbus:** RegioRadler Moseltal: Trier – Pölich – Bullay (tägl. 1. April bis 1. Nov., Reservierungen unter www.regioradler.de).

◁ Auch Pölich hat ein römisches Relikt: die antike Wasserleitung

# Detzem

Auch Detzem verdankt seinen Namen den Römern. *Ad decimum lapidum* bedeutet zehnter Meilenstein. Von Trier aus lag der Ort zehn Meilen entfernt an der Römerstraße Trier – Bingen. Allerdings rechnete man nicht in römischen Meilen, sondern in keltischen Leugen. Eine Leuge misst rund 2,2 Kilometer. Die Nachbildung eines **römischen Meilensteins** steht in der Ortsmitte.

044mo kn

## Schleuse Detzem

Detzem hat die **höchste Staustufe der Mosel.** Sie liegt bei Moselkilometer 166,85 an einer Insel und ist ein beliebtes Ausflugsziel für Schaulustige und Technikbegeisterte. Von einer **Brücke** aus kann man das Schleusen der Schiffe hautnah erleben. Die neun Meter Fallhöhe sind wirklich beeindruckend. Bis zu 20.000 Kubikmeter Wasser rauschen beim Schleusungsvorgang schäumend aus der 170 Meter langen und 12 Meter breiten Kammer. Neben der Kammer für die Großschifffahrt gibt es eine Sportbootschleuse.

## Unterkunft, Einkaufen

- **Ferienweingut Edmund Löwen,** Neugartenstraße 3, 54340 Detzem, Tel. (06507) 3198, www.matthias-loewen.de. Eine sehr schöne Lage und sehr freundliche Gastgeber zeichnen dieses Weingut mit sechs Ferienwohnungen aus.

## Öffentliche Verkehrsmittel

- **Bus:** Linie 333-1: Trier – Detzem – Neumagen-Dhron (www.vrt-info.de).

☒ Schleuse Detzem

# Thörnich

Das Winzerdorf, dessen Ortsname auf die keltisch-römische Bezeichnung *Turinga* zurückgeht, liegt auf der Hunsrücker Moselseite. Die 160-Einwohner-Gemeinde ist unter Weinliebhabern bekannt. Eine weltberühmte Weinlage ist die **„Thörnicher Ritsch"**, sie gehört zu den steilsten Lagen an der Mosel. Der Name Ritsch kommt von dem brüchigen Grauschiefer, der die Böden der Weinberge bedeckt. Immer wieder kommt Gestein ins Rutschen und das Anlegen von Wegen ist sehr schwierig. Die Thörnicher Winzer gelangen auf schmalen Pfaden in ihre Wingerte und bearbeiteten sie bisher komplett mit der Hand, ganz nach dem Motto „Qualität statt Quantität". Allerdings liegen deshalb inzwischen viele der sehr kleinen Parzellen brach. Um den Weinbau in der bekannten Steillage zukunftsfähig zu machen, setzt das Dienstleistungszentrum Ländlicher Raum (DLR) seit 2016 ein Flurbereinigungsverfahren um: Breitere Wege und neue Trockenmauern werden angelegt und Flurstücke zusammengelegt. Monorackbahnen zur Lastenbeförderung sollen die Bearbeitung erleichtern.

Weltberühmt ist die Lage nicht nur wegen ihrer Qualität, sondern auch wegen der folgenden **Geschichte:** 1955 wollte die Sowjetunion diplomatische Beziehungen mit der Bundesrepublik Deutschland aufnehmen. Bundeskanzler *Konrad Adenauer* forderte im Gegenzug die Freilassung der letzten deutschen Kriegsgefangenen. Zu den Verhandlungen nahm er 20 Flaschen Thörnicher Ritsch als Gastgeschenk mit nach Moskau. Vielleicht hatte er die Hoffnung, dass der gute Tropfen seinen Gesprächspartner *Nikita Chruschtschow* milde stimmen würde. Ob es nun am 1953er Thörnicher Ritsch lag oder nicht, noch im selben Jahr begann die „Heimkehr der Zehntausend" und die letzten deutschen Kriegsgefangenen kehrten aus dem Gulag zurück.

Die **katholische Pfarrkirche St. Maternus** wurde 1789/90 erbaut. Das Kircheninnere überrascht mit einer prachtvollen Rokokoausstattung.

## Feste und Veranstaltungen

- **Thörnicher Weinhöfefest:** Am zweiten Septemberwochenende öffnen die Thörnicher Winzer ihre Türen, Tore und Keller, präsentieren ihre Weine und die moseltypische Küche.

## Öffentliche Verkehrsmittel

- **Bus:** Linie 333-1: Trier – Thörnich – Neumagen-Dhron (www.vrt-info.de).

## Wandern

### Klettersteig „Thörnicher Ritsch"

Drei verschiedene Klettersteige durch die berühmte Weinlage auf der Eifeler Seite stehen zur Auswahl. Es sind sehr kurze, aber auch sehr steile und anstrengende Pfade, die jeweils als Rundtouren angelegt sind (ein Kilometer, 600 Meter und 800 Meter). Start ist am Parkplatz an der Moselbrücke (B53).

# Klüsserath

Vermutlich siedelten schon die Kelten und Römer in dem fruchtbaren Gebiet, wo die aus der Eifel herabfließende **Salm** in die Mosel mündet. Die Franken siedelten sich ab dem 5. Jh. hier an. Eine erste urkundliche Erwähnung als *clusae scartum* („Rodung in der Bergenge") stammt aus dem Jahr 698. Daraus wurde der Name *Cluserado,* dann *Clüsserath* und seit 1936 *Klüsserath.*

045mo kn

▷ Gleitschrimflieger über der „Klüsserather Bruderschaft"

Ein geflügeltes Wort rund um die Weinbaugemeinde heißt „so lang wie Klüsserath". Und tatsächlich erstreckt sich das Straßendorf ganze zwei Kilometer entlang der Mosel. Zwischen Klüsserath und der Mosel verläuft die Schnellstraße B53 auf einem Damm, der gleichzeitig als Hochwasserschutz dient. Auf der anderen Seite des Dorfes ragt der steile, mit Wein bepflanzte Prallhang auf. Dieser für den Weinbau ideale Südhang mit der **Weinlage „Klüsserather Bruderschaft"** gilt als einer der größten an der Mosel.

## Sehenswertes

### Klüsserather Burg

Das älteste Gebäude des Ortes ist die Klüsserather Burg (Burgweg 2), sie geht auf einen fränkischen Königshof zurück. Im 12. und 13. Jh. diente der von einem Wassergraben umgebene **Wohnturm** aus Schieferbruchstein als Sitz der *Freiherren von Kesselstatt.* Später lebten die *Herren von Klüsserath* in dem mächtigen, dreigeschossigen Bau.

## Pfarrkirche

Im Ortskern steht die Pfarrkirche **Maria Rosenkranzkönigin.** Von einem älteren Vorgängerbau aus dem 14. Jh. ist noch der gotische Chor mit Maßwerkfenstern und Rippengewölbe erhalten. Turm und Langhaus wurden im späten 18. Jh. durch neue Bauten ersetzt. Der prachtvolle Spätrenaissance-Hochaltar aus dem Jahr 1622 ist einer der größten aus dieser Epoche im Moseltal. Bemerkenswert ist die 1558 entstandene Renaissance-Grabplatte des Klüsserather Ritters und Kreuzfahrers *Richard von Hagen* im Chor der Kirche.

## Rudemsbrunnen

Der Rudemsbrunnen in der Nähe der **Salmbrücke** zeigt das Rudemsmännchen, eine Sagengestalt, die im Rudemswald zwischen Thörnich und Klüsserath ruhelos herumgeistern soll. Einst geriet Klüsserath mit dem Nachbarort Thörnich in einen heftigen Streit über die Frage, wem der Rudemswald gehört. Ein Schiedsgericht sollte den Streit direkt vor Ort schlichten. Man traf sich im Wald und beide Seiten versuchten das Gericht zu überzeugen. Besonders eigensinnig gab sich der Bürgermeister von Thörnich. Halsstarrig beteuerte er: „Ich schwöre unter meinem Schöpfer, dass ich mit den Füssen auf Thörnicher Boden stehe." Das beeindruckte das Gericht und er bekam Recht. Doch was das Gericht nicht wusste: Der gewitzte Bürgermeister hatte sich eine List ausgedacht: Er hatte Thörnicher Erde in seine Schuhe gefüllt und einen Schöpflöffel unter seinem Hut verborgen. Doch Glück brachte ihm das nicht. Sein wahrer Schöpfer verdammte ihn dazu, fortan als Geist im Rudemswald zu spuken.

## Hinkelstein

Eine weitere Sage rankt sich um den „Eselstratt", einen auch Hinkelstein genannten, 3500 Jahre alten **Menhir aus der Jungsteinzeit.** Eine christliche Jungfrau, die auf ihrem Esel vor einem heidnischen Verfolger auf der Flucht war, soll sich an dieser Stelle durch einen gewagten Sprung ins Tal gerettet haben. Geblieben ist der Überlieferung nach ein Hufabdruck des Esels im Stein. Der Menhir liegt am Wanderweg „Klüsserather Sagenweg" (s.u.).

## Haus der Krippen

In einem um 1650 erbauten und aufwendig renovierten Winzerhaus ist ein kleines, aber sehr interessantes Krippenmuseum untergebracht. Das Museumsgebäude selbst ist eines der letzten erhaltenen **Winkelhäuser** mit Wohnhaus, Scheune und Wirtschaftsgebäude. Auf zwei Etagen sind 90 Exponate aus aller Welt ausgestellt. Es gibt Krippen aus den unterschiedlichsten Materialien: Papier, Holz, Draht, Steinnuss, Glas oder Ton. Faszinierend sind die großen Dioramenkrippen, die mit ihrer Fülle an Figuren und liebevollen Details wie dreidimensionale Wimmelbilder wirken. In einer ungewöhnlichen Krippe wartet eine hochschwangere Maria geduldig, während Josef an Herbergstüren klopft, um eine Unterkunft zu finden. Eine andere zeigt drei Fachwerkhäuser auf dem Trierer Hauptmarkt und die Judengasse, so wie sie vor 200 Jahren ausgesehen haben könnten. Auch moderne Krippen sind vertreten wie die Porzellankrippe aus der italienischen Designfabrik Alessi.

■ **Haus der Krippen – Domus Praesepiorum,** Hauptstr. 83, Tel. (06507) 939204, www.krippenmuseum.info, Karfreitag bis 1. Advent Fr–So 14–18 Uhr, 1. Advent bis 2. Februar tägl. 14–18 Uhr (außer Mo), 24. und 25. Dez., 31. Dez., 1. Jan. und 3. Feb. bis Karfreitag geschl., Erwachsene 4 €, Kinder bis 12 Jahre frei.

# Praktische Tipps

## Informationen

■ **Tourist-Information,** Kirchstr. 3, 54340 Klüsserath, Tel. (06507) 3099, im Sommer Mo–Mi und Sa 9–11.30 Uhr, Do und Fr 15–17.30 Uhr, im Winter Mo–Mi und Sa 9–11 Uhr, Do und Fr 15–17 Uhr. Zur Tourist-Information gehört eine **Vinothek,** in der Wein probiert und gekauft werden kann.

## Essen und Trinken

■ **Bistro Tastebrothers**①-②, Europa Allee 64, 54343 Föhren, www.tastebrothers.com, Mo–Do 11–16 Uhr. Schickes Bistro im sieben Kilometer entfernten Föhrener Industriepark mit Pasta, Baguettes, Suppen, Salaten und einer wechselnden Wochenkarte. Jeden zweiten Sonntag im Monat Brunch, mittwochs außerdem Burger aus dem **Foodtruck**①, dem knallgelben, amerikanischen Schulbus der Tastebrothers, der ansonsten durch das Trierer Umland fährt.

## Einkaufen

■ **Weingut F.J. Regnery,** Mittelstr. 39, 54340 Klüsserath, Tel. (06507) 4636. Das Weingut besteht bereits seit dem 17. Jh. Heute wird es von Steillagenwinzer *Peter Regnery* geführt, der auf die Verbindung von Tradition und Moderne setzt. Er verwendet sowohl Edelstahltanks als auch Eichenholzfässer, je nachdem, welchen Weinstil er haben möchte. Bei der Vermarktung setzt er ganz auf modernes Design, von den puristischen Flaschenetiketten bis hin zur ungewöhnlichen, sehr stylischen Vinothek. Neben Riesling baut Regnery auch Rotweine wie Spätburgunder aus. Gault&Millau sind die hervorragenden Weine immerhin zwei Trauben wert.

**MEIN TIPP:** Unbedingt den *Verjus,* einen aus unreifen Trauben gepressten Saft, probieren. Er macht sich in der Küche wunderbar als milder Ersatz für Essig oder Zitronensaft.

## Aktivitäten

■ **Gleitschirmfliegen:** An sonnigen Tagen treffen sich geübte Gleitschirmflieger in den Weinbergen über Klüsserath, um bei gutem Aufwind ihre Schleifen zu ziehen. Informationen erteilt der Drachenflieger-Club Trier (www.dfc-trier.com).

## Feste und Veranstaltungen

■ **Passionsspiele:** Alle fünf Jahre finden in Klüsserath Passionsspiele statt, das nächste Mal im Jahr 2020.

## Öffentliche Verkehrsmittel

■ **Bus:** Linie 333-1: Trier – Klüsserath – Neumagen-Dhron (www.vrt-info.de).

■ **Fahrradbus:** RegioRadler Moseltal: Trier – Klüsserath – Bullay (tägl. 1. April bis 1. Nov., Reservierungen unter www.regioradler.de).

## Wandern

### Seitensprung „Klüsserather Sagenweg"

Der knapp zwölf Kilometer lange Wanderweg unterhält nicht nur mit Geschichten aus der Sagenwelt, er überzeugt auch durch einmalige Panoramablicke. Informationstafeln erzählen die Sagen vom Rudemsmännchen, vom Eselstratt und von der Geldkaul, deren Schatz nicht gehoben werden kann. Start ist an der Pfarrkirche in Klüsserath.

# Leiwen

Leiwen gehört mit 400 Hektar Rebfläche zu den **größten Weinbaugemeinden** an der Mosel. Der Fremdenverkehr spielt eine große Rolle, es gibt zwei Ferienparkanlagen (s.u.: „Unterkunft"), außerdem Hotels, Gasthäuser, Winzerpensionen und Ferienappartements. Der Ort wirbt damit, dass hier angeblich schon der römische Kaiser *Augustus* Urlaub machte und der Ort nach seiner Gattin *Livia* benannt ist.

Tatsächlich wurden in den 1980er Jahren im Bezirk Bohnengarten die Res-

te eines großen römischen Gebäudes gefunden, das der Landsitz von *Livia* gewesen sein soll. Der Sage nach fuhr das Kaiserpaar per Schiff moselabwärts und machte an der Stelle, wo sich heute Leiwen befindet, Halt. Angesichts der schönen Umgebung beschlossen die beiden, eine Sommerresidenz für *Livia* zu bauen. Allerdings lebte *Livia* von 58 v.Chr. bis 29 n.Chr., die Villa Rustica wurde aber erst im 2.–4. Jh. n.Chr. erbaut. Die Ruinen hat das Landesmuseum Trier wieder zugeschüttet, einige Funde sind im Leiwener Heimatmuseum ausgestellt.

Blick auf Trittenheim von der Leiwener Zummethöhe

046mo kn

## Sehenswertes

### Jüdischer Friedhof

Noch etwa 50 Grabsteine aus der Zeit zwischen 1863 und 1933 sind auf der alten jüdischen Begräbnisstätte erhalten. Bestattet wurden hier Mitglieder der Gemeinden Leiwen und Klüsserath. Auch Trittenheimer Juden diente er als Begräbnisstätte, bis sie 1898/99 einen eigenen Friedhof erhielten. In der Zeit der Nationalsozialisten wurde der Friedhof zerstört und später so weit wie möglich wieder hergerichtet.

### Katholische Pfarrkirche

Der Chor der Kirche **St. Stephanus und St. Rochus** stammt noch aus der Bauzeit um 1500. 1769 wurde sie mit Ausnahme des Chores nach Plänen von *Johannes Seiz,* Hofbaumeister im Kurfürstentum Trier, neu erbaut. Die Inneneinrichtung mit prachtvollem Rokokoschmuck stammt noch aus der Bauzeit. In der Krypta sind Reste der gotischen Ausmalung aus dem 16. Jh. erhalten. Der Schriftsteller *Stefan Andres* wurde 1902 in der Taufkapelle getauft. 1923 hat man die Kirche um zwei Seitenschiffe erweitert.

### Euchariuskapelle

1609 wird die Euchariuskapelle erstmals erwähnt. 1821 wurde sie versteigert und als Lagerhalle genutzt. Heute dient sie zusammen mit einer benachbarten Scheune als **Heimat- und Weinmu-**

**seum.** Ausgestellt sind archäologische Funde, eine Küferwerkstatt und historische Fotografien. Die Kapelle kann im Rahmen einer Führung besichtigt werden (s.u.).

### Skulpturenpark Bohnengarten

In der weitläufigen, 12.000 Quadratmeter großen und mit heimischen Pflanzen gestalteten Parklandschaft stehen Skulpturen aus Stahl, Holz oder Stein. Es sind Werke des Besitzers *Arnold Laux* sowie der Bildhauer *Guy Charlier, Alf Becker* und weiterer.

- **Skulpturenpark Bohnengarten,** Im Bohnengarten 1/Liviastraße (gegenüber Klostergartenstraße 66), 1. April bis 31. Okt. Mi u. Sa 14–19 Uhr. Die Besichtigung des barrierefreien Parks ist kostenlos.

### Dhrontalkraftwerk

Am Ortsausgang Richtung Trittenheim direkt am Moselufer steht das 1913 errichtete und noch immer funktionstüchtige Dhrontalkraftwerk. Auch nach mehr als 100 Jahren ist das Werk noch ans Stromnetzt angeschlossen und liefert – wenn auch in bescheidenem Umfang – umweltfreundlichen Strom. 8000 Liter Wasser in der Sekunde schießen durch die **vier großen Turbinen** und treiben sie an. Das Wasser stammt aus der **Dhrontalsperre.** Sie fasst 530.000 Kubikmeter und wurde zusammen mit dem zwei Kilometer langen Verbindungsstollen eigens für das Kraftwerk gebaut.

### Aussichtspunkt Zummethöhe

2016 erhielt der Aussichtspunkt Zummethöhe die Auszeichnung „Schönste Weinsicht Mosel". Der Blick auf die berühmte **Trittenheimer Moselschleife** ist phänomenal. Es ist tatsächlich einer der schönsten Flußmäander, den die Mosel zu bieten hat. Die Stelle hoch über Leiwen auf dem Wanderparkplatz neben dem Hotel Zummethof (Panoramaweg 1, 54340 Leiwen) ist mit einer Metallstele des Mainzer Künstlers *Ulrich Schreiber* markiert.

- **Anfahrt:** Von Leiwen kommend über die L48, dann auf die L148 abbiegen, von Trittenheim kommend über die L148.

## Praktische Tipps

### Informationen

- **Touristinformation Leiwen,** Römerstraße 1, 54340 Leiwen, Tel. (06507) 3100, www.leiwen.de, April bis Okt. Mo–Fr 9–12 Uhr, Fr auch 16–18 Uhr, Sa 9–12 Uhr, November bis März Mo, Di, Do und Fr 9–11 Uhr.

### Unterkunft, Essen und Trinken

- **Landal Greenpark Sonnenberg,** Sonnenberg 1, 54340 Leiwen, Tel. (06507) 93690, www.landal.de. Der Ferienpark liegt am Waldrand über Leiwen und bietet mehr als 200 Ferienhäuser und Ferienwohnungen, außerdem Mobilheime und Stellplätze für Zelte, Wohnmobile und Wohnwagen auf dem dazugehörigen **Campingplatz.** Zum umfangreichen Freizeitangebot gehören ein Hallenschwimmbad, ein Indoorspielplatz mit Kletterwand und viele Spielplätze im Freien, Bowling, Tischtennis und Minigolf. Die Preise variieren je nach Saison, Art der Unterkunft und Ausstattung.

■ **Eurostrand Resort Moseltal,** Moselallee 1, 54340 Leiwen, Tel. (04022) 633430, http://eurostrand.de. Die Ferienhäuser und Ferienwohnungen für gehobene Ansprüche liegen am Ortsrand von Leiwen mitten in den Weinbergen. Für Sportliche gibt es Hallenbad, Bowling, Minigolf, Tennis, Boccia und Volleyball, für die Entspannung eine Sauna und einen Wellnessbereich und für die Unterhaltung Tanzabende, Showprogramm, Ausflüge und All-inclusive-Partywochenenden.

■ **Sektgut St. Laurentius**②, Laurentiusstr. 4, 54340 Leiwen, Tel. (06507) 3836, www.st-laurentius-sekt.de. Die perlenden Schätze des Sektguts gehören zu den besten in Deutschland. 2016 wurde Winzer *Klaus Herres* erneut zum Sekterzeuger des Jahres gewählt. Den feinen Winzersekt trinkt man nicht nur beim Bundespräsidenten im Schloss Bellevue, sondern auch im schwedischen Königshaus. Die „Sektstuuf" ist **Vinothek, Restaurant und Gästehaus** in einem. Die Zimmer sind modern und komfortabel, das Restaurant erfreut mit einer feinen Regionalküche und einer großen Weinauswahl.

## Einkaufen

■ **Wein- und Sektgut Heinz Schneider,** Klostergartenstr. 36, 54340 Leiwen, Tel. (06507) 99138, www.weingut-schneider.de. Das Weingut im Ortskern wurde im 17. Jh. als Nonnenkloster mit Zehnthof errichtet. Der hervorragende Sekt erhielt bereits den Großen Staatsehrenpreis, die höchste Auszeichnung des Landes Rheinland-Pfalz.

■ **Weingut Nik Weis – St. Urbans-Hof,** Urbanusstr. 16, 54340 Leiwen, Tel. (06507) 93770, www.urbans-hof.de. *Nik Weis* führt das Weingut in der dritten Generation und produziert Spitzenrieslinge auf Schiefersteillagen an Mosel und Saar. Zum Sortiment gehört sogar koscherer Wein (s. Kasten). Weinproben auf Anfrage.

## Aktivitäten

**Panoramabad „Römische Weinstraße",** Zummethöhe/Tannenweg 18, 54340 Leiwen-Zummet, Tel. (06507) 3009, Mitte Mai bis Mitte Sept. tägl. 8–19 Uhr, an Hochsommertagen bis 20 Uhr. Das Schwimmbad liegt idyllisch am Waldrand auf der Zummethöhe mit Blick ins Moseltal und verfügt

### Koscherer Wein von der Mosel

*Nik Weis* produziert auf seinem Weingut St. Urbans-Hof zusammen mit Winzerkollege *Maximilian von Kunow* koscheren Wein. Im französischen Weinbaugebiet Bordeaux und auch im italienischen Piemont wird schon lange Wein nach **jüdischem Speisegesetz** gekeltert. Doch koscheren Riesling von der Mosel gab es lange nicht. Weil die beiden Winzer immer wieder auf koscheren Wein angesprochen wurden, ließen sie sich auf das Experiment ein und gründeten das Unternehmen „Gefen Ha Shalom" (die Friedensrebe). Doch *Weis* und *von Kunow* stellen den Wein letztendlich nicht selbst her. Zwar wachsen die Trauben auf ihren Weinbergen in Leiwen und in Konz-Oberemmel an der Saar, doch das Keltern übernimmt der Luxemburger Rabbiner *Mendel Edelmann* mit mehreren Rabbi-Kollegen. Der Keller wird nach strengen jüdischen Vorschriften gereinigt und auch das Pressen, Filtrieren, Abfüllen und Etikettieren folgt diesen Riten. Wie veganer Wein darf koscherer Wein zum Beispiel **nicht mit tierischer Gelatine** geklärt werden. Nur die Rabbiner aus Luxemburg und Frankreich haben in dieser Zeit Zutritt zum Weinkeller, die Arbeit findet im Verborgenen statt. Rund 10.000 Flaschen koscherer Riesling werden pro Jahr in Leiwen und Konz-Oberemmel hergestellt.

047mo kn

über eine 76-Meter-Riesenrutsche sowie Edelstahlbecken für Nichtschwimmer, Schwimmer und Kleinkinder.

- Die Tourist-Information Leiwen bietet zwischen Juni und Oktober kostenlose Führungen an. Um Voranmeldung wird gebeten (Kontakt s.o.). Treffpunkt ist jeweils die Tourist-Information.

**Führung „Tausend Schritte durch die Leiwener Dorfgeschichte“:** Während des geführten Rundgangs hat man die Gelegenheit, das Heimat- und Weinmuseum zu besichtigen. Die Tour startet mittwochs um 15 Uhr, dauert 1½ bis 2 Std. und endet mit einem Glas Wein.

**Führung „Das Wandern ist des Müller's Lust“:** Die rund dreistündige Tour führt durch die Leiwener Weinberge und über den Weinlehrpfad, auch hier gibt es zum Abschluss ein Glas Wein. Start ist donnerstags um 14 Uhr.

## Feste und Veranstaltungen

- **Weinfest:** Am dritten Wochenende im August feiert Leiwen sein Weinfest mit einem großen Umzug, Krönung der Weinkönigin und öffentlicher Weinprobe.
- **Weinlesestraßenfest:** Entlang der Römerstraße präsentieren am ersten Wochenende im September die örtlichen Winzer an zahlreichen Weinständen ihre Produkte. Dazu gibt es moseltypische Speisen.

## Öffentliche Verkehrsmittel

- **Bus:** Linie 333-1: Trier – Leiwen – Neumagen-Dhron (www.vrt-info.de).
- **Fahrradbus:** RegioRadler Moseltal: Trier – Leiwen – Bullay (tägl. 1. April bis 1. Nov., Reservierungen unter www.regioradler.de).

# Trittenheim

Trittenheim ist der einzige Ort an der deutschen Mosel, in dem noch beide **Fährtürme** erhalten sind. Ab 1829 verband eine Fähre die beiden Moselufer, die aber mit dem Bau einer **Brücke** im Jahr 1909 überflüssig wurde. 1992 wurde eine neue Brücke gebaut, von der ersten sind aber noch ein Brückenbogen und ein **Brückenhäuschen** erhalten. In dem kleinen, roten Jugendstilhäuschen musste ein Brückenzoll entrichtet werden, um den Bau der ersten Brücke zu finanzieren. Den alten Brückenbogen ließ man stehen, weil er einer seltenen, unter Naturschutz stehenden Fledermausart als Unterschlupf dient.

Am Anfang des Brückenbogens steht ein lebensgroßes **Standbild zu Ehren des Johannes Trithemius.** Der Abt, Gelehrte und Humanist (1462–1516) wurde in Trittenheim geboren. Sein Stiefvater versuchte ihn von Bildung fernzuhalten, weshalb er Latein und Griechisch heimlich lernen musste. Er verließ sein Elternhaus bereits mit 17 Jahren, um seinen Wissensdurst an anderen Orten zu stillen. 1482 trat er in die Benediktinerabtei in Sponheim an der Nahe ein. Schon anderthalb Jahre später wurde er zum Abt gewählt und stand dem Kloster von 1483 bis 1506 vor. Dann wechselte er in das Schottenkloster Sankt Jakob in Würzburg. Noch im gleichen Jahr wurde er zum Abt gewählt. *Trithemius* widmete sich literatur- und heimatgeschichtlichen Studien und beschäftigte sich mit Geheimschriften. Er verfasste mehr als 90 Werke, zu den wichtigsten zählt ein Verzeichnis kirchlicher Schriftsteller, das als eine der ersten Bibliografien gilt.

Neben *Trithemius* hat Trittenheim einen weiteren berühmten Sohn: Der Schriftsteller *Stefan Andres* wurde 1906 im Trittenheimer Ortsteil Im Dhrönchen geboren. Der Sohn eines Müllers avancierte in der Nachkriegszeit zu einem der meistgelesenen deutschen Autoren. An ihn erinnert das **Stefan-Andres-Denkmal** aus Sandstein in der Ortsmitte.

Etwa 300 Hektar Weinberge werden rund um den Ort bewirtschaftet. Die berühmten Lagen heißen **„Trittenheimer Apotheke"** und **„Trittenheimer Altärchen".**

## Laurentiuskapelle

Ein besonders schöner **Aussichtspunkt** über der Mosel ist die Laurentiuskapelle auf dem Laurentiusberg oberhalb von Trittenheim. Die dem Weinheiligen *Laurentius* geweihte Kapelle wurde 1569 erstmals erwähnt. Zu dieser Zeit lag der Ort noch oben auf der Anhöhe, erst später wurde Trittenheim im Tal neu errichtet. Am zweiten Augustwochenende findet alljährlich eine **Prozession** zu der kleinen Kapelle statt, in der man dann beim Gottesdienst für eine „gedeihliche Ernte und Verschonung vor Unwetter und Plag" bittet.

## Römische Sarkophage

Schon in der Römerzeit war die Gegend um Trittenheim besiedelt. In der Steillage „Trittenheimer Apotheke" entdeckte man 1920 zwei antike Sarkophage aus hellem Sandstein. Nicht nur ihre Gestaltung war schlicht, auch die Menge der Grabbeigaben war eher zurückhaltend. Dafür war die Lage mit Blick auf die Mosel umso schöner. Vermutlich stammt die Grabstätte aus dem 4. Jh. n.Chr. 2006 wurden die Steinsärge restauriert, mit einem Schutzdach versehen und der Platz als **Aussichtspunkt** gestaltet.

# Praktische Tipps

## Informationen

■ **Touristinformation Trittenheim,** Moselweinstr. 55, 54349 Trittenheim, Tel. (06507) 2227, www.trittenheim.de, 1. April bis 24. Dez. Mo–Sa 9–12 Uhr, Mo, Di, Do, Fr 14.30–16.30 Uhr, Jan. bis 31. März Mo–Sa 9–12 Uhr.

## Unterkunft, Essen und Trinken

■ **Weingut und Gästehaus Clüsserath-Weiler** ③, Brückenstr. 9, 54349 Trittenheim, Tel. (06507) 5011, www.cluesserath-weiler.de. Das Weingut direkt an der Moselpromenade produziert hervorragende, vielfach prämierte Rieslinge. Erst 2016 zeichnete der Weinführer Eichelmann es als „Weltklasse-Weingut" aus. *Raphael Ianniello,* Ehemann von Winzerin *Verena Clüsserath,* betreibt im Weingut eine **Kochschule.** In der hauseigenen Destillerie werden Edelbrände erzeugt.

■ **Wein- und Tafelhaus**⑤, Moselpromenade 4, 54349 Trittenheim, Tel. (06507) 702803, www.wein-tafelhaus.de. Sternekoch *Alexander Oos* zaubert kulinarische Delikatessen. Seine hohe Kochkunst vermittelt er auch in **Kochkursen.** Das **Gästehaus**③ mit ansprechenden und individuell gestalteten Zimmern liegt am Moselufer mit Blick auf die Weinberge.

■ **Weingut und Gästehaus Bernhard Eifel**②, Laurentuisstr. 17, 54349 Trittenheim, Tel. (06507) 5972, www.weingut-bernhard-eifel.de. Seit 1635 befindet sich das Weingut in Familienbesitz. Die hervorragenden Rieslinge werden auf berühmten Lagen wie der „Trittenheimer Apotheke", dem „Maximiner Herrenberg" in Longuich und dem „Schweicher Annaberg" angebaut. Die Zimmer im Gästehaus sind sehr geschmackvoll und individuell gestaltet. Spezielle Arrangements wie das „Eifel's Landart Spezial" in Kooperation mit dem Gourmetrestaurant Rüssels Landhaus in Naurath gehören ebenfalls zum Angebot.

■ **Seminarshof,** Moselweinstr. 40, 54349 Trittenheim, Tel. (06507) 5584, www.seminarshof.de. In dem ehemaligen Verwaltungsgebäude des Trierer Priesterseminars im Ortskern von Trittenheim befindet sich das Weingut Seminarshof. Im **Restaurant „Essen beim Winzer"**②-③, im Weingarten und auf der Terrasse gibt es von April bis Ende Oktober moselländische Spezialitäten und hauseigene Weine (Mo, Mi–Sa 11.30–20.30 Uhr, So 11.30–18 Uhr, Di geschl.). In den Wintermonaten verwöhnt *Lisa* in **Lisa's Restaurant**⑤ ihre Gäste mit gehobener internationaler Küche (Do–Sa ab 8 Uhr, So Lunchbuffet 11–14.30 Uhr).

## Öffentliche Verkehrsmittel

■ **Bus:** Linie 333-1: Trier – Trittenheim – Neumagen-Dhron (www.vrt-info.de).

■ **Fahrradbus:** RegioRadler Moseltal: Trier – Trittenheim – Bullay (tägl. 1. April bis 1. Nov., Reservierungen unter www.regioradler.de).

## Wandern

### Römersteig

Der Themenweg verläuft entlang der römischen Sehenswürdigkeiten zwischen Trittenheim und Minheim. Er führt unter anderem durch die Steillage „Trittenheimer Apotheke" zum Aussichtspunkt mit den zwei antiken Sarkophagen, zum ehemaligen römischen Kastell Neumagen und zur **römischen Kelteranlage in Piesport.** Der Klettersteig ist 22,7 Kilometer lang und kein Rundweg. Für den Rückweg empfiehlt sich der Moselbahnbus Linie 333-1.

### Traumschleife „Wasser-Dichter-Spuren"

Der 14 Kilometer lange Wanderweg „Wasser-Dichter-Spuren" folgt nicht nur dem Flüsschen Kleine Dhron bis zur Dhrontalsperre, sondern auch den Spuren der Dichter und Denker der Region. Tafeln informieren über den römischen Dichter *Ausonius,* den Abt und Humanisten *Johannes Trithemius* und den Schriftsteller *Stefan Andres,* der 1906 im Trittenheimer Ortsteil Im Dhrönchen geboren wurde. Das Besondere an der Route sind die tollen Fernsichten über Hunsrück, Mosel und Eifel. Start ist am Sportplatz Heidenburg.

☐ Die römische Kelteranlage in Piesport während des Kelterfestes

048mo kn

# VON NEUMAGEN-DHRON NACH VELDENZ

NICHT VERPASSEN!

- **Piesport** mit einer antiken Kelteranlage und der Pfarrkirche St. Michael | 142
- **Kunstmuseum Casa Tony M.** in Wittlich | 150
- **Brauneberg** – malerisches Fachwerkdorf mit einer römischen Baumkelter | 157
- **Bauern-, Handwerker- und Winzermarkt** im Dörfchen Burgen | 167

**Diese Tipps erkennt man an der gelben Hinterlegung.**



## Neumagen-Dhron

Neumagen-Dhron liegt an der Mündung der Dhron in die Mosel und nennt sich **ältester Weinort Deutschlands.** Schon die Römer bauten hier vor 2000 Jahren Wein an. Eine antike Fernstraße führte mitten durch die römische Siedlung. Als Schutz vor den Überfällen der Germanen ließ Kaiser *Konstantin* im 4. Jh. ein **Kastell** errichten. Beim Bau der Festungsanlage verwendeten die Römer für die Fundamente auch Grabmäler aus dem 2. und 3. Jh. Archäologische Ausgrabungen im 19. Jh. brachten diese Grabsteine, Reliefs und Skulpturen zutage und dem Ortsteil Neumagen den Ruf als „moselländisches Pergamon" ein.

Eines der schönsten gefundenen Stücke ist das monumentale Grabmal eines reichen Weinhändlers in Form eines Schiffes. Ein **Abguss des Weinschiffes** befindet sich an der Peterskapelle im Ortskern von Neumagen, das Original ist im Rheinischen Landesmuseum in Trier zu besichtigen.

Ein hölzerner, 18 Meter langer Nachbau liegt im Hafen von Neumagen-Dhron: Das **Weinschiff „Stella Noviomagi"** („Stern von Neumagen") ist eine besondere Touristenattraktion und kann von 20 Leuten gerudert werden (s.u.). Wahlweise kann man aber auch den Schiffsmotor bemühen, wenn man zum Beispiel die Hände für eine Weinprobe an Bord frei haben möchte.

Im Jahr 371 schwärmte der römische Dichter *Ausonius* in seinem Gedicht „Mosella" beim Anblick des Ortes: „[Ich] erblicke im vordersten Grenzgebiet der Belger Noiomagus (Neumagen),

049mo kn

die berühmte Festung des verewigten Constantinus. Reiner ist hier auf den Feldern die Luft und Phoebus entriegelt schon mit hellem Licht heiter den purpurschimmernden Olymp.“

Zwar hat Neumagen-Dhron seine Bedeutung als wichtiger Handels- und Umschlagplatz schon lange eingebüßt, doch der romantische Weinort ist auch heute noch absolut sehenswert. Bei einem Spaziergang durch den historischen Ortskern des Ortsteils Neumagen hält man sich am besten an den **archäologischen Rundweg.** Er führt entlang der noch erhaltenen Grundmauern des Römerkastells und zum Caracalla-Leugenstein. 15 Leugen, rund 30 Kilometer, lagen zwischen Neumagen-Dhron und der römischen Kaiserstadt Augusta Treverorum, dem heutigen Trier. Ein Infoblatt zum Rundweg gibt es in der Touristinformation. Kleine Messingplaketten im Kopfsteinpflaster markieren den Weg und Schilder informieren eingehend über die römischen Relikte.

Die Skulptur des römischen Weinschiffes in Neumagen-Dhron

Hinter der katholischen **Peterskapelle** aus dem 14. Jh. liegt der **Ausoniusgarten.** Hier sind weitere Kopien der antiken Funde und Informationstafeln aufgestellt.

## Der römische Dichter Ausonius und sein Loblied auf die Mosel

Zwischen 371 und 375 n.Chr. schrieb der hohe römische Beamte und Gelehrte *Decimus Magnus Ausonius* eine Hymne auf die Mosella, wie die Römer die Mosel nannten. Der aus Burdigala, dem heutigen Bordeaux, stammende Gallier wurde um 365 von Kaiser *Valentinian I.* als Erzieher seines ältesten Sohnes, des Prinzen *Gratian,* nach Trier berufen. 368 n.Chr. nahm *Ausonius* am Alamannenfeldzug teil. Kaiser *Valentinian I.* schenkte ihm ein Mädchen aus Schwaben namens *Bissula.* Sie wurde *Ausonius'* Geliebte und er bedachte sie mit zahlreichen Versen.

Nachdem *Ausonius* **von Bingen quer durch den Hunsrück nach Trier gereist** war, verarbeitete er seine Reiseeindrücke zwischen 371 und 375 in seiner berühmten **„Mosella",** einem Lobgedicht auf die Mosel, und setzte ihr ein literarisches Denkmal. Es ist das einzige antike Gedicht, das sich ausschließlich einem Fluss widmet. In 483 Versen preist der die Naturschönheit der Mosel und die Fruchtbarkeit ihrer Ufer, berichtet über den Weinbau in den steilen Hängen und sonnigen Höhen. Er zählt ihre Nebenflüsse auf und schildert den Artenreichtum des Flusses. Wortreich beschreibt er die 15 Fischarten, die darin schwimmen.

*Ausonius* fügte, wie zu seiner Zeit üblich, zahlreiche literarische Anspielungen ein. Vorbild war *Vergils* berühmtes Versepos „Aeneas". So wie Aeneas vom Acheron (Grenzfluss) durch den Tartaros (Unterwelt) ins Elysium, das Gefilde der Seeligen, wandert, so wandert *Ausonius* von der nebelverhüllten Nahe durch den einsamen, düster bewaldeten Hunsrück ins helle, strahlende Moseltal. Solche literarischen Kunstgriffe sind typisch für das gesamte dichterische Werk des *Ausonius.*

Im Moseltal trifft man auf Schritt und Tritt auf den antiken Dichter. In **Traben-Trarbach** hat ihn der Berliner Jugendstil-Stararchitekt *Bruno Möhring* im Brückentor, dem Wahrzeichen der Stadt, verewigt. Ein **Wanderweg im Dhrontal,** die Traumschleife „Wasser-Dichter-Spuren", spürt seinem Leben und Werk nach. In **Neumagen-Dhron** wurde sogar ein Ausoniusgarten mit einer Ausoniusstatue (1929) angelegt. Wer die Nachbildung des römischen Weinschiffs „Stella Noviomagi" mieten möchte, tut dies beim Kulturverein Ausonius. Die Moselpromenande in **Piesport** heißt Ausonius-Ufer, die antike Fernstraße Trier – Mainz Ausoniusstraße und etliche Gaststätten heißen Ausonius-Schenke.

**Lesetipp:** *D. Magnus Ausonius:* **„Mosella – Die Mosel",** Reclam Verlag 2014. Das Nachwort der deutsch-lateinischen Ausgabe enthält Informationen über *Ausonius* und sein Werk, das Moselland und die spätantike Metropole Trier.

# Praktische Tipps

## Informationen

■ **Touristinformation Neumagen-Dhron,** Römerstr. 137, 54347 Neumagen-Dhron, Tel. (06507) 6555, www.neumagen-dhron.de, 1. April bis 31. Okt. Mo, Di, Do und Fr 9–13 und 14–17 Uhr, Mi 9–13 Uhr, Sa 9–12 Uhr, 1. Nov. bis 31. März Mo, Di, Do und Fr 9–12 Uhr.

■ **Infopavillon** auf dem Weinschiff „Stella Noviomagi", Moselstr./Ecke Pelzergasse, Tel. (06507) 702061, 1. April bis 31. Okt. Fr 14–17 Uhr, Sa 10–12 und 14–17 Uhr, So 10–12 und 13–16 Uhr.

## Unterkunft, Essen und Trinken

■ **Hotel zum Anker**③, Moselstr. 14, 54347 Neumagen-Dhron, Tel. (06507) 6397, www.hotelzumanker.de. Familiengeführtes Hotel, im **Restaurant** wird saisonale Küche serviert. Auf der hübschen Holzterrasse kann man beim Essen den Blick auf die Mosel genießen.

## Einkaufen

■ **Weingut Schneider-Kranz,** Konstantinstr. 3, 54347 Neumagen-Dhron, Tel. (06507) 992100, www.schneider-kranz.de. Der Familienbetrieb baut bereits seit mehr als 250 Jahren Wein an, größtenteils Riesling in Steillagen. Zum Angebot gehören eine Vinothek, Weinproben, Probierpakete, Weinversand und Weinstockleasing. Bei Letzterem kann man Weinstockbesitzer auf Zeit werden. Nach einem Jahr erhält man den Ertrag seiner Weinstöcke.

■ **Weingut Schneider-Kettern,** Folzerweg 7, 54347 Neumagen-Dhron, Tel. (06507) 6331, www.schneider-kettern.de. Die Weiß- und Rotweine reifen in traditionellen Holzfässern. Sehr lecker ist auch der im Weingut hergestellte Traubensaft von der Bacchusrebe.

■ **Mal- und Keramikatelier Tomaschewski,** Römerstr. 84, 54347 Neumagen-Dhron, Tel. (065079) 207564, Mo und Mi 10–13 Uhr, Do und Fr 10–13 und 15–18 Uhr, Sa und So 11–16 Uhr, Di Ruhetag. Das Künstlerehepaar *Tomaschewski* fertigt fantasievolle Keramikköpfe und originelle Keramikskulpturen, Gebrauchsgeschirr und mehr.

## Aktivitäten

■ **Rundfahrt mit dem Weinschiff „Stella Noviomagi":** Gruppen von bis zu 40 Personen können das Schiff für eine zweistündige Charterfahrt buchen (420 €). Ein Kapitän und ein Matrose werden gestellt. Für Einzelpersonen gibt es zwischen April und Oktober samstags und sonntags die Rundfahrt „Antike Schifffahrt erleben", organisiert vom Kulturverein Ausonius e.V., Erw. 18 €, Kinder 6–14 J. 9 €, Buchungen unter www.neumagen-dhron.de.

■ **Führungen** durch den Ort „auf den Spuren der Römer in Neumagen-Dhron" finden zwischen Mai und Oktober statt (Fr ab 17.15 Uhr und Sa ab 10.15 Uhr), Start ist an der Touristinformation.

## Feste und Veranstaltungen

■ **Weinstraßenfest:** Entlang der Römerstraße im Ortsteil Neumagen wird am vierten Wochenende im September mit Weinen und moseltypischen Gerichten, Live-Musik und Marktständen gefeiert.

## Wandern

### Hunolsteiner Klamm

Die elf Kilometer lange Hunolsteiner Klammtour ist ein Rundwanderweg durch das wildromantische Dhrontal. Die Strecke führt zur **Burgruine Hunolstein,** an der **Walholzkirche** vorbei und durch die Hölzbachklamm. Start ist am Bauernhofcafé Hunolsteiner Hof.

**Mein Tipp: Bauernhofcafé Hunolsteiner Hof** ①, Hunolsteiner Hof 1, 54497 Morbach-Hunolstein, Tel. (06533) 3380, www.hunolsteiner-hof.de, Mi–So 11–19 Uhr, Mo und Di Ruhetag, Mitte Januar bis Ostern nur Sa und So. In dem gemütlichen Bauernhofcafé mit wunderschönem Garten werden hausgemachter Kuchen, Hunsrücker Hausmannkost, Salate sowie Flamm- und Pfannkuchen serviert. Marmelade, Dosenwurst und Liköre auch zum Mitnehmen.

## Öffentliche Verkehrsmittel

- **Bus:** Rhein-Mosel-Bus Linie 304: Thalfang – Neumagen-Dhron – Wittlich (www.rhein-mosel-bus.de), Linie 333-1: Trier – Mehring – Neumagen-Dhron (www.vrt-info.de).
- **Fahrradbus:** RegioRadler Moseltal: Trier – Neumagen-Dhron – Bullay (tägl. 1. April bis 1. Nov., Reservierungen unter www.regioradler.de).

☒ Das Weinschiff „Stella Noviomagi" aus Neumagen-Dhron passiert auf seiner Rundfahrt auch Piesport

# Piesport

Piesport ist mit 450 Hektar Rebfläche einer der größten Weinbauorte an der Mosel. Die **Weinlage „Goldtröpfchen"** ist eine der bekanntesten der Welt. Auch in die Literatur hielt der besondere Tropfen Einzug. In *Ian Flemings* Roman „Goldfinger" bietet Schurke Auric Goldfinger James Bond einen Moselwein an: einen „1953er Piesporter Goldtröpfchen".

Der Ortsname deutet darauf hin, dass in römischer Zeit eine Furt durch die Mosel führte, die dem Gott *Mercurius*

050mo kn

*Bigontius* geweiht war. Daraus wurde später *Porto Pigontio* (Hafen des Bigontius) und schließlich *Piesport*.

Hoch über dem Ort erhebt sich das beeindruckende **Felsmassiv der Moselloreley.** Es ragt rund 85 Meter über der Mosel auf und steht mit seinen steil abfallenden Felsen so dicht am Ufer, dass die Trauben, die in den wenigen Weinbergen auf der Moselloreley gelesen werden, mit Booten nach Piesport transportiert werden müssen. Anfang Juli wird beim Loreleyfest ein Großfeuerwerk über dem Felsmassiv abgefeuert.

Schon die Römer schätzten die sonnigen Steillagen, wie der Fund eines kunstvollen Diatretglases und einer goldenen Kaiserfibel in Piesport-Niederemmel zeigen (heute im Landesmuseum Trier). Doch noch bedeutender ist die Entdeckung zweier antiker Kelteranlagen aus dem 2. und 4. Jh. Die jüngere der beiden Keltern wurde rekonstruiert und ist sogar funktionstüchtig (s.u.).

**MEIN TIPP:** Die Kelteranlage steht im Mittelpunkt, wenn die Piesporter im Oktober ihre mehr als 2000-jährige Weinbautradition mit dem **Römischen Kelterfest** feiern. Dann verwandelt sich das Weindorf entlang der **„Via Vinorum“** in einen römischen Ort. Als Römer verkleidete Akteure beim Festumzug, römische

Speisen und das römische Weinschiff „Stella Noviomagi“ am Ausoniusufer machen Geschichte lebendig. Höhepunkt des Festes ist, wenn „Sklaven“ mit bloßen Füßen die frisch gelesenen Weintrauben auspressen und die schwere Baumkelter mit reiner Muskelkraft in Bewegung setzen.

Der „Piesporter Himmel“ in der Pfarrkirche St. Michael

051mo kn

# Sehenswertes

## Michelskirch

Auf der linken Moselseite steht mitten im Hang, umgeben von Weinbergen, eine **Kapelle,** im Volksmund Michelskirch genannt. Ursprünglich befand sich an dieser Stelle das Heiligtum des römischen Gottes Mercurius Bigontius, dem die Furt durch die Mosel geweiht war. Das Heiligtum wurde nach der Christianisierung durch die kleine Kirche ersetzt, die dem hl. *Michael* geweiht war. Erstmals erwähnt wurde die Michelskirch 1295. 1776 baute man am Moselufer eine größere Kirche, auf die das Michaels-Patrozinium übertragen wurde.

## Pfarrkirche St. Michael

Die schmucke Rokokokirche St. Michael wurde 1776–77 von dem Tiroler Baumeister *Paul Miller* gebaut. Das dreiteilige Deckengemälde, **„Piesporter Himmel“** genannt, zeigt die Himmelfahrt Mariens, den Sturz der Engel durch den Erzengel Michael und den predigenden hl. Franz Xaver. Das Gemälde wurde 1778 von dem Trierer Künstler *Johann Peter Weber* angefertigt. Von ihm stammt auch das große Ölgemälde über dem Hochaltar, das ein Kind mit seinem Schutzengel zeigt. Zu der Entstehung des Deckengemäldes erzählt man sich eine Geschichte, die sich auch an dem Werk selbst nachvollziehen lässt. Offensichtlich waren sich der Kirchenmaler *Weber* und Pfarrer *Johannes Hau* nicht einig über die Bezahlung und gerieten in Streit. In der dem Eingang nächsten Darstellung des hl. Franz Xaver hatte sich der Künstler mit seiner Frau verewigt. In der Höllensturzdarstellung daneben verleiht *Weber* dem rückwärts herabstürzenden Teufel die Gesichtszüge von *Johannes Hau*. Der Teufel schaut geradewegs zum Hochaltar und streckt dem Pfarrer, der dort sein Amt verrichtet, die gespaltene Zunge heraus. Das Monogramm des Pfarrers (HJ) versteckte *Weber* in den Rissen des Höllengesteins. Sich selbst stellte *Weber* nackt dar, eine Anspielung auf die ausstehende Bezahlung. Pfarrer *Hau* blieb den Piesportern dennoch in guter Erinnerung, denn er setzte sich bereits 1763 dafür ein, dass in den Weinbergen nur noch Rieslingreben gepflanzt werden. Erst knapp ein Vierteljahrhundert später erließ der Trierer Kurfürst *Clemens Wenzeslaus von Sachsen* eine entsprechende Verfügung. Vor der Kirche erinnert ein Brunnen an die Pionierleistung des Piesporter Pfarrers.

### Leugenstein

Am Heinrich- Schmitt-Platz in der Nähe der Tourist-Information steht die Kopie eines 1921 oberhalb von Piesport gefundenen Leugensteins. Piesport lag an der bedeutenden antiken Fernstraße Trier – Mainz, die heute Ausoniusstraße heißt. Entlang der Römerstraße standen Meilensteine, die die Entfernung zur nächsten größeren Siedlung oder Stadt angaben. Der **Meilenstein von Piesport** zeigt die Entfernung zu Trier (Augusta Treverorum) an und wurde laut einer in die Steinsäule gemeißelten Inschrift im Jahr 213 n.Chr. während der Herrschaft von Kaiser *Caracalla* (211–217 n.Chr.) errichtet. Doch der Meilenstein ist eigentlich ein Leugenstein, denn die Entfernung wurde in **gallischen Leugen** gemessen. Laut Inschrift ist Piesport 18 Leugen von Trier entfernt, also rund 40 Kilometer (eine Leuge entspricht 2,222 Kilometern). Das Original des Leugensteins wird im Rheinischen Landesmuseum Trier aufbewahrt.

### Römische Kelteranlage

Am Ortsrand im Bereich der Weinlage „Piesporter Domherr“ entdeckte man 1985 die Reste einer römischen Kelteranlage. Im Laufe des 4. Jh. wurde sie mehrfach erweitert. Zur Anlage gehörten eine Doppelkelteranlage, Maische-, Press- und Mostbecken und mindestens vier Kellerräume. Die für die damalige Zeit ungewöhnliche Größe lässt darauf schließen, dass die Römer eine Weinrebfläche von wenigstens zehn Hektar bearbeiteten. In einem der Kellerräume wurde etwas später eine **Rauchkammer** *(fumarium)* eingebaut. Wie in der römischen Kelteranlage in Ürzig hat man den Wein geräuchert, um ihn vorzeitig altern zu lassen. Nahe der Kelter fand man zwei fränkische Gräber, die vermuten lassen, dass die Anlage bis ins Mittelalter genutzt wurde. Basierend auf den Grabungsergebnissen wurde eine funktionstüchtige **Spindelkelter** rekonstruiert. Die Kelteranlage ist frei zugänglich.

## Praktische Tipps

### Informationen

- **Tourist-Information Piesport,** Heinrich-Schmitt-Platz 1, 54498 Piesport, Tel. (06507) 2027, www.piesport.de, Mai bis Okt. Mo–Fr 8.30–12 und

14–17 Uhr, Sa 10–12 Uhr, Nov. bis April Mo–Fr 8.30–12 Uhr.

## Unterkunft, Essen und Trinken, Einkaufen

■ **schanz. restaurant.**⑤, Bahnhofstr. 8a, 54498 Piesport, Tel. (06507) 92520, www.schanz-restaurant.de, Mi 18.30–21 Uhr, Do, Fr und So 12–14 und 18.30–21 Uhr, Sa 18.30–21 Uhr, an allen Feiertagen geöffnet, Mo und Di geschl. *Thomas Schanz* hat das elterliche Restaurant innerhalb weniger Jahre zu einer ersten Adresse mit hohem Niveau gemacht. Michelin verlieh ihm für seine feine, kreative Küche zwei Sterne und kürte ihn 2016 zum Aufsteiger des Jahres. Zum Restaurant gehören ein **Hotel**④ mit sehr schicken Zimmern und ein **Weinhaus.**

■ **Weingut-Gasthof Moselloreley**②-③, Moselstraße 16, 54498 Piesport, Tel. (06507) 2473, www.weingasthof-moselloreley.de. Der Weingasthof liegt direkt am Moselufer mit Blick auf die imposante Felsformation Moselloreley. Neben Zimmern kann man auch Ferienwohnungen mieten. Das **Restaurant** serviert frische, regional angehauchte Küche und kleine Gerichte zum Wein.

■ **Weingut Lothar Kettern**③, Müsterter Str. 14, 54498 Piesport, Tel. (06507) 2813, www.kettern-riesling.de. Das Weingut Kettern blickt auf eine jahrhundertelange Weinbautradition zurück. Jungwinzer *Philipp Kettern* sorgte in der Fachwelt bereits für einiges Aufsehen, die Weine werden im Gault&Millau lobend erwähnt. Die vier Fünf-Sterne-Gästezimmer sind modern, jedes hat einen Balkon. In der **Vinothek Weinoase** kann man neben Wein und Sekt auch Liköre, Brände, Essig, Öl und mehr erwerben.

■ **Weingut Lehnert-Veit**③, In der Dur 6–10, 54498 Piesport, Tel. (06507) 2123, www.lehnert-veit.de. Die Weinbautradition der Familie *Lehnert-Veit* reicht bis ins 17. Jh. zurück. Die Weine sind mehrfach prämiert, neben Riesling wird auch Weißburgunder und Spätburgunder angebaut. Der Außenbereich der Straußwirtschaft liegt in einem großen Garten mit Blick auf die Mosel (Mai bis Okt. 11.30–23 Uhr).

■ **Weingut Franzen-Später**①-②, Römerstr. 2, 54498 Piesport, Tel. (06507) 703679, www.familienweingut-franzen.de. Das moderne Familienweingut produziert feine Weine aus integriertem Anbau, die man mit leckeren Kleinigkeiten aus der Winzerküche oder mediterranen Tapas in der Straußwirtschaft probieren kann (Mai und Mitte Aug. bis Mitte Okt. Sa 18–22 Uhr, So und Fei 14–19 Uhr). Weinproben sind nach vorheriger Vereinbarung in der schicken **Vinothek** möglich. Dort finden auch regelmäßig Kulturveranstaltungen statt. Zum Angebot gehören außerdem geführte Weinbergwanderungen und Planwagenfahrten.

## Einkaufen

■ **Weingut Reinhold Haart,** Ausoniusufer 18, 54498 Piesport, Tel. (06507) 2015, www.haart.de. *Theo Haart* gehört zu den höchstdekorierten Winzern Deutschlands. Das Weingut wurde bereits 1337 gegründet und seit mehr 700 Jahren von Familie *Haart* betrieben. Ausschließlich Riesling wird in den acht Hektar Steillagen angebaut, ohne Kunstdünger und Insektizide.

## Aktivitäten

■ **Kulturroute:** Durch Piesport führt ein ausgeschilderter Weg mit 23 Stationen. Hinweistafeln informieren über Zeugnisse aus der Römerzeit, bemerkenswerte Gebäude, Kirchen und Kapellen.

■ **Mosel-Kanu-Service,** Römerstraße 38, Tel. (06507) 5558 oder (0176) 78133700. *Edgar Welter* bietet neben dem Verleih von Kanadiern auch geführte Touren an.

⊡ Das Steilufer bei Piesport, die Moselloreley

052mo kn

### Feste und Veranstaltungen

- **„Moselloreley in Flammen":** Bei dem Fest Anfang Juli wird das Moselloreley genannte Felsmassiv mit einem Musikfeuerwerk kunstvoll in Szene gesetzt.
- **Römisches Kelterfest:** Anfang Oktober verwandelt sich Piesport drei Tage lang in ein römisches Dorf. Sklaven, Legionäre und Römerinnen ziehen Samstag und Sonntag beim römischen Festumzug über die Via Vinorum (s.o.).

### Öffentliche Verkehrsmittel

- **Bus:** Rhein-Mosel-Bus Linie 304: Thalfang – Piesport – Wittlich (www.rhein-mosel-bus.de).
- **Fahrradbus:** RegioRadler Moseltal: Trier – Piesport – Bullay (tägl. 1. April bis 1. Nov., Reservierungen unter www.regioradler.de).

# Abstecher: Kloster Klausen

Der Ort Klausen liegt in der **Moseleifel,** rund sieben Kilometer von Piesport entfernt. Die Klausener Wallfahrtskirche ist einer der bekanntesten Wallfahrtsorte in Rheinland-Pfalz. Mehr als 100.000 Pilger besuchen die spätgotische Kirche pro Jahr. Klausen liegt außerdem am **Jakobsweg,** dem berühmten internationalen Pilgerweg nach Santiago de Compostela.

Der Legende nach geht die Klostergründung auf einen gewissen *Eberhard* zurück. Der Bauer, Winzer und Tagelöhner soll um 1440 eine kleine Marienfigur in einen hohlen Baum gestellt haben, um dort seine Andacht zu halten. Zwei Jahre später errichtete er nach einer Marienvision ein Heiligenhäuschen und eine Wohnklause, in die er sich als Einsiedler zurückzog. Das Marienhäuschen wurde schon bald darauf durch eine größere Kapelle ersetzt. Die Einsiedelei wurde immer bekannter. 1451 starb *Eberhard* und fünf Jahre später gründeten Augustiner-Chorherren der Windesheimer Kongregation ein Kloster. 1502 wurde die heutige **Pfarr- und Wallfahrtskirche Maria Heimsuchung** geweiht. Im 18. Jh. war das Kloster Eberhardsklausen der fünftgrößte Weinbergbesitzer im Kurstaat Trier. 1802 wurde es säkularisiert, die Kirche wurde Pfarrkirche.

Der kostbarste Schatz im Kircheninneren ist der prachtvolle, über sechs Meter hohe **Antwerpener Hochaltar** (um 1480). Die vergoldeten Figuren zeigen Szenen aus der Passion Christi. 2014 kaufte Familie *Sander* das Klostergebäude und verlagerte den Hauptsitz ihres **Weingutes** von Osann-Monzel in das historische Gemäuer (s.u.). Unterhalb der Wallfahrtskirche stehen Verkaufsbuden, die Andenken verkaufen. Bei Kindern beliebt sind die Klausener Zuckerpfeifen.

■ **Pfarr- und Wallfahrtskirche Maria Heimsuchung,** Augustiner Platz 2, 54524 Klausen, Mai bis September täglich geöffnet.

## Informationen

■ **Tourist-Information Klausen,** Eberhardstr. 3, 54524 Klausen, Tel. (06578) 985859, www.klausen.de, Mo 7.30–13 Uhr, Di–Sa 7.30–18 Uhr, So 7.30–11 und 14–18 Uhr. Die Tourist-Information ist im Dorfladen zu finden.

## Unterkunft

■ **Herberge Eberhardsklause**①, Eberhardstr. 3, 54524 Klausen, Tel. (06578) 102905 oder (06578) 985859, www.herberge-eberhardsklause.de. 2012 eröffnete die Gemeinde Klausen eine preiswerte Herberge für Pilger auf dem Jakobsweg, für Wallfahrer und Gruppen. In der Eberhardsklause stehen 35 Betten in 9 Zimmern zur Verfügung (4 Doppelzimmer und 5 Mehrbettzimmer, ab 20 € p.P.).

## Essen und Trinken, Einkaufen

■ **Weingut Sanders & Sanders,** Klostergut Klausen, Bernkasteler Str. 1, 54524 Klausen, Tel. (0163) 7025805, www.weingut-sanders.de, Mo–Fr 8–12 und 13–18 Uhr, Sa 9–17 Uhr. In dem Café des Weinguts gibt es kleine Gerichte, Kuchen, selbstgemachte Limonade und „Klausener Klosterbruder“, ein kräftiges, im Klostergut gebrautes Bier. Zu dem Weingut gehört auch ein Laden, in dem die Weine verkauft werden. Spezialität ist ein nach dem spanischen Soleraverfahren produzierter Likörwein aus Riesling. Da der Begriff *Sherry* als Herkunftsbezeichnung geschützt ist und nur in einer bestimmten andalusischen Region verwendet werden darf, nennt sich das hauseigene Riesling-Produkt von der Mosel „S.Herry“.

## Wandern

### Wein-Wallfahrtsweg

Der Moselsteig-Seitensprung führt von Monzel über Klausen nach Piesport. Der zwölf Kilometer lange Rundweg bietet schöne Ausblicke auf die Moselschleifen, den Mosenberg in der Eifel und bis zum Erbeskopf im Hunsrück.

# Abstecher: Wittlich

Die Kleinstadt Wittlich liegt in der Moseleifel, eingebettet zwischen dem Moselnebenfluss Lieser und den Hängen der Eifel. Die erste schriftliche Erwähnung Wittlichs stammt aus dem Jahr 1065. König *Rudolf von Habsburg* verlieh 1291 Wittlich die Stadtrechte. 1317 erhielt der Ort eine Stadtmauer, von der aber nur noch Reste erhalten sind. Heute hat Wittlich 18.000 Einwohner und ist Kreisstadt des Landkreises Bernkastel-Wittlich und Sitz der Verbandsgemeinde Wittlich-Land.

Die **Säubrennerkirmes** lockt jedes Jahr mehr als 100.000 Menschen in die Kleinstadt. Das Volksfest geht auf eine Sage zurück: Im Mittelalter wurde Wittlich von Feinden belagert. An einem Tor der Stadtmauer fehlte der Riegel, kurzerhand ersetzte der Nachtwächter ihn durch eine Rübe. Eine aus ihrem Stall entwischte Sau irrte nachts durch die Stadt, entdeckte die Rübe und fraß sie. Das Tor sprang auf und die Belagerer stürmten in die nun schutzlose Stadt, um sie zu plündern. Nach dem Abzug der Feinde trieben die Wittlicher in ihrer Wut alle Säue auf den Marktplatz und verbrannten sie. Seither tragen sie den Spottnamen „Säubrenner". 1951 wurde die Säubrennerkirmes ins Leben gerufen. Der Schweinebraten aus dem Röstofen spielt natürlich die Hauptrolle. Da die Sage vermutlich auf eine tatsächliche Belagerung und Eroberung Wittlichs durch den Ritter *von Ehrenberg* im Jahr 1397 zurückgeht, wird auf der Freilichtbühne im Stadtpark das Geschehen in historischen Kostümen nachgespielt.

## Sehenswertes

Der **historische Marktplatz** fällt durch sein besonders schmuckes Häuserensemble auf: im 18. und frühen 19. Jh. errichtete Patrizier- und Bürgerhäuser. Besonders sticht das **Alte Rathaus** (Neustr. 2) mit seiner bemerkenswerten Giebelseite hervor. Der imposante Renaissancebau wurde 1647 nach einem Stadtbrand errichtet. Die verspielte Schaufassade mit dem geschwungenen Giebel kam um 1700 hinzu. Im Alten Rathaus ist die Städtische Galerie für moderne Kunst untergebracht.

Die **Alte Posthalterei** (Marktplatz 3) wurde um 1725 errichtet und 1753 zu dem heutigen pittoresken Barockbau mit hohem Mansarddach umgebaut. Bis 1854 diente sie als Poststation der Thurn und Taxis'schen Postroute zwischen Trier und Koblenz. In den oberen Geschossen befindet sich das kleine Kunstmuseum Casa Tony M. (s.u.).

### Städtische Galerie für moderne Kunst

Die Sammlung im Alten Rathaus präsentiert in einer ständigen Ausstellung Werke des Künstlers **Georg Meistermann** (1911–90). Seit den frühen Nachkriegsjahren hatte der Maler, Zeichner und Grafiker enge Beziehungen zu Wittlich. 1949 erhielt er den Auftrag, Glasmalereien für die Pfarrkirche St. Markus anzufertigen. Für das Alte Rathaus folgte 1954 der Auftrag, Glasgemälde für die Treppenhausfenster zu entwerfen. Es entstand das eindrucksvolle Werk „Die Apokalyptischen Reiter“. *Meistermann* vermachte der Stadt Wittlich seinen Nachlass, der 1994 in das Meistermann Museum überführt wurde. Inzwischen hat man das Museum in „Städtische Galerie für moderne Kunst“ umbenannt. In regelmäßigen Abständen werden die Arbeiten zeitgenössischer Künstler ausgestellt.

■ **Städtische Galerie für moderne Kunst,** im Alten Rathaus, Neustr. 2, Tel. (06571) 171355, Di–Sa 11–17 Uhr, So und Fei 14–17 Uhr.

Das barockisierte Alte Rathaus von Wittlich, darin die Städtische Galerie für moderne Kunst

## Kunstmuseum Casa Tony M.

Auf zwei Etagen werden in der Alten Posthalterei mehr als 200 Werke des 1934 in Wittlich geborenen Malers und Cartoonisten **Tony Munzlinger** gezeigt. Im „Seefahrer-Fernsehzimmer“ kann man die SWR-Produktionen „Unterwegs mit Odysseus“ und „Abenteuer des Herakles“ sehen, für die Munzlinger kleine Trickfilme beisteuerte.

Für Kinder gibt es einen eigenen Raum, in dem Illustrationen aus Kinderbüchern ausgestellt sind. Der Nachwuchs kann sich außerdem an einer Malwand oder auf Papier mit Stiften kreativ betätigen.

■ **Kunstmuseum Casa Tony M.,** Marktplatz 3, Di–Sa 11–17 Uhr, So und Fei 14–17 Uhr, Erw. 3 €,

www.fotolia.de © Eve

Kinder und Jugendl. bis 18 J. frei. Führungen können über das Kulturamt oder die Stiftung Stadt Wittlich gebucht werden (5 € pro Person). In der Städtischen Galerie im Alten Rathaus erhält man gegen Hinterlegung eines Ausweises den Schlüssel zum Museum.

## Pfarrkirche St. Markus

Der frühbarocke Kirchenbau (Kirchstraße 2), entworfen von dem Hofbaumeister *Philipp Honorius von Ravensteyn*, wurde als dreischiffige Pfeilerbasilika zwischen 1709 und 1723 errichtet. Der Hochaltar stand ursprünglich in der Dominikanerkirche Koblenz und wurde 1749 erworben. 1948 erhielt *Georg Meistermann* den Auftrag, fünf Fenster für St. Markus anzufertigen. Allerdings wurde der Auftrag nach Fertigstellung der **Chorfenster** auf diese begrenzt, weil man sie als zu modern empfand. Die Chorfenster stellen Weihnachten, Ostern, Himmelfahrt und Pfingsten dar. Kunsthistorisch gelten sie heute als das früheste Beispiel für den zeitgenössischen Dialog von moderner Kunst und Kirche im Nachkriegsdeutschland. Der Auftrag für die restlichen Kirchenfenster ging zwischen 1949 und 1952 an andere Künstler (*Alois Stettner, Heinrich Dieckmann* und *Maurice Rocher*).

## Türmchen

Das liebevoll „Türmchen" genannte Gebäude mit barocker Haube gehörte zu einem Doppelturmtor der 1317 errichteten **Stadtbefestigung** (Burgstr. 57). Das Tor wurde von zwei Türmen flankiert, das Türmchen ist der Rest eines der seitlichen Türme und diente auch als Wächterwohnung. Das löwenkopfförmige, fratzenartige Schauloch stammt aus dem Mittelalter, das Pietà-Relief aus dem 17. Jh., das Schaftkreuz ist von 1703.

## Synagoge

Die Synagoge, 1910 nach Plänen des Architekten *Johannes Vienken* errichtet, ist ein romanisierender Bau mit Jugendstilmotiven. 1938 wurde in der Reichskristallnacht das Innere der Synagoge zerstört, 1942 wurden die letzten der rund 250 jüdischen Wittlicher deportiert. Jeder Dritte starb in einem Konzentrationslager. Nach dem Zweiten Weltkrieg kehrte keiner der Überlebenden nach Wittlich zurück. 1977 wurde das imposante Gebäude restauriert und zu einer **Kultur- und Tagungsstätte** sowie Gedenkstätte für die jüdische Gemeinde umgebaut. In einem Nachbarhaus, einem ehemals jüdischen Wohnhaus, ist die Ausstellung **„Jüdisches Leben in Wittlich"** zu sehen. Die Geschichte der Juden in Wittlich reicht bis ins 14. Jh. zurück.

■ **Synagoge Wittlich,** Himmeroder Straße 44, Di–So und Fei 14–17 Uhr, Mi zusätzl. 9.30–12 Uhr.

## Römische Villa

Am Ufer der Lieser fand man die Reste einer zwischen 150 und 200 n.Chr. erbauten römischen Villa. Diese Villa Rustica war eines der größten Landhäuser nördlich der Alpen. Erhalten sind nur noch die Reste des Mittelteiles des Herrenhauses, auch weil beim Bau der Autobahn in den 1970ern der Südflügel der Villa zerstört wurde. Ursprünglich gehörten eine Badeanlage, Stallungen, mehrere Nebengebäude und Gärten zur Villa Rustica. Um 350 n.Chr. wurde die Villa von den Franken zerstört. 1984 hat man die erhaltenen Mauerreste restauriert und unter Denkmalschutz gestellt.

■ **Anfahrt:** Über die L52 bis zur römischen Villa, Besucherparkplätze unter der Autobahn.

# Praktische Tipps

## Informationen

■ **Moseleifel-Touristik e.V.,** Marktplatz 5, 54516 Wittlich, Tel. (06571) 4086, www.moseleifel.de, Mo–Fr 9.30–17 Uhr, Sa 9.30–16 Uhr.

## Aktivitäten

■ **Radweg Wittlicher Senke:** Die 30 Kilometer lange Route verbindet Wittlich mit Schweich. Die Wittlicher Senke gehört zwar bereits zur Eifel, dennoch ist der Streckenverlauf des Radweges mit maximal 3 % Steigung sehr flach und lädt zum gemütlichen Fahren auf durchgehend geteerten Wegen ein.

■ **The cave – Boulderhalle Wittlich,** Gottlieb-Daimler-Str. 22, Tel. (06571) 9519293, www.cave-bouldern.de, Mo–Fr 15–22 Uhr, Sa 11–22 Uhr, So 11–21 Uhr, Erw. 9 €, Kinder (bis 6 J.) 3 €, Kinder (6–12 J.) 5 €, Schüler, Studenten und Auszubildende 8 €, Familien 20 €, Schnupperkurs (1 Std.) 20 €, Einzeltraining (1½ Std.) 35 €, Termine nach Vereinbarung. Boulderkurse für Kinder sind nach Alter gestaffelt. Geklettert wird in Fall- oder Absprunghöhe. Die Wände sind maximal 4,50 Meter hoch, also für Anfänger, Hobby-Boulderer und Profis geeignet.

## Feste und Veranstaltungen

■ **Säubrenner Kirmes:** Das große Volksfest am dritten Augustwochenende (Fr–Mo) zieht jedes Jahr mehr als 100.000 Besucher an. Im Mittelpunkt steht natürlich der Schweinebraten, außerdem gibt es Live-Musik, eine Weinstraße mit regionalen Weinen, einen Kunsthandwerkermarkt und einen Festumzug.

■ **Monatsmarkt Wittlich:** Jeden ersten Freitag im Monat findet in der Wittlicher Innenstadt ein großer Markt mit Bekleidung, Haushaltswaren, Uhren, Schmuck, Gewürzen und vielem mehr statt.

■ **Wochenmarkt:** Dienstags bietet ein kleiner Markt (8–13 Uhr) und freitags ein größerer (8–14.30 Uhr) auf dem Platz an der Lieser Lebensmittel an.

■ **Bücherflohmarkt:** Im Juni werden in der Altstadt auf einem großen Flohmarkt mit mehr als 100 Ständen ausschließlich Bücher verkauft.

■ **Wittlicher Weihnachtstage:** Vom ersten bis vierten Advent findet der kleine Weihnachtsmarkt in der Innenstadt vor dem Alten Rathaus statt.

## Öffentliche Verkehrsmittel

■ **Bahn:** Bahnhof Wittlich, Moselstrecke Trier – Cochem – Koblenz (www.vrminfo.de), RB 82 (Elbling-Express): Wittlich – Trier – Nennig – Perl (www.bahn.de).

■ **Fahrradbus:** RegioRadler Maare-Mosel: Bernkastel-Kues – Wittlich – Daun (tägl. 1. Mai bis 1. Nov., Reservierungen unter www.regioradler.de).

[>] Das Türmchen war einst Teil der mittelalterlichen Stadtbefestigung von Wittlich

# Kesten

Der Winzerort Kesten schmiegt sich an die Hänge der Eifel, umgeben von Weinbergen. *Kesten* nennt man an der Mosel **Esskastanien** und nach denen ist das Winzerdorf benannt. Die Römer pflanzten einen Kastanienwald, der für den Ortsnamen Pate stand (lat. *castanetum* = Kastanienhain). Auch heute gibt es noch viele der Wärme liebenden Bäume rund um Kesten, zum Beispiel rund um das **Wassertretbecken** am Sauerbrunnen (kurz hinter dem Ortsausgang von Kesten in Richtung Minheim an der K53).

Noch mehr Maronenbäume lassen sich auf dem **Kastanienweg** entdecken, einem leicht zu gehenden, rund sieben

053mo kn

Kilometer langen Rundweg. Früher war es an der Mosel üblich, die süßlichen Kastanien zum Wein, vor allem aber zum Federweißen zu essen. Heute findet man diese Tradition leider kaum noch.

Vor 200 Jahren soll der französische Kaiser *Napoleon* nach dem verlorenen Russlandfeldzug in einem Kestener Gasthaus übernachtet haben. An dieses historische Ereignis erinnert der **Napoleonwanderweg,** ein sieben Kilometer langer Rundweg mit schönen Ausblicken auf Bernkastel-Kues.

Für viele Weinorte wird es von Jahr zu Jahr schwieriger, eine Weinkönigin zu finden. Kesten ging 2016 einen für den Ort ganz neuen Weg. Zwei Jahre repräsentiert ein Bacchus den Kestener Wein. Als römischer Gott des Weines trägt *Sven Finke* statt einer Krone einen Lorbeerkranz.

## Klosterhöfe

Im Ortskern haben sich einige Klosterhöfe erhalten. Der **Himmeroder Hof** (1712) gehörte zu dem gleichnamigen Kloster in der Eifel. 1803 wurde der Besitz des Klosters Himmerod im Zuge der von *Napoleon* angeordneten Säkularisierung aufgelöst und das Weingut an eine Winzerfamilie verkauft. Der gotisierende Fenstererker am Giebel gehörte zum Abtzimmer und diente als Altarnische. Der **Paulinshof** ist ein ehemaliger Stiftshof der Kirche St. Paulin in Trier. Das erste Mal wurde er 936 n.Chr. urkundlich erwähnt. Wie der Himmeroder Hof kam er 1803 in private Hände, die Weinlagen „Kestener Paulinsberg" und „Paulinshofberger" erinnern an die ehemaligen Besitzer.

## Essen und Trinken

- **Weinstube im Weingut Sankt Michael** ①-②, Moselstr. 10, 54518 Kesten, Tel. (06535) 1259, www.esseln.de, 1. Mai bis 31. Okt. ab 13 Uhr, So und Fei ab 12 Uhr, Di geschl. In der Weinstube mit Terrasse werden regionale Gerichte wie *Gräwes* serviert, ein moselländisches Sauerkrautgericht mit Kasseler oder Schweinerippchen, dazu hauseigene Weine.

## Einkaufen

- **Weingut Meierer,** Am Herrenberg 15, 54518 Kesten, Tel. (06535) 7012, http://weingut-meierer.de. Seit 1767 befindet sich das Weingut in Familienbesitz. Jungwinzer *Matthias Meierer* hat inzwischen das Zepter übernommen. Er gehört zu den „jungen Talenten". In den Lagen „Paulinsberg" und „Paulinshofberg" baut er ausschließlich Riesling an.

## Aktivitäten

- **eBike-Verleih Sportmeeting,** Burgstr. 2, Tel. (06535) 9499720, www.bik-e.bike. Verleih von E-Bikes (z.B. Fatbike, Mountainbike oder Tiefeinsteiger). Verschiedene Radtouren können ebenfalls gebucht werden, auf Wunsch mit Gepäcktransfer.

## Öffentliche Verkehrsmittel

- **Bus:** Rhein-Mosel-Bus Linie 301: Wittlich – Kesten – Bernkastel-Kues (www.rhein-mosel-bus.de).

# Lieser

Bei Lieser mündet der gleichnamige Nebenfluss aus der Eifel in die Mosel. Einst lag der Ort an einem wichtigen Verkehrsweg, weshalb die *Grafen von Thurn und Taxis* von 1516 bis 1648 hier einen Posthof unterhielten. Er war eine der Stationen auf der Strecke von Wien nach Brüssel, an der die Postkutschen Halt machen konnten.

## Sehenswertes

### Schloss Lieser

Architektonisch wird der kleine Ort von dem prachtvollen Schloss Lieser dominiert. *Eduard Puricelli* ließ das große Gebäude im Neorenaissance-Stil ab 1885 nach einem Plan des Frankfurter Architekten *Heinrich Theodor Schmidt* erbauen. *Puricelli* gehörte der Industriellenfamilie *Kirsch-Puricelli* an und war von 1860 bis 1871 Besitzer der Trierer Gaswerke. Seine Tochter *Maria Helena Henriette Brigitte* heiratete 1880 *Clemens Freiherr von Schorlemer.* Dieser ließ das Gebäude in einem zweiten Bauabschnitt 1905 zur heutigen schlossartigen Anlage umbauen und erweitern. Auch Kaiser *Wilhelm II.* war hier mehrmals zu Gast. 1901 bekam Schloss Lieser sogar ein eigenes Elektrizitätswerk.

Das denkmalgeschützte Schloss wird derzeit von einem niederländischen Investor zum **Fünf-Sterne-Hotel** umgebaut. Das Luxushotel wird im Laufe des Jahres 2017 eröffnet.

### Pfarrkirche St. Peter

Die 1782 erbaute Pfarrkirche steht auf einem Felsvorsprung oberhalb von Lieser. Der Innenraum ist aufwendig und sehr farbenfroh ausgemalt. Die **Orgel** aus der Werkstatt des Orgelbauers *Voltmann* stiftete *Eduard Puricelli* 1890.

### Paulskirche

Die rund zwei Kilometer von Lieser entfernte und von Weinbergen umgebene Paulskirche auf dem Paulsberg geht auf das 7. Jh. zurück. Im Mittelalter war sie die Pfarrkirche von Lieser und 13 weiterer Dörfer. Später lebten Eremiten bei der Paulskirche und sie wurde zu einem Wallfahrtsort. Bemerkenswert ist, dass hier am 8. Okt. 1848 eine der größten Kundgebungen der Rheinprovinz stattfand. 15.000 Demokraten versammelten sich an der Paulskirche, um gegen die bittere Not der Moselwinzer zu demonstrieren.

- **Paulskirche,** 1. Mai bis 31. Okt. So und Fei 10–17 Uhr, Führungen nach Vereinbarung, Tel. (06531) 2424 oder 6457.

## Praktische Tipps

### Informationen

- **Touristinformation Lieser,** Am Markt 43, 54470 Lieser, Tel. (06531) 8746, Mo–Fr 10–12 und 16–17.30 Uhr, Sa 10–12 Uhr.

## Unterkunft, Essen und Trinken

■ **Landhotel Steffen**②, Moselstr. 2, 54470 Lieser, Tel. (06531) 9570, www.landhotel-steffen.de, **Restaurant** tägl. 11.45–22 Uhr, 1.11. bis 1.5. Do geschl. Geschmackvolles Hotel im Landhausstil mit schöner Terrasse unter alten Bäumen, guter Küche und familieneigenen Weinen. Das Kochhandwerk lernte Küchenchef *Jörg Steffen* bei *Alfons Schubeck* in Waging am See.

## Einkaufen

■ **Weingut Rudolf Pauly,** Hochstr. 80, 54470 Lieser, Tel. (06531) 6143, Mo–Sa 8–12 und 13–19 Uhr. Jungwinzer *Axel Pauly* setzt mit Erfolg auf die Verbindung von Tradition und Moderne. Er baut seine Weine sowohl in Edelstahltanks als auch in Eichenholzfässern aus, je nachdem, welchen Weinstil er anstrebt. In der Vermarktung setzt er konsequent auf puristisches, hochmodernes Design, von der

054mo kn

Vinothek bis zum Flaschenetikett. *Pauly* ist einer der Aufsteiger unter den Winzern der Mittelmosel, schon zwei Trauben hat er sich bei Gault&Millau erarbeitet.

■ **Weingut-Schloss-Lieser,** Am Markt 1–5, 54470 Lieser, Tel. (06531) 6431, www.weingut-schloss-lieser.de. *Thomas Haag* steht nicht nur an der Spitze der deutschen Winzer, sondern ist auch international sehr anerkannt. Seine Weine exportiert er in 45 Länder. 2015 wurde er vom Gault&Millau als Winzer des Jahres ausgezeichnet.

Schloss Lieser

## Aktivitäten

**Geführter Spaziergang mit Alpakas:** Start der Touren mit den sanftmütigen, kulleräugigen Alpakas ist in Lieser. Am Ende der entspannten Tour dürfen die Tiere gefüttert werden. Informationen und Terminvereinbarungen unter www.abayomi-lieser.de, Tel. (0151) 70824839 (Katrin Helbig) oder (0176) 97637803 (Silke Kost).

## Öffentliche Verkehrsmittel

■ **Bus:** Linie 301: Wittlich – Lieser – Kues (www.vrt-info.de).

# Brauneberg

Brauneberg auf der Hunsrücker Moselseite ist ein malerischer Ort mit moseltypischen **Fachwerk- und Bruchsteinhäusern** und vielen Möglichkeiten zur Einkehr. Er gehört zu den ältesten Weinbaugemeinden an der Mosel, was der Fund einer römischen Weinkelter aus dem 2. Jh. belegt. Die Römer nannten den Weinberg auf der anderen Moselseite *dulcis mons* (lat. „süßer Berg"). Einst hieß der Ort *duos amondos super mosellam* (Zwei zu Liebende an der Mosel), woraus später *Dusemond* wurde. Erst 1925 erhielt Dusemond den Namen Brauneberg.

Im Jahr 588 schenkte der Frankenkönig *Childebert II.* das Dorf des Weines wegen an das Bistum Verdun. Das war gleichzeitig die erste urkundliche Erwähnung Braunebergs. Später gehörte es zusammen mit den umliegenden Ortschaften zur **Grafschaft Veldenz** (s.u.: Veldenz).

Braunebergs Stolz ist die **Nussbaumallee** entlang des Flussufers, mit 1,6 Kilometern die längste an der Mosel. Seit der Römerzeit wachsen die mächtigen Bäume hier. Doch sie wurden nicht nur wegen der Nüsse gepflanzt, sondern dienten in früheren Zeiten auch als Schutz vor den großen Eisschollen auf der Mosel bei winterlichem Eisgang. Alljährlich wird die Nussbaumallee mit ihren bis zu 300 Jahre alten Bäumen beim Nussbaumalleefest gefeiert.

Berühmteste Weinlage ist die **„Brauneberger Juffer"** auf der gegenüberliegenden Moselseite. *Juffer* bedeutet im Moselfränkischen „Jungfer". Den merkwürdigen Namen erhielt die Weinlage Anfang des 18. Jh. Die Töchter eines gewissen Kammerherrn *Wunderlich,* der die meisten Parzellen in diesen Steilhängen besaß, arbeiteten lieber in den väterlichen Weinbergen als zu heiraten. In Anlehnung an seine ledigen Töchter nannte der Vater die Weinlage „Brauneberger Juffer". Schon *Theodor Fontane* schätze die feinen Rieslinge und erwähnte „den Brauneberger" unter anderem in seinem Roman „Frau Jenny Treibel".

# Sehenswertes

## Kirche St. Remigius

Die Kirche St. Remigius mit ihrem für die Moselregion ungewöhnlichen **Zwiebelturm** bestimmt das Ortsbild des Dorfes. Mit einer beachtlichen Schräglage von 106 Zentimetern erinnert er etwas an den Schiefen Turm von Pisa. Eine weitere Besonderheit ist die Tatsache, dass die Pfarrkirche seit ihrer Errichtung 1684 als **Simultankirche** genutzt wird. Das heißt, Katholiken und Protestanten nutzen die Kirche gemeinsam, erst 1957 wurde eine Quermauer zur Trennung der Konfessionen eingebaut. Das ist etwas Einmaliges in der Moselregion. 1777 entstand der heutige barocke Bau.

■ **St. Remigius,** Moselweinstr. 165. An welchen Tagen die Kirche geöffnet ist und wann Orgelkonzerte stattfinden, ist dem Aushang an der Kirche zu entnehmen. Darüber hinaus kann man durch eine Glasscheibe hinter dem Seiteneingang einen Blick ins Innere werfen. Führungen mit Orgelmusik können unter Tel. (0172) 5228148 gebucht werden.

## Kloster Filzen

Das ehemalige Franziskanerinnenkloster im Ortsteil Filzen wurde 1455 auf Veranlassung des Trierer Erzbischofs *Jakob I. von Sierck* gegründet. Die ersten Ordensfrauen kamen aus dem Trierer Kloster St. Nikolaus der Grauen Schwestern und zogen in eine Klause neben der Kirche ein. Anfangs war das Kloster sehr arm, doch im Laufe der Zeit brachten die Frauen mit ihrem Eintritt auch ihren Erbteil an Land oder Weinbergen mit und das Vermögen wuchs.

055mo kn



Der heutige Gebäudekomplex, ein vierflügeliger Klosterbau und eine Kirche, wurde von 1712 bis 1721 erbaut. Den markanten, frühromanischen **Andreasturm** (erbaut 1155) bezog man in die Planung ein. Er ist der älteste Kirchturm an der Mittelmosel. Die Kirche ist teilweise unterkellert, die tonnengewölbte Krypta diente zwischen 1733 und 1789 als Gruft für 36 Nonnen. Unter *Napoleon* wurde das Kloster 1802 aufgelöst. Die beeindruckende Barockkirche wird jetzt als **katholische Pfarrkirche St. Josef** genutzt.

Klosterkomplex Filzen mit Kirche und Andreasturm

- **Pfarrkirche St. Josef,** Im Kloster 1–10 (Ortsausgang Richtung Wintrich). Die Klosterkirche hat keine festen Öffnungszeiten. Interessierte Besucher können mit dem Touristikbüro Brauneberg (s.u.) Besichtigungstermine vereinbaren.

## Römische Kelteranlagen

Die antike Doppelkelteranlage aus dem 3.–5. Jh. n.Chr. liegt am Fuße der Weinlage „Brauneberger Juffer Sonnenuhr" auf der gegenüberliegenden Moselseite. Die ältere, etwa Mitte des 3. Jh. errichtete **Baumkelter** wurde konserviert, teilweise rekonstruiert und mit einem Schutzbau versehen. Schon seit der Antike werden Weinpressen des Typs Baumkelter genutzt. Herz der urtümlichen Konstruktion ist der Kelterbaum, ein mächtiger Baumstamm, der schon durch sein großes Gewicht einen starken Druck auf das Keltergut ausübt und so den Most aus den Weintrauben presst. Durch eine Holzspindel wird der Kelterbaum nach unten bewegt und zusätzlicher Druck ausgeübt. Vor der Kelter verdeutlicht ein **römischer Weingarten,** wie die Reben in der Antike gezogen wurden.

In den römischen Kelteranlagen ist die Kopie eines **Steinreliefs** ausgestellt, das als ältestes Zeugnis für Weinbau an der Mosel gilt (das Original befindet sich im Rheinischen Landesmuseum in Trier). Während archäologischer Ausgrabungen in Kinheim-Kindel fand man in den Resten einer römischen Villa das 82 Zentimeter große Relief. Es ist eine Darstellung des gallo-römischen Schutzgottes Sucellus, die verrät, dass die Besitzer der Villa Rustica schon Weinbau betrieben. Sucellus wurde als Gott des Weines und der Weinverarbeitung verehrt. Sein Name bedeutet vermutlich „der gut zuschlägt" und das Attribut des großen Schlegels (Doppelhammer), den die bärtige Figur auf dem Steinrelief in der rechten Hand hält, hängt damit zusammen. Der Schlegel in Kombination mit einem kleineren Hammer diente bei der Herstellung von Weinfässern dazu, die Metallreifen auf die Fassdauben zu treiben. Deshalb gilt Sucellus auch als Schutzgott der Küfer. Im Hintergrund der Darstellung erkennt man vier Holzfässer, vor der Brust trägt Sucellus eine Weintraube mit überraschend großen Weinbeeren und Blättern.

Die Kelteranlagen sind frei zugänglich (Anfahrt über Lieser oder Kesten).

# Praktische Tipps

## Informationen

■ **Touristikbüro Brauneberg,** Moselweinstraße 101, 54472 Brauneberg, Tel. (06534) 933333, www.brauneberg.de, Mo–Mi 9–12 und 14–17.30 Uhr, Do und Sa 9–12 Uhr, Fr 9–17.30 Uhr. Die Touristinformation verleiht Fahrräder und E-Bikes.

## Unterkunft, Essen und Trinken

■ **Gästehaus Rädler**②, Nussbaumallee 5, 54472 Brauneberg, Tel. (06534) 8416, www.gaestehaus-raedler-mosel.de. Gemütliche Zimmer in einem moseltypischen, liebevoll ausgestatteten Schieferbruchsteinhaus. Von der großen Terrasse genießt man einen schönen Blick auf die Mosel und die Weinberge.

■ **Ferienhaus Brauneberg**②, Im Neudorf 3, 54472 Brauneberg, Tel. (06534) 949397, www.mosel-fachwerkhaus.de. Wunderschön restauriertes Fachwerkhaus mit traumhafter Einrichtung.

■ **Landidyll Hotel Brauneberger Hof**②-③, Moselweinstr. 136, Tel. (06534) 1400, www.braunebergerhof.de, tägl. 18–22.30 Uhr, Do Ruhetag. Das Viersterne-Hotel im historischen Winzerhaus aus dem Jahr 1750 bietet viel Komfort, das **Restaurant** eine abwechslungsreiche, gute Küche, fantasievoll und frisch zubereitet aus regionalen Produkten.

MEIN TIPP: **Weingut Juffer Flair**②-③, Moselweinstraße 137, 54472 Brauneberg, Tel. (06534) 947920, www.weingut-csteinmetz.de, Mitte März bis Ende April Do und Fr 17–22 Uhr, Sa, So und Fei 12–22 Uhr, Mai bis Anfang Okt. tägl. 12–22 Uhr, Mi geschl., Mitte Okt. bis Mitte Dez. Fr und Sa 17.30–22 Uhr. Geschmackvolle **Straußwirtschaft,** in der jedes Detail stimmt. Das Weingut liegt direkt am Moselradweg und an der Walnussallee. Auf der Karte stehen Saisonales und hervorragende Weine. Besonders schön ist es im Sommer auf der Gartenterrasse mit Blick auf die Weinlage „Brauneberger Juffer". Die **Gästezimmer** in der historischen Scheune sind modern. Weineinkauf von Mai bis Okt. täglich, ab Nov. nach Voranmeldung.

■ **Weingut und Pension Oskar Bastian**②, Weingartenstr. 35, 54472 Brauneberg, Tel. (06534) 93196, weine.weingut-bastian.com. Auch wenn das Haus modern ist, schaut das Weingut bereits auf 150 Jahre Tradition zurück. Die gemütlichen Pensionszimmer sind im modernen Landhausstil eingerichtet.

## Einkaufen

MEIN TIPP: **Weingut Günther Steinmetz,** Moselweinstr. 154, 54472 Brauneberg, www.weingut-guenther-steinmetz.de. Der erfolgreiche Jungwinzer *Stefan Steinmetz* baut auf seinen neun Hektar Steillagenrebflächen nicht nur feine Rieslingweine, sondern auch kräftige Rotweine wie Merlot und Pinot Noir aus.

## Aktivitäten

■ **Planwagenfahrten:** Gruppen ab zehn Personen können in Brauneberg und Umgebung eine Planwagenfahrt buchen, auf Wunsch auch mit Wein und moselländischem Imbiss. Auskunft erteilt das Touristikbüro Brauneberg.

## Feste und Veranstaltungen

■ **Brauneberger Weinhöfefest:** Im Mai öffnen die Winzer während des dreitägigen Festes ihre Höfe, freitags findet eine Moselschifffahrt mit Weinprobe statt.

■ **Brauneberger Weinfest:** Während des viertägigen Festes im Juli bieten die Winzer unter den schattenspendenden Nussbäumen am Moselufer ihre Weine an. Außerdem findet die feierliche Krönungszeremonie der neuen Weinkönigin statt, dazu gibt es ein buntes Live-Programm.

■ **Wein- und Straßenfest in der Nussbaumallee:** Am dritten Septemberwochenende bieten die Winzer entlang der Allee ihre Weine, Sekte und Spirituosen an, dazu Gerichte mit Walnüssen und zur Walnuss passenden Spezialitäten.

## Öffentliche Verkehrsmittel

■ **Fahrradbus:** RegioRadler Moseltal: Trier – Brauneberg – Bullay (tägl. 1. April bis 1. Nov., Reservierungen unter www.regioradler.de).

## Wandern

### Herzweg „Jufferweg"

Schöne Ausblicke auf die Mittelmosel bietet der Jufferweg, der durch die gleichnamige berühmte Weinlage führt. Start der rund sieben Kilometer langen und leicht zu gehenden Route ist auf dem Wanderparkplatz an der Schutzhütte Brauneberg auf der gegenüberliegenden Moselseite.

### Klostergartenweg

Start der acht Kilometer langen Route ist am ehemaligen Franziskanerinnenkloster Filzen. Der Weg führt entlang der früheren Ländereien des Klosters. Es gibt nur wenige Steigungen, deshalb erfordert er nicht viel Kondition.

# Mülheim an der Mosel

Da der traditionsreiche Weinort Mülheim früher zur **Grafschaft Veldenz** gehörte, ist er seit dem 16. Jh. protestantisch und somit eine evangelische Enklave im ansonsten größtenteils katholischen Moseltal. Der Ortsname leitet sich vermutlich von den zahlreichen Mühlen ab, die einst in Mülheim, am Veldenzer Bach und am Frohnbach klapperten.

In der Weinlage „Elisenberg" steht das sogenannte **Elisenhäuschen.** Von hier aus hat man einen wunderbaren Blick über die Region der ehemaligen Grafschaft Veldenz. Der **Mülheimer Panoramaweg,** eine elf Kilometer lange, anspruchsvolle Route, bei der 240 Höhenmeter überwunden werden müssen, führt zum Elisenhäuschen und wieder zurück nach Mülheim. Den Wein aus der **Weinlage „Sonnenlay"** nennt man auch Zeppelin-Wein, weil er auf den Fahrten des Luftschiffes „Graf-Zeppelin" der meistgetrunkene Wein war. Jährlich wird in Mülheim ein Wein zum Zeppelin-Wein bestimmt.

## Praktische Tipps

### Informationen

- **Tourist-Information,** Hauptstraße 60, 54486 Mülheim, Tel. (06534) 948734, www.muelheimmosel.de, Mai bis Okt. Mo–Fr 8.30–12 und 14–17 Uhr, Mi nachmittags geschl., Sa 8.30–12 Uhr, Nov. bis April Mo–Do 9–12 und 14–17 Uhr.

056mo kn

## Unterkunft, Essen und Trinken

■ **Hotel Weißer Bär**④, Moselstr. 7, 54486 Mülheim, Tel. (06534) 94770, http://hotel-weisser-baer.de. Schönes Hotel mit Blick auf die Mosel. Die charmanten Zimmer sind individuell gestaltet, Wein und Wellness spielen die Hauptrolle. Ob Traubenkernpeeling, finnische Sauna, Dampfbad, Hammam, Hot-Stone- und Thaimassage oder heiße Kräuterstempelmassage, der Spa-Bereich lässt kaum Wünsche offen. Ein Biergarten lädt Wanderer und Radfahrer auf dem Moselradweg zur Pause ein.

■ **Weinromantikhotel Richtershof**④-⑤, Hauptstraße 81–83, 54486 Mülheim, Tel. (06534) 9480, www.weinromantikhotel.com. Das stilvolle Hotel ist umgeben von einem großen Park. Der Gebäudekomplex mit Bauten aus dem Barock und dem Historismus gehörte der Weinbaufamilie *Richter*. Das **Restaurant Culinarium R** kreiert kulinarische Genüsse auf hohem Niveau. Das Angebot umfasst einen großen Weinkeller, Spa und Arrangements zu Themen wie Wein, Wellness oder Yoga.

■ **Domizil Schiffmann**②-③, Hauptstraße 52, 54486 Mülheim, Tel. (06534) 94760, www.domizil-schiffmann.de. In dem familiengeführten 3-Sterne-Hotel mitten im Ort ist jedes Zimmer mit Balkon oder Terrasse ausgestattet. Das **Restaurant** serviert saisonale Küche und regionale Weine.

■ **Ferienhaus N° 14**②, Hauptstraße 14, 54486 Mülheim, Tel. (06534) 949977. Hübsche Ferienwohnung im frisch renovierten Fachwerkhaus mitten im Ort.

☒ Weinromantikhotel Richtershof in Mülheim

## Einkaufen

■ **Weingut Max Ferd. Richter,** Hauptstr. 37/85, 54486 Mülheim, Tel. (06534) 933003, www.maxferdrichter.com. Seit 1680 ist das Weingut in Familienbesitz. Es werden nur natürliche Dünger eingesetzt, auf Herbizide und Insektizide verzichten die Spitzenwinzer *Dr. Dirk M.F. Richter* und *Constantin M.F. Richter.* Zum Weingut gehört einer der größten Holzfasskeller an der Mittelmosel. Verkauf Mo–Fr 9–18 Uhr, Sa 9–13 Uhr und nach Vereinbarung.

■ **Weingut Bauer,** Moselstr. 3, 54486 Mülheim, Tel. (06534) 571, www.weingut-bauer.de. Die Winzer *Jörg* und *Thomas Bauer* bauen neben ihren preisgekrönten Rieslingen auch Rivaner, Kerner, Dornfelder, Grauen und Weißen Burgunder sowie Spätburgunder an. Zum Sortiment gehören außerdem Destillate und Liköre aus der hauseigenen Brennerei und Winzersekte. Weinproben sind nicht nur in der modernen Vinothek des Weinguts möglich, sondern auf Anfrage auch in dem schmucken Elisenhäuschen hoch über dem Veldenzer Elisenberg.

## Feste und Veranstaltungen

■ **Mülheimer Markt:** Bereits seit 500 Jahren wird der Mülheimer Markt abgehalten, der auf einen Markt- und Gerichtstag der Grafen von Veldenz zurückgeht. Aus dem Vieh- und Krammarkt wurde ein Weinfest mit Kunsthandwerker- und Bauernmarkt. Zum Programm gehören ein Umzug, eine große Weinprobe und die Zeppelinweinverlosung. Das dreitägige Fest findet immer in der ersten Augustwoche von Dienstag bis Donnerstag statt.

## Öffentliche Verkehrsmittel

■ **Fahrradbus:** RegioRadler Moseltal: Trier – Mülheim – Bullay (tägl. 1. April bis 1. Nov., Reservierungen unter www.regioradler.de).

057mo kn

# Veldenz

Veldenz liegt etwa zwei Kilometer landeinwärts in einer weiten Tallandschaft, die von einem Urstromtal der Mosel gebildet wurde. Auf dem Bergrücken, auf dem heute die Burgruine von Schloss Veldenz steht, fand man die Reste eines Walls, der zu einer keltischen Befestigungsanlage gehörte. Diese sogenannte „Heidenmauer" belegt, dass die Gegend schon um 400 v.Chr. besiedelt war.

Die Villa Romana in Veldenz

## Die historische „Grafschaft Veldenz"

Nach dem Zerfall des Weströmischen Reiches herrschten die Franken über das Veldenzer Land. Der fränkische König *Childebert II.* (570–596) schenkte 591 das Gut Veldenz dem Domkapitel von Verdun. Wie es heißt, schenkte *Childebert* das Gut seinem Patenonkel, dem Bischof *Agericus,* „wegen des guten Weines". Die Bischöfe von Verdun setzten Vögte für die Verwaltung ein. Aus dieser Vogtei entwickelte sich die Grafschaft.

Als *Gerlach V.* 1259 verstarb, entstand durch die Heirat seiner Tochter *Agnes* die Grafendynastie *Veldenz-Geroldseck.* Diese Linie starb 1444 aus und Erbgräfin *Anna* heiratete den Wittelsbacher *Stefan von Pfalz-Simmern-Zweibrücken.* Seither prangen im Veldenzer Wappen die blauweißen, bayrischen Rauten der *Wittelsbacher*.

Da die Grafschaft Veldenz – die auch die benachbarten Ortschaften Brauneberg, Burgen, Gornhausen, Mülheim und Wintrich umfasste – einst dem Bistum Verdun gehörte, besann sich der Sonnenkönig *Ludwig XIV.* auf die alten Rechte und versuchte 1680, sie wieder an Frankreich anzugliedern. Bei der Besetzung wurde die Burg Veldenz zerstört. Zwischen 1795 und 1814 befand sich die Grafschaft unter französischer Herrschaft und gehörte zum Saardepartement. 1816 wies der Wiener Kongress die Grafschaft dem Königreich Preußen zu.

## Sehenswertes

### Evangelische Kirche

Die evangelische Kirche im Ortszentrum wurde 1885–87 im neugotischen Stil errichtet, im Kircheninneren steht eine **Stumm-Orgel.** Der Glockenturm ist mittelalterlich (12. Jh.) und war ursprünglich ein Signalturm von Schloss Veldenz.

### Villa Romana

Das katholische Pfarrhaus aus dem Jahr 1820 im Herzen von Veldenz beherbergt ein „Haus des Gastes". Das historische Gebäude steht auf den Resten eines römischen Gutshofes. Im Keller sind noch große Teile einer **römischen Badeanlage** mit Hypokaustheizung erhalten, die besichtigt werden können. Ein **Museum** zeigt eine kleine naturkundliche Sammlung, Funde aus gallo-römischer Zeit und dem Mittelalter und eine Münzsammlung, bestehend aus rund 50 Veldenzer Silbermünzen aus dem 16. Jh. In der zweiten Etage befindet sich eine Kultur- und Begegnungsstätte, in der Konzerte, Lesungen und Kunstausstellungen stattfinden.

■ **Villa Romana,** Hauptstr. 28, Tel. (06534) 1203, www.veldenz-mosel.de, Mai bis Oktober Mi und Fr 15.30–17.30 Uhr, Sa 9.30–11.30 und 15.30–17.30 Uhr, So und Fei 10–12 Uhr, Führungen nach Vereinbarung.

### Heimatmuseum Bauernstuben

Das kleine Heimatmuseum ist im heutigen **Rathaus** untergebracht, einem 1850 ursprünglich als Schule errichteten Gebäude. Es entführt in eine längst vergangene Zeit. Alte **Jugendstil-Wohnräume** und Werkstätten, darunter eine Schneiderei, sind zu besichtigen.

■ **Heimatmuseum Bauernstuben,** Hauptstraße 25, www.veldenz-mosel.de, Mo–Fr 9–11.30 Uhr und auf Anfrage.

### Burgruine Schloss Veldenz

Das Schloss Veldenz liegt rund 1,5 Kilometer außerhalb von Veldenz. Die erste Burg wurde im 12. Jh. an der Stelle einer spätrömischen Befestigungsanlage errichtet. Sie gehörte dem Bistum Verdun und ging als Lehen an die Veldenzer Grafen. Diese bauten die Burg immer weiter aus, bis sie zu einer der größten in der Region wurde. 1680 zerstörten französische Truppen die weitläufige Wehranlage. In der Folgezeit wurde die Ruine als Steinbruch genutzt. Seit 1807 befindet sie sich in Privatbesitz, 1897 wurde der Rittersaal wieder aufgebaut, einige neue Bauten folgten im 20. Jh.

- **Schloss Veldenz,** 54472 Veldenz, Tel. (0651) 40636, www.schlossveldenz.com. Die Burg ist nur während einer Burgführung und am Tag des offenen Denkmals zu besichtigen, Termine werden auf der Website veröffentlicht.
- **Anfahrt:** Ab der evangelischen Kirche in der Ortsmitte folgt man der Beschilderung „Schloss Veldenz" bis nach Thalveldenz. Dort am Ortsausgang links abbiegen und bis zum Besucherparkplatz weiterfahren.

# Praktische Tipps

## Informationen

- **Verkehrsamt Veldenz,** Hauptstr. 25, 54472 Veldenz, Tel. (06534) 1203, www.veldenz-mosel.de, Mai bis Okt. Mo–Fr 9.30–11.30 Uhr, Nov. bis April Mo, Mi und Fr 9.30–11.30 Uhr.

## Essen und Trinken

- **Rittersturz – Rendezvous mit Genuss**④, Veldenzer Hammer 1, 54472 Veldenz, Di–Fr ab 15 Uhr, Sa, So und Fei ab 12 Uhr. Küchenchef *Volker Kruft* zaubert kreative Gerichte wie Flusskrebssüppchen mit Zitronengras oder Lammkarree mit Lavendel. Dazu gibt es Weine der Region. Themenwochen bringen noch mehr Abwechslung auf die Speisekarte.

## Feste und Veranstaltungen

- **Winzerhöfefest und Kunsthandwerkermarkt:** Veldenzer Wein, moseltypische Speisen und Kunsthandwerk gehören zum Programm des Festes am vierten Maiwochenende.
- **Heimat- und Weinfest:** Am letzten Wochenende im Juli wird vier Tage lang mit Weinständen, Live-Musik und Tanz gefeiert. Höhepunkt ist ein Oldtimerkorso durch das Moseltal.

## Wandern

### Seitensprung „Graf Georg Johannes Weg"

Der Nebenweg des Moselsteigs ist rund 14 Kilometer lang und führt von der Villa Romana im Ortskern von Veldenz durch die ehemalige Grafschaft über schöne Aussichtspunkte und Rastplätze und wieder zurück zum Startpunkt. Unterwegs informieren Hinweisschilder über die Grafschaft und *Graf Georg Johannes,* der 1563 eine Tochter König *Gustavs I. von Schweden* heiratete. Im Frühjahr locken Bärlauchwiesen Kräuterliebhaber auf den Wanderweg.

### Kulturweg „Grafen, Gold und Schwarzer Peter"

Der Kulturweg ist insgesamt 47 Kilometer lang, besteht aus mehreren Rundwegen und kann in einzelnen Abschnitten erwandert werden. Er führt in die Geschichte der Grafschaft Veldenz ein. Unterwegs erfährt man alles über die Menschen früherer Zeiten, ihre Arbeit, ihre Dörfer, über die Kriege und Glaubenskämpfe.

- Zwischen Mai und Oktober sind **Führungen** auf dem Kulturweg möglich, Informationen unter www.kulturweg-grafschaft-veldenz.de.

# Burgen

Statistisch gesehen hat das Nachbardorf Burgen mehr Brücken als Venedig. Über den Frohnbach, der durch den winzigen Ort fließt und bei Mülheim in die Mosel mündet, führen insgesamt 20 Brücken und Stege. Und es gibt noch eine Besonderheit: Als Sackgassenort hat Burgen keinen Durchgangsverkehr, was ihn wunderbar ruhig macht. Trotzdem gibt es in dem 600-Einwohner-Dorf alles, was man so braucht.

*Johann Peter Petri* wurde 1752 in Burgen geboren und war einer der Spießgesellen des berühmten Räubers Schinderhannes. *Petri* lebte rund elf Jahre in dem Hunsrücker Ort Hüttgeswasen, das früher eine Holzhauer- und Kohlenbrennerkolonie war. Seither trug er den Spitznamen **Schwarzer Peter.** Im Zuchthaus erfand er angeblich das nach ihm benannte Kartenspiel.

## Bauern-, Handwerker- und Winzermarkt

Der Bauern-, Handwerker- und Winzermarkt im kleinen Burgen ist der größte der Region und ein Besuchermagnet. Rund 150 Stände verteilen sich jedes Jahr im April im Dorf und entlang dem Frohnbach. Zu den Angeboten der Aussteller gehören Keramikwaren, Handarbeiten und Kunsthandwerkliches, Wildspezialitäten, Käse, Säfte und Spirituosen. Die ortsansässigen Winzer schenken ihre Weine aus. An diesem Tag ist Burgen für den Autoverkehr gesperrt, Shuttlebusse werden zwischen den Parkplätzen auf der Wiese und dem Dorf eingesetzt.

Der beliebte Markt in Burgen

058mo kn

# VON BERNKASTEL-KUES NACH KRÖV

NICHT VERPASSEN!

- **Bernkastel-Kues** mit seinem historischen Marktplatz und dem Cusanusstift | 168
- **Kloster Machern** bei Wehlen mit zwei sehenswerten Museen | 180
- **Römische Kelter** in Erden | 192

**Diese Tipps erkennt man an der gelben Hinterlegung.**

## Bernkastel-Kues

Das romantische Mittelmoselstädtchen zählt zu den Höhepunkten an der Mosel. Doch in der Saison ist Bernkastel-Kues oft regelrecht überlaufen. 1,5 Millionen Gäste strömen pro Jahr durch die engen Gassen.

Der **Stadtteil Bernkastel** liegt auf der Hunsrücker Seite der Mosel. Der Name Bernkastel geht vermutlich auf ein spätrömisches, militärisch genutztes Kastell aus dem späten 4. oder frühen 5. Jh. zurück, das vor der Burg an dieser Stelle stand. Das Princastellum (von lat. *primum castellum* = „erstes Kastell“) war eine rechteckige, rund 60x30 Meter große Befestigung mit fünf oder sechs fast quadratischen Türmen. Der Überlieferung nach soll der Ortsname Bernkastel aber von dem Begriff „Bärenkessel“ kommen. Der Bär ist auch das Wappentier der Stadt Bernkastel-Kues.

Oberhalb des historischen Weinortes liegt die Burg Landshut, errichtet im 13. Jh. und seit einem Brand 1692 Ruine. 1872/74 wurde die erste Straßenbrücke zwischen der Stadt Bernkastel und dem Winzerdorf **Kues** auf der Eifeler Moselseite gebaut, 1905 wurden die beiden Orte zu einer Stadt vereint.

In den Weinbergen über Bernkastel-Kues wird einer der berühmtesten und einst auch teuersten Rieslinge der Welt angebaut. Die Weine aus der **Steillage „Bernkasteler Doctor“** gehören zu den besten, die der Markt zu bieten hat. Der Legende nach entstand der Name, als der schwer erkrankte Kurfürst *Boemund II.* während eines Aufenthaltes auf der Burg Landshut den Wein getrunken haben und daraufhin genesen sein soll. Vermutlich stammt der Name aber von einem früheren Besitzer, *Doctor Heinrich Linden,* dessen Doktortitel auf den Weinberg übertragen wurde.

Als *Carl Wegeler,* Mitinhaber der Sektkellerei Deinhard, im Jahr 1900 eine Parzelle der berühmten Weinberglage kaufte, blätterte er die unvorstellbare Summe von 100 Goldmark pro Rebstock hin. Noch nie wurde so viel Geld für einen Weinberg bezahlt. Bis heute ist der „Bernkasteler Doctor" die **teuerste Weinlage** und der Wert steigt weiter. 1985 wurde eine Flasche 1921er „Bernkasteler Doctor Trockenbeerenauslese" für die Rekordsumme von 11.100 DM versteigert – bis dato die teuerste Flasche Wein, die jemals in Europa verkauft wurde.

059mo kn

## Sehenswertes in Bernkastel

### Historischer Marktplatz

Das romantische Gassengewirr der Altstadt von Bernkastel mit seinen **Fachwerkhäusern** lockt Scharen von Touristen an. Prunkstück des Marktplatzes ist der **St. Michaelsbrunnen** aus der Spätrenaissance (1606). Die Figur des Stadtheiligen *Michael* wurde 1946 nach ihrer Zerstörung im Zweiten Weltkrieg ersetzt. Rund um den Marktplatz stehen reich verzierte Fachwerkhäuser aus dem 16. und 17. Jh. Ein echter Hingucker und beliebtestes Fotomotiv ist das 600 Jahre alte **Spitzhäuschen** gleich hinter dem St. Michaelsbrunnen. Das etwas windschief wirkende Fachwerkhaus ist das älteste an der Mittelmosel. Heute ist darin eine kleine Weinstube untergebracht.

Das **Rathaus** (1608) ist das einzige ganz aus Stein erbaute Gebäude am Marktplatz. Ursprünglich waren die Bögen des Erdgeschosses offen. Am linken Eckpfeiler sieht man einen Pranger, an dem Übeltäter festgekettet und dem Spott der Bevölkerung überlassen wurden. Die Fassade des Spätrenaissance-Gebäudes ist vermutlich ein Werk des Trierer Bildhauers *Hans Ruprecht Hoffmann* oder seiner Schule.

☐ Besonders auffälliges Fachwerkhaus: das Spitzhäuschen in Bernkastel

060mo kn

### Burg Landshut

Schon aus der Ferne weithin sichtbar, thront die Burgruine Landshut hoch über Bernkastel. Von oben hat man einen einzigartigen Ausblick ins Moseltal. 2012 fand man bei Restaurierungsarbeiten die Reste eins rund 60x30 Meter großen römischen Kastells aus dem 4. und 5. Jh. Diesem Kastell folgten zwei Burgen, die 1017 und 1201 zerstört wurden. Um 1276 errichtete *Heinrich von Finstingen* eine weitere Höhenburg auf dem Burgberg, deren Ruinen bis heute erhalten sind.

Zurzeit wird die Burgruine Landshut umfangreich restauriert, sie kann deshalb nur von außen besichtigt werden. Zu Fuß gelangt man vom Bernkasteler Marktplatz aus zur Burgruine. Nach rund einer halben Stunde Anstieg hat man es geschafft – oder man fährt ganz bequem mit dem Burg-Landshut-Express hinauf, einem knallgelben Oldtimer-Bus.

### Graacher Tor und Heimatmuseum

Von den einst acht Stadttoren und Pforten in Bernkastel ist nur noch das um 1300 erbaute Graacher Tor erhalten. Ursprünglich war das Tor dreimal so hoch, doch 1689 wurde es von den Soldaten *Ludwigs XIV. von Frankreich* geschliffen, der hohe Wehrturm verschwand. Im 18. Jh. wurde das Stadttor zu seiner heutigen Form ausgebaut. Das kleine **Museum** darin zeigt eine Dokumentation über die 700-jährige Stadtgeschichte.

■ **Heimatmuseum Graacher Tor,** Graacher Straße 17, Fr 18–20 Uhr, Sa und So 15–17 Uhr, Erw. 2 €, Kinder 1 €.

### Puppen- und Uhrenmuseum

Das Museum am südlichen Ortsrand zeigt rund 200 Puppen, 180 Plüschtiere und mehr als 60 Uhren. Die Ausstellungsstücke stammen aus der Zeit zwischen 1770 und 1960, darunter viele Porzellanpuppen oder Puppen bekannter Hersteller wie Schildkröt oder Käthe Kruse, außerdem Puppenstuben und Kaufmannsläden.

■ **Puppen- und Uhrenmuseum,** Schanzstr. 25, Tel. (06531) 971244, www.puppenmuseum-bernkastel.de, April bis Okt. tägl. 10–17 Uhr, Nov. bis März Mo–Sa 10–16 Uhr oder nach Vereinbarung, Erw. 3 €, Kinder 1 €.

## Sehenswertes in Kues

### Cusanusstift

Das am Moselufer gelegene St. Nikolaus-Hospital (Cusanusstift) wurde zwischen 1451 und 1458 errichtet. Stifter des **Armenhospitals** war *Nikolaus von Kues.* Heute beherbergt das ehemalige Stift neben dem Weinmuseum und der Vinothek auch ein Altersheim.

Zu der spätgotischen Stiftsanlage gehört eine sehenswerte **Kapelle.** Das um 1460 entstandene Passionstriptychon auf dem Hochaltar zeigt unter dem Kreuz

☐ Treffpunkt: der Historische Marktplatz mit dem St. Michaelsbrunnen

# Nikolaus von Kues

Berühmtester Sohn der Stadt ist *Nikolaus von Kues* (1401–64), der eigentlich *Nikolaus Cryftz (Krebs)* hieß und latinisiert meist *Cusanus* genannt wird. Er gilt als einer der bedeutendsten Religionsphilosophen der Frühen Neuzeit. Als Sohn des wohlhabenden Kaufmanns und Schiffsbesitzers *Johann Cryftz* wurde er 1401 in Kues geboren. Bereits 1416, gerade mal 15 Jahre alt, begann er an der Universität in Heidelberg das Studium der Philosophie. Nach seinem Abschluss studierte er Kirchenrecht in Padua. Doch er interessierte sich auch für Medizin, Mathematik und Astronomie. 1423 schloss er als Doktor des Kirchenrechts sein Studium ab. Er verließ Italien und arbeitete als Sekretär des Trierer Erzbischofs *Otto von Ziegenhagen*. Der Universalgelehrte setzte sich für die Einheit und Erneuerung der Kirche ein. Er beschäftigte sich mit dem Islam, suchte nach einer Lösung für den Frieden zwischen den Religionen und gilt als einer der ersten Humanisten Deutschlands. 1448 wurde er Kardinal und gehörte zu den mächtigsten Männern am päpstlichen Hof. Nach dem Tod von Papst *Eugen IV.* war *Cusanus* sogar als Papst im Gespräch. Er starb 1464 in Todi (Italien).

Das Cusanus-Stift beherbergt auch eine Bibliothek mit Werken des Nikolaus von Kues

061mo kn

den Auftraggeber *Nikolaus von Kues.* Das Triptychon ist ein Frühwerk des aus Köln stammenden Meisters des Marienlebens. Im Boden des Chores ist eine Messinggrabplatte eingelassen. Der Leichnam von *Nikolaus von Kues* wurde in Rom bestattet, das Herz des Philosophen und Theologen aber in dieser Kapelle beigesetzt. Das Sterngewölbe mit seinen zwölf Rippen wird von einer achteckigen Mittelsäule getragen. Sie stehen symbolisch für Christus und die zwölf Apostel.

Die **Bibliothek** enthält die Hauptwerke von *Cusanus,* seine Handschriften, Entwürfe seiner Predigten und astronomische Instrumente aus seinem Besitz.

■ **Cusanusstift,** Cusanusstraße 2, Kapelle So–Fr 9–18 Uhr, Sa 9–15 Uhr, Führungen durch die Bibliothek April bis Oktober Di 10.30 Uhr und Fr 15 Uhr, 5 €/Person, für Gruppen ganzjährig nach Voranmeldung.

## Weinkulturelles Zentrum

Im Gebäude des Cusanus-Stifts ist das Weinkulturelle Zentrum mit dem **Moselweinmuseum** und einer Vinothek untergebracht. Das Museum ist eine multimediale Erlebniswelt, die an 20 Stationen Wissenswertes rund um das Thema Wein vermittelt. Erklärt werden Begriffe wie *Terroir* oder *dekantieren,* es werden die verschiedenen Erziehungsformen der Reben oder die Grundlagen der Sensorik vorgestellt. Man erfährt alles über Weinetiketten, Flaschenformen und Gläser. Die Ausstellung wurde zusammen mit der Weinhochschule in Geisenheim konzipiert.

Die **Moselvinothek** des Weinkulturellen Zentrums befindet sich in den historischen Gewölbekellern des St. Nikolaus-Hospitals. Mehr als 160 verschiedene Moselweine können verkostet werden. Wer einen neuen Lieblingswein entdeckt hat, kann ihn im angeschlossen Wein-Shop kaufen. Im Bistro werden Fingerfood und Salate serviert.

■ **Weinkulturelles Zentrum Bernkastel-Kues,** Cusanusstr. 2, Tel. (06531) 4141, Vinothek: Tel. (06531) 0800, www.moselweinmuseum.de. Besichtigung inkl. Weinprobe 15 €, ohne Weinprobe kostenlos. 16. April bis 31. Okt. tägl. 10–17 Uhr, 1. Nov. bis 15. April 14–17 Uhr (eingeschränkte Weinprobe möglich, 12 € pro Person) und nach Vereinbarung, Januar geschlossen, Februar und März sonntags geschlossen.

## Geburtshaus des Nikolaus von Kues

Das Cusanus-Geburtshaus liegt direkt an der Mosel am Ortsausgang Richtung Lieser. So wie zu *Cusanus'* Zeiten sieht es nicht mehr aus. Im Jahr 1570 wurde es völlig erneuert. Heute befindet sich das Haus im Besitz der Stadt, ein kleines **Museum** beherbergt die Ausstellung „Nikolaus von Kues – Leben und Werk im Bild". Außerdem finden im Saal des Cusanus-Geburtshauses regelmäßig kulturelle Veranstaltungen wie Konzerte, Fotoausstellungen oder Lesungen statt.

■ **Geburtshaus des Nikolaus von Kues,** Nikolausufer 49, Tel. (06531) 2831, Di–Sa 11–17 Uhr, So 11–14 Uhr, Erw. 2,50 €, Schüler und Studenten 1,50 €, Veranstaltungsprogramm unter www.nikolaus-von-kues.de.

# Praktische Tipps

## Informationen

■ **Mosel-Gäste-Zentrum** (Tourist-Information), Gestade 6, 54470 Bernkastel-Kues, Tel. (06531) 500190, www.bernkastel-kues.de, März bis Anfang Nov. Mo–Fr 9–17 Uhr, Sa 10–17 Uhr, So 10–13 Uhr, Nov. bis Ostern Mo–Fr 9.30–16 Uhr.

## Unterkunft

### In Bernkastel

16 **Märchenhotel**④, Kallenfelsstr. 25–27, 54470 Bernkastel-Kues, Tel. (06531) 96550, maerchenhotel.com. Das familiengeführte Boutique-Hotel in der Altstadt von Bernkastel verspricht einen romantischen Aufenthalt. Die Zimmer des Vier-Sterne-Hotels tragen Namen wie „Schneewittchen", „Schneeweißchen", „Sterntaler" oder „Schneekönigin" und sind „märchenhaft" eingerichtet.

### In Kues

4 **Burgblickhotel**②, Goethestr. 29, 54470 Bernkastel-Kues, Tel. (06531) 9722770, www.burgblickhotel.de. Das stilvolle Boutique-Hotel im modern-minimalistischen Stil liegt im Ortsteil Kues. Zum Hotel gehören ein Restaurant und eine schicke Weinbar mit gut sortierter Weinkarte. Das 4 **Restaurant Ochs** im ehemaligen Schlachthaus serviert saisonale, regionale Küche (Di–Sa ab 18 Uhr).

3 **Vital- und Wellnesshotel Zum Kurfürsten** ④-⑤, Amselweg 1, 54470 Bernkastel-Kues, Tel. (06531) 96770, www.zum-kurfuersten.de. Gehobenes Vier-Sterne-Hotel mit hellen, freundlichen Zimmern sowie Innen- und Außenpools, verschiedenen Spa-Angeboten, Sauna, Dampfbad und Wellnessangeboten, auch für externe Gäste.

2 **Christiana's Wein & ArtHotel**②, Lindenweg 18, 54470 Bernkastel-Kues, Tel. (06531) 6627, www.wein-arthotel.de. In dem modernen Drei-Sterne-Hotel steht das Thema Wein im Vordergrund. Die Zimmer sind nach Spitzenwinzern von der Mosel benannt und die Mini-Bars mit ihren Weinen bestückt. Den historischen Stadtkern von Bernkastel erreicht man zu Fuß entlang der Mosel in rund 20 Minuten. Im 2 **Restaurant Eugenspiegel** werden Steaks vom Weideochsen gegrillt.

5 **Hotel-Restaurant Alt Cues**②-③, Nikolausufer 48, 54470 Bernkastel-Kues, Tel. (06531) 2533, www.hotel-bernkastel-kues.com. Das Hotel liegt am Moselufer neben dem Cusanus-Geburtshaus. Für Radler auf dem Moselradweg gibt es einen abschließbaren Stellplatz für die Fahrräder. In der 5 **Moselstube** wird gutbürgerlich gekocht.

12 **Moselblick-Jugendherberge,** Jugendherbergsstr. 1, Tel. (06531) 2395, www.diejugendherbergen.de. Die Jugendherberge nahe der Burg Landshut ist wegen einer Modernisierung zurzeit geschlossen.

### Camping

6 **Campingplatz Kueser-Werth,** Am Hafen 2, 54470 Bernkastel-Kues, Tel. (06531) 8200. Der ruhige Campingplatz liegt auf einer Halbinsel zwischen der Mosel und dem Yachthafen. Für Motorboote sind Liegeplätze vorhanden.

## Essen und Trinken

### In Bernkastel

14 **Café Hansen,** Markt 26, Tel. (06531) 2215, Di–Sa 10–18 Uhr, So 11–18 Uhr. Das Café in einem Jugendstilhaus am historischen Markt von Bernkastel ist nicht nur für seine feinen Torten, sondern auch für die hausgemachten Pralinen bekannt.

### In Kues

7 **Brauhaus Bahnhof Cues,** Bahnhofstr. 8, Tel. (06531) 9174740, www.bahnhof-cues.de, tägl. ab 11 Uhr. In dem eindrucksvollen, 1883 erbauten Bahnhofsgebäude aus der Gründerzeit braut Braumeister *Markus Lotz* Cusanus Bräu hell, dunkel oder Weizen, außerdem saisonale Spezialitäten wie

Weihnachtsbock oder Honigbier. Dazu gibt es deutsche Küche, auch vegetarisch oder vegan.

## Einkaufen

### In Bernkastel

15 **Das Schokolädchen,** Römerstr. 51, Mo–Sa 10.30–17.30 Uhr, So 12.30–17.30 Uhr, Jan. bis März Di Ruhetag. Der kleine Laden mitten in der Bernkasteler Altstadt verkauft handgefertigte Confiserie. Passend zu den feinen Schokoladen und Pralinen gibt es Liköre mit Karamell- oder Nougatgeschmack. Ergänzt wird das Angebot durch Deko- und Wohnaccessoires. Schönes Souvenir: Bernkasteler-Riesling-Trüffel.

10 MEIN TIPP: **Historische Bonbonmacherei Bonbon-Willi,** Burgstr. 8, www.bonbon-willi.de, tägl. 11–18 Uhr. Mit etwas Glück kann man dabei zusehen, wie Zuckerbäcker-Meister *Willi Maas* die kleinen Leckereien wie vor 100 Jahren mit alten Bonbonwalzen und nach alten Rezepten herstellt. Ein schönes Mitbringsel sind die Riesling-Bonbons.

13 **Weinart,** Moselstr. 12 (Karlsbader Platz), Tel. (06531) 9734906, Mai bis Okt. und während des Weihnachtsmarktes Di–So 13–18 Uhr. Das Fachgeschäft ist mit nur ca. zehn Quadratmetern ziemlich klein, bietet aber eine Fülle an Geschenkideen rund um den Wein.

9 **Vinothek des Weinguts Dr. Pauly-Bergweiler,** Gestade 15, Tel. (06531) 3002, 1. Mai bis 15. Nov. Mo–Fr 10.30–18 Uhr, Sa 14–18 Uhr, So nach Vereinbarung. Die preisgekrönten Rieslinge werden in so namhaften Lagen wie „Bernkasteler alte Badstube", „Doctorberg", „Wehlener Sonnenuhr", „Ürziger Würzgarten", „Erdener Prälat", „Erdener Treppchen" oder „Brauneberger Juffer" angebaut. Allein die Vinothek im schmucken Gutshaus aus der Gründerzeit ist ein Erlebnis.

### In Kues

8 **Wochenmarkt:** Vor dem Alten Bahnhof samstags 9–14 Uhr.

1 **Cusanus-Hofgut,** DRK-Sozialwerk Bernkastel-Wittlich, Günther-Reh-Str. (Wehlener Plateau), 54470 Bernkastel-Kues, Tel. (06531) 96030, http://drk-sozialwerk.de. Wer kennt ihn nicht – der legendäre **Loriot-Sketch „Vertreterbesuch"** ist Kult. Die Weine mit den skurrilen Namen „Oberföhringer Vogelspinne", „Hupfheimer Jungferngärtchen" oder „Klöbener Krötenpfuhl", die Weinvertreter Blümel *(Loriot)* Frau Hoppenstedt *(Evelyn Hamann)* anzudrehen versucht, kann man jetzt auch kaufen. Produziert werden die Rieslinge von dem Weingut Cusanus-Hofgut des Deutschen Roten Kreuzes (DRK). Das DRK-Sozialwerk Bernkastel-Wittlich bietet behinderten Menschen einen Arbeitsplatz und bewirtschaftet 18 Hektar Weinberge in namhaften Lagen wie „Brauneberger Juffer", „Wehlener Sonnenuhr" oder „Graacher Himmelreich". Der Erlös der Weine kommt der ehrenamtlichen Arbeit des Bremer Roten Kreuzes und dem DRK-Sozialwerk in Bernkastel-Kues zugute. Die Flaschen zieren Etiketten mit den bekannten, knollennasigen Figuren, die der 2011 verstorbene Loriot selbst gezeichnet hatte. Die 2015er-Spätlese der Sonderedition erhielt bei einer Blindverkostung 2016 die Goldene Kammerpreismünze. Die Weine aus dem fiktiven Weingut Pahlgruber und Söhne sind im Handel erhältlich.

Zum Cusanus-Hofgut gehört auch ein **Hofladen,** in dem Gemüse, Blumen, Kräuter, Wein oder Wurst verkauft werden (Mo–Fr 8–12 und 13–16 Uhr) und das 1 **Café Reiterstübchen** mit Kaffee und Kuchen, hauseigenen Weinen und kleinen Gerichten (Di–Fr ab 14 Uhr, Sa und So 10–18 Uhr).

## Aktivitäten

■ **Themenführung mit dem Bernkasteler Doctor:** Zu der 90-minütigen Führung auf den Spuren der Doctor-Legende durch die Altstadt von Bernkastel gehören auch zwei Gläser Doctorwein. Start ist am Karlsbader Platz. Pro Person 9 €, Termine unter www.bernkastel.de.

■ **Nachtwächterführung:** Während des Rundgangs durch die Altstadt erfahren die Teilnehmer Interessantes über die Geschichte der Weinstadt. Der Nachtwächter erzählt Anekdoten über Räuber wie den Schinderhannes oder den Schwarzen Peter und weiß von den Wirren der Revolutionszeit von 1848 zu berichten. Termine der offenen Nachtwächterführungen unter www.bernkastel.de. Pro Person kostet die Führung 5 €, Kinder bis 14 Jahre sind frei, um vorherige Anmeldung im Mosel-Gäste-Zentrum (s.o.) wird gebeten.

■ **Audio-Guide-Tour:** Die Geräte für die elektronische Stadtführung sind im Mosel-Gäste-Zentrum erhältlich. Der Rundgang ist auf Englisch oder Deutsch, die Ausleihe kostet 6 € für 3 Std., Tagesausleihe 8 €, zweiter Kopfhörer 2 €.

■ **Skatepark Bernkastel-Kues,** Peter-Kremer-Weg 2. Der Skatepark liegt am nördlichen Ortsrand von Kues nahe dem Moselufer, neben dem Schulzentrum und dem Freibad.

■ **Moselbad Bernkastel-Kues,** Am Schul- und Sportzentrum in Kues, Peter-Kremer-Weg, Erw. 3,50 €, Kinder und Jugendliche (4–17 J.) 2 €, Familien 10 €. Das Moselbad in sehr schöner Lage mit Blick auf die Weinberge ist Freibad und Hallenbad in einem. Das Freibad ist von Ende Mai bis August/

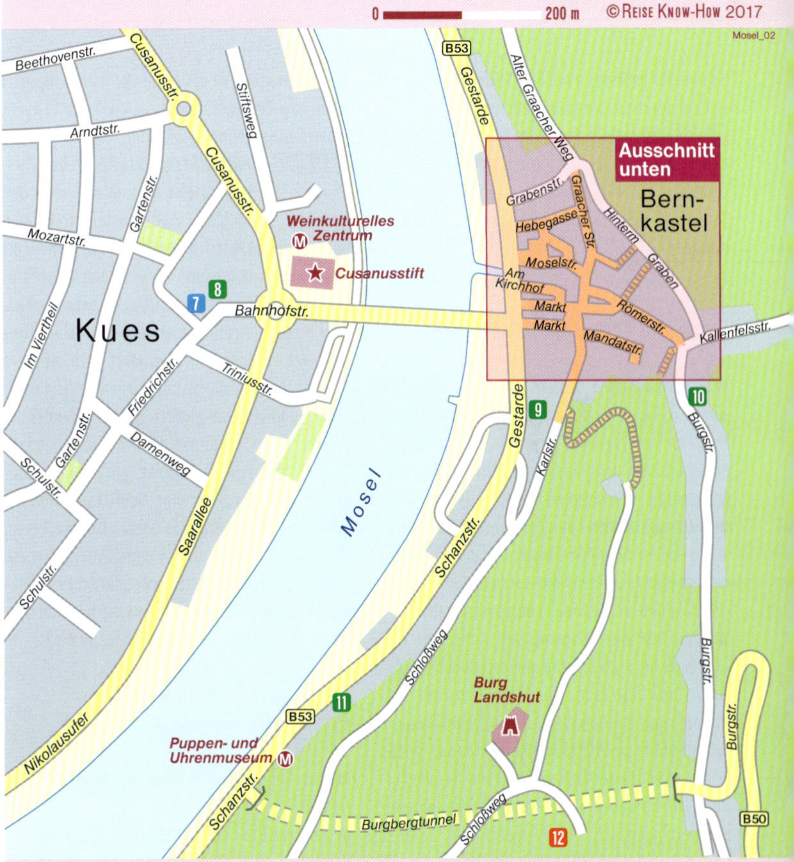


## Essen und Trinken

1 Cusanus-Hofgut
2 Restaurant Eugenspiegel
4 Restaurant Ochs
5 Moselstube
7 Brauhaus Bahnhof Cues
14 Café Hansen

## Einkaufen/Sonstiges

1 Cusanus-Hofgut
8 Wochenmarkt
9 Vinothek des Weinguts Dr. Pauly-Bergweiler
10 Historische Bonbonmacherei Bonbon-Willi
11 Fun Bike Team
13 Weinart
15 Das Schokolädchen

September geöffnet (tägl. 8–20 Uhr). Während der Hallenbadsaison ist das Freibad geschlossen.

11 **Fahrradverleih Fun Bike Team,** Schanzstraße 22, in Bernkastel, Tel. (06531) 94024, www.funbiketeam.de. Leihfahrräder in allen Varianten: als Tourenrad, Mountainbike oder Tandem, auch Kinderräder.

## Feste und Veranstaltungen

- **Sommerbühne Bernkastel-Kues:** Zwischen Juni und August finden auf den Plätzen der Stadt Konzerte verschiedener Genres statt (Jazz, Blues, Schlager, Rock und Pop). Der Eintritt ist frei, Programm unter www.sommer-buehne.de.
- **Michaelsmarkt:** Einer der ältesten Krammärkte der Region mit großem Warenangebot findet Ende September an einem Mittwoch auf dem Karlsbader Platz und am Gestade in Bernkastel statt.
- **Weinfest der Mittelmosel:** Am ersten Wochenende im September genießen Einwohner und Gäste fünf Tage lang (Do–Mo) ein buntes Programm rund um den Wein. Die Gesamtbesucherzahl liegt bei geschätzten 200.000, damit ist das Fest das größte der Region. Nicht nur Bernkastel-Kues, sondern auch rund 20 umliegende Gemeinden beteiligen sich an der Organisation. Eröffnet wird das Fest donnerstags mit der Aktion „Moselblümchen trifft Winzerkittel", bei dem viele Mädchen und Frauen in der traditionellen Tracht der Region – dem Moselblümchen – kommen. Zu den Höhepunkten zählt die Krönung der neuen „Mosella", der Weinkönigin von Bernkastel-Kues, die Weinstraße, das große Feuerwerk am Samstag und der Umzug mit vielen Festwagen, Fußgruppen und Musikkapellen am Sonntag. Freitag bis Sonntag gibt es außerdem einen Kunsthandwerkermarkt und einen Vergnügungspark.
- **Internationale Langstrecken-Ruderregatta „Grüner Moselpokal":** Alle Bootsklassen nehmen an dem 4000 Meter langen Rennen im September teil, vom Einer bis zum Achter. Höhepunkt der Moselregatta ist das Achter-Rennen, danach ist After-Row-Time mit Live-Musik im Festzelt (www.regatta-gruener-moselpokal.de).

**Mein Tipp:** **Weihnachtsmarkt:** Der Weihnachtsmarkt in der Bernkasteler Altstadt gehört zu den schönsten an der Mosel. Zu den Hauptattraktionen gehört das **Fackelschwimmen,** bei dem mehr als 100 Schwimmer die rund 1,2 Kilometer lange Strecke zwischen dem Kueser Hafen und dem Bernkasteler Moselufer zurücklegen, gefolgt von St. Nikolaus, der in einer Barke gerudert wird. Ab dem 1. Dezember wird das historische Fachwerkhaus der Adler-Apotheke zum größten Adventskalender der Region. In den Fenstern öffnet sich jeden Abend ein Türchen. Auf dem Forumsplatz am Bahnhof Kues gibt es bis zum 31.1. eine **Schlittschuhbahn.** (Mo–Do 11–19 Uhr, Fr/Sa 11–21 Uhr, So 11–20 Uhr, Termine unter www.weihnachtsmarkt-bernkastel-kues.de). Ein kostenloser Shuttlebus verbindet den Weihnachtsmarkt Bernkastel-Kues mit dem Mosel-Wein-Nachts-Markt in Traben-Trarbach.

## Öffentliche Verkehrsmittel

- **Bus:** RegioLinie 300: Bernkastel-Kues – Wittlich – Daun.
- **Fahrradbus:** RegioRadler Moseltal: Trier – Bernkastel-Kues – Bullay (tägl. 1. April bis 1. Nov.).

RegioRadler Maare-Mosel: Bernkastel-Kues – Wittlich – Daun (tägl. 1. Mai bis 1. Nov., Reservierungen unter www.regioradler.de).

## Wandern

### Weinerlebnispfad „Eidechse liebt Riesling"

Die knapp vier Kilometer lange Strecke führt durch die Weinlage „Bernkasteler Badstube", zu der auch die weltberühmte Lage „Bernkasteler Doctor" ge-

Weihnachtsmarkt mit Fackelschwimmen

hört. Elf Stationen informieren über die Themen Flora und Fauna, Geschichte und Riesling. Start und Ziel ist am Graacher Tor.

### Seitensprung „Bernkasteler Bärensteig"

Der knapp sieben Kilometer lange Wanderweg gehört zu den kürzeren Partnerwegen des Moselsteigs und ist nach dem Wappentier der Stadt Bernkastel benannt. Er verläuft größtenteils auf naturbelassenen Pfaden und bietet schöne Ausblicke auf die Stadt, die Burg Landshut und das Moseltal. Start und Ziel ist in der Kallenfelsstraße im Ortsteil Bernkastel in der Nähe des Marktplatzes.

### Seitensprung „Kirchspiel's Tälertour"

Der rund 13 Kilometer lange Nebenweg des Moselsteigs verläuft auf der Hunsrückhöhe rund um den Ort **Kleinich,** mal durch hügelige, offene Landschaften, mal durch bewaldete Bachtäler. Start ist an der Kirche in Kleinich.

# Wehlen

Der kleine Winzerort Wehlen liegt auf der Eifeler Seite der Mosel und ist – obwohl einige Kilometer entfernt – ein Stadtteil von Bernkastel-Kues. Die 1949 errichtete, auffällige **Hängebrücke** ist die einzige ihrer Art an der Mosel. Um sie zu finanzieren, wurden die Winzer mit 1 DM je Quadratmeter Weinbaufläche zur Kasse gebeten.

Namensgeber der bekannten **Weinlage „Wehlener Sonnenuhr"** ist eine im Jahr 1842 von dem Winzer *Jodocus Prüm* im dortigen Weinberg errichtete Sonnenuhr. Diese Sonnenuhr weicht etwa eine halbe Stunde von der tatsächlichen Zeit ab, denn die Mitteleuropäische Zeit wurde erst später (1893) eingeführt. Viele Bewohner von Wehlen nahmen dies zum Anlass, sich eine eigene Sonnenuhr zuzulegen, weshalb das Dorf

062mo kn

auch „Ort der 100 Sonnenuhren" genannt wird.

### Kloster Machern

Von Wehlen moselabwärts Richtung Zeltingen-Rachtig liegt hinter der Zeltinger Brücke das Kloster Machern. Bereits im 11. Jh. wurde ein Weingut erwähnt. Das Kloster wurde 1238 als Zisterzienserinnenkloster gegründet, das adlige Frauen aufnahm. Die Kapelle und der Barocksaal entstanden 1688. Im 18. Jh. verfiel das einst blühende Kloster zusehends. Unter *Napoleon* wurde die Abtei 1802 säkularisiert und verkauft, das Gebäude fortan landwirtschaftlich genutzt. Die Kirche diente als Scheune. Ab 1969 ging es wieder aufwärts, die Anlage wurde aufwendig restauriert.

Das Kloster beherbergt heute zwei Museen. Im ehemaligen Spital ist das **Historische Spielzeug- und Puppenmuseum** untergebracht. Schwerpunkt der Sammlung sind Puppen, Puppenstuben, Teddys, Blechspielzeug und mechanisches Spielzeug wie Eisenbahnen, Autos und Motorräder aus der Zeit zwischen 1850 und 1925.

Die **Dauerausstellung „Ikonen"** zeigt mehr als 200 orthodoxe Ikonen aus Russland, den Balkanländern, Griechenland und Äthiopien. Zur äthiopischen Sammlung gehören neben den Ikonen auch Schriftrollen, Bücher und Sakralgegenstände aus der Zeit zwischen dem 17. und 20. Jh.

■ **Kloster Machern,** An der Zeltinger Brücke, 54470 Bernkastel-Kues, Tel. (06532) 951640, www.klostermachern.de. Silvester bis Ostern Di–Fr 10–17 Uhr, Sa und So 10–18 Uhr, Ostern bis Okt. tägl. 10–17 Uhr, Nov. und Dez. Mo–Fr 10–17 Uhr, Sa und So 10–18 Uhr, Erw. 3 €, Kinder (10–18 J.) 1,50 €, Kinder unter 10 J. frei, Familien (2 Erw. und bis zu 3 Kinder) 8 €, Gruppen ab 10 Personen Erw. 2 €, Kinder 1 €. Einzeleintrittskarten sind an drei aufeinander folgenden Tagen gültig, Gruppeneintrittskarten am gesamten Tag des Besuches.

■ **Klosterbrauerei:** Typische Brauhausküche mit Vespertellern, Schnitzelvariationen, Grill- und Schlachttellern sowie bayrischen und moselländischen Gerichten. Das Klosterbier gibt es als helles, dunkles und als Weizen.

■ **Brauereishop:** Allerheiligen bis Ostern Do–Sa 12–17 Uhr, So und Fei geschl., Tel. (06532) 95150, www.brauhaus-kloster-machern.de.

■ **Weincabinet:** Mi–So 10–18 Uhr, ab März tägl. 10–18 Uhr, www.klosterdestille-machern.de. Zum Angebot gehören Weine der Region, Liköre, Trester, Edelbrände, Essige und Öle.

## Praktische Tipps

### Essen und Trinken, Einkaufen

■ **Wein- und Landhaus S.A. Prüm**②-③, Uferallee 25, 54470 Bernkastel-Wehlen, Tel. (06531) 8555, www.sapruem.com. Das 4-Sterne-Hotel in einem wunderschönen Landhaus bietet neben stilvollen Zimmern auch Ferienwohnungen und Mehrtagesangebote mit Weinwanderungen.

■ **Weingut Kerpen,** Uferallee, 54470 Bernkastel-Wehlen, Tel. (06531) 6868, www.weingut-kerpen.de. Das schöne Jugendstilweingut liegt direkt am Moselufer und blickt auf nahezu 250 Jahre Tradition als Familienbetrieb zurück. Ausschließlich Riesling wird angebaut, meist in Steillagen. Die preisgekrönten Weine kann man im Sommer auch in der **Straußwirtschaft „Riesling Café"** genießen (Mai/Juni und Aug./Sept. Do–So 12–18 Uhr), dazu deftige Winzerküche oder Kuchen. Besonders fein ist die Rieslingtorte. Zwischen Christi Himmelfahrt und Pfingsten finden im Weingut die **Weinkultur-**

**tage** statt, dann wird das Kelterhaus zu einer Galerie, in der Künstler ihre Werke präsentieren.

## Einkaufen

■ **Metzgerei Friedrich,** Hauptstr. 93, Tel. (06531) 3628, Di–Fr 7.30–12.30 und 14–18 Uhr, Sa 7.30–12.30 Uhr. Die Metzgerei ist vor allem unter Wildfreunden für ihre Spezialitäten aus der Region bekannt. Das Magazin „Der Feinschmecker" bezeichnete sie sogar als eine der besten Metzgereien in Deutschland.

■ **Obstmosterei Claus Weyde,** Hauptstr. 85, Tel. (06531) 1494. *Claus Weyde* macht aus den Äpfeln der Wehlener Streuobstwiesen Viez, Saft, Sekt, Gelee und Apfelessig. Der Viez ist preisgekrönt und eine Zutat der Wehlener Viezwürstchen.

## Aktivitäten

■ **Wehlener Angler-Treff,** Hauptstr. 42, Tel. (06531) 970812, www.wehlener-angler-treff.de, Mo, Di, Do und Fr 9–12 und 14–19 Uhr, Mi 9–12 Uhr, Sa 8–14 Uhr. In dem Fachgeschäft gibt es auch Angelerlaubnisscheine für die Stauhaltungen Wintrich/Zeltingen und Zeltingen/Enkirch (Tagesschein 4,50 €, Wochenschein 12,50 €).

## Feste und Veranstaltungen

■ **Tage der offenen Weinkeller:** Am Christi-Himmelfahrts-Wochenende bieten die Wehlener Winzer über 150 Weine zur Verkostung in ihren Weingütern an.

## Öffentliche Verkehrsmittel

■ **Bus:** Linie 333-3: Bernkastel – Wehlen – Ürzig (www.vrt-info.de).

■ **Fahrradbus:** RegioRadler Moseltal: Trier – Wehlen – Bullay (tägl. 1. April bis 1. Nov., Reservierungen unter www.regioradler.de).

☑ Kloster Machern hat noch heute eine eigene Brauerei

063mo kn

## Wandern

### ObstArtWeg

Die vier Kilometer lange Wanderroute führt durch das Naturschutzgebiet Streuobstwiesen Wehlen. Steinskulpturen und Glaskunstwerke der Künstler *Heidemarie* und *Mic Leder* aus Kanzem an der Saar säumen den Weg. Die elf Installationen ersetzen dabei auf originelle Weise die üblichen Informationstafeln und regen die Betrachter an, sich mit der Natur auseinanderzusetzen.

# Graach

Nur zwei Kilometer von Bernkastel-Kues entfernt schmiegt sich der Winzerort Graach an die weinbestandenen Hänge der Hunsrücker Moselseite. Die Weinlagen rund um den ruhigen Ort heißen „Himmelreich“, „Abtsberg“ und „Domprobst“, ein deutlicher Hinweis darauf, dass auch hier einst Klöster die Besitzer der Weinberge waren. Daran er-

innern auch zwei stattliche Klosterhöfe. Den Mattheiserhof in der Kirchstraße ließ die Trierer Abtei Sankt Mattheis 1723 errichten. Außerhalb von Graach liegt an der Straße nach Zeltingen der **Josephshof.** Er wurde von den Graachern Merteshof genannt, denn er war jahrhundertelang im Besitz der Trierer Abtei St. Martin.

Blick auf Graach von den Weinterrassen aus – am Ortsrand der Josephshof, im Hintergrund Wehlen

064mo kn

## Graacher Schanzen

Oberhalb von Graach liegt der Ortsteil Schäferei, eine Wohnsiedlung mit herrlichem Blick über das Moseltal. Ebenfalls hoch über dem Ort sind noch Reste der Graacher Schanzen erhalten. Die **Verteidigungsanlage** wurde im 18. Jh. von preußischen und österreichischen Truppen errichtet, um sich gegen die französischen Revolutionsarmeen zu verschanzen. Doch wegen der gegnerischen Übermacht wurde das Projekt bald aufgegeben. Nun widmeten sich die Franzosen der Verteidigungsanlage mit ihren Laufwerken, Geschützstellungen und Vorwerken und bauten sie weiter aus. Doch gekämpft wurde hier nie. Große Teile der Anlage sind inzwischen durch den Bau des Hochmoselübergangs zerstört (siehe Exkurs).

## Heimat- und Weinmuseum

Der **Mattheiser Hof** war seit dem 18. Jh. ein Weinhof der Trierer Abtei St. Mattheis. Im Zuge der Säkularisation wurde der Hof um 1800 versteigert. 1863 kam er in der Besitz der Gemeinde und diente eine Zeit lang als Schule mit Lehrerwohnung. Heute ist ein kleines Museum darin untergebracht, das in die Ortsgeschichte einführt. Zu sehen sind unter anderem ein altes Klassenzimmer und landwirtschaftliche Geräte.

- **Heimat- und Weinmuseum,** Mattheiser Hof, Kirchstraße/Ecke Gestade, Tel. (06531) 2541, Juli bis Okt. Mi und Sa 15–17 Uhr. Der Eintritt ist frei, auf Wunsch werden Führungen angeboten.

### Pfarrkirche St. Simon und Juda

Mitten in Graach steht die Pfarrkirche St. Simon und Juda. In das Kircheninnere gelangt man durch den 1601 errichteten Turm. Das Kirchenschiff (um 1500) ist der 1453–55 erbauten, gotischen Kapelle des Cusanusstifts nachempfunden. 1904 hat man an die inzwischen zu klein gewordene Kirche zwei Seitenschiffe angebaut und das Hauptschiff verlängert. Die Kreuzweggemälde im Hauptschiff stammen aus dem Jahr 1915.

- **Pfarrkirche St. Simon und Juda,** Hauptstraße 59, 54470 Graach. In der Sommersaison täglich 10–19 Uhr geöffnet.

### Einkaufen

- **Weingut Kees-Kieren,** Hauptstr. 22, 54470 Graach, Tel. (06531) 3428, www.kees-kieren.de. Das Weingut Kees-Kieren ist ein Familienbetrieb mit mehr als 300-jähriger Tradition, es besteht seit 1648. Die Weinberge liegen in Kinheim, Erden, Graach und Kesten. Die Winzer *Werner* und *Ernst-Josef Kees* erhielten für ihre Weine auf Spitzenniveau bereits viele Preise.

### Feste und Veranstaltungen

- **Weinfest:** Am dritten Wochenende im September wird mit Wein, Musik und Kulinarischem gefeiert. Die Weinprobe findet traditionell am Samstagnachmittag statt.

### Wandern

#### Graacher Schanzenweg

Der knapp sechs Kilometer lange Wanderweg führt zum Aussichtspunkt Maria Zill und weiter über die Graacher Schanzen. Am Weg liegt das sehr beliebte Ausflugslokal „Waldschenke mit Herz“ (März bis Okt. tägl. außer Mi ab 11 Uhr, Nov. bis Febr. Fr–Mo ab 11 Uhr). Start ist am Parkplatz „An der Traver Ruh“.

## Zeltingen-Rachtig

Der Doppelort Zeltingen-Rachtig liegt auf der Hunsrücker Moselseite in einer großen Moselschleife. Unmittelbar nördlich der Ortschaft wird zurzeit die **Hochmoselbrücke** gebaut, über die der Verkehr in Zukunft vierspurig in bis zu 158 Metern Höhe das Moseltal queren soll (siehe Exkurs).

Die Orte Zeltingen und Rachtig gehörten vermutlich schon ab dem 7. Jh. zum Erzbistum Köln und bildeten eine Enklave im Trierer Kurstaat. Bis zur Französischen Revolution blieben sie Teil der Kölner Herrschaft. Kirchlich gehörten die Dörfer allerdings zum Trierer Erzstift. Eine große Rolle spielten die Deutschherren für beide Orte. Im 13. Jh. erhielt der Deutsche Ritterorden Zeltingen und Rachtig als Schenkung. Der spätgotische **Deutschherrenhof** in Rachtig erinnert an diese Zeit.

Das Dorf hat eine eigene Operette. Komponist *Werner Stamm* schrieb das Musikstück **„Zeltinger Himmelreich“** in den 1950er Jahren. Alle zwei Jahre wird sie vor der pittoresken Fachwerkkulisse des Zeltinger Marktplatzes aufgeführt. Die fiktive Handlung beleuchtet kurkölner Geschichte: 1780 widersetzen sich die Winzer gegen ihren Landesherren und verweigern die Zahlung des Zehnten in Form von Wein. Sie lassen dem Kölner Kurfürsten ausrichten, dass der Wein diesmal zu sauer sei. Doch als ein Gesandter des Kurfürsten diese Behauptung prüfen will, müssen sich die Winzer etwas einfallen lassen ... Die Operette wird immer in ungeraden Jahren aufgeführt.

## Sehenswertes

### Pfarrkirche St. Stephanus

Die Pfarrkirche St. Stephanus steht umgeben von Weinbergen oberhalb von Zeltingen. Der älteste Teil ist der spätgotische Chor, das Langhaus wurde 1720, der Turm 1739 errichtet. Im Inneren steht ein Hochaltar von 1627, der der Schule des Trierer Bildhauers *Johann Ruprecht Hoffmann* zugeschrieben wird.

065mo kn

### Sonnenuhr

Auch Zeltingen-Rachtig hat eine Sonnenuhr. Sie ist das Wahrzeichen des Ortes und die größte Sonnenuhr an der Mosel. Wie die Uhr in Wehlen ist auch diese namensgebend für die Weinlage. 1620 ließ ein Abt des Klosters Himmerod sie bauen. Früher schmückte eine Traubenmadonna die Sonnenuhr.

[>] Die Zeltinger Sonnenuhr in der nach ihr benannten Weinlage

### Sortengarten Zeltingen

Der Sortengarten mitten in der **Weinlage „Sonnenuhr“** ist ein Experiment, das zeigen soll, welche Pflanzen außer Wein noch in den sonnenverwöhnten Hängen rund um Zeltingen angebaut werden können. Aronia, Mispel, Kornelkirsche und Speierling wachsen neben Oliven und Feigen, **exotische Obst- und Beerensorten,** aber auch fast vergessene heimische. Die Pflanzen haben eins gemeinsam: Sie benötigen warmes Klima, sind aber auch frosthart.

www.fotolia.de © Alice_D

# Gigantischer Brückenbau – der Hochmoselübergang

Der Bau des Hochmoselübergangs ist derzeit das **größte Brückenbauprojekt Europas.** Er soll in Zukunft Mainz und Frankfurt mit Rotterdam und Antwerpen verbinden. Die Planer erhoffen sich außerdem, dass die Straßen an der Mosel vom Schwerlastverkehr entlastet werden und gleichzeitig die Region belebt wird. Ende 2018 sollen die ersten Autos über die **vierspurige Brücke zwischen Zeltingen-Rachtig und Ürzig** rollen. Aber das 1,7 Kilometer lange und 160 Meter hohe Bauwerk ist seit Jahrzehnten höchst umstritten.

Geplant wurde der Hochmoselübergang schon Ende der 1960er Jahre, also während des Kalten Krieges. Die „Moselbarriere" sollte überwunden und Eifel und Hunsrück mit einer Autobahn verbunden werden. Auf dieser Militärtrasse hätten im Falle einer Invasion des Warschauer Paktes Panzer der Nato Richtung Osten rollen können. Doch die Pläne verstaubten jahrzehntelang in der Schublade, auch weil es an Geld fehlte. Erst 2008 kamen sie wieder auf den Tisch. Jetzt standen für die Befürworter wirtschaftliche Gründe im Vordergrund, es sollte eine direkte Verbindung zwischen dem Rhein-Main-Gebiet und den Beneluxländern geschaffen werden.

Große **Widerstände** gegen das Megaprojekt gab es seitens der Naturschützer und der Bevölkerung. Auch viele Winzer liefen Sturm gegen „das Monster" oder „das Ding", wie sie die Brücke nennen. Sie befürchten **negative Folgen für Weinbau und Tourismus.** Jahrelange Rechtsstreitigkeiten folgten. Zuletzt hatte der

Großes Bauwerk, großer Widerstand – die Hochmoselbrücke bei Zeltingen-Rachtig

Bund für Umwelt und Naturschutz (BUND) geklagt, dann aber verloren. Wegen der vom Land vorgesehenen **Ausgleichsmaßnahmen für Wild und Pflanzen** hielten die Richter das Projekt mit dem Naturschutzrecht für vereinbar. 2008 entschied das Bundesverwaltungsgericht zugunsten des Hochmoselübergangs.

Aber auch Fachleute hatten von Anfang an ihre Bedenken. Sie warnten davor, dass der Hang, in dem die Brücke verankert wird, rutschen könnte. Im Hang auf der Eifelseite beginnt fester Fels erst in 70 Metern Tiefe. Eine sogenannte Gleitfuge in 22 Metern Tiefe führt zusätzlich zu einem Abwärtskriechen des Hanges – zwar nur millimeterweise, dennoch ist es eine Gefahr. Der damalige Chefgeologe des Landes, *Harald Ehses,* hatte vor diesen Risiken gewarnt, wurde aber ignoriert. Als auch noch *Rafig Azzam,* Professor für Ingenieurgeologie und Hydrogeologie an der RWTH Aachen, ernsthafte Bedenken äußerte, musste das LBM reagieren. 2015 wurden 80 Meter tiefe Bohrlöcher angelegt, um die Verschiebungen zu messen. 2016 begann das LBM mit sichernden Maßnahmen. Sechs Dübelschächte mussten 40 Meter tief ausgehoben werden. Durch diese **Hangsicherung** wird der Bau deutlich teurer als geplant. Der Bund der Steuerzahler mahnte in seinem Schwarzbuch die **Kostenexplosion** für das Megaprojekt an. Von 285 Millionen sind die Kosten auf inzwischen 466 Millionen gestiegen.

Die planenden Ingenieure haben sich bemüht, die schwindelerregend hohe Brücke möglichst filigran wirken zu lassen. Die **zehn Pfeiler** sind in der Mitte schmaler, derart tailliert sollen sie weniger auffallen. Trotzdem verändert die Brücke das Landschaftsbild drastisch. Das Bauwerk ist gigantisch, bis zur Fertigstellung werden 31.500 Tonnen Stahl und 40.000 Kubikmeter Beton verarbeitet. Um die Akzeptanz weiter zu steigern, soll eine attraktive Rastanlage entstehen, die Touristen zum Anhalten und Schauen verführen soll.

**MEIN TIPP:** Neben der Römischen Kelter Erden auf der Hunsrücker Moselseite hat der Landesbetrieb Mobilität für die Dauer der Bauarbeiten ein **Bürgerinformationszentrum** (BIZ) eingerichtet. Die multimediale Ausstellung zeigt mittels Computeranimationen, Filmen und Informationstafeln alles Wissenswerte über das gigantische Bauprojekt (Ostern bis Ende Oktober Di 14–16 Uhr, Do 14–16.30 Uhr, Sa 13–16 Uhr, So 13–17.30 Uhr, Nov. bis Ende März Sa 14–16 Uhr, So 14–17 Uhr).

Jeden zweiten und vierten Freitag im Monat findet eine zweieinhalbstündige **Führung** entlang der Großbaustelle und durch das Bürgerinformationszentrum statt. Start ist um 14 Uhr am BIZ, Erw. 12 €, Kinder (7–15 J.) 7 €, bis 6 Jahre frei. Die Fahrt zur Baustelle erfolgt mit dem eigenen Auto.

Die Baustelle wird zur Sehenswürdigkeit

www.fotolia.de © guidowalter15

## Rosenburg

Oberhalb der Sonnenuhr sieht man die Reste der Rosenburg. Der Legende nach wurde der Erzbischof *Kunibert von Köln* (623–663) auf der Zeltinger Rosenburg geboren, weshalb sie auch **Kunibertsburg** genannt wird. Ihm ist es zu verdanken, dass Zeltingen-Rachtig eine politische Enklave des Erzbistums Köln war. Seit dem frühen siebten Jahrhundert bis zur Zeit der Franzosenherrschaft blieb der Ort „churkölnisch".

# Praktische Tipps

## Informationen

■ **Verkehrsbüro Zeltingen-Rachtig,** Uferallee 13, 54492 Zeltingen-Rachtig, Tel. (06532) 2404, www.zeltingen-rachtig.de, April bis Okt. Mo–Fr 9–12 Uhr und 14–17 Uhr, Mai bis Okt. auch Sa 9–12 Uhr, Nov. bis März Mo, Di, Do, Fr 9–12 Uhr.

## Unterkunft, Essen und Trinken

■ **Hotel-Restaurant Deutschherrenhof**②-③, Deutschherrenstr. 23, 54492 Zeltingen-Rachtig, Tel. (06532) 9350, http://deutschherrenhof.de. Das Hotel in den historischen Gemäuern bietet auch Wellness-Wochenenden und Weinproben im Gewölbekeller. Das Restaurant serviert gutbürgerliche Küche.

■ **Zeltinger Hof**②-③, Kurfürstenstr. 76, 54492 Zeltingen-Rachtig, Tel. (06532) 93820, tägl. 11.30–14 und 17.30–22 Uhr, vom 1.11. bis 31.3. Di und Mi Ruhetag. Das Gasthaus im pittoresken Ortskern von Zeltingen wurde 2016 als Gastgeber des Jahres ausgezeichnet. Das Restaurant verwöhnt seine Gäste mit frischer, moselländischer Küche und

066mo kn

großer Weinauswahl. Die Vinothek versammelt mehr als 400 Weine der Region.

MEIN TIPP: **Hotel Nicolay 1881**②-③, Uferallee 7, 54492 Zeltingen-Rachtig, Tel. (06532) 93910, www.hotel-nicolay.de. Zum Hotel mit Wellness-Bereich gehört das **Restaurant Weinstube**②-③. Es ist eines der wenigen veganen Restaurants an der Mosel, die Gerichte sind ausgefallen und modern. Das **Restaurant Sonnenuhr**① bietet veganes Fastfood auch zum Mitnehmen. Sonntags ab 11 Uhr veganer Brunch.

## Aktivitäten

- **Kulturweg „Von Kurköln zu den Deutschherren":** Die rund sieben Kilometer lange Route beleuchtet die wechselvolle Geschichte des Ortes. Zu den Themen gehören Alltag, Kultur, Weinbau, Architektur und die Territorialpolitik, die die Region prägte.

MEIN TIPP: **Mosel-Bulli-Tour durch die Zeltinger Weinlagen:** Eine Weinprobe, wahlweise auch mit Verköstigung, gehört zu der originellen Fahrt durch die Wingerte rund um Zeltingen. Im VW-Bus T1 Samba kostet der Ausflug 30 € pro Person, im T2 Samba 20 € pro Person. Ab vier Personen, Termine auf Anfrage unter Tel. (06532) 93820 oder an der Rezeption des Zeltinger Hofs (s.o.).

## Öffentliche Verkehrsmittel

- **Fahrradbus:** RegioRadler Moseltal: Trier – Zeltingen – Bullay (tägl. 1. April bis 1. Nov.).

  RegioRadler Maare-Mosel: Bernkastel-Kues – Wittlich – Daun (tägl. 1. Mai bis 1. Nov., Reservierungen unter www.regioradler.de).

☒ Exotische Pflanzen im Sortengarten Zeltingen

# Ürzig

Sonnenuhren gibt es viele in den Weinbergen entlang der Mittelmosel. Als älteste unter ihnen gilt die **Ürziger Sonnenuhr,** vermutlich ist sie sogar die älteste in Europa.

Eines der ältesten Weingüter an der Mosel ist der 1177 erstmals erwähnte **Mönchshof.** Er war ein Hofgut des Klosters Himmerod. 212 Jahre war er im Besitz der Familie *Eymael*, seit 2016 gehört er einer chinesischen Investorengruppe. Berühmt ist der Mönchshof, den inzwischen eine Neorenaissancefassade schmückt, nicht nur wegen seiner Weine, sondern auch, weil er zwischen 1987 und 1993 Schauplatz der Fernsehserie „Moselbrück" war. Sehenswert sind auch die Fachwerkhäuser aus dem 16. Jh. rund um den Rathausplatz.

## Ürziger Gewürzgarten

Mitten in der Weinlage „Ürziger Gewürzgarten" lockt ein genau solcher mit seinem betörenden Duft. Er ist aber nicht Namensgeber des berühmten Weinberges, sondern wurde erst 2003/2004 angelegt. Auf dem 2400 Quadratmeter großen Gelände wachsen **mediterrane Kräuter.** Neben Duft- und Heilpflanzen gibt es aber auch **Rosen** und andere Gartenpflanzen.

Fachkundige Kräuter- und Gewürzgartenführungen durch Gärtnerinnen oder zertifizierte Gartenführerinnen, die die 10.000 Stauden in über 160 Sorten, mehrere tausend Zwiebelpflanzen, heimische Duftsträucher, Wild- und Duftrosen erläutern, bietet der Förderverein Ürziger Gewürzgarten an.

■ Termine der **Führungen** unter www.uerzig-mosel.de, Anmeldung unter www.uerziger-gewuerzgarten.de oder im Verkehrsbüro Ürzig.

■ Kräuterbrot mit Kräutern aus dem Ürziger Würzgarten verkauft die **Bäckerei Schaaf** (Würzgartenstr. 19).

Der Mönchshof in Ürzig

068mo kn

## Praktische Tipps

### Informationen

■ **Verkehrsbüro Ürzig,** Rathausplatz 7, 54539 Ürzig, Tel. (06532) 2620, www.uerzig-mosel.de, Nov. bis April Mo–Fr 9–11 Uhr, Sa 10–11 Uhr, Mai bis Okt. Mo, Di, Do und Fr 9–11 und 15–17 Uhr, Sa 9–11 Uhr.

### Unterkunft, Essen und Trinken, Einkaufen

■ **Hotel Moselschild/Oliver's Restaurant**③, Hüwel 12–14, 54539 Ürzig, Tel. (06532) 93930, www.hotel-moselschild.de, tägl. 12–14 und 18–21 Uhr, April bis Okt. Di Ruhetag, Nov. bis März Mo und Di Ruhetag. Die kreativen, leichten Gerichte werden im gemütlichen Restaurant und auf der Terrasse mit Blick auf die Mosel serviert. Jeden Donnerstag Gambas „All-you-can-eat" (24 € p.P.), mittwochs „Gourmet in Jeans", ein Drei-Gänge-Gourmet-Überraschungsmenü, zwanglos und ohne Dresscode.

■ **Rebenhof Rieslingmanufaktur,** Hüwel 2–3, 54539 Ürzig, Tel. (06532) 4546, www.rebenhof.de, 1. April bis 3. Okt. Mo und Di, Do–Sa 9–18 Uhr, So 10–18 Uhr, 4. Okt. bis 31. März Mo, Di, Do, Fr 9–17 Uhr, Sa 9–15 Uhr, So und Fei nur nach Voranmeldung. Die geschmackvoll eingerichteten Gästezimmer und Ferienwohnungen im **Vier-Sterne-Gästehaus**②-③ bieten allen Komfort. Winzer *Johannes Schmitz* gehört zu den Spitzenerzeugern an der Mosel. Die auch im Eichelmann empfohlenen Weine präsentiert er in einer modernen Vinothek.

### Öffentliche Verkehrsmittel

■ **Bahn:** Bahnhof Ürzig, Moselstrecke Trier – Cochem – Koblenz (www.vrminfo.de).

■ **Bus:** Linie 333-3: Bernkastel – Wehlen – Ürzig (www.vrt-info.de).

# Erden

Erden gehört mit rund 400 Einwohnern zu den kleinsten Winzerorten an der Mosel. Es ist ein typisches Moseldorf, mit **verwinkelten Gassen und pittoresken Fachwerkhäusern.** Mit einem Augenzwinkern bezeichnet sich Erden als „ältesten Weinort der Welt", frei nach dem Bibelzitat: „Am Anfang schuf Gott Himmel und Erden". Der ursprünglich keltische Ortsname *Arduena* leitet sich von dem Wort *Arduum* ab, was „steiler Bergrücken" oder „steile Anhöhe" bedeutet. Die Nachbarn nennen die Erdener „Schollenklepper". Der Name kommt von einem selbstgezimmerten Holzarbeitsgerät, mit dem Lehmschollen auf den Feldern zerschlagen wurden.

Bekannteste Weinlage ist das **„Erdener Treppchen".** Dass die Römer bereits im 2. Jh. n.Chr. am gegenüberliegenden Moselufer Reben anbauten, zeigt ein archäologischer Fund am Fuße des „Erdener Treppchens". Die antiken Reste zweier Kelteranlagen wurden 1992 entdeckt. Von der römischen Kelter führt ein Klettersteig durch die Weinberge (s.u.).

## Sehenswertes

### Pfarrkirche St. Anna

In der Dorfmitte steht die barocke Pfarrkirche St. Anna. Sie wurde in den Jahren 1718–20 erbaut. Ihr **Hochaltar** mit steinernem Aufsatz aus dem Jahr 1654 stammt vermutlich aus der Werkstatt des Bildhauers *Hans-Ruprecht Hoffmann.* In sehr vielen Kirchen entlang der Mosel stehen Altäre aus der Trierer Werkstatt. Von *Hoffmann,* der im Auftrag der Erzbischöfe und Kurfürsten tätig war, stammen unter anderem der Petrus-Brunnen auf dem Trierer Hauptmarkt von 1595 und die Renaissancealtäre in den Kirchen von St. Aldegund, Klotten, Zeltingen, in der Petersbergkapelle bei Neef und in der Stiftskirche St. Castor in Treis-Karden.

### Waldkapelle Erden

Die Waldkapelle steht idyllisch am südlichen Waldrand über dem Weinort. Das frisch restaurierte Gebäude wurde zwischen 1922 und 1928 von Kriegsheimkehrern als Dank für ihr Überleben im Ersten Weltkrieg erbaut. Innen ist das „Kapellchen", wie die Erdener sagen, opulent ausgemalt. Dargestellt sind die Christenverfolgung im römischen Trier, biblische Szenen und die Verabschiedung der Erderner Soldaten in den Krieg.

### Römische Kelter

Auf der Eifelseite gegenüber von Erden sind die Reste zweier römischer Kelteranlagen zu besichtigen. Die östliche Anlage am Fuße der Weinlage „Erdener Treppchen" stammt aus dem 3. Jh. n.Chr. Die mehr als drei Meter hohen Wände der Kelter bestehen aus einem schönen Fischgrätenmauerwerk. Die westliche Kelteranlage ist rund hundert Jahre älter. Sie ist nicht so gut erhalten, dafür aber der älteste Nachweis römischen Weinbaus an der Mosel. Im 4. Jh. wurde eine Rauchkammer an die Kelter angebaut. Mit dem im Fumarium erzeugten Rauch ließen die Römer den Wein schneller reifen. Vor der Anlage steht die Rekonstruktion einer römischen Baumkelter.

- **Römische Kelter Erden,** Di und Do 14.30–17 Uhr, Sa 13–16 Uhr, So 13.30–17 Uhr, Eintritt frei.

### Bürgerinformationszentrum

In dem kleinen Pavillon neben der römischen Kelteranlage an der B53 wird der umstrittene **Hochmoselübergang** erläutert (siehe Exkurs S. 186).

## Praktische Tipps

### Informationen

- **Verkehrsbüro Erden,** Hauptstr. 72, 54492 Erden, Tel. (06532) 2549, www.erden.de.

### Unterkunft, Einkaufen

- **Weingut Schmitges,** Hauptstr. 24, 54492 Erden, Tel. (06532) 2743, www.schmitges-weine.de. Das Weingut besteht bereits seit 1744 und produziert Rieslinge aus den bekannten Steillagen „Erdener Treppchen" und „Erdener Prälat". Bewusst niedrig gehaltene Erträge und der Einsatz von wurzelechten Reben sorgen für hohe Qualität. Sehenswert ist die moderne Vinothek (April bis Okt. Fr und Sa 15–19 Uhr, So 10–13 Uhr). Die **Gästezimmer**② sind modern eingerichtet.
- **Weingut Meulenhof,** Zur Kapelle 8, 54492 Erden, Tel. (06532) 2267, www.meulenhof.de. Im 14. Jh. gehörte der Hof *Gräfin Loretta* und *Graf Johann von Sponheim,* später ging er an das Zisterzienserkloster Machern. Erst seit 1804 ist der ehe-

malige Frucht- und Mühlenhof ein Weingut. Heute erzeugt *Stefan Justen* seine Spitzenweine in den berühmten Weinlagen „Erdener Prälat" und „Wehlener Sonnenuhr", der Gault&Millau zeichnet die feinen Tropfen mit drei Trauben aus. Seit 1932 gehört zum Weingut eine Brennerei, in der unter anderem Roter-Weinbergpfirsich-Likör hergestellt wird.

## Camping

- **Campingplatz Erden,** Am Moselufer, 54492 Erden, Tel. (06532) 4060, http://camping-erden.de. Der familienfreundliche Campingplatz liegt direkt am Moselufer. Es gibt einen Bootssteg, eine Bootsslipanlage und für Hunde eine Spielwiese mit Agility-Parcours.

## Aktivitäten

- **Segway-Tour:** Mosel-on-Wheels, Talweg 1, 54492 Erden, Tel. (06532) 9547010, www.mosel-on-wheels.de. Neben der Tour durch die Spitzenweinlage „Erdener Treppchen" (34 €, ohne Mindestteilnehmerzahl) bietet Mosel-on-Wheels auch Touren zum Kloster Machern, zur Bergkapelle Kröv oder zur Burg Landshut in Bernkastel-Kues an.

## Feste und Veranstaltungen

- **Erdener Winzer-, Wein- und Straßenfest:** Am ersten Wochenende im Oktober von Freitag bis Montag entlang der Hauptstraße mit regionalen Spezialitäten und Weinständen der örtlichen Winzer, Musikkapellen sorgen für Unterhaltung.

## Öffentliche Verkehrsmittel

- **Bus:** Linie 333-3: Bernkastel – Erden – Ürzig (www.vrt-info.de).

## Wandern

### Kletterweg Erdener Treppchen/Prälat

**Mein Tipp:** Wein, Wasser und Weitblicke bietet der Kletterwanderweg durch die berühmten Weinlagen. Sie gehören zu den steilsten an der Mittelmosel, deshalb ist der Weg über Weinbergspfade und schmale Felspartien mit mehreren **Metallleitern und Halteseilen** gesichert. Er ist nur für trittsichere, schwindelfreie Wanderer geeignet. Kondition und festes Schuhwerk sind ebenfalls unabdingbar. Start ist bei der römischen Kelteranlage, Abkürzungen sind ausgeschildert (www.kletterweg.de). Im Sommer kann es auf dem Kletterweg sehr heiß werden. Beim Bürgerinformationszentrum neben der Kelteranlage (s.o.) kann man gekühlte Getränke kaufen.

# Kinheim

Kinheim liegt auf der Eifeler Seite der Mosel, der Ortsteil **Kindel** gegenüber. Beide sind durch eine Brücke miteinander verbunden. Früher wohnten in Kindel die Handwerker und in Kinheim die Winzer.

Funde, wie die Reste einer Villa aus der zweiten Hälfte des 3. Jh. in Kinheim-Kindel belegen, dass bereits die Römer hier siedelten. Die Silbe „-heim" im Namen weist allerdings darauf hin, dass der Ort vermutlich erst während der Landnahme der Franken im 7. oder 8. Jh. gegründet wurde. Spätestens seit dieser Zeit gehörte er zum Kröver Reich, einem karolingischen Krongut. Erstmals urkundlich erwähnt wird Kinheim im 12. Jh.

Die **Pfarrkirche St. Martin** aus dem Jahr 1827 ist eine der wenigen klassizistischen Kirchen der Region. Der **Echternacher Hof** wurde 1774 errichtet. Er beherbergt ein Kulturcafé (s.u.)

Von der mittelalterlichen **Kinheimer Burg** aus dem 13. Jh., die ursprünglich aus einer Ober- und einer Unterburg bestand, ist heute nur noch ein viergeschossiger **Torturm** übrig (Burgstr. 52 und 54). Die Burg der Herren von Kinheim wechselte mehrmals ihren Besitzer, ab der Mitte des 17. Jh. gehörte sie der Abtei Echternach. 1803 wurde sie im Rahmen der Säkularisation versteigert. In der gleichen Straße liegen ein **Hofhaus** (Burgstr. 69), das ebenfalls zum Besitz der Abtei gehörte, und ein paar sehenswerte **Fachwerkhäuser** aus dem 17. Jh.

# Praktische Tipps

## Informationen

■ **Tourist-Information Kinheim,** Harelbekeplatz 1, 54538 Kinheim, Tel. (06532) 3444, www.kinheim.de, März bis Okt. Mo, Di, Do 9–12 Uhr, Fr 9–17 Uhr, Juli bis Okt. zusätzlich Sa 10–12 Uhr, Nov. bis Febr. Mo, Mi und Fr 9–12 Uhr.

## Unterkunft, Essen und Trinken

■ **Kunst- und Kulturcafé Bonaparte im Echternacher Hof,** Echternacherstr. 2, 54538 Kinheim, Tel. (0163) 3342451, www.echternacherhof-kinheim.de. Die liebevoll und individuell ausgestatteten **Zimmer**①-② der Vier-Sterne-Pension sind thematisch an die Zeit *Napoleons* angelehnt. Der Erzählung nach soll der französische General und Kaiser in dem alten Gemäuer übernachtet haben. Entsprechend heißt das zur Pension gehörige hübsche Café „Bonaparte". Neben Kuchen, Waffeln und kleinen Gerichten bietet es regelmäßig Abendveranstaltungen wie Konzerte oder Weinverkostungen.

## Einkaufen

■ **Glaskonscht Atelier,** Am Ehrenmal 2, 54538 Kinheim. *Josiane Raus Goeres* fertigt Kreationen aus Glas: Geschirr, Schmuck, Wohnaccessoires wie Vasen und Leuchter oder Glasplatten für Küche und Bad, die sie auch individuell nach Kundenwunsch entwirft.

■ **Weingut Henn-Schwaab,** Burgstr. 38, 54538 Kinheim, Tel. (06532) 4643, www.weingut-henn-

www.fotolia.de © beatuerk

schwaab.de. In den Weinlagen „Kinheimer Rosenberg", „Erdener Treppchen" und „Graacher Himmelreich" baut Familie *Henn-Schwaab* nicht nur Riesling, sondern auch Dornfelder, Spätburgunder und Rivaner an. Zum Weingut im historischen Winzerhaus gehören auch **Gästezimmer**①-② und eine Ferienwohnung.

**Weingut Rita und Rudolf Trossen,** Bahnhofstr. 7, 54538 Kinheim-Kindel, Tel. (06532) 2714, www.trossenwein.de. Bereits seit 1978 betreibt Winzer *Rudolf Trossen* unter dem Motto „Mit der Natur für guten Wein" biologisch-dynamischen Weinbau. Er gehört damit zu den Pionieren an der Mosel. Seine international gefragten, naturbelassenen Weine kommen ohne kellertechnische Behandlung aus. Zum Weingut gehört auch ein modernes, aus verschiedensten Hölzern der Region gefertigtes **Ferienhaus,** das direkt am Moselradweg liegt.

## Feste und Veranstaltungen

- **Frühlingsfest:** jedes Jahr an Pfingsten mit internationalem Oldtimertreffen.
- **Wein- und Straßenfest:** Am vierten Wochenende im August feiert Kinheim mit Live-Musik sowie Essens- und Weinständen.

## Öffentliche Verkehrsmittel

- **Bus:** Linie 302: Wittlich – Kinheim – Traben, Linie 333-3: Bernkastel – Erden – Ürzig (www.vrt-info.de).

Blick von Kinheim auf Kindel

# Kröv

Im kleinen Ort Kröv gibt es auffällig viele stattliche **Adels- und Klosterhöfe.** Das hängt mit der Geschichte des Kröver Reichs zusammen. Das **Kröver Reich** (755–1794) ging aus einem Königsgut der Karolinger hervor, eines fränkischen Herrschergeschlechts. Es wurde bereits im 8. Jh. urkundlich erwähnt. Zu dem kleinen Reich gehörten Kröv, Kövenig, Reil, Erden, Kinheim, Bengel und Kinderbeuren. Ständig gab es Streit zwischen den Trierer Kurfürsten und den protestantischen Herren der Hinteren Grafschaft Sponheim um die Herrschaft über das Kröver Reich, das immerhin gut 1000 Jahre bestand. Erst mit der Französischen Revolution kam das Ende, die Franzosen schafften die Kleinstaaterei kurzerhand ab.

In der Feudalzeit schätzten die Klöster und der Adel den Kröver Wein. Sie errichteten eigene **Hofgüter,** die heute noch das Ortsbild von Kröv bestimmen. Ein besonders schönes Fachwerkhaus ist das ehemalige Rathaus. Im **Dreigiebelhaus** ist heute eine Straußwirtschaft mit hinreißendem Garten zu finden (s.u.). Die Abtei Echternach ließ die barocke **St. Remigiuskirche** nach Plänen des Bistumsbaumeisters *Ravensteyn* errichten.

Der **„Kröver Nacktarsch"** ist die bekannteste Weinlage des Ortes und hat ihn weltweit bekannt gemacht. Woher der merkwürdige Name kommt, ist ungewiss. Es gibt eine ganze Reihe Legenden mit Erklärungsversuchen. Eine besagt, dass ein Kröver Kellermeister zwei Jungen dabei erwischte, wie sie seinen Wein stibitzten. Daraufhin soll er den beiden den nackten Hintern versohlt haben. Doch am wahrscheinlichsten ist, dass sich die Bezeichnung von dem lateinischen Wort *nectarius,* beziehungsweise von dem keltischen Wort *nackas* ableitet. Beides bedeutet „felsige Höhe". Ähnlich wie die Weine aus der „Zeller

[^] Kröv

Schwarze Katz“ hat der „Nacktarsch“ mit einem ziemlich schlechten Ruf zu kämpfen. Das Image als süßer, billiger Massenwein wird er nur schwer wieder los, obwohl die Zeiten des Weinpanschens eine ganze Weile zurückliegen. Seit Generationen ziert die meisten Flaschenetiketten des „Kröver Nacktarschs“ das Bild eines Kellermeisters, der einen entblößten Knabenhintern schlägt.

Eine **neue Winzergeneration** versucht nun, das kitschige Image zu verbessern und setzt auf Klasse statt Masse. Andere Weinlagen sollen mehr in den Fokus rücken. *Jan Matthias Klein* vom Weingut Staffelter Hof (s.u.) produziert zum Beispiel in der Spitzenlage „Letterlay“ oder auf dem „Steffensberg“ einen tollen Riesling, für den er prompt Auszeichnungen einheimste.

# Praktische Tipps

## Informationen

■ **Tourist-Information Kröv,** Moselweinstr. 35, 54536 Kröv, Tel. (06541) 9486, www.kroev.de, Mai bis Ende Okt. Mo–Fr 8–17 Uhr, Sa 9.30–11.30 Uhr, Nov. bis Ende April Mo–Fr 8–16 Uhr. Die Tourist-Information hat auch einen Fahrradverleih, zur Auswahl stehen Tourenräder, E-Bikes und ein Tandem.

## Unterkunft, Essen und Trinken

■ **Weinhof Gassen**①-②, Robert-Schuman-Straße 204, 54536 Kröv, Tel. (06541) 5888, www.weinhof-gassen.de. Zu dem Gästehaus, einem sehr schmucken, moseltypischen Bruchstein-Winzerhaus, gehört ein **Hofladen,** in dem man Weine aus eigenem Anbau, Sekt, Brände, Öle und Weintraubengelee erstehen kann. Das Weingut bietet seinen Gästen an, ein „Wingerts-Diplom" zu erwerben. In vier Lehrgängen lernt man alles über den Weinanbau an der Mosel.

■ **Hotel Reichsschenke Ritter Götz**②-③, Robert-Schuman-Str. 57, 54536 Kröv, Tel. (06541) 81660. Die traditionelle Reichsschenke mitten im Ort wurde 1685 erbaut. Man sagt ihr nach, dass bereits damals der „Kröver Nacktarsch" ausgeschenkt wurde. Im urigen **Restaurant** wird saisonal und sehr abwechslungsreich gekocht, vor allem gutbürgerlich und französisch.

MEIN TIPP: **Weingut Dreigiebelhaus,** Karolingerstr. 1, 54536 Kröv, Tel. (06541) 9378, www.weingut-dreigiebelhaus.de. Das schönste Plätzchen in der von Ostern bis November geöffneten Straußwirtschaft ist der idyllische Garten. Neben Kaffee und Kuchen gibt es Wurst-, Schinken- oder Käseplatten, dazu wird über Reben gebackenes Rebfeuerbrot gereicht.

MEIN TIPP: **Marcellos Eiseck,** Robert Schumanstraße 67, 54536 Kröv, Tel. (06541) 4493, www.marcellos-eiseck.de. Neben klassischen Eisbechern gibt es wunderbare, ausgefallene Kreationen wie Zitroneneis mit süßem Basilikumpesto oder den Nacktarschteller mit Rotem Weinbergspfirsichlikör.

### Ferienpark

■ **Landal-Park Mont Royal,** 54536 Kröv, Tel. (06541) 70070, www.landal.de. 187 schön gelegene, moderne Bungalows oberhalb von Kröv inmitten der Weinberge. Mit großem Spielplatz, Hallenbad und Streichelzoo ist die Anlage besonders für Familien geeignet. Die Preise variieren je nach Größe, Ausstattung und Saison.

### Camping

■ **Paradies Camp,** Paradieser-Hof, 54536 Kröv, Tel. (06541) 8610883, www.paradies-camp.de. Der gepflegte Campingplatz liegt nicht nur an der Mosel, sondern auch in unmittelbarer Nähe zum beheizten Freibad „Kröver Reich".

## Einkaufen

■ **Weingut Staffelter Hof**②, Robert-Schuman-Str. 208, 54536 Kröv, Tel. (06541) 3708, www.staffelter-hof.de. Frankenkönig *Lothar II.,* ein Urenkel *Karls des Großen,* schenkte das Weingut im Jahr 862 dem Kloster Stavelot (daher der Name *Staffelter Hof*) im heutigen Belgien. Damit gehört es zu den ältesten Weingütern an der Mosel. Heute produziert die Winzerfamilie *Klein* hier nicht nur tolle Weine, sondern hat in dem 1715 errichteten, prächtigen Barockbau auch **Gästezimmer** eingerichtet. Inzwischen hat Jungwinzer *Jan Matthias Klein* das Zepter übernommen. Er geht neue Wege, zum Beispiel mit dem beliebten „Knackarsch", einem fruchtigen Riesling.

■ **Landgefühl,** Robert-Schuman-Str. 100, Mo–Sa 10–12 Uhr, Mo–Fr auch 15–18 Uhr, Mi geschl., im Winter Do und Fr 10–12 und 15–18 Uhr, Sa 10–12 Uhr und nach Vereinbarung. Geschenkideen und Dekorationen im modernen Landhausstil für Haus und Garten.

## Aktivitäten

■ **Freibad „Kröver Reich“,** Moselweinstr. 35, Tel. (06541) 9653, www.freibad-kroever-reich.de, Mai, Juni und Sept. tägl. 10–19.30 Uhr, Juli und Aug. tägl. 10–20 Uhr, Erw. 4 €, Kinder (6–15 J.) 2,50 €. Das größte Freibad an der Mosel liegt umgeben von Weinbergen mit Flussblick. Beliebte Attraktion ist die 72 Meter lange Rutsche. Die Wassertemperatur des beheizten Freibades beträgt konstant 25 °C.

■ **Geocaching-Tour „Kröv entdecken“:** Für Schatzsucher, die sich auf digitale Schnitzeljagd durch Kröv begeben möchten, hat sich die Tourist-Information eine vier Kilometer lange Geocaching-Tour ausgedacht. An bestimmten Wegepunkten muss jeweils ein Rätsel gelöst werden, um die Koordinaten für den nächsten Punkt zu erhalten. Der Cache am letzten Wegepunkt enthält ein Lösungswort. Mit der Abgabe eines Lösungscoupons in der Tourist-Information nimmt man an einem Gewinnspiel teil. Kleine Nachwuchsschatzsucher erhalten sofort eine Überraschung. Die Tourbeschreibung gibt es für 1,50 € in der Tourist-Information, GPS-Geräte können ausgeliehen werden (7,50 € inkl. Tourbeschreibung).

**Geführter Spaziergang auf dem Weinkulturweg:** Start der zwei Kilometer langen, durch einen Winzer geführten Tour durch die Weinberge ist in der Tourist-Information Kröv (dort auch Anmeldung). Sie findet zwischen Mai und Ende Oktober jeweils dienstags um 10 Uhr statt. Vermittelt wird Wissenswertes rund um den Weinbau, die Rebsorten und die regionale Weingeschichte.

■ **Weingüterwanderung:** Während des geführten Rundgangs werden fünf Weingüter besucht, in jedem gibt es eine kleine Verkostung. Informationen bei der Tourist-Information Kröv oder unter www.kroev.de.

## Feste und Veranstaltungen

■ **Internationales Trachtentreffen in Kröv:** Auf dem viertägigen Fest treffen sich Trachten- und Musikgruppen aus aller Welt, um sich auf einer schwimmenden Moselbühne zu präsentieren. Zum Programm gehören die Krönung der neuen Weinkönigin, ein großer Festzug und das traditionelle Gräwes-Essen. Programm unter www.kroev.de.

■ **Internationaler Mitternachtslauf:** An jedem Pfingstsamstag gehen beim Mitternachtslauf mehr als 1000 Läufer an den Start. Nach der Siegerehrung gibt es ein Feuerwerk (www.mitternachtslauf-kroev.de).

■ **Spass auf der Gass:** Das Straßenfest im August lockt mit Weinständen, Kulinarischem und Live-Musik.

## Öffentliche Verkehrsmittel

■ **Bus:** L 302: Wittlich – Kröv – Traben-Trarbach (www.vrt-info.de).

■ **Fahrradbus:** RegioRadler Moseltal: Trier – Kröv – Bullay (tägl. 1. April bis 1. Nov., Reservierungen unter www.regioradler.de).

# VON TRABEN-TRARBACH NACH REIL

**NICHT VERPASSEN!**

- Das **Mittelmosel-Museum** in der Barock-Villa Böcking in Trarbach mit wertvollen Möbeln und Kunstwerken | 203
- **Ruine Grevenburg** auf einem Felsen über der Moselschleife | 209
- **Jugendstilarchitektur in Traben-Trarbach** – Villen und Brückentor im Stil der Belle Epoque | 210
- **Mosel-Wein-Nachts-Markt** in den unterirdischen Weingewölben von Traben | 214
- **Enkirch** – malerisches Fachwerkdorf | 215

**Diese Tipps erkennt man an der gelben Hinterlegung.**

## Traben-Trarbach

Traben-Trarbach liegt an einer engen, aber großen Moselschleife jeweils rund eine Autostunde von Trier und Koblenz entfernt. Knapp 6000 Menschen leben in der Doppelstadt, für die der Tourismus eine sehr große Rolle spielt.

Der Weinhandel machte Traben-Trarbach zu einer reichen Stadt. Um 1900 galt der Moselort nach Bordeaux als zweitgrößter Weinumschlagplatz Europas. Doch das allein ist nicht der Grund, warum sich das Doppelstädtchen zu einem so herrlichen **Jugendstil-Juwel** mauserte. Im Jahr 1857 führte ein verheerender Brand in Trarbach zur Zerstörung der alten Fachwerkbauten. 1879 ereilte Traben das gleiche Schicksal, ein Brand zwang die Stadt, zahlreiche Gebäude neu zu errichten. Viele der großbürgerlichen „Belle Epoque"-Bauwerke wurden von dem bekannten Berliner Architekten und Stadtplaner *Prof. Bruno Möhring* geplant, darunter das Brückentor, das Hotel Bellevue, das Stadthaus Alter Bahnhof, die Großkellerei Julius Kayser & Co. und die vornehmen Villen Huesgen und Nollen (siehe Exkurs).

Nicht minder interessant ist die Traben-Trarbacher **Unterwelt** mit ihren miteinander verbundenen **Weinkellern.** Große Flächen der Stadt wurden unterkellert, teilweise auch mehrstöckig (zu Führungen s.u.: „Aktivitäten"). Eine ganz besondere Atmosphäre bietet die Unterwelt als Veranstaltungsort des Mosel-Wein-Nachts-Marktes.

In Traben-Trarbach gibt es mehrere Museen: ein Fahrradmuseum, das Haus der Ikonen, den Alten Stadtturm mit ei-

067mo kn

ner Sammlung historischer Kamin-, Taken- und Ofenplatten und das Buddha-Museum. Besonders sehenswert ist das Mittelmosel-Museum, untergebracht in der repräsentativen Villa Böcking, in der schon *Goethe*, *Apollinaire* und König *Friedrich Wilhelm IV.* zu Gast waren. Es zeigt nicht nur die bis heute erhaltene kostbare Einrichtung, sondern präsentiert auch Exponate aus der Vor- und Frühgeschichte bis ins 19. Jh.

Hoch oben im Ortsteil Trarbach thront die Ruine der Grevenburg

## Sehenswertes

Beide Seiten der Mosel bieten **Uferpromenaden,** auf denen man nicht nur den Fluss, sondern auch die herrlichen **Belle-Époque-Villen** der ehemaligen Weinhandelsmetropole bewundern kann (siehe dazu den Exkurs „Jugendstilarchitektur in Traben-Trarbach“).

Blick auf das Trabener Ufer – links das Hotel Bellevue, eine der Jugendstil-Villen

### Alter Bahnhof

Im Erdgeschoss des Alten Bahnhofs im Ortsteil Traben befindet sich die **Tourist-Information** der Doppelstadt. In den Räumen der ehemaligen Wartehalle finden außerdem regelmäßig gut besuchte **Kunstausstellungen** mit Werken von bekannten Künstlern wie *Salvador Dali, Janosch, Hundertwasser* oder *James Rizzi* statt.

Einige der geschnitzten Elemente im Fachwerkgiebel des alten Bahnhofsge-

069mo kn

bäudes aus dem Jahr 1904 sind vergoldet. Wenn man genau hinsieht, bemerkt man an dem äußeren Balken zwei geflügelte Wagenräder. Sie stehen symbolisch für die Geschwindigkeit der Eisenbahn. Direkt darunter erkennt man zwei Weinbergschnecken. Sie stehen für die Tatsache, dass die Eisenbahn auf der Nebenstrecke eben alles andere als besonders schnell war.

## Mittelmosel-Museum

In der barocken **Villa Böcking** (1755) im Zentrum von Trarbach ist das Mittelmosel-Museum untergebracht. Schwerpunkt der Ausstellung ist die bürgerliche Wohnkultur des 18. und 19. Jh. Die Trarbacher Kaufmannsfamilie *Böcking* kam durch den regen Weinhandel an der Mosel zu einem ansehnlichen Vermögen und ließ sich um 1755 eine repräsentative Villa im **Trierer Barockstil** erbauen. Die kostbare Einrichtung, bestehend aus wertvollen Möbeln, Kunstwerken und Musikinstrumenten, ist erhalten geblieben. Darüber hinaus zeigt die Sammlung zahlreiche Exponate zur **Stadtgeschichte** von Traben-Trarbach. Der Rundgang beginnt im dritten Stock. Funde aus der Kelten-, Römer- und Frankenzeit, Wissenswertes über die Grafen von Sponheim, die Grevenburg und die Festung Mont Royal sind hier ausgestellt. Im Dachgeschoss zeigt die liebevoll eingerichtete heimatkundliche Ausstellung Wohn- und Handwerksräume aus Urgroßvaters Tagen.

Ob Rokoko, frühes Empire, Biedermeier oder Louis XVI, jeder Raum der ersten beiden Etagen ist in einem anderen Stil eingerichtet. Das **Louis-XVI-Zimmer** sticht durch seine außergewöhnliche Wandverkleidung hervor – ein monumentales Ölgemälde. *Kleists* Gedicht „Der Frühling" war Vorlage für die riesige pastorale Landschaft eines bisher unbekannten Künstlers. Die große **Prunkvase** aus der preußischen Porzellanmanufaktur ist eines der kostbarsten Stücke, sie war ein Gastgeschenk des Kronprinzen *Friedrich Wilhelm von Preußen*. Besonders sehenswert sind auch das Schlafzimmer, das Kontor, das

Speisezimmer mit Delfter Kacheln, die alte Küche oder die Apotheke von 1857.

Auch Merkwürdiges gibt es hier zu entdecken: Die vermeintlichen Wandschränke im Flur verbergen Öffnungen, durch die die Öfen in den dahinter liegenden Räumen befeuert wurden. So blieben die herrschaftlichen Zimmer sauber und die vornehme Familie von der Anwesenheit des Hauspersonals unbehelligt. Ebenfalls überraschend ist ein kleines Detail in der engen Damentoilette: Von der Decke hängt ein Ring herab, an der frau ihren Reifrock hochhängen konnte.

Eines der Zimmer fand sogar Eingang in die Weltliteratur. 1792 bewirtete der junge *Böcking* hier niemand Geringeren als **Johann Wolfgang von Goethe.** Dieser befand sich als Kriegsberichterstatter während der Revolutionskriege auf dem Rückzug aus Frankreich. Als *Goethe* auf einem kleinen Boot moselabwärts nach Koblenz reiste, geriet dieses kurz vor Trarbach in ein schweres Unwetter. Der durchnässte Dichterfürst kam zunächst in einem Gasthaus unter, doch *Böcking* hörte davon und lud ihn und seinen Begleiter in sein Haus ein. Dort war der kunstsinnige *Goethe* sehr beeindruckt von der Sammlung englischer Stiche. Fast drei Jahrzehnte später schrieb *Goethe* über seinen Aufenthalt in der Villa Böcking, nachzulesen in der „Kampagne in Frankreich".

■ **Mittelmosel-Museum,** Villa Böcking, Casinostr. 2, Trarbach, Tel. (06541) 9480, Ostern bis Oktober Di–So 10–17 Uhr.

## Fahrradmuseum

Im alten Tanzsaal des ehemaligen Hotels Brauneberg gegenüber dem Mittelmosel-Museum sind Fahrradmodelle aus den **verschiedensten Epochen** ausgestellt, beginnend mit dem Nachbau eines Holzlaufrades nach *Karl Drais* über Hochräder aus dem 19. Jh., ein Holz-Tret-Kurbelrad, Klapp- und Bonanzaräder, Transport- und Hollandräder bis hin zu der Spezialanfertigung eines Hightech-Carbon-Fahrrades für die Olympiade 2000.

■ **Fahrradmuseum,** Moselstr. 2, Trarbach, Tel. (06541) 5905. Das Museum wird zurzeit renoviert, Öffnungszeiten auf Nachfrage, Eintritt frei.

## Alter Stadtturm

Der Stadtturm war Teil der mittelalterlichen **Stadtmauer,** die sich bis hinaus zur Grevenburg erstreckte. Der Turm, der ursprünglich noch ein Stockwerk höher war, dient heute als pittoresker Aussichtsturm. In seinem Inneren sind **Kamin-, Taken- und Ofenplatten** ausgestellt. An der Außenwand des Stadtturms befindet sich seit 2004 ein **Glockenspiel** aus 28 Bronzeglocken. Es ertönt um 12, 15, 16, 17 und 18 Uhr.

■ **Alter Stadtturm,** Mittelstraße, Trarbach, tagsüber frei zugänglich.

## Haus der Ikonen

In dem Gebäude links neben dem Alten Stadtturm befindet sich das Haus der Ikonen. Ausgestellt sind 112 Werke des

Ikonografen *Alexej Saweljew* (1920–1996). In Wechselausstellungen werden außerdem russische Ikonen aus verschiedenen Epochen gezeigt. Im zweiten Stock ist die Werkstatt des Künstlers zu besichtigen. Mehrmals im Jahr werden Ikonen-Malkurse für Anfänger und Fortgeschrittene angeboten.

**Haus der Ikonen,** Mittelstr. 8, Trarbach, Tel. (06541) 812408, www.haus-der-ikonen.de, Palmsonntag bis 1. Nov. Di–So 10–17 Uhr, ansonsten Sa, So und Fei 10–17 Uhr, Erw. 2 €, Jugendl. 0,50 €, Gruppen (ab 8 Personen) 1 €.

## Buddah-Museum

**Mein Tipp:** Die Ausstellung in der ehemaligen **Weinkellerei Kayser** (siehe Exkurs „Jugendstilarchitektur in Traben-Trarbach") am Trarbacher Moselufer zeigt 2000 Buddhafiguren und weitere Objekte und Bilder **buddhistischer Kunst** aus allen Teilen Asiens. Informiert wird über die **Entstehung und Verbreitung des Buddhismus,** die verschiedenen Hauptrichtungen, die Vielfalt der Buddhadarstellungen und ihre typischen Merkmale, etwa die verschiedenen Mudras (Handgesten). Der Sammler *Wolfgang Preuß* trug mehr als 20 Jahre lang Figuren aus unterschiedlichsten Materialien und Epochen zusammen. Er importierte sie aus Indien, Kambodscha, Laos, Japan, Thailand, China und Burma. Besonders bemerkenswert unter den Stü-

Der Alte Bahnhof mit der Tourist-Information

070mo kn

# Traben-Trarbach

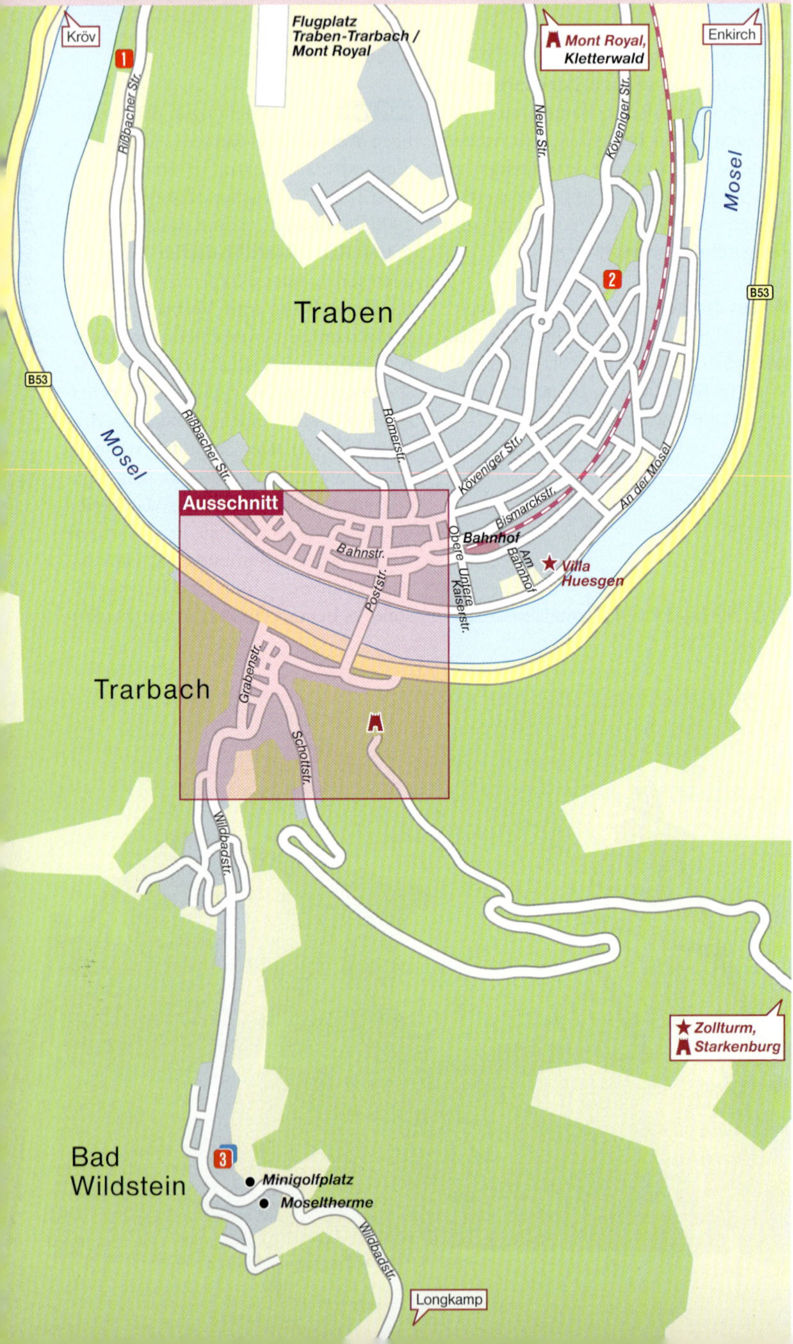

**Übernachtung**

1 Mosel Campingplatz Rissbach
2 Mittelmosel-Jugendherberge
3 Hotel Ayurveda Parkschlösschen
4 Hotel Bellevue
6 Moselschlößchen
12 Herberge „Alte Lateinschule“

**Essen und Trinken**

3 Hotel Ayurveda Parkschlösschen
4 Belle Epoque, Stübchen
5 Alte Zunftscheune
7 Die Graifen
8 Harrys Restaurant
10 Café Wichtig
11 Burgschenke Grevenburg

**Einkaufen/Sonstiges**

7 Die Graifen
9 Hack Lederware/Feintäschnerei

071mo kn

cken sind der kleinste Buddha der Welt oder die kleinen Figuren, die der siamesische König um 1830 seinen Konkubinen schenkte. Auch die Sammlung von Miniaturbuddhas aus Südostasien lässt die Besucher staunen.

Zu der 4000 Quadratmeter großen Ausstellungsfläche gehören ein Café, ein Meditationsraum, ein Innenhof und ein großer Dachgarten. Außerdem gibt es einen Shop, in dem Buddhafiguren, CDs, DVDs und Literatur über den Buddhismus verkauft werden.

Auf der Dachterrasse des Buddha-Museums

- **Buddha-Museum,** Bruno Möhring Platz 1, Trarbach, Tel. (06541) 8165180, www.buddha-museum.de, Fr–So 10–18 Uhr, letzter Einlass 17 Uhr, Erw. 15 €, Kinder 6–14 Jahre, 7,50 €, Schüler/Studenten 8 €, Kinder unter 6 J. frei.

## Skulpturengarten

Der Bildhauer **Jürgen Waxweiler** stellt seine Werke nicht nur in seinem Atelierhaus im Ortsteil Trarbach aus. Er hat dort auch einen sehr sehenswerten Skulpturengarten angelegt. Der Schwerpunkt seiner Arbeiten sind Köpfe, Büsten und Porträts aus Sandstein. Die Ausstellung im Atelierhaus ist nach Vereinbarung zu besichtigen, der Skulpturengarten jederzeit. Ein weiteres Werk des Künstlers, eine große, archaisch wirkende Doppelkopfskulptur aus Sandstein, befindet sich im Kreisverkehr an der B53. Man kann wie bei den meisten seiner Skulpturen die Steinquader noch gut erkennen, aus denen die Köpfe herausgemeißelt wurden.

- **Skulpturengarten,** Schottstraße 20, Trarbach, Tel. (06541) 3679, www.waxweilerskulpturen.de, ganzjährig zugänglich.

## Bibelgarten

Von der evangelischen Kirche und der ehemaligen Lateinschule in der Kirchgasse führt eine Treppe zu einem Bibelgarten. An diesem kleinen Ort der Ruhe sind **Gewächse** gepflanzt, die bereits **in der Bibel erwähnt** werden, zum Beispiel Wein, Feige, Emmer und verschiedene Kräuter.

## Ruine Grevenburg

Hoch über Trarbach, auf einem Felsen zwischen dem Kautenbachtal und dem Moseltal, liegt die Ruine Grevenburg. Benannt ist sie nach ihrem Erbauer, *Graf Johann III. von Sponheim* (Grevenburg = Grafenburg). Er ließ sie um 1350 zum Schutz wichtiger Handelsstraßen zwischen Eifel und Hunsrück und entlang der Mosel errichten. Aber auch den Ort Trarbach schützte sie, denn die Burg war mit der etwa zeitgleich errichteten Stadtbefestigung verbunden.

Im Laufe der Zeit wurde die Wehranlage von verschiedenen Besatzern eingenommen, darunter die Spanier, die sie 1620 während des Dreißigjährigen Krieges eroberten. Schwedische Truppen besetzten sie 1631. Auch die Franzosen nahmen sie ein, angeführt von Marschall *Turenne,* der als kampferprobter Feldherr und ausgezeichneter Taktiker galt. Nachdem Frankreich die Grevenburg friedlich erobert hatte, wurde der französische Baumeister *Vauban* mit dem Ausbau und der Modernisierung der Wehranlage betraut. *Vauban,* der auch die Pläne für die gegenüberliegende Festungsanlage Mont Royal entwarf, legte neue Vorwerke auf den die Festung umgebenden Hügeln an.

1735 besetzten die Franzosen die Grevenburg erneut und sprengten sie. Die Zerstörungen waren so groß, dass sie nicht wieder aufgebaut wurde. Übrig gebliebenen sind nur die Fassade des Kommandantenhauses und ein paar Mauerreste.

Ein **Aufstieg** zur Ruine lohnt sich dennoch, schon wegen des herrlichen Ausblicks auf Traben-Trarbach und die Moselschleife. Um einen Blick in die **Verteidigungsstollen** zu werfen, sollte man eine Taschenlampe mitnehmen.

Rund 2,5 Kilometer von der Grevenburg entfernt, befinden sich die Reste der **Starkenburg.** Hier hielt *Gräfin Loretta* im Jahr 1328 ihren mächtigen Gegner Kurfürst und Erzbischof *Balduin von Trier* gefangen.

Zwischen Traben-Trarbach und dem Ort Starkenburg steht die **Ruine des Zollturms.** Der Legende nach wurden auf *Lorettas* Befehl die Schiffe auf der Mosel gestoppt und Wegezoll verlangt, indem man von diesem Turm aus eine Kette quer über den Fluss spannte.

**11 Burgschenke Grevenburg,** Schloßberg, 56841 Traben-Trarbach, Tel. (06541) 8157050. Serviert werden kleine Gerichte, Salate, Flammkuchen aus dem Steinbackofen, Kaffee und Kuchen. Wenn die Fahne an der Ruine gehisst ist, ist die Burgschenke geöffnet.

## Mont Royal

Der französische Festungsbaumeister *Vauban* erhielt 1687 von König *Ludwig XIV.* den Auftrag für den Bau einer Festungsanlage auf dem **Halbinselberg hoch über Traben.** *Sébastien Le Prestre, Seigneur de Vauban* war nicht nur ein genialer Baumeister, sondern auch General und Marschall von Frankreich. Er gilt bis heute als größter Festungsbaumeister seiner Zeit. Die weitläufige Wehranlage bot Platz für 12.000 Soldaten und 3000 Pferde. Damit war sie die größte Festung, die der Sonnenkönig außerhalb Frankreichs erbauen ließ.

An der Errichtung waren nicht nur Baumeister, Arbeiter und die französischen Truppen beteiligt, sondern rund

# Jugendstilarchitektur in Traben-Trarbach

Das 1899 errichtete **Brückentor** am Trarbacher Ufer ist das Wahrzeichen des Doppelortes. Entworfen hat es der Architekt **Bruno Möhring,** der zuvor den Wettbewerb für die damals ausgeschriebene Moselbrücke gewonnen hatte. Größtenteils ist es im Stil des Historismus gehalten, Elemente des Jugendstils, wie die rebengeschmückten Frauenköpfe, sind aber auch vorhanden. Die Form soll an ein mittelalterliches Stadttor mit verschieden hohen Doppeltürmen erinnern. Die Ornamente und Reliefs nehmen Bezug auf die Ortsgeschichte und natürlich auf den Wein. So ist der Römer *Decimus Magnus Ausonius* dargestellt, der im 4. Jh. das Gedicht „Mosella" verfasste. Der Trierer Domorganist *Johann Georg Schmitt,* der das Mosellied „Im weiten deutschen Lande" komponierte, ist ebenso verewigt wie der Neuwieder Pfarrer *Theodor Reck,* der den Text dazu verfasste. Das Lied ist heute noch so etwas wie die Regionalhymne der Mosel. Passend dazu befindet sich an

[>] Villa Nollen

[⌄] Ehemalige Weinkellerei Julius Kayser & Co.

073mo kn

der südlichen Seite über dem Bogen die Darstellung eines tanzenden Winzerpaars. Für die Trarbacher Winzer war der Bau der Brücke sehr wichtig, denn sie mussten ihre Weinfässer auf die Trabener Seite bringen, um sie vom dortigen Bahnhof aus weiter zu ihren Kunden transportieren zu lassen. In der Gaststätte im Brückentor trafen sich damals die Honoratioren der Stadt.

In den folgenden Jahren erhielt *Bruno Möhring* weitere Aufträge in Traben-Trarbach. Er entwarf mehrere, teilweise ziemlich pompöse Jugendstilvillen: Das Hotel Clauss-Feist, die Villa Huesgen, die Villa Nollen und die Kellerei Julius Kayser sind ebenfalls Möhring-Bauten.

Den ersten Auftrag, den *Möhring* nach dem Brückentor erhielt, war das ehemalige Hotel Clauss-Feist, heute **Hotel Bellevue.** Mit dem Erker, der die Form einer Sektflasche hat, greift er auch hier das Thema Wein auf. Erbaut wurde das Hotel 1901–03. Ein paar Jahrzehnte später war der Jugendstil unmodern. Deshalb drohten Hotelgäste der damaligen Besitzerin, nicht mehr zu kommen, wenn sie nicht endlich modernisieren würde. Zum Glück ignorierte sie die Modernisierungsfanatiker und das Hotel hat bis heute nichts von seiner Schönheit eingebüßt. Modernisiert wird es natürlich trotzdem regelmäßig, aber mit Fingerspitzengefühl. Es ist inzwischen eines der schönsten Jugendstilhotels in Deutschland.

Die **ehemalige Weinkellerei** am Trarbacher Moselufer (Bruno Möhring Platz 1) ist ebenfalls ein Werk von *Möhring.* Errichtet wurde es 1906–07 direkt am Moselufer für die Firma **Julius Kayser & Co.** Selbst diesen Industriebau konzipierte *Möhring* als durchdachtes Gesamtkunstwerk. Mit dem turmartigen Mittelbau und den Rundpavillons erinnert er an eine mittelalterliche Befestigungsanlage. Heute ist das **Buddha-Museum** (s.o.) in dem weitläufigen Gebäude untergebracht.

1904 plante Möhring für den Weinhändler und Kellereibesitzer *Adolph Huesgen* eine impo-

074mo kn

sante Villa in reinem Jugendstil. Die **Villa Huesgen** liegt zwischen Mosel und Eisenbahn, den damals wichtigen Transportwegen für Weinhändler (Am Bahnhof 50). Direkt neben dem Haus befand sich die große Weinkellerei. Zwei Millionen Goldmark soll der Bau mit den 70 Zimmern gekostet haben. Im Dachgeschoss befand sich sogar ein eigener Tanz- und Theatersaal.

Die mondäne **Villa Nollen** (ehemals Breucker, An der Mosel 7), ein verschachtelter, kubischer Jugendstilbau, der einer asiatischen Pagode nachempfunden ist, entwarf *Möhring* 1905 für den Weinhändler *Dr. Gustav Breucker.*

■ Die **Jugendstilführung** „Auf den Spuren der Belle Epoque" findet jeden ersten Sonntag im Monat (Ostern bis Nov.) um 11 Uhr statt. Die Führung kostet pro Person 5 €, Kontakt über die Tourist-Information.

8000 Zwangsverpflichtete aus der Region. Ein knapp drei Kilometer langer Wall umschloss die Anlage, zusätzlichen Schutz boten fünf Bastionen, drei Türme und mehrere Außenwerke. Doch bereits nach zehn Jahren wurde der Bau im Zuge des Friedens von Rijswijk (1697) eingestellt, *Ludwig XIV.* ließ die Anlage schleifen. Die **Reste der Mauern und Wehrgänge** lassen erahnen, wie mächtig sie einst war. Pläne und Ausgrabungsfunde sind im Mittelmosel-Museum ausgestellt. Die Festung kann während der regelmäßigen Führungen besichtigt werden, feste Schuhe sind ratsam, ebenso eine Taschenlampe.

■ **Mont-Royal-Führung:** Der Rundgang durch die Festungsruine dauert rund 1½ Stunden und kostet 5 € pro Person. Termine und Anmeldung unter Tel. (06541) 83980. Die Führungen finden zwischen Ostern und November jeden ersten Freitag im Monat statt, Gruppen können individuelle Rundgänge buchen.

## Bad Wildstein

Der Traben-Trarbacher Stadtteil Bad Wildstein liegt in einem Seitental der Mosel, dem Kautenbachtal. Der **Kurort** ist bekannt für seine **Thermal-Heilquelle.** Entdeckt wurde sie dank des Bergbaus, in einem Stollen stießen Bergleute 1799 beim Abbau von Kupfererzen auf die warme Quelle. 1883 wurde sie gefasst und das 33 °C warme Heilwasser in ein Badehaus geleitet. Dieses steht inzwischen leer, doch die **Moseltherme,** ein modernes Schwimmbad mit Wellness-Center (s.u.), nutzt das Thermalwasser ebenfalls.

# Praktische Tipps

## Informationen

■ **Tourist-Information Traben-Trarbach,** Am Bahnhof 5, 56841 Traben-Trarbach, Tel. (06541) 83980, www.traben-trarbach.de. März/April Mo–Fr 10–16 Uhr, Mai bis August Mo–Fr 10–17 Uhr, Sa 11–15 Uhr, Sept./Okt. Mo–Fr 10–18 Uhr, Sa 11–15 Uhr, Nov. bis März Mo–Fr 11–15 Uhr, Mi geschl.

## Unterkunft

### In Traben

2 **Mittelmosel-Jugendherberge**①, Hirtenpfad 6, 56841 Traben-Trarbach, Tel. (06541) 9278. Familien- und Jugendgästehaus der Kategorie IV+, alle Zimmer sind mit Dusche und WC ausgestattet.

6 **Moselschlößchen**③-④, Neue Rathausstraße 12–16, 56841 Traben-Trarbach, Tel. (06541) 8320, moselschloesschen.de. Das denkmalgeschützte Ensemble besteht aus einem imposanten Fachwerkhaus mit Blick auf die Mosel, dem Häuschen in der Schlößchengasse und einer klassizistischen Villa. Im **Restaurant** mit Terrasse wird regional und saisonal gekocht. Zu dem stilvollen Hotel gehören eine **Vinothek** und die **Kochschule „Tafelkunst".** Bei den Kochkursen liegt der Schwerpunkt auf der Verwendung regionaler Produkte.

4 **Hotel Bellevue**④-⑤, An der Mosel 11, 56841 Traben-Trarbach, Tel. (06541) 7030, http://bellevue-hotel.de. Das Vier-Sterne-Hotel erwartet seine Gäste mit echtem Jugendstilambiente – und zwar bis ins letzte Detail. Es gibt zwei Restaurants mit ausgezeichneter Küche, das 4 **Belle Epoque** und das **Stübchen,** außerdem einen Wellness-Bereich und Sonntagsbrunch. Das Hotel bietet eine Fahrt mit einem hoteleigenen Amphibienfahrzeug für zwei Personen. Der Preis für eine Fahrt (rund 45 Minuten) inklusive Sekt und Canapés beträgt 195 €.

### In Trarbach

**12 Herberge „Alte Lateinschule"**①, Kirchgasse 23, 56841 Traben-Trarbach, Tel. (0171) 3843601, www.altelateinschule.com. Die Herberge in der mehr als 400 Jahre alten, ehemaligen Lateinschule bietet Pilgern auf dem Jakobsweg, Wanderern oder Radwanderern eine preisgünstige Unterkunft inklusive Frühstück. Geschlafen wird in dem schlicht ausgestatteten Schlafsaal unter dem Dach, in dem bis zu elf Personen Platz haben. Vom 1. Nov. bis 15. März wird die Herberge nur nach Absprache für Gruppen geöffnet.

### In Bad Wildstein

**3 Hotel Ayurveda Parkschlösschen**⑤, Wildbadstr. 201, 56841 Traben-Trarbach, Tel. (06541) 7050, www.ayurveda-parkschloesschen.de. Das Fünf-Sterne-Hotel in einem eleganten Jugendstilhaus bietet Anwendungen der indischen Ayurveda-Heilkunst. Gut betuchte Kurgäste genießen neben den Ayurveda-Massagen und Öl-Behandlungen auch Yoga, Pilates und Meditationen. Das **3 Restaurant** serviert vegetarische Küche.

### Camping

**1 Mosel Campingplatz Rissbach,** Rißbacher Str. 155, 56841 Traben-Trarbach, Tel. (06541) 3111, www.mosel-camping-platz.de. Vier-Sterne-Platz mit sauberen Sanitäranlagen direkt an der Mosel auf der Trabener Seite. Schlaffässer (Mini-Bungalows in Fassform) für bis zu vier Personen und Kanus inklusive Rettungswesten können gemietet werden. Zum Service gehört kostenloses WLAN.

## Essen und Trinken

### In Traben

**5 Alte Zunftscheune**②, Neue Rathausstr. 15, Do/Fr ab 18 Uhr, Sa/So ab 17 Uhr, www.zunftscheune.de. Das alte Gemäuer ist mit Liebe zum Detail sehr gemütlich eingerichtet. Passend zum urigen Ambiente gibt es leckere, deftige Küche.

### In Trarbach

**10 Café Wichtig,** Brückenstr. 32. Ein richtig gutes Frühstück gibt es in dem sympathischen Frühstücks- und Brunch-Restaurant direkt am Trarbacher Brückentor.

**8 Harrys Restaurant**③-④, Augustastr. 7, Tel. (06541) 815776, www.harrys-restaurant.com, Do–Mo ab 18.30 Uhr, So und Fei auch 12.30–14.30 Uhr. Belgisch und französisch inspirierte Küche und eine große Weinkarte. Zu dem Restaurant im hübschen Bruchsteinhaus gehört auch eine **Vinothek** mit mehr als 100 Weinen.

**7 Die Graifen,** Wolfer Weg 11, Tel. (06541) 811075, http://graifen.de, Mi–Fr 15–23 Uhr, Sa 12.30–24 Uhr, So 12.30–22 Uhr, Mo und Di geschl. Das Restaurant im Weingut Dr. Melsheimer mit Blick auf Traben-Trarbach und die Mosel serviert junge, saisonale, mediterran inspirierte Küche. Im Sommer ist die wunderschöne Gartenterrasse ein toller Platz. **7** Die alten **Möbel und Einrichtungsaccessoires,** mit denen die Weinwirtschaft so schmuck eingerichtet ist, kann man auch kaufen. Weitere Antiquitäten und Geschenkartikel sind im ehemaligen Kelterhaus ausgestellt.

## Einkaufen

**9 Hack Lederware/Feintäschnerei,** Brückenstraße 2, Tel. (0152) 55678386, www.lederware.de, Di–Fr 14–18 Uhr, Sa 11–16 Uhr. Kleiner Laden mit Atelier im Stadtteil Trarbach. Zum Angebot gehören Lederkleidung, Taschen aus Leder und Segeltuch, aber auch Maß- und Einzelanfertigungen und Produkte aus der Region. Ebenso ansprechend wie ausgefallen ist das Ladenlokal selbst, eine ehemalige Metzgerei mit originalen Jugendstilfliesen aus dem Jahr 1926.

## Aktivitäten

■ **Kletterwald Mont Royal,** Nähe Segelflugplatz, Tel. (06541) 817772, www.adventureforest.de, Mi–So und Fei 11–18 Uhr, in den rheinland-pfälzischen Oster-, Sommer- und Herbstferien täglich, ab 14 Jahren geeignet, Erw. (ab 18 J.) 19 €, Schüler (14–17 J.) 16 €. In den Baumwipfeln gibt es mehrere Kletterparcours in verschiedenen Schwierigkeitsstufen für Abenteurer und weniger Mutige, im Waldseilgarten 14 Parcours in einer Höhe zwischen zwei und zwölf Metern. Der Canopy-Trail bietet einen besonderen Adrenalin-Kick: An Seilrutschen gleitet man von Baum zu Baum und hängt dabei in bis zu zwölf Metern Höhe auf einer Länge von mehr als 1,5 Kiometern. Der Pamper-Pole ist ein zwölf Meter hoher Pfahl, der erklommen werden muss. Kinder haben auf dem Spiele-Parcours Spaß.

**Moseltherme,** Wildsteiner Weg 5, 56841 Traben-Trarbach, Tel. (06541) 83030, www.moseltherme.de. Die Eintrittspreise sind gestaffelt, Erw. 4,50 € für eine Stunde, 6 € für zwei Stunden etc., Kinder (6–15 J.) 3 € für eine Stunde, 4 € für zwei Stunden etc. Das moderne Schwimmbad mit Wellness-Center und Saunalandschaft nutzt das 33 Grad warme Wasser der Thermal-Heilquelle.

**Minigolfplatz Bad Wildstein,** Wildbadstraße (Richtung Longkamp, gegenüber Moseltherme) 56841 Traben-Trarbach/Bad Wildstein, Tel. (06541) 6947, www.mgctratra.de. Der 1955 eröffnete Platz liegt in einer besonders schönen, parkähnlichen Anlage. Er ist der älteste Minigolfplatz seiner Art in Deutschland und war Austragungsort der ersten Deutschen Meisterschaft.

MEIN TIPP: **„Ausflug in die Traben-Trarbacher Unterwelt“:** Eine Führung durch die weitläufigen Keller unter Traben-Trarbach informiert über das Thema Wein- und Kellereiwirtschaft. Ostern bis Ende Juli am zweiten und letzten Freitag im Monat, August bis Ende Oktober jeden Freitag, November bis Ostern am letzten Freitag im Monat. Die Führung kostet pro Person 7 € und beginnt um 18 Uhr, Infos unter www.unterwelt-ausflug.de.

Wer sich ohne Führung über die Traben-Trarbacher Unterwelt informieren möchte, findet auf Hinweisschildern vor Ort Interessantes zu den 32 Kellern. Man kann auch mit einem Smartphone die auf den Tafeln abgebildeten QR-Codes scannen und noch mehr Wissenswertes abrufen.

■ **Stadtführung „Kultur auf Schritt und Tritt“:** Jeden Samstag (Ostern bis Nov.) findet ab 15 Uhr ein Spaziergang durch Traben-Trarbach statt. Start ist am Platz vor der Tourist-Information. Die Führung kostet pro Person 5 €.

■ **Nachtwächterführung:** Mit Hellebarde und Laterne ausgestattet, führt der Nachtwächter seine Gäste durch die dunklen Gassen der Stadt. Der abendliche Rundgang dauert etwa 1½ Stunden und kostet pro Person 5 €.

## Feste und Veranstaltungen

■ **Trarbacher Altstadtfest:** Im Juni feiert man im Stadtteil Trarbach in der romantischen Altstadt rund um den Alten Stadtturm mit musikalischer Unterhaltung und kulinarischen Ständen.

■ **Moselwein-Festival:** Das Moselufer in Traben wird am zweiten Juliwochenende zum Festivalgelände. Gefeiert wird mit Wein, Musik, Rummelplatz, Feuerwerk und Kulinarischem. Freitags mit Unterwelt-Weinprobe in den Kellergewölben der Stadt.

■ **Federweißer-Fest:** Rund um den Stadtturm gibt es Ende September neben Federweißem auch Musik, Wein- und Essensstände.

■ **Mosel-Wein-Nachts-Markt:** Ein ganz außergewöhnlicher Weihnachtsmarkt ist der Mosel-Wein-Nachts-Markt. Er findet in der Altstadt von Traben in den unterirdischen Weingewölben statt. Zu kaufen gibt es Kunsthandwerk, regionale Spezia-

072mo kn

litäten, Wein, Spirituosen und natürlich Glühwein. Und er dauert länger als andere Weihnachtsmärkte: Vom 1. Advent bis Anfang Januar kann man durch die Gewölbe flanieren, ausgenommen am 24., 25. und 31. Dezember (www.mosel-wein-nachts-markt.de).

### Öffentliche Verkehrsmittel

- **Bahn:** Moselweinbahn RB 85 Bullay – Traben-Trarbach.
- **Bus:** Rhein-Mosel-Bus L333: Traben-Trarbach – Zell – Bullay, L302: Wittlich – Kröv – Traben-Trarbach (www.rhein-mosel-bus.de).
- **Fahrradbus:** RegioRadler Moseltal: Trier – Bahnhof Traben – Bullay (tägl. 1. April bis 1. Nov., Reservierungen unter www.regioradler.de).

⌃ Mosel-Wein-Nachts-Markt im Gewölbekeller

## Enkirch

Der Ort mit seinen 1800 Einwohnern am Nordende der Traben-Trarbacher Moselschleife gilt als „Schatzkammer rheinischen Fachwerkbaues“. Enkirch ist ein besonders schönes **Fachwerkdorf** mit vielen liebevoll restaurierten Gebäuden aus dem 15. bis 18. Jh. Wer sie entdecken will, sollte dem **Enkircher Gäßchen-Rundweg** folgen. Er ist drei Kilometer lang und führt auch in versteckte Winkel des romantischen Ortes. Das älteste Fachwerkhaus ist der **Alte Pitter** von 1609 (Am Wochenmarkt 9).

Bereits im Jahr 733 wird Enkirch unter dem gallo-römischen Namen *Anchiriacum* urkundlich erwähnt. Doch der Ort ist noch älter, er war bereits in der

Jungsteinzeit besiedelt. Funde aus dieser Zeit sind im Heimatmuseum ausgestellt. Ab dem 11. Jh. gehörte Enkirch zur **Hinteren Grafschaft Sponheim,** was es wie Traben-Trarbach zu einer protestantischen Enklave im ansonsten großteils katholischen Moselland machte. Die Landesherren verliehen dem Ort einige besondere Privilegien, wie die Abschaffung der Leibeigenschaft, eine unabhängige Gerichtsbarkeit und einen Wochenmarkt. Das brachte einen großen Aufschwung, bis ins 19. Jh. hinein war Enkirch der größte Ort an der Mittelmosel.

### Heimatstuben-Museum

In einem schmucken Fachwerkhaus mit eindrucksvollem Eckerker aus dem Jahr 1679 ist ein kleines Heimatmuseum untergebracht. Gezeigt werden unter anderem Funde aus der Stein-, Bronze- und Hallstattzeit, eine Schuhmacher- und eine Küferwerkstatt. Besonders sehenswert sind die **Schöffenstube** mit Richtergestühl aus dem 15. Jh. und die mittelalterlichen Bestrafungsinstrumente. Die **Winzerküche** ist eine für die Region typische Flurküche, in der sich die Feuerstelle befand, auf der gekocht wurde und die im Winter für Wärme sorgte. In der **Flurküche,** die direkt von der Straße oder vom Hof aus betreten wurde, spielte sich das Alltagsleben ab.

■ **Heimatstuben-Museum,** Brunnenplatz 2, Tel. (06541) 9265, Mai bis Okt. Fr und Sa 17–19 Uhr, So 11–12 Uhr und nach Vereinbarung. Darüber hinaus finden regelmäßig Sonderveranstaltungen statt, an denen das Museum ebenfalls geöffnet ist (z.B. Tag des offenen Denkmals, Lange Nacht der Museen), Termine unter www.enkirch.de.

## Praktische Tipps

### Informationen

■ **Tourist-Information Enkirch,** Am Brunnenplatz 2, 56850 Enkirch, Tel. (06541) 9265, www.enkirch.de, März bis Okt. Mo–Fr 9–12 und 14–17 Uhr, Mi Nachmittag geschl., Juli bis Okt. zusätzl. Sa 9–12 Uhr, Nov. bis Feb. Mo, Di, Do und Fr 9–12 Uhr, Fr auch 14–17 Uhr.

### Unterkunft

■ **Gästehaus Bacchus**①-②, Bahnhofstraße 2, 56850 Enkirch, Tel. (06541) 4869, www.gaestehaus-bacchus.de. Die Ferienwohnung im moseltypischen Bruchsteinwinzerhaus liegt zentral in Enkirch.

### Einkaufen

■ **Weingut Immich-Batterieberg,** Im Alten Tal 2, 56850 Enkirch, Tel. (06541) 815907, www.batterieberg.com. Das Weingut gehört zu den ältesten der Mosel. Ein Teil der Anlage wird bereits im Jahre 908 urkundlich erwähnt. Im 12. Jh. ging das Gut als Lehen an die Fürsten *von Esch,* seither heißt es Escheburg. Zu dem architektonisch beeindruckenden Ensemble gehört außerdem das Franzenhaus (16. Jh.) und das Herrenhaus (19. Jh.) Noch beeindruckender allerdings sind die Weine, die hier produziert werden. Kellermeister *Gernot Kollmann* hat aus dem Betrieb innerhalb weniger Jahre ein Spitzenweingut gemacht, beim Gault&Millau ist es in die Drei-Trauben-Kategorie aufgestiegen.

▷ Das Heimatstuben-Museum in Enkirch

**Weingut Caspari-Kappel,** Am Steffensberg 29, 56850 Enkirch, Tel. (06541) 6348, www.caspariwein.de. Das Weingut produziert hervorragende, im Eichelmann und Gault&Millau hoch gelobte Weine in Bioqualität. Das Gut ist Ecovin-Mitglied und baut in den Weinlagen „Ellergrub", „Zeppwingert", „Monteneubel" und „Steffensberg" vor allem Riesling an.

## Aktivitäten

■ **Ortsführungen:** Zwischen Pfingsten bis Ende Oktober findet jeden Dienstag um 15 Uhr ein geführter, anderthalbstündiger Rundgang durch den historischen Ortskern statt.

## Öffentliche Verkehrsmittel

■ **Bus:** Rhein-Mosel-Bus Linie 333: Traben-Trarbach – Enkirch – Bullay (www.rhein-mosel-bus.de).

## Wandern

### Leiermannspfad Enkirch

Der knapp elf Kilometer lange Partnerweg des Moselsteigs startet am Bürgerhaus in Enkirch (Burenstraße) und führt an Mühlen vorbei durch das Ahringstal nach Starkenburg. Unterwegs gibt es eine Reihe schöner Aussichtspunkte mit

075mo kn

Blick auf das Moseltal und den Mont Royal. Für den felsigen Abschnitt „Kirster Grat" braucht man etwas Trittsicherheit und festes Schuhwerk. Der Name des Rundweges entstammt einer alten Sage. Demnach war der Leiermann vom Ahringsbach nachts unterwegs von Enkirch nach Starkenburg. Um sich vor einem Bären in Sicherheit zu bringen, kletterte er auf einen Baum. Dort oben spielte er die ganze Nacht auf seiner Leier, um den Bären zu beschwichtigen.

# Reil

Die berühmteste Weinlage in Reil, das sich nahe der Zeller Moselschleife an die Eifeler Uferseite schmiegt, heißt „Vom heißen Stein". Um sie rankt sich die **Sage vom Reiler Pfalzgrafen und dem Teufel:** Der Reiler Pfalzgraf hatte kein Geld mehr und suchte nach einer Möglichkeit, seinen Lebensstil weiter zu pflegen. Deshalb ließ er sich auf einen Handel mit dem Teufel ein und verkaufte ihm seine Seele. Als der Pfalzgraf seine Seele wiederhaben wollte, stellte der Teufel eine Bedingung: Er sollte ihm einen sehr guten Wein besorgen. Doch der Pfalzgraf fand keinen, der gut genug war. Kurz bevor die Frist verstrichen war, schürte der siegessichere Teufel unter dem Reiler Schieferweinberg das Höllenfeuer. Die Hitze sorgte dafür, dass in diesem Moment – gerade rechtzeitig – ein qualitätsvoller Wein entstand, der dem Pfalzgrafen die Seele rettete. Seither heißt die Weinlage „Vom heißen Stein".

Auf dem Dorfplatz von Reil steht eine Gruppe lebensgroßer **Sandsteinskulpturen,** die die Sage nachstellt. Das Werk des Bildhauers *Thomas Wendhut* zeigt im Vordergrund den Pfalzgrafen und den Teufel, die miteinander diskutieren. Der „Reiler Bibert", stellvertretend für die Reiler Bürger, und zwei Frauen im Wingert beobachten die Szene.

Im Ortskern gibt es einige schön restaurierte Häuser. Die **Pfarrkirche Maria Heimsuchung** ist seit Jahrzehnten ein Sommerquartier für die seltenen **Mausohrfledermäuse.** Rund 2000 Tiere kommen jedes Jahr, um unter dem Dach des Gotteshauses ihre Jungen großzuziehen. Nach Einbruch der Dunkelheit verlassen die nachtaktiven Tiere ihre geräumige Wochenstube und gehen auf Jagd nach Insekten.

## Praktische Tipps

### Informationen

■ **Tourist-Information (Verkehrsbüro) Reil,** Hutgasse 16, 56861 Reil, Tel. (06542) 21036, www.reil-mosel.de, 1. April bis 31. Okt. Mo, Di, Do, Fr und Sa 9.30–11.30 Uhr, Mo, Mi, Fr 16–18 Uhr, 1. Nov. bis 31. März Mo und Fr 10–12 Uhr, Mi 15–17 Uhr.

### Unterkunft, Essen und Trinken

■ **Hotel Villa Melsheimer**③-④, Moselstr. 5, 56861 Reil, www.melsheimer.de. Direkt an der Mosel gelegenes, ruhiges Vier-Sterne-Hotel mit modernen Zimmern und Suiten. Das Boutique-Hotel besteht aus zwei Gründerzeit-Villen und dem „Müllehaus" (16. Jh.), das zu *Napoleons* Zeiten ein Gefängnis war. Das **Restaurant** serviert gehobene, regionaltypische Küche.

www.fotolia.de © beatuerk

## Einkaufen

**Weingut Steffens-Keß,** Moselstr. 63, 56861 Reil, Tel. (06542) 1246, www.steffens-kess.de. In den Steilhängen der Weinlagen „Burger Hahnenschrittchen", „Burger Wendelstück" und „Reiler Goldlay" kultivieren *Harald Steffens* und *Marita Keß* ausschließlich Riesling in Ökoqualität. Sie sind Mitglieder des ECOVIN-Verbandes und betreiben auch einen Online-Shop. Winzer *Steffens* schreibt ein gut gemachtes und sehr lesenswertes Online-Tagebuch. In dem Blog „Bildergeschichten aus dem Weingut" erfährt man Interessantes über die Arbeit im ökologischen Weinbau.

**Weingut Julius Treis,** Fischelstr. 24–26, 56861 Reil, Tel. (06542) 900200, http://julius-treis.de. Jungwinzer *Tobias Treis* baut auf rund fünf Hektar neben Riesling auch Müller-Thurgau, Weißburgunder, Dornfelder und Spätburgunder an. Wer mag, kann eine Rebstockpatenschaft abschließen. Außer einer Flasche Wein aus der Lage „Vom heißen Stein" bekommt man ein Foto des hübschen Schildes mit seinem Namen auf Schiefer und eine Urkunde.

Zum Weingut gehört außerdem der gemütliche **Schöppchengarten.** Er ist für Wanderer gedacht, die eine Rast einlegen. Sie können sich Wein aus dem Kühlschrank nehmen, Geld in eine bereitstehende Kasse einwerfen und ihn im Garten oder in der Laube genießen.

## Aktivitäten

**Kanuverleih an der Mosel,** Moselstr. 13, 6861 Reil, Tel. (06542) 969500, http://kanu-mieten.de. Neben dem Verleih von Kanadiern und Kanus bietet der Veranstalter Tagestouren, kombinierte Fahrrad- und Kanutouren, Touren für Gruppen und mehr.

## Öffentliche Verkehrsmittel

**Bahn:** Moselweinbahn RB 85: Bullay – Reil – Traben-Trarbach.

**Bus:** Rhein-Mosel-Bus Linie 333: Traben-Trarbach – Enkirch – Bullay (www.rhein-mosel-bus.de).

**Fahrradbus:** RegioRadler Moseltal: Trier – Reil – Bullay (tägl. 1. April bis 1. Nov., Reservierungen unter www.regioradler.de).

Reil mit der Pfarrkirche

076mo ct

# 4 Terrassen-mosel

Die Untermosel ist mit ihren terrassierten Weinhängen der romantischste Abschnitt des Flusses. Hier präsentiert die Mosel ihre fantastischen, weltberühmten Talblicke. Die kunstvoll aufgeschichteten Terrassen sind eindrucksvolle Kulturdenkmäler. Im windungsreichsten Teil der Mosel zwischen Zell und Cochem findet sich mit dem Calmont der steilste Weinberg Europas.

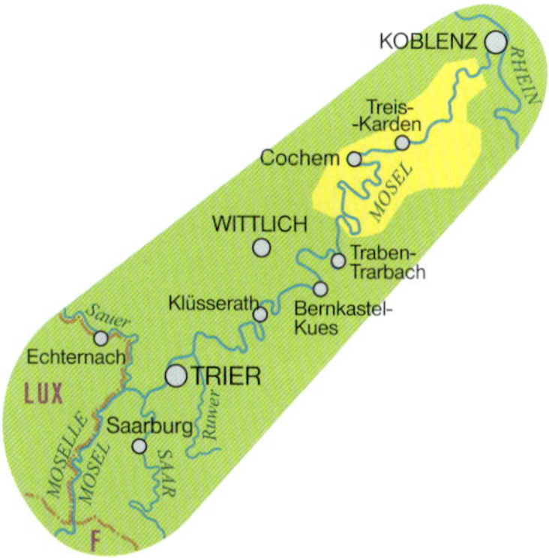


☒ Beilstein schmiegt sich an die steilen Moselhänge des „Cochemer Krampen"

Nachtsheim
Hirten
Reudelsterz
Trimbs
Ruitsch
Polch
Münk
Luxem
Weiler
Berresheim
262
POLCH
Ditscheid
Monreal
Alzheim
Anschau
Mayen
Einig
Arbach
Bermel
Kehrig
Mertloch
Gappenach
Maifel
510
Geerberg
Rasthof Elztal
Gering
Kalenborn
Oberelz
Ürmersbach
Kollig
Gierschnach
Lirstal
Eppenberg
Düngenheim
Naunheim
Kaifenheim
Kaifenheim
Roes
Hauroth
Pillig
Laubach
KAISERSESCH
Eulgem
Gamlen
Arenberg
399
Elzbach
Burg Pyrmont
Masburg
Laubach
48
E44
Brachtendorf
Wierschem
Zettingen
Düngenheim
Müllenbach
Hambuch
Dünfus
Möntenich
Kaserne
Leienkaul
Kaisersesch
Pommerbach
Forst (Eifel)
Brohl
304
Ruine Trutz-Eltz
302
Burg Eltz
Illerich
Landkern
Wirfus
Binningen
Brieden
Kail
Müden (Mosel)
416
Greimersburg
St. Castor
-Karden
Büchel
Flugplatz Büchel
Blumkirst
389
293
Archäologie-Park Martberg
Staustufe Müden
291
Wildpark Klotten
Ruine Coraidelstein
292
Pommern
294
Treis-
290
Klotten
49
MOSEL
Burg Treis
Gevenich
279
Ruine Winneburg
Schock
426
276
COCHEM
Reichsburg
Cond
274
Valwig
296
Wildburg
Weiler
Faid
Vordereifel
272
Ernst
269
Bruttig-
Lieg
259
Sehl
Flaumbach
Rodenberg
335
Ellerbach
Brauheck
Staustufe Fankel
-Fankel
Urschmitt
Dohr
Kaiser-Wilhelm-Tunnel
268
Ellenz-
296
Kloster Maria Engelport
298
Pulgersmühle
253
Calmont
376
385
Hundskopf
Dünnbach
Burgberg
425
254
Klosterruine Stuben
-Eller
256
Ediger-
49
-Poltersdorf
263
Beilstein
348
Kliding
Briedern
Ruine Metternich
Kalkberg
Mörsdorf
253
262
Mesenich
Altstrimmig
Beuren
Bremm
250
Neef
Mörsdorfer Bach
Staustufe St. Aldegund
Senhals
300
245
Sankt Aldegund
421
Hochkessel
Nehren
260
Senheim
Liesenich
Mittelstrimmig
Forst (Hunsrück)
Hängeseilbrücke Geierlay
Grenderich
Sosberg
243
Ueßbach
Bad Bertrich
240
Alf
238
Bullay
Flaumbach
Mastershausen
König
370
Burg Arras
Alfbach
Moritzheim
Reidenhausen
Hesweiler
228
Marienburg
Blankenrath
226
Pünderich
Merl
49
241
Kloster Springiersbach
Kellerberg
292
421
Barl
233
ZELL (Mosel)
Hoherott
453
Haserich
218
Reil
231
Briedel
Kaimt
Bengel
53
421
Tellig
Schauren
Walhausen
Panzweiler
421
Geisberg
406

0 2 km © REISE KNOW-HOW 2017

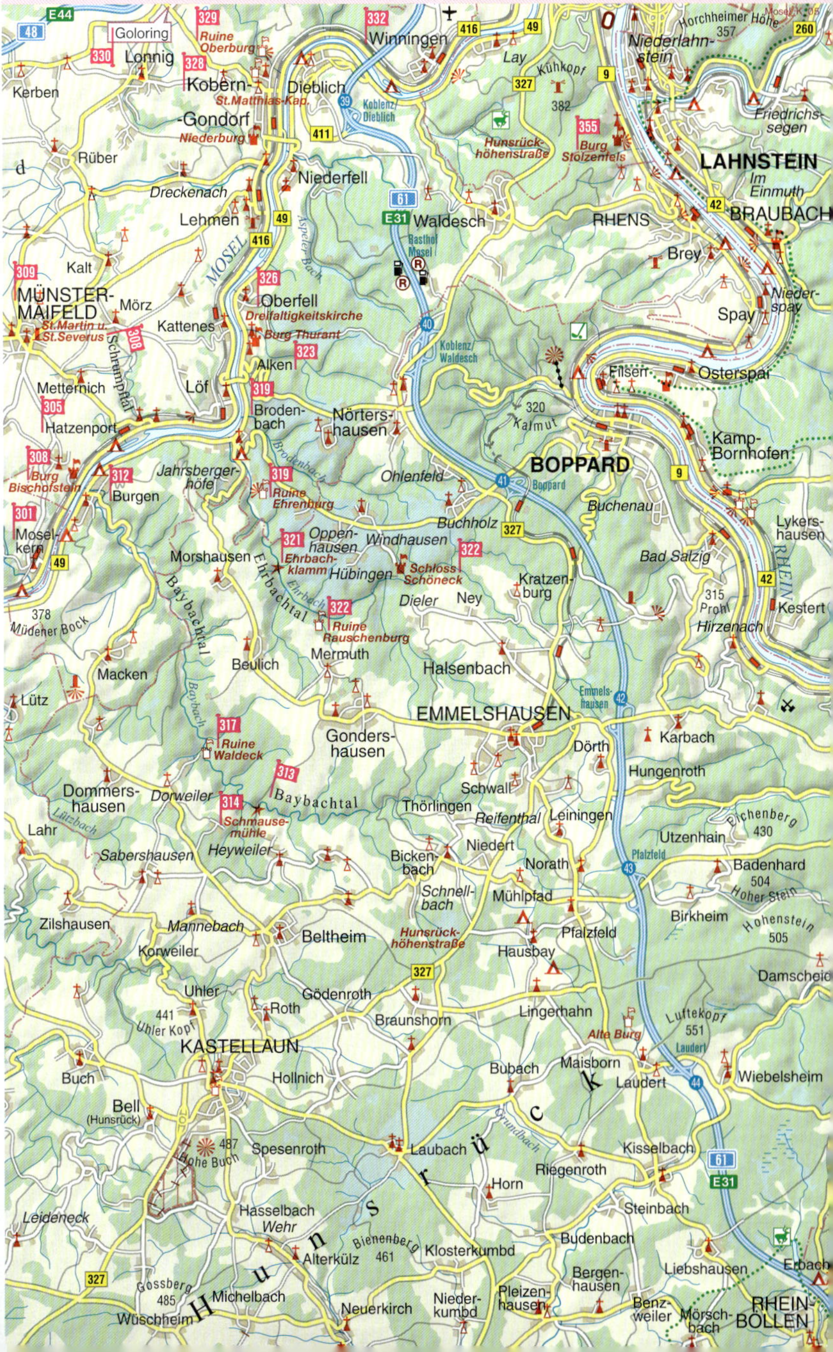

# TERRASSEN-MOSEL

Zwischen Pünderich und Koblenz wird das Moseltal deutlich enger, der Fluss gräbt sich tief in die Schieferfelsen ein. Für den knapp hundert Kilometer langen Abschnitt der Untermosel hat sich der Begriff Terrassenmosel durchgesetzt. Was bereits an der Mittelmosel an vielen Stellen praktiziert wird, findet hier eine Steigerung: Entlang dem Flusslauf wird der Wein in sehr kleinteiligen, terrassierten Steillagen angebaut. Die Bewirtschaftung der Terrassenlagen ist aufwendig – fast alles ist Handarbeit.

Bereits im Mittelalter, möglicherweise sogar schon in der Römerzeit, errichtete man in den steilen und schroffen Weinbergen **Trockenmauern aus Schiefer,** um die Lagen zu sichern und Bodenerosion zu verhindern. Bis zu 100 Jahre kann eine Trockenmauer halten. Doch sie schützen nicht nur die Hänge. Tagsüber erwärmen sich die Schiefersteine der Trockenmauern in der Sonne und geben nachts ihre Wärme langsam wie-

086mo ct

[>] Weinanbau in Steillagen bei Bruttig-Fankel

der ab. Das kommt nicht nur den Weinreben zugute, deren Trauben Grundlage für besonders fruchtige und mineralische Rieslinge sind. In diesem besonderen Mikroklima entstand auch eine ganz eigene, schützenswerte Flora und Fauna. **Seltene Tierarten** wie der Apollofalter, die Smaragdeidechse oder die Zippammer finden hier ihren Lebensraum. Reptilien wie die Mauereidechsen legen ihre Eier in den offenen Fugen der Trockenmauern ab. Wärmeliebende Pflanzen wie Goldaster, Goldlack oder Buchsbaum sind ebenfalls an der Terrassenmosel zu finden.

**MEIN TIPP:** **Veranstaltungen** an der Terrassenmosel zwischen Zell und Koblenz rund um die Themen Wein und Kulinarik findet man unter www.koeche-und-winzer.de.

# VON PÜNDERICH NACH ST. ALDEGUND

## NICHT VERPASSEN!

- Die barocke **Pfarrkirche St. Martin** in Briedel mit einer Stumm-Orgel | 231
- **Collis Steilpfad** bei Zell – auf schmalen Pfaden durch die Weinberge | 238
- **Kloster Springiersbach** im idyllischen Alfbachtal | 241
- Der **landschaftstherapeutische Park** mit sieben Themengärten in Bad Bertrich | 243
- **St. Aldegund** mit seiner Alten Kirche und pittoresken Fachwerk-Ensmebles | 245

**Diese Tipps erkennt man an der gelben Hinterlegung.**

## Pünderich

**Fachwerkidylle** findet man im Ortskern des Weindorfs Pünderich, das den Eingang zur Zeller Moselschleife markiert. Im 16. und 17. Jh. war der Ort einer der reichsten an der Mosel, was man den prachtvollen, teilweise mit aufwendigen Schnitzereien verzierten Fachwerkhäusern deutlich ansehen kann. Zu den schönsten gehören das **Alte Rathaus** (1548) und das **Alte Fährhaus** (1621). Besonders stolz ist man in Pünderich auf die vielen **alten Haustüren.** Die teilweise kunstvoll gestalteten Türen zeigen die verschiedensten Stilepochen, von der Renaissance bis zum Jugendstil und Art déco.

1128 wird Pünderich zum ersten Mal schriftlich erwähnt, doch der Ort ist viel älter. Der Name stammt aus dem Keltischen, *Pontaricum* bedeutet „Ort mit Fähre". Wer hier übersetzte, konnte seinen Weg deutlich abkürzen und musste nicht den Umweg entlang der großen Moselschleife nehmen. Eine Fähre verbindet Pünderich auch heute noch mit dem linken Moselufer. Von hier aus führt ein Weinlehrpfad zur Marienburg hinauf.

Die Winzer bauen ihren Riesling in den Weinlagen „Goldlay", „Marienburg", „Nonnengarten" und „Rosenberg" an. Gleich zwei Straßenweinfeste und eine Weinkirmes finden jedes Jahr in den malerischen Gassen statt.

[>] Fachwerkensemble in Pünderich: Altes Fährhaus (links) und Altes Rathaus

## Sehenswertes

### Moselpromenade

**Mein Tipp:** Die Moselpromenade von Pünderich mit Blick auf die Fähre und die Marienburg auf der anderen Flussseite ist besonders malerisch. Nussbäume und große Wiesen säumen die kaum befahrene Straße. Für Kanuten gibt es einen Bootsanleger.

Am gegenüberliegenden Ufer verläuft ein **Eisenbahn-Hangviadukt,** das 1872/1873 errichtet wurde. Mit einer Länge von 786 Metern und 92 Bögen ist es das längste Hangviadukt Deutschlands. Es gehörte zur sogenannten Kanonenbahn, die Berlin mit Metz verband. Die militärstrategische Eisenbahnlinie wurde gebaut, weil es im Krieg 1870/71 beim Transport von Waffen und Soldaten der preußischen Armee Engpässe gab.

### Pfarrkirche Maria Himmelfahrt

Die Pfarrkirche, deren **spätbarocke Innenausstattung** noch vollständig erhalten ist, wurde 1766 nach einem Entwurf von *Paul Staehling* errichtet. Die **Orgel** stammt aus der Werkstatt der berühmten Orgelbauerfamilie *Stumm.* Zwischen 1813 und 1815 bauten *Franz-Heinrich* und *Carl Stumm* aus Rhaunen-Sulzbach im Hunsrück das prachtvolle Instrument.

■ **Pfarrkirche Maria Himmelfahrt,** Kirchstraße, tagsüber geöffnet.

078mo kn

## Eichhäuschen

In der Düppelstraße steht das alte Eichhäuschen, in dem Fasseicher das genaue Fassungsvermögen von Weinfässern ermittelten. Dazu füllten sie die Fässer mit Wasser, anschließend wurde die Literzahl mit einem Brandeisen in das Eichenholz eingebrannt. Nicht nur neue Weinfässer, die handgefertigt waren und deren Raumvolumen deshalb schwanken konnte, wurden in dem kleinen Eichhaus geeicht. Auch gebrauchte Fässer mussten regelmäßig zum Fasseicher, denn Weinsteinablagerungen und das Nachschlagen der Fassreifen, die die Holzdauben zusammenhielten, konnten das Volumen verändern. 1981 wurde das Fasseichhaus geschlossen, die genormten Kunststoff- und Edelstahltanks machten es überflüssig. Durch ein Gitter in der Front des kleinen Bruchsteinbaus kann man die Ausstattung betrachten: alte Eichmaße, zwei mit Zählwerken ausgestattete Eisenkessel (1200 und 150 Liter Inhalt) und ein Holzofen zum Anglühen der Brenneisen.

## Fähre „Marienburg"

Die auch für Fahrzeuge zugelassene Fähre verbindet Pünderich mit dem linken Moselufer, die Überfahrt dauert nur wenige Minuten. Nicht nur Touristen nutzen sie, sondern auch die Winzer aus Pünderich, die die Weinlagen auf der gegenüberliegenden Moselseite bewirtschaften.

- **Fähre Pünderich – Marienburg:** Die Autofähre verkehrt nicht nach einem festen Fahrplan. Auskünfte erteilen die Gemeindeverwaltung Pünderich, Tel. (06542) 900020, und die Touristinformation (s.u.).

## Weinlehrpfad

Ein Lehrpfad führt vom Fähranleger auf der linken Moselseite hoch zur Marienburg. Informationstafeln erklären die verschiedenen Rebsorten, Erziehungsformen und Fachbegriffe wie Öchsle, Güteklasse oder Weinprädikat. Zurückgekehrt zum Fährkopf, kann man im **Alten Fährhäuschen** an Wochenenden einkehren. Wenn die blaue Moselfahne gehisst ist, werden Weine, Traubensaft, Fruchtbowle und im Herbst auch Federweißer aus dem Weingut Roman Simon ausgeschenkt.

## Marienburg

Ob zunächst eine Burg an der exponierten Stelle hoch über der Moselschleife stand oder ein Kloster, ist umstritten. 1145 wird ein *castrum mariae* (Marienburg) erstmals schriftlich erwähnt. Ebenfalls im 12. Jh. wurde ein Augustinerinnenkloster angelegt, das dem Abt des Klosters Springiersbach unterstellt war. 1515 wurde das Kloster aufgehoben und das Gebäude zu einer burgartigen Befestigung ausgebaut. 1797 zerstörten französische Truppen die Kirche, zwischen 1952 und 1957 wurde sie wieder aufgebaut. Der spätgotische Chor blieb erhalten, das Langhaus stammt, so wie die meisten Gebäude der Marienburg, aus der Neuzeit. Die runden Fenster im Chor kamen nach einer Aufhöhung im 17./18. Jh. hinzu. Heute ist in den Ge-

079mo kn

bäuden eine Jugendbildungsstätte des Bistums Trier untergebracht.

### Aussichtsturm auf dem Prinzenkopf

**Mein Tipp:** Einige hundert Meter von der Marienburg entfernt steht der Aussichtsturm auf dem Prinzenkopf. Schon im 19. Jh. war er ein beliebtes Ausflugsziel. Nach drei Vorgängerbauten steht seit 2009 eine imposante, mehr als 27 Meter hohe Stahlkonstruktion auf dem Berggipfel. 108 Stufen muss man erklimmen, bis man die **überdachte Aussichtsplattform** erreicht. Doch die Anstrengung lohnt sich, der Weitblick über die Moselschleife ist herrlich.

Die kleine Pündericher Fähre verbindet die Uferseiten unterhalb der Marienburg

## Praktische Tipps

### Informationen

- **Touristinformation Pünderich,** Raiffeisenstraße 3, 56862 Pünderich, Tel. (06542) 900021, www.puenderich.de, Mai bis Oktober Mo–Fr 9.15–12 Uhr.
- **Nachtwächterführung:** Mit Laterne und Hellebarde führt der Nachtwächter Gäste durch die malerischen Gassen. Kontakt über die Touristinformation, Termine unter www.puenderich.de.

### Unterkunft, Essen und Trinken

**Mein Tipp:** **Weingut Alfred Dahm**②, Bahnhofstr. 4, 56862 Pünderich, Tel. (06542) 2805, www.alfred-dahm.de. Hübsche Gästezimmer und eine Ferienwohnung. Zum Weingut gehört eine gemütliche **Straußwirtschaft,** in der moselländische

Gerichte serviert werden. Im Herbst ist der frische Federweiße sehr zu empfehlen (geöffnet an Pfingsten sowie Juli bis Oktober, So Ruhetag).

■ **Im Alten Burghaus**①-②, Kirchstr. 18, 56862 Pünderich, http://melsheimer-riesling.de. Fünf individuell eingerichtete Ferienwohnungen in einem 1517 erbauten, sehr schön renovierten Fachwerkhaus.

### Camping

■ **Campingplatz Marienburg,** Moselallee 3, 56862 Pünderich, Tel. (06542) 969242, www.campingplatz-marienburg.com. Kleiner, sehr schön und ruhig gelegener Campingplatz bei Pünderich.

## Einkaufen

**Weingut Clemens Busch,** Kirchstraße 37, 56862 Pünderich, Tel. (06542) 1814023, www.clemens-busch.de. Die hochwertigen Rieslinge des renommierten Weinguts werden in der Weinlage „Pündericher Marienburg" ökologisch erzeugt und in der Fachpresse stets hoch gelobt.

■ **Bäckerei Greis,** Kirchstr. 11, Mo–Fr 6.30–12.30 und 14–18 Uhr, Sa 6.30–14 Uhr, So (nur April bis Okt.) 7.30–10 Uhr. Die Bäckerei im Ort ist für ihren Zimtkuchen berühmt.

## Feste und Veranstaltungen

■ **Pündericher Straßenweinfeste:** Zweimal im Jahr feiert Pünderich seinen Wein. Das erste Straßenweinfest findet am Wochenende nach Christi Himmelfahrt statt, das zweite während der Traubenlese am dritten Wochenende im September. Die Winzer öffnen ihre Keller und Höfe, Essensstände in den Gassen sorgen für Kulinarisches.

■ **Weinkirmes:** Vier Tage lang wird im August am Wochenende nach Maria Himmelfahrt am Moselufer gefeiert (Freitag bis Montag). Es gibt einen

⌄ Weingut Clemens Busch

080mo kn

Weinbrunnen und Live-Musik, Sonntag ein Jazzfrühstück und nachmittags das „Pinnaricher Naache-Duell" auf der Mosel, bei dem die Teilnehmer versuchen, ihre Gegner mit Lanzen von schmalen Brettern zu stoßen.

### Öffentliche Verkehrsmittel

- **Bus:** Rhein-Mosel-Bus Linie 333: Traben-Trarbach – Pünderich – Bullay (www.rhein-mosel-bus.de).

# Briedel

Zwischen Pünderich und Zell schmiegt sich Briedel an die Moselhänge. Der Ort ist sehr alt. Erste Funde stammen aus der Jungsteinzeit, erste Siedlungsspuren aus der Eisenzeit (etwa 700 v.Chr.). Auf dem Beinter Kopf östlich von Briedel sind Reste eines römischen Bergheiligtums erhalten. Von der Felsenkanzel aus hat man einen herrlichen Blick auf die enge Moselschleife und Zell.

Früher war der Ort von einer Ringmauer umgeben. Das Wahrzeichen Briedels, der **Eulenturm** in den Weinbergen am südwestlichen Ortsrand, ist ein ehemaliger Wehrturm und war Teil dieser Mauer. Der Name kommt vermutlich daher, dass früher Eulen in der Ruine nisteten. Im alten Ortskern gibt es einige wunderschöne **Fachwerkhäuser,** so das Haus in der Himmeroder Str. 8, das 1565 errichtet wurde, oder das in der Hauptstraße 88 (um 1585).

Briedels bekannteste Weinlage mit dem hübschen Namen „Briedeler Herzchen" liegt auf der gegenüberliegenden Moselseite. Eine **Fähre** verbindet die beiden Ufer (Fährzeiten unter www.briedel.de).

### Pfarrkirche St. Martin

Vermutlich gab es bereits im 6. Jh. eine St.-Martin-Kirche in Briedel. Der jetzige Bau ist ein **barockes Schmuckstück** und wurde 1772–76 nach einem Plan des Straßburger Architekten *Paul Stähling* errichtet. Bemerkenswert sind das prächtige **Portal** und die geschnitzte und mit Rocaille-Ornamenten geschmückte Tür. Im Kircheninneren ist die **Deckenmalerei** im Rokokostil, angefertigt von dem Maler *Franziskus Freund* aus Bernkastel, sehr sehenswert. Er hat auch das Deckengemälde in der Klosterkirche Springiersbach (1773) gemalt. Die **Orgel** stammt aus der Sulzbacher Werkstatt *Stumm* und wurde 1780 fertiggestellt. Mehrmals im Jahr finden Konzerte auf dem wertvollen Instrument statt.

## Praktische Tipps

### Informationen

- **Tourist-Information Briedel,** Moselstraße 2, 556867 Briedel, Tel. (06542) 4013, April bis Aug. Mo, Mi und Sa 9.30–12 Uhr, Fr 14–17 Uhr, Sept. und Okt. zusätzl. Di 9.30–12 Uhr, Nov. bis April Mo, Mi und Fr 10–12 Uhr.

### Unterkunft, Essen und Trinken

- **Weincafé Korkenzieher**①, Haupstraße 86, 56867 Briedel, 1. Juli bis 31.Okt. Mi–Fr ab 14 Uhr,

www.fotolia.de © Kruwt

Sa und So ab 12 Uhr, Nov. bis März Fr und Sa ab 19 Uhr, So ab 14 Uhr, April bis Juni Fr–So ab 14 Uhr. Hübsches Weincafé, in dem es neben guten Weinen hausgemachten Kuchen und kleine Gerichte wie Flammkuchen, Datteln im Speckmantel oder Wingertsvesper gibt. Moderne **Ferienwohnungen**② über dem Café und Planwagenfahrten durch die Weinberge gehören ebenfalls zum Angebot.

## Einkaufen

■ **Reis – feine Weine,** Hauptstr. 225, 56867 Briedel, Tel. (06542) 41188, www.reisfeineweine.de. Der Steillagenwinzer *Achim Reis* baut seine hervorragenden Weine nicht nur in Briedel, sondern auch im berühmten Bremmer Calmont, dem steilsten Weinberg Euopas, aus. Bei der Golden League, einem internationalen Vergleich, wurde *Reis* als bester internationaler Weinerzeuger der Betriebe bis zehn Hektar Rebfläche ausgezeichnet. Auch bei der Berliner Wein Trophy räumte er mehrfach ab. Zum Weingut gehört eine komfortable **Ferienwohnung**②.

**Mein Tipp:** *Achim Reis* hat ein sehr lesenswertes, **autobiografisches Buch über das Leben als Winzer** und die anspruchsvolle Arbeit in Weinberg und Weinkeller geschrieben. Es ist eine Hommage an das Kulturgut Wein und gibt einen guten Einblick

⌃ Briedel mit der Pfarrkirche St. Martin

in den Prozess der Weinherstellung und den Weinmarkt (*Achim Reis:* „Das Glück braucht tiefe Wurzeln", Ullstein Buchverlage 2014).

## Feste und Veranstaltungen

- **Historisches Schöffenmahl:** Der mittelalterliche Festtagsschmaus findet im Mai/Juni in den Gassen des Ortskerns statt, dazu gibt es Briedeler Weine.
- **Weinfest „Briedeler Herzchen":** Am ersten Wochenende im August mit Tanz, Musik und einem Feuerwerk. Am Sonntag findet im Rahmen des viertägigen Festes ein Drachenbootrennen auf der Mosel statt.

## Öffentliche Verkehrsmittel

- **Bus:** Rhein-Mosel-Bus Linie 333: Traben-Trarbach – Briedel – Bullay (www.rhein-mosel-bus.de).

## Wandern

### Seitensprung „Briedeler Schweiz"

Der Wanderweg ist einer der schönsten Partnerwege des Moselsteigs. Er verbindet einzigartige Aussichtspunkte wie die Hindenburglay und die „Schöne Aussicht". Start ist am Balduinsplatz in Briedel.

# Zell

Das sonnenverwöhnte Zell blickt auf 2000 Jahre Geschichte zurück. Es waren die Römer, die an der **engsten Moselschleife** eine erste Siedlung mit einem kleinen Hafen und Lagerhallen *(cellae)* gründeten.

Weltberühmt ist Zell wegen seiner **Weinlage „Schwarze Katz"**. Zum ersten Mal wurde die Lagebezeichnung 1863 verwendet und bis heute begegnet man ihr in dem kleinen Weinort auf Schritt und Tritt. Ob in den modernen Vinotheken, historischen Weinkellern oder gemütlichen Straußwirtschaften, überall kann man den Wein aus der berühmten Großlage kosten.

Der Name „Zeller Schwarze Katz" geht auf eine Legende zurück. Einst besuchten Kaufleute aus Aachen die Stadt Zell, um ein Fuder Wein zu kaufen. Im Keller eines Winzers probierten sie verschiedene Jahrgänge. Drei Fuder Wein schmeckten ihnen besonders gut, aber sie konnten sich nicht entscheiden, welcher von ihnen denn nun der beste sei. Inzwischen hatte sich die schwarze Hauskatze des Winzers in den Keller geschlichen. Als die Kaufleute erneut den Wein probieren wollten, sprang sie auf eines der Fässer und verteidigte fauchend und kratzend das Fass. Die Kaufleute dachten sich, dass darin doch der beste Wein sein müsste. Sie kauften das Fuder und nahmen es mit nach Aachen. Bald darauf kamen sie zurück und wollten alle Weine dieser besonderen Weinlage kaufen, da sich der Wein in Aachen so gut verkaufen ließ. Seither heißt die Weinlage „Zeller Schwarze Katz".

Das symbolbehaftete Tier ist allgegenwärtig in Zell, nicht nur auf den Etiketten der Weinflaschen. In der Altstadt steht der **Schwarze-Katz-Brunnen,** im Verkehrskreisel am Ortseingang ein Denkmal zu Ehren der schwarzen Katze. Überall in Zell taucht sie auf: an Hauswänden, auf Wanderwegmarkierungen oder Ortsschildern, mal kitschig, mal minimalistisch durchgestylt.

## Sehenswertes

### Kurfürstliches Residenzschloss

Das Ensemble des Stadtschlosses in der Altstadt setzt sich aus verschiedenen Stilepochen zusammen. Es gibt spätgotische wie auch barocke Bauteile, denn verschiedene Kurfürsten haben das Schloss als Bauherren zwischen 1307 und 1543 um- und ausgebaut. Ein Flügel des mächtigen Baus wird heute als Hotel genutzt. Das Residenzschloss ist nur von außen zu besichtigen.

### Ehemalige Synagoge

Das ehemalige **Domestikengebäude** des Residenzschlosses wurde ab 1849 von der jüdischen Gemeinde Zell sowie den Juden in Pünderich, Briedel, Merl, Bullay, Alf und Bad Bertrich als Synagoge genutzt. Der Freundeskreis Synagoge Zell nutzt den renovierten Gebetsraum für kulturelle Veranstaltungen.

■ **Ehemalige Synagoge,** Jakobstr. 13, Besichtigung Mai bis Oktober Sa 15–17 Uhr und nach Vereinbarung.

### Wein- und Heimatmuseum

In dem kleinen Museum im **Rathaus** sind die verschiedensten Exponate ausgestellt, darunter ein Teil einer römischen Hypokaust-Heizung, Zeugnisse der ehemaligen Synagogengemeinde, das Uhrwerk der Rathausuhr, Gerätschaften aus dem Weinbau, keltische Fundstücke und eine Sammlung zum Thema Zigarrenproduktion in Zell.

■ **Wein- und Heimatmuseum,** Balduinstr. 44, Tel. (06542) 96220, www.zell-mosel.com, Mi und Fr 14–17 Uhr, Sa 11–14 Uhr.

### Pfarrkirche St. Peter

Die 1786–1793 errichtete katholische Pfarrkirche St. Peter stand einst vor den Toren der Stadt. Zell ist gewachsen und mittlerweile steht sie mittendrin. Das Kircheninnere ist ganz im Rokokostil gehalten. Die Fenster sind eine Stiftung aus dem Jahr 1907.

### Runder Turm

Der Runde Turm ist das Wahrzeichen von Zell. Ursprünglich hatte er einen Spitzhelm, um 1690 erst bekam er die hübsche geschweifte Haube. Er war der oberste Turm der einstigen Stadtbefestigung, die nach ihrer Zerstörung durch einen Brand 1848 als Steinbruch genutzt wurde. Nur der Runde Turm und der Viereckige Turm blieben erhalten.

> Ehrenplatz in der Altstadt für das vierbeinige Symbol von Zell

## Kath. Pfarrkirche St. Michael

Prunkstück der Klosterkirche des ehemaligen Minoritenklosters in Zell-Merl, einem Ortsteil an der Mosel in Richtung Bullay, ist der **Antwerpener Schnitzaltar** aus dem Jahr 1525. Von der Vorgängerkirche ist noch der sehr schöne Kirchturm (1140) am Friedhof erhalten. Das Kloster wurde um 1290 gegründet.

# Praktische Tipps

## Informationen

■ **Zeller Land Tourismus,** im Rathaus, Balduinstr. 44, 56856 Zell, Tel. (06542) 96220, www.zellerland.de, Mo–Fr 9–18 Uhr, Sa 10–15 Uhr.

081mo kn

## Unterkunft

■ **Ferienweingut Dreiherrenmühle**①-②, Mühlental 2+3, 56856 Zell-Merl, Tel. (06542) 22365, www.dreiherrenmuehle.de. Das Weingut liegt in einem Seitental in Zell-Merl. Mieter der Ferienwohnungen in der ehemaligen Getreidemühle können den großen Garten benutzen. Für Fahrräder gibt es einen abschließbaren Raum.

## Essen und Trinken

■ **Winzerschänke Zum Alten Bahnhof**①-②, An der Fußgängerbrücke, Tel. (06542) 5634, 1. Mai bis 1. Nov. Di–So ab 11.30 Uhr, 1. Nov. bis 3. Advent Do–Sa ab 18 Uhr, So ab 11.30 Uhr. Auf der Speisekarte stehen Klassiker wie Schnitzel, aber auch Wild, Winzerküche und Regionales wie *Debbekooche.*

■ **Conditorei-Confiserie,** Stadtcafé Stülb, Balduinstr. 35, Mo–Sa 11–18 Uhr, So und Fei 13–18 Uhr, Di geschl. In dem kleinen Café in der Fußgängerzone gibt es neben Kaffee und Kuchen auch selbstgemachtes Eis. Die feinen Pralinen aus eigener Herstellung sind ein tolles Mitbringsel.

■ **Restaurant Zum Eichamt**②-③, Rohrgasse 2, 56856 Zell-Merl, Tel. (06542) 22475, www.zumeichamt.de, Fr 18–21 Uhr, Di, Sa und So 12–14 und 18–21 Uhr. In einem wunderschönen Fachwerkhaus aus dem 16. Jh. werden moseltypische, aber auch internationale, kreative Gerichte gezaubert. Die Zutaten, zum Beispiel das Wild, stammen aus der Region.

## Einkaufen

■ **Weingut Albert Kallfelz,** Hauptstr. 60–62, 56856 Zell-Merl, Tel. (06542) 93880, Mo–Fr 8–12 und 13–18 Uhr, Sa 9–14 Uhr, Weinproben nach Vereinbarung. Das Weingut Kallfelz besteht bereits seit mehr als 100 Jahren, zurzeit werden rund 50 Hektar

Rebfläche bewirtschaftet. 2016 erhielt das Weingut den Bundesehrenpreis, die höchste Auszeichnung der deutschen Weinwirtschaft.

## Aktivitäten

**Erlebnisbad Zell,** Am Schwimmbad, 56856 Zell, Tel. (06542) 4830, Di–Fr 13–21.30 Uhr, Sa, So, Fei 9–19 Uhr, Mo geschl., Juli und Aug. Di–Fr 10–20 Uhr, Sa, So und Fei 9–20 Uhr, Mo geschl., Erw. 5,60 €, Kinder (12–17 J.) 4,20 €, Kinder (6–11 J.) 2,30 €, www.erlebnisbad-zell.de. Schwimmbad mit Riesenrutsche, Sportbecken, Whirlpool, Trocken- und Dampfsauna und Außenbecken.

■ **Weinprobe in der Vinothek „Zeller Schwarze Katz":** Im Gewölbekeller des Rathauses können Weine der „Zeller Schwarze Katz" verkostet werden (zehn Weine 6 €). Ein Videofilm informiert über die berühmte Weinlage und die Entstehung ihres Namens. 1. Mai bis 31. Oktober Mo–Sa 14–18 Uhr.

■ **Lichtweinprobe:** Ebenfalls im Gewölbekeller des Rathauses befindet sich ein Licht-Sensorikraum, in dem auf Anfrage rund 40-minütige Wein-

proben angeboten werden. Da das Umgebungslicht Einfluss auf das Geschmacksempfinden hat, wird der gleiche Wein unter fünf verschiedenen Lichtbedingungen probiert. Man erfährt, wie die Sinne durch farbiges Licht getäuscht werden können. Informationen und Anmeldung über die Touristinformation.

- **Fahrradverleih:** Zweiradcenter Klaus, Notenau 11, Tel. (06542) 960066, www.zweirad-klaus.de, Mo–Fr 9–12.30 und 13.30–18 Uhr, Sa 9–13 Uhr. Verleih (auch E-Bikes), Service und Reparatur.

www.fotolia.de © hecht7

## Feste und Veranstaltunge

- **Keltisches Weingelage:** Keltenfürst Horgar lädt Ende August in Zell-Kaimt zu einem dreitägigen Fest mit deftigem Essen, Wein und Live-Musik.
- **Mittelmosel Triathlon:** Der Wettkampf findet jedes Jahr am vorletzten Wochenende im Juni statt. Für die Teilnehmer stehen eine Jedermann-Distanz (0,7 / 20 / 5,2 km) und das Hauptrennen über die Olympische Distanz (2 / 40 / 10,4 km) zur Auswahl.

## Öffentliche Verkehrsmittel

- **Bus:** Rhein-Mosel-Bus Linie 711: Bullay – Zell – Ernst (www.vrminfo.de), RegioLinie 720: Zell – Bullay (www.moselbahn.de), Rhein-Mosel-Bus L333: Traben-Trarbach – Zell – Bullay (www.rhein-mosel-bus.de).
- **Fahrradbus:** RegioRadler Moseltal: Trier – Zell – Bullay (tägl. 1. April bis 1. Nov., Reservierungen unter www.regioradler.de).

## Wandern

### Themenwanderweg „Zeller Schwarze Katz"

Der rund drei Kilometer lange Wanderweg führt vom Rathaus in die Zeller Weinberge. Hinweistafeln informieren über den Weinbau in Zell, die Weinlage „Zeller Schwarze Katz", die Sage vom Riwigmännchen und das sogenannte „Saufbähnchen", wie die 1962 stillgelegte Kleinbahnstrecke zwischen Trier und Bullay im Volksmund genannt wird. Der Weg ist für Kinderwagen geeignet.

☐ Wandern in den Zeller Weinbergen

### Collis Steilpfad

Auf schmalen Pfaden geht es durch die Zeller Weinberge. Start ist am Schwarze-Katz-Brunnen. In den **Klettersteigen** gibt es Trittbügel und Stahlseile, die über schwierige Passagen helfen. Bis zum **Collisturm** sind es 1,2 Kilometer, für den Rückweg stehen verschiedene Varianten zur Auswahl. Samstags und sonntags und wenn eine blaue Fahne mit einem goldenem M gehisst ist, hat die Einkehrstation am Collisturm geöffnet. Hier kann man ein Glas Wein aus der Lage trinken, die man gerade durchwandert hat. Zur Stärkung gibt es auch Kaffee und Kuchen. Die Tour ist anspruchsvoll, Trittsicherheit und Schwindelfreiheit sind Voraussetzung.

# Bullay

Der Ortsname Bullay lässt darauf schließen, dass es in dem Gebiet vermutlich bereits eine römische Siedlung gegeben hat. Er leitet sich von dem lateinischen Wort *boletum* ab, was Birkenwald bedeutet.

Nicht nur Eisenbahnfreunde bestaunen in Bullay die doppelstöckige, 1877 errichtete **Eisenbahnbrücke.** Sie verbindet Bullay mit Alf auf der anderen Moselseite und war die erste Doppelstockbrücke in Deutschland. Die Eisenbahnstrecke auf dem Obergurt mündet auf der anderen Uferseite in den **Prinzenkopftunnel.** Die Moselbrücke Bullay ist auch ein Highlight des „Kulturweges Kanonenbahn“, der die Eisenbahnarchitek-

Die Doppelstockbrücke von Bullay

082mo kn

tur rund um Alf, Briedel, Bullay, Pünderich, Zell und Reil im Blick hat (s.u.). Bei einer Fahrt mit der **Moselweinbahn,** die zwischen Bullay und Traben-Trarbach verkehrt, genießt man Ausblicke auf pittoreske Weinorte und terrassierte Weinberge.

Im Jahr 2000 wurde in Bullay der **Umweltbahnhof** eröffnet, ein ökologisches Gebäude aus umweltfreundlichen Materialien, das den Architekturpreis des Landes Rheinland-Pfalz bekommen hat. Es sollte eigentlich ein Vorzeigeprojekt des Landes und der Ortsgemeinde Bullay werden, doch das Bauwerk entwickelte sich stattdessen zum Sanierungsfall. Knackpunkt ist das 12.000 Quadratmeter große, wellenförmige Dach, das bereits nach wenigen Jahren marode war. Durch einen Konstruktionsfehler breitete sich im Holz ein Pilz aus und das Dach moderte vor sich hin. Um Fußgänger zu schützen, musste es mit Stützen abgefangen werden. Teilweise hat man es abgerissen und neu errichtet. Seit Jahren gibt es einen Rechtsstreit zwischen der Kommune Bullay und den Architekten über einen Schadensersatz für die Bau-Pannen. Das Verfahren wird sich vermutlich noch Jahre hinziehen und damit auch die nötige Komplettsanierung.

## Öffentliche Verkehrsmittel

- **Bahn:** Bahnhof Bullay, Moselstrecke: Trier – Cochem – Koblenz (www.vrminfo.de), Moselweinbahn RB 85: Traben-Trarbach – Bullay (www.rhenus-veniro.de).
- **Bus:** Rhein-Mosel-Bus Linie 711: Bullay – Ediger-Eller – Ernst (www.vrminfo.de), Rhein-Mosel-Bus Linie 333: Traben-Trarbach – Zell – Bullay (www.rhein-mosel-bus.de).
- **Fahrradbus:** RegioRadler Moseltal: Trier – Bahnhof Bullay (tägl. 1. April bis 1. Nov., Reservierungen unter www.regioradler.de).

## Wandern

### Kulturweg „Kanonenbahn"

Der Erlebniswanderweg widmet sich der besonderen **Eisenbahnarchitektur** rund um die Gemeinden Alf, Briedel, Bullay, Pünderich, Zell und Reil. Er führt vorbei an Tunneln, Viadukten und eindrucksvollen Brücken. Die 8,5 Kilometer lange Hauptroute verläuft vom Umweltbahnhof Bullay über die Doppelbrücke zur Marienburg, vorbei am Eisenbahn-Hangviadukt (1880) von Pünderich und bis zum Bahnhof Reil. Von der Marienburg und vom Prinzenkopf-Aussichtsturm hat man wunderbare Ausblicke auf das Moseltal. In Reil kann man mit der Bahn wieder zum Ausgangspunkt zurückfahren. Sportliche Wanderer können dem Wanderweg auf der gegenüberliegenden Moselseite folgen und über Briedel und Zell zu Fuß zurück nach Bullay gehen.

### Moselweinbahn-Wanderweg

Noch mehr von den malerischen Weinterrassen als bei einer Fahrt mit der Moselweinbahn sieht man auf dem streckenbegleitenden Wanderweg, der zwischen Bullay und Traben-Trarbach verläuft. 2017 wurde eine weitere Route zwischen Reil und Kövenig eröffnet. Hinweistafeln informieren die Wanderer entlang der Routen über die **Eisenbahnarchitektur.**

# Alf

Alf liegt gegenüber von Bullay an der Mündung des Alfbachs in die Mosel. Der Ort geht auf eine keltische Siedlung zurück, die Römer nannten ihn *Albis.* In dem kleinen **Heimatmuseum** in einem alten Schulhaus kann man mehr über die Geschichte der Gemeinde erfahren (Mai bis Okt. Sa 16–18 Uhr, Eintritt frei). Obwohl es eine Brücke zwischen Alf und Bullay gibt, verkehrt auch die Fähre „Remigius“ zwischen den beiden Orten.

## Burg Arras

Alf erstreckt sich vom Moselufer bis ins **Alfbachtal.** Hoch über dem Tal erhebt sich die Burg Arras mitten im Wald. Sie beherbergt ein Museum, ein Restaurant und ein Hotel.

Der Legende nach soll ein Köhler namens *Arras* mit seinen zwölf Söhnen eine größere Ungarnhorde zurückgeschlagen haben. Der Trierer Erzbischof belohnte ihn für seinen Mut und *Arras* erhielt die Burg als Lehen. Eine andere Legende besagt, dass Pfalzgraf *Herrmann* die Burg im Jahr 938 als Schutz vor ungarischen Reitervölkern errichten ließ. Doch Historiker vermuten, dass sie erst im 12. Jh. erbaut wurde. Die Burg wechselte mehrmals den Besitzer, sie gehörte den Pfalzgrafen, später den Erzbischöfen und Kurfürsten von Trier. Im Sockelgeschoss des Bergfrieds ist eine tief in den Fels geschlagene Zisterne, die im Falle einer Belagerung die Wasserversorgung sicherstellte. Spätestens im 18. Jh. war die Burg verfallen, doch zwischen 1907 und 1910 wurde sie wiedererrichtet und ist seither in Privatbesitz.

Vom **Bergfried** aus hat man einen wunderbaren Blick in die Umgebung. Das **Burgmuseum** zeigt eine kleine kulturhistorische Sammlung zum Thema Mosel, alte Moselansichten, historische Möbel, Waffen, Rüstungen und ein in den Fels gehauenes Burgverlies. Außerdem gibt es ein Gedenkzimmer, in dem Stücke aus dem Nachlass des Bundespräsidenten *Heinrich Lübke* (1894–1972) präsentiert werden. Der heutige Besitzer der Burg, *Otto Keuthen,* ist ein Neffe von *Lübkes* Frau *Wilhelmine.* Unter den Gastgeschenken befindet sich ein Wandbehang aus dem Besitz von *Madame de Pompadour,* den der französische Staatspräsident *Charles de Gaulle* einst *Lübke* überreichte.

- **Burg Arras,** 56859 Alf, Tel. (06542) 22275, www.arras.de, Mo–Fr 10–18 Uhr, Sa und So 9–18 Uhr, Erw. 4 €, Kinder 2 €.

## Unterkunft

- **Hotel Burg Arras**⑤, 56859 Alf, Tel. (06542) 22275, www.arras.de. Die zehn Doppelzimmer sind mit historischen Möbeln eingerichtet, manche stilecht mit Baldachin über dem Bett.

## Öffentliche Verkehrsmittel

- **Bus:** Rhein-Mosel-Bus Linie 711: Bullay – Alf – Senheim – Cochem, Linie 333: Traben-Trarbach – Bengel – Bullay (www.rhein-mosel-bus.de).

▷ Burg Arras über dem Alfbachtal

084mo kn

# Abstecher: Kloster Springiersbach

Fährt man das idyllische **Alfbachtal** ein Stück weiter, gelangt man zu dem Ort **Bengel.** Hier am Rande des Kondelwalds befinden sich das Kloster Springiersbach und die Klostermühle.

Um das Jahr 1100 stiftete *Benigna von Daun* das Kloster Springiersbach. Ihr Sohn *Richard* war der erste Abt der Augustiner Chorherren. 1769 bis 1772 wurde der spätromanische Vorgängerbau durch eine **spätbarocke Kirche** ersetzt. 1802 wurde das Kloster säkularisiert und die Abteikirche zur Pfarrkirche von Bengel. Seit 1922 ist es ein **Karmelitenkloster.** 1940 brannten Kloster und Kirche ab, doch die Kirche mit dem kostbaren geschnitzten Chorgestühl wurde rekonstruiert, ebenso die farbenprächtigen Deckengemälde von *Franziskus Freund* aus Bernkastel (1773).

- **Kloster Springiersbach,** Karmelitenstraße 2, 54538 Bengel, www.karmeliten.de.
- **Carmel Springiersbach:** Das Kloster bietet Ruhesuchenden, die sich eine Auszeit nehmen möchten, klösterlich-schlichte Einzelzimmer mit Vollpension (ab 55 € pro Person).
- **Klosterladen:** Zum Angebot gehören theologische Literatur, religiöse Bücher und Musik, Karten, Kerzen und Klosterprodukte wie Karmeliten-Bier, Weine, Liköre, Gewürze, Marmeladen oder Seifen (Mo–Fr 9–11.30 und 14–17 Uhr).

083mo kn

## Essen und Trinken, Einkaufen

**Mein Tipp: Straußenfarm in der Klostermühle,** Bauernhof „Zur Klostermühle", Springiersbacher Mühle 2, 54538 Bengel, www.zur-klostermuehle.com. Straußenführungen Mi und So 14 Uhr. In dem kleinen **Hofladen** (Di–Do 10–12 Uhr, Fr–So ab 13 Uhr) gibt es alles, was Straußenvögel so hergeben: Lampen aus den großen, dickwandigen Eiern, Staubwedel aus den weichen Federn, Grillwurst, Rohesser, Braten, Steak und Filets aus magerem Straußenfleisch, Nudeln und Eierlikör. **Café und Biergarten:** April bis Juni Fr/Sa ab 13 Uhr, So und Fei ab 11 Uhr, Juli–Okt. Mi–Sa ab 13 Uhr, So und Fei ab 11 Uhr.

Kloster Springiersbach

## Feste und Veranstaltungen

**Mein Tipp: Flohmarkt am Kloster Springiersbach:** Im Juni findet rund um das Kloster ein gemeinnütziger Flohmarkt statt. Der Verein „Musikkreis Springiersbach" organisiert ihn für die Mitfinanzierung der Klosterkonzerte. Der Markt ist einer der schönsten und größten Antik- und Flohmärkte der Region.

- **Klosterkonzerte:** Der Musikkreis Springiersbach organisiert alljährlich Sommerkurse im Kloster Springiersbach (www.sommerkurse-im-kloster.de). In diesem Rahmen werden Konzerte der Dozenten und Abschlusskonzerte der Teilnehmer gegeben.
- In der **Klostermühle** finden das ganze Jahr über Veranstaltungen statt, unter anderem ein Bauernmarkt, ein Straußenfest, ein Jonglierfestival

(www.moseljonglierfestival.de), ein Mühlenfest und ein Handwerker- und Weihnachtsmarkt. Termine unter www.zur-klostermuehle.com.

### Öffentliche Verkehrsmittel

- **Bahn:** Bahnhof Bengel, Moselstrecke Trier – Cochem – Koblenz (www.vrminfo.de).
- **Bus:** Linie 333: Traben-Trarbach – Bengel – Bullay (www.rhein-mosel-bus.de).

# Abstecher: Bad Bertrich

In einem ruhigen Seitental zwischen Mosel und **Vulkaneifel** liegt der Kurort Bad Bertrich. In der waldreichen Gegend gibt es schöne Wanderwege und das ganze Jahr über ein abwechslungsreiches Kulturprogramm. Berühmt ist das Heilbad für seine **Glaubersalztherme,** die einzige in Deutschland. Schon die Römer schätzten die Bergquelle von Bad Bertrich und fassten sie in Stein. Der *Vicus Bertriacum* war bis etwa 500 n.Chr. ein römischer Kurort.

Die Natrium-Hydrogencarbonat-Sulfat-Therme sprudelt mit einer Temperatur von 32 °C aus dem vulkanischen Gestein. Das Thermal-Heilwasser eignet sich sowohl für Trink- als auch für **Badekuren.** Ein Glaubersalzbad hilft bei Verspannungen und rheumatischen Beschwerden. Frisch aus der Tiefe fließt das Heilwasser in den **Trinkbrunnen,** wo man sich ein Glas abfüllen kann. Geöffnet ist der Trinkbrunnen in der Wandelhalle am Kurgarten (Kurfürstenstraße 32a) täglich von 8 bis 9 Uhr, 11 bis 12 Uhr und 16.30 bis 17.30 Uhr.

### Landschaftstherapeutischer Park

**Römerkessel** nennt sich der sogenannte landschaftstherapeutische Park, der mit sieben unterschiedlichen Themengärten beruhigend oder belebend auf die Spaziergänger wirken und jeweils unterschiedliche Bedürfnisse ansprechen soll. Das Thema des **Fürstengartens** ist Pracht und Glanz. Er erinnert an den Kurfürsten und Erzbischof *Clemens von Wenzeslaus,* der von 1768 bis 1794 regierte und in Bad Bertrich das kurfürstliche Schlösschen bauen und die Parkanlagen gestalten ließ. Durch den **Kräutergarten** führt ein gewundener Feng-Shui-Pfad. Der Garten besteht aus einem naturmedizinischen Heilgarten, einem duftenden Sinnesgärtchen, einem Küchengärtchen mit Kräutern und einem Horrorgärtchen mit giftigen und stacheligen Pflanzen. Im **Entspannungsgarten** warten Holzliegen und der **Stille Garten** ist eine weitläufige Streuobstwiese. Im **Lavagarten** erinnern Gesteinsbrocken an den Lavastrom, der dort vor rund 40.000 Jahren durchfloss. Auf der benachbarten Wiese wurde eine Lavalandschaft mit Lavabomben, Flechten und Farnen geschaffen. Im **Bewegungsgarten** gibt es eine ovale Laufbahn, ein Barfußlabyrinth und Outdoor-Fitness-Geräte. Der verwilderte **Terrassengarten** soll die Fantasie anregen.

Führungen durch den Landschaftspark mit einem Entspannungscoach werden regelmäßig angeboten, Termine unter www.bad-bertrich.de.

# Praktische Tipps

## Informationen

- **Tourist Information Bad Bertrich,** Kurfürstenstr. 32, 56864 Bad Bertrich, Tel. (02674) 932222, www.bad-bertrich.de, April bis Sept. Mo–Fr 9–18 Uhr, Sa und So 10–13 Uhr, Okt. bis März Mo–Fr 9–17 Uhr.

## Aktivitäten

- **Vulkaneifel Therme,** Clara-Viebig-Str. 3–7, 56864 Bad Bertrich, Tel. (02674) 913070, www.vulkaneifel-therme.de. Zu dem modernen Bad gehören ein Innen-, ein Außen- und ein Bewegungsbecken mit jeweils 32 °C Temperatur sowie ein Heißsitzbecken mit 36 °C. Die Saunalandschaft „Vulkaneifel" bietet fünf Erlebnissaunen (Lavalichtsauna, Schiefersauna, Vulcanusschmiede, Vulkansauna und Eifelhütte). Im Wellness- und Therapiebereich werden klassische Anwendungen und fernöstliche Heiltechniken angeboten.

  Therme tägl. 9–22 Uhr (auch Fei), Sauna Mo–Do 11–22 Uhr, Fr–So und Fei 9–22 Uhr, Therapie- und Wellnessbereich Mo–Fr 9–20 Uhr, Sa 9–18 Uhr, So und Fei 10–18 Uhr. Kinder dürfen erst ab 3 Jahren in die Therme, Jugendliche unter 16 Jahren nur in Begleitung der Eltern. Der Eintritt ist gestaffelt: 8,50 € (2 Std.), 10 € (3 Std.), 11,50 € (4 Std.), Tageskarte 13 €. Eintritt Therme und Sauna 13,50 € (2 Std.), Tageskarte 18,50 €. Wassergymnastik unter Anleitung (im Eintrittspreis enthalten) Mo–Fr 9.30 und 13.30 Uhr, Sa 9.30 Uhr.

## Öffentliche Verkehrsmittel

- **Bus:** Linie 727: Bullay – Bad Bertrich (www.rhein-mosel-bus.de).

## Wandern

### Geo-Route

Je nachdem, welche Variante man wählt, ist der Wanderweg Geo-Route zwischen sieben und zehn Kilometer lang. Er führt von Bad Bertrich zu den Naturwundern der **Vulkaneifel.** Dazu gehören die sogenannten Dachslöcher, unterirdische Höhlen in einem ehemaligen Vulkan, die inzwischen zwar verschüttet sind, bei denen man den Lavastrom aber noch gut erkennen kann. Ebenfalls sehenswert ist die Elfengrotte. Die Lava ist darin säulenförmig erkaltet. Horizontal verlaufende Risse lassen die Säulen wie aufeinander gestapelte Käselaibe aussehen, was der Höhle den Spitznamen „Käsegrotte" einbrachte. In der Touristinformation ist ein Begleitheft zur Geo-Route erhältlich, das die geologischen Besonderheiten und Hintergründe erläutert.

Die Alte Kirche oberhalb von St. Aldegund

# St. Aldegund

Der **historische Ortskern** St. Aldegunds gehört mit seinen außergewöhnlichen Fachwerkensembles und den engen, verwinkelten Gassen zu den schönsten an der Mosel. Vor allem in der Christophorus-Straße und ihren Seitengassen stehen einige besonders **reich verzierte Fachwerkhäuser.** Das älteste – zumindest im Kern – ist das Christophorushaus (Christophorusstr. 10). Es wurde um 1480 errichtet. Den Anbau aus dem Jahr 1710 ziert eine geschnitzte Figur des Christophorus. Die Gebäude in der Christophorusstraße und der Brunnenstraße waren größtenteils Winzerhäuser. Typisch sind die Flurküchen mit offenen Feuerstellen als Mittelpunkt des Hauses.

Erstmals wird der Ort 1097 als *Sanctam Aldegundam* erwähnt. Namensgeberin des mittelalterlichen Ortes ist die hl. *Aldegundis*, eine merowingische Fürstentochter und Äbtissin. Sie lebte im 7. Jahrhundert in Ostflandern. Doch bereits die Kelten siedelten hier und auch die Römer hinterließen ihre Spuren. Zu den Funden gehören kostbare Glasgefäße, die in einem spätrömischen Frauengrab entdeckt wurden. Sie sind heute im Haus der Archäologie des Landesmuseums Koblenz auf der Festung Ehrenbreitstein ausgestellt. Kostbarste Grabbeigabe aus der Zeit *Konstantins des Großen* ist eine blaue Glasschale in Form eines Schiffes.

St. Aldegund steht ganz im Zeichen des Weins, die Weinlagen heißen „Himmelreich“, „Klosterkammer“ und „Palmberg-Terrassen“. Am Ortsende befindet sich die **Moselstaustufe St. Aldegund** mit Wehr, Schleuse und Wasserkraftwerk. Von einer Plattform aus kann man dem Schleusenbetrieb zusehen. Die aufgestaute Mosel oberhalb der Staustufe wird von **Wassersportlern** genutzt.

085mo kn

## Sehenswertes

### Alte Kirche

Die Alte Kirche in den **Weinbergen oberhalb des Ortes** steht an der Stelle eines keltischen Kultplatzes. Im Kern ist die schlichte, kleine Kirche romanisch, 1144 wird sie erstmals urkundlich erwähnt. Sie wurde zu Ehren der hl. *Aldegundis* errichtet und ist dem Apostel *St. Bartholomäus* geweiht. Letzterer ist der Schutzpatron der Bauern, Winzer, Hirten und Schäfer und wurde als der „Viehheilige" verehrt. Deshalb war die Kirche bis ins 19. Jh. Wallfahrtsort der Bauern aus der Umgebung, die dort um die Gesundheit ihres Viehs baten.

Zum wertvollen Inventar gehören die Ecce-homo-Darstellung „Christus in der Rast" von 1522 und eine spätgotische Madonna. Die **Wandmalereien** im Chor stammen aus dem 14./15. Jh. Nachdem 1872 in der Dorfmitte eine neue Kirche errichtet wurde, sollte die Alte Kirche eigentlich abgerissen werden. Doch dazu kam es glücklicherweise nicht. Stattdessen wurde sie verkauft und diente in Kriegszeiten als Munitionslager, Unterkunft für Kriegsgefangene, Pferdestall und sogar als Trafostation. Teile des Inventars wurden verkauft. Die um 1650 gefertigte, **schmiedeeiserne Kanzel** konnte nach 1948 zurückgekauft werden. Doch der **Renaissancealtar** aus der Werkstatt des Trierer Bildhauers *Hans-Ruprecht Hoffmann*, der 1601 für den Vogt *Nicolaus Rultz* erschaffen wurde, befand sich inzwischen im Besitz des Aachener Ehepaars *Peter* und *Irene Ludwig*. Nachdem die beiden Kunstsammler die Alte Kirche in St. Aldegund besucht hatten, beschlossen sie, der Kirche den Seitenaltar aus Sandstein zu stiften und die dringend notwenigen Sanierungsarbeiten an der Alten Kirche zu finanzieren. Als Gegenleistung verpflichtete sich die Kirchengemeinde, für die beiden eine Grabstätte in der Kirche einzurichten. **Peter Ludwig** wurde 1996 und **Irene Ludwig** 2010 darin bestattet. Seither dient die kleine Kirche als letzte Ruhestätte der berühmten Kunstmäzene, die unter anderem die Ludwigmuseen in Köln, Oberhausen, Saarlouis und Koblenz gründeten.

■ **Alte Kirche,** Alte Kirchgasse 6a (der Weg zur Kirche oberhalb des Ortes ist ausgeschildert). Die Kirche wird für **kulturelle Veranstaltungen** wie Konzerte genutzt. Sie ist in der Regel verschlossen, den Schlüssel erhält man bei Familie Sossong-v. Essen, Auf der Teusch 4.

### Palmberg-Terrassen

Gegenüber der Alten Kirche liegt die terrassierte **Weinlage „Palmberg".** Sie ist nicht nur ein Paradebeispiel für den Steillagenweinbau an der Untermosel, sondern auch eine botanische Besonderheit: Wenn man der Beschilderung zur Josefshöhe folgt, trifft man oberhalb der Palmberg-Terrassen auf ein großes **Buchsbaumfeld.** Es ist das größte Vorkommen von wildem Buchs an der Mosel. Etwa um 1800 brachten die Franzosen die Buchsbäume aus dem Mittelmeerraum in die Region, im Volksmund werden sie als „Palmen" bezeichnet. Durch den steilen Hang führt der **Palmberg-Pfad,** für den festes Schuhwerk erforderlich ist.

## Kehr-Heiligenhäuschen

Das Kehr-Heiligenhäuschen liegt nördlich von St. Aldegund zwischen Weinbergen und bietet einen schönen **Blick ins Moseltal** und auf die Staustufe. Ursprünglich war an der Stelle ein keltisch-römischer Kultplatz, im späten Mittelalter ist die Siedlung „Heiligenhausen" belegt. Rund 300 Meter weiter liegt der **„Calmontblick"**, ein ebenfalls beeindruckender Aussichtspunkt (ab der Alten Kirche dem Wegweiser „Kehr-Heiligenhäuschen" und „Calmontblick" folgen).

## Raulwing-Platz

Vom Heinrich-Raulwing-Platz hoch über St. Aldegund hat man eine tolle Aussicht auf Neef und die Staustufe. Der **Walderholungsplatz** ist ideal für ein Picknick, es gibt eine Schutzhütte, Sitzbänke und Tische. Man erreicht ihn, indem man ab der Alten Kirche der Ausschilderung des Wanderweges „Felsen.Fässer.Fachwerk" folgt.

# Praktische Tipps

## Einkaufen

- **Wajos Genussmanufaktur,** Historischer Weinkeller St. Aldegund, Am Moselstausee 29, 56858 St. Aldegund, Tel. (06542) 962926, www.historischer-weinkeller-sankt-aldegund.de, März bis Nov. tägl. 10–18 Uhr, Dez. bis Feb. tägl. 11–17 Uhr. Wajos-Läden gibt es an der Mosel zwischen Trier und Koblenz einige. Doch dieser ist in einem der größten Kreuzgewölbekeller an der Mosel aus dem Jahr 1898 untergebracht. *Walter J. Oster* hat in St. Aldegund den Grundstein für die erfolgreiche Likörmanufaktur Wajos gelegt. Zum Angebot gehören Liköre, Spirituosen, Essige, Öle, Feinkost, Weine aus dem Weingut Walter J. Oster, außerdem Antiquitäten, Wein- und Likörverkostungen.

## Öffentliche Verkehrsmittel

- **Bus:** Rhein-Mosel-Bus Linie 711: Bullay – St. Aldegund – Cochem (www.rhein-mosel-bus.de), Linie 302: Wittlich – St. Aldegund – Bullay (www.vrt-info.de).

## Wandern

### Seitensprung „Felsen.Fässer.Fachwerk"

Die knapp neun Kilometer lange Route ist ein Partnerweg des Moselsteigs. Start und Ziel ist an der Römerstraße vor der Kirche St. Bartholomäus, Parkplätze befinden sich am Moselufer. Der Weg ist sehr gut ausgeschildert und kann an mehreren Stellen abgekürzt werden. Der fünf Kilometer lange Hauptweg führt vom Ortskern St. Aldegunds zur Alten Kirche und zum Kehr-Heiligenhäuschen. Von hier aus lohnt sich ein kleiner Abstecher zum Aussichtspunkt „Calmontblick", den man nach etwa 300 Metern erreicht. Dann geht es vorbei an der Höhle „Goldkaul", wo man im 19. Jh. versuchte, Kupfererz abzubauen – erfolglos. Weiter geht es zur Josefshöhe und dem Buchsbaumfeld. Danach wandert man entweder direkt zum Raulwing-Platz, der sich für eine Verschnaufpause anbietet, oder man entscheidet sich für die vier Kilometer lange Zusatzschleife, die durch Wälder und Felder und schließlich ebenfalls zum Raulwing-Platz führt. Danach geht es wieder zurück in den Ortskern von St. Aldegund.

# COCHEMER KRAMPEN UND CALMONT-REGION

077mo kn

NICHT VERPASSEN!

- Die **Petersbergkapelle** hoch über Neef | 250
- **Aussichtspunkt Eulenköpfchen** mit fantastischem Blick auf die Bremmer Moselschleife | 251
- Gleitschirmflieger beobachten am **Calmont-Gipfel** | 253
- Das romantische **Beilstein** mit der Burgruine Metternich war mehrmals Filmkulisse | 263
- **Cochem** mit der Reichsburg und dem unterirdischen Bunker der Deutschen Bundesbank | 276

**Diese Tipps erkennt man an der gelben Hinterlegung.**

Besonders windungsreich ist die Mosel zwischen Bremm und Cochem. Hier holt der Fluss zu mehreren großen Bögen aus, dem Cochemer Krampen. Das Wort leitet sich vom althochdeutschen Adjektiv *chramph* (krumm) ab. Dieser 24 Kilometer lange Abschnitt wird oft auch schlicht Moselkrampen genannt und ist ein schönes Wandergebiet. Der 15 Kilometer lange Wanderweg „Erlebnis Moselkrampen" verbindet die Weinorte Ellenz-Poltersdorf, Ernst, Bruttig-Fankel und Beilstein.

Der **Calmont** liegt zwischen Bremm und Ediger-Eller auf der Eifeler Seite. Mit 65 Grad Neigung ist er der steilste Weinberg in Europa. Der terrassierte, in einem Bogen verlaufende Hang wirkt wie ein Hohlspiegel, das Schiefergestein speichert tagsüber die Wärme und gibt sie nachts wieder ab. Warmer Berg – *calidus mons* – nannten ihn schon die Römer. Das Mikroklima ist ideal für den Weinbau. Doch nicht nur Winzer haben in den letzten Jahren den Calmont wiederentdeckt. Auch sportliche Wanderer schätzen den Berg, der Steilhang ist etwas für Kraxler. **Leitern und Stahlseile** helfen beim Erklimmen. Die schweißtreibende Tour wird mit einem sagenhaften **Ausblick auf die Moselschleife** mit der romantischen Klosterruine Stuben belohnt. Geübte **Gleitschirmflieger** kommen von weit her, um den ungewöhnlichen, sehr anspruchsvollen Flug über die Steilhänge und die atemberaubende Moselschleife zu genießen.

⌃ Sprung in die Tiefe vom Gipfel des Calmont

# Neef

Neef liegt etwa in der Mitte zwischen Koblenz und Trier unterhalb der Staustufe St. Aldegund. 500 v.Chr. gründeten Kelten den Ort am rechten Moselufer, auf dem Petersberg befand sich ihre Fluchtburg und eine Kultstätte.

## Sehenswertes

Im Ortskern gibt es einige pittoreske Fachwerkhäuser. Sehenswert ist das Burghaus, die **Neefer Burg** (Moseluferstr. 6/7), aus dem 13. Jh. Sie war ursprünglich eine Wasserburg der Sponheimer Grafen. In dem spätromanischen Massivbau erblickte 1492 *Johann von Metzenhausen* das Licht der Welt. Als *Johann III.* Kurfürst und Erzbischof von Trier regierte er von 1531 bis 1540. Die spätromanischen Kleeblattbogenfenster stammen aus der Bauzeit.

### Ofen- und Puppenmuseum

Das Ofen-und Puppenmuseum in einem ehemaligen Winzerhaus zeigt etwa 50 Gusseisenöfen und diverse Haushaltsgeräte, dazu rund 400 Puppen, 150 Teddybären sowie Holz- und Blechspielzeug.

■ **Ofen- und Puppenmuseum,** Neugartenstr. 6, 56858 Neef, Tel. (06542) 22154, Juni bis Okt. 10–14 Uhr, Erw. 2,50 €, Kinder 1 €.

### Petersbergkapelle

Hoch über Neef liegt auf einem schmalen Berggrat die Petersbergkapelle. Funde belegen, dass sich hier eine römische Befestigung befand. Im 12. Jh. errichtete man eine dem hl. Petrus geweihte Kapelle als Pfarrkirche für mehrere Gemeinden. 1140 wurde sie dem Kloster Stuben zugeteilt, das drei Jahre zuvor am Fuß des Petersbergs gegründet worden war. Der älteste Teil der Kapelle ist der Chor aus dem 12./13. Jh., die restlichen Bauteile stammen aus dem 16./17. Jh. Bemerkenswert ist der schöne **Spätrenaissance-Altar** aus der Mitte des 17. Jh. im Chor des kleinen Gotteshauses. Vermutlich stammt er aus der Schule des Bildhauers *Hans Ruprecht Hoffmann* in Trier. Das Relief zeigt eine Kreuzabnahme, die seitlichen Figuren stellen Petrus und Paulus dar, darüber die Heiligen Sebastian und Rochus.

Der Friedhof an der Petersbergkapelle ist der einzige heute noch genutzte **Höhenfriedhof** im Moseltal. Von hier aus hat man einen fantastischen Blick über die Bremmer Moselschleife und auf die Ruine des Klosters Stuben.

■ **Anfahrt:** Von der Moseluferstraße der Beschilderung zur Ortsmitte und zur Petersbergkapelle folgen. Zunächst auf der Fährstraße und der Petersbergstraße zum Ortsrand fahren, dann über Auf der Heid rund zwei Kilometer weiter durch die Weinberge bis zur Kapelle. Der Weg ist sehr schmal und für Wohnmobile nicht geeignet.

⊡ Das Altarrelief in der Petersbergkapelle

## Aussichtspunkt Eulenköpfchen

Rund 200 Meter von der Kapelle entfernt liegt der Aussichtspunkt Eulenköpfchen. Auch von hier ist der Blick auf die Moselschleife grandios. Funde zeigen, dass der ganze Berggrat in römischer Zeit besiedelt war und es vermutlich auch ein militärisches Kastell gab.

# Praktische Tipps

## Informationen

- **Tourist-Information Neef in der Calmont Region,** Moseluferstr. 23, 56858 Neef, Tel. (06542) 1814055, www.neefmosel.de, 1. April bis 1. Nov. Mo 10–12 Uhr, Mi 13.30–14.30 und 17.30–18.30 Uhr, Sa 11–12 Uhr, Di, Do und Fr geschl.

087mo kn

090mo kn

## Einkaufen

- **Pfirsichhof,** Alte Kirchstr. 20, www.moselpfirsich.de. In dem hübschen, moseltypischen Bruchsteinhaus mitten in Neef werden Spezialitäten vom Roten Moselweinbergpfirsich hergestellt: Saft, Aufstrich, Mus und Likör, im September gibt es auch die frischen Früchte. Terminvereinbarung unter Tel. (06542) 21073.

## Aktivitäten

- **mac-bike-touren,** Kloster-Stuben-Straße 7, 56858 Neef, Tel. (06542) 901133, http://mac-bike-touren.de, tägl. 9.30–11.30 und 17.30–19.30 Uhr. Verleih von Trekkingrädern, Mountainbikes (ab 8 €), Kinderfahrrädern, Hängern und E-Bikes. Zum Programm gehören außerdem Pauschalangebote für Fahrrad-Kurzurlaube.

## Öffentliche Verkehrsmittel

- **Bahn:** Bahnof Neef, Moselstrecke Trier – Cochem – Koblenz (www.vrminfo.de).
- **Bus:** Rhein-Mosel-Bus Linie 333: Traben-Trarbach – Bullay – Neef (www.rhein-mosel-bus.de).

# Bremm

Schon wegen seiner Lage zählt Bremm zu den schönsten Orten an der Mosel. Das Fachwerkdorf schmiegt sich eng an den **steilen Hang des Calmont.** Bremm ist nicht nur für seine Weinlagen bekannt, sondern auch für seine Weinbergpfirsiche.

Blick auf Neef vom Eulenköpfchen

## Sehenswertes

Das sogenannte **Storchenhaus** ist eines der berühmtesten Fachwerkhäuser an der Mosel. Zum Ufer hin zeigt ein in das Holz geschnitzte Relief einen Storch. Das ehemalige Zehnthaus des Klosters Stuben ist spätmittelalterlich und wurde kürzlich renoviert.

Die **Kirche St. Laurentius** am oberen Ortsrand von Bremm wurde um 1480 von mittelrheinischen Baumeistern errichtet. Ein Mittelpfeiler stützt die Langhaushalle mit ihrem eindrucksvollen Sterngewölbe. Im 19. Jh. wurde das Langhaus vergrößert. Der prachtvolle Renaissance-Altar ist ein Werk von *Johann Gros,* der ihn um 1620 gestaltete. Der Altar stand ursprünglich im Kloster Stuben. Der Kirchturm ist älter als das Kirchenschiff, er wurde im ausgehenden 12. Jh. errichtet.

### Calmont-Gipfel

Ein besonderes Ausflugsziel ist das auf 376 Metern Höhe gelegene **Gipfelkreuz** des Calmont. Man erreicht es zu Fuß über den Calmont-Klettersteig, der allerdings nur für sportliche Wanderer zu empfehlen ist (s.u.). Von dem **Aussichtspunkt** hoch über Bremm hat man einen fantastischen Blick auf eine der schönsten Moselschleifen und kann bei günstiger Thermik Gleitschirm- und Drachenflieger beobachten.

■ **Anfahrt:** Von Cochem kommend, hinter Bremm auf die L106 Richtung Beuren (Eifel) fahren, nach 4,5 km dem Schild „Römischer Tempel" folgen und rechts auf den Wirtschaftsweg abbiegen. 2,5 km weiter geradeaus bis zur Schranke, dann rund 50 Meter zu Fuß bis zum Gipfelkreuz.

■ **Café auf dem Calmontgipfel,** Tel. (02675) 1391, Ostern bis Mitte Oktober Sa, So und Fei ab 10 Uhr. Rieslingweine aus dem Bremmer Weingut Michael Franzen, selbstgebackener Kuchen, Erfrischungsgetränke, kleine Snacks und kostenlos dazu der sagenhafte Blick über den Calmont und die Moselschleife.

### Gallo-römisches Bergheiligtum

Auf dem Gipfel des Calmont steht die Rekonstruktion eines gallo-römischen Bergheiligtums. Der **Umgangstempel** wurde im 2. bis 4. Jh. n.Chr. genutzt. Mauerreste zeigen, dass der quadratische Mittelbau 4x4 Meter groß war. Ein offener Umgang verlief um den Mittelbau herum. Das Bergheiligtum erreicht man, wenn man vom Gipfelkreuz aus der Beschilderung „Römisches Höhenheiligtum" folgt.

### Klosterruine Stuben

Auf der gegenüberliegenden Uferseite stehen die **verwitterten Mauern** der Stiftskirche des verlassenen Klosters Stuben. Das 1137 gegründete Augustinerinnenkloster war der Abtei Springiersbach unterstellt. Die noch erhaltenen Mauern gehen auf einen Bau aus dem Jahr 1687 zurück. Nach der Umwandlung des Klosters in ein freies Damenstift (1788) wurde das Stift 1802 aufgehoben. Das Klostergebäude verfiel und wurde als Steinbruch genutzt.

Für kulturelle **Freiluftveranstaltungen** im Sommer werden die Mauern der Kirche stimmungsvoll beleuchtet und bilden eine romantische Kulisse (Termine unter www.moselmusikfestival.de).

## Praktische Tipps

### Unterkunft

■ **Gästehaus Praliné**②, Zehnthausstraße 7–9, 56814 Bremm, Tel. (02675) 911810, www.gaestehaus-praline.de. Ausnehmend hübsche Gästezimmer mit viel Komfort. Zu dem Gästehaus gehört der kleine **Hofladen** „Pralinen und mehr", in dem Pralinen, Trüffeln und Produkte aus dem vielseitigen Weinbergpfirsich verkauft werden, die prima als Souvenir geeignet sind.

### Einkaufen

MEIN TIPP: **Weingut Reinhold Franzen,** Gartenstr. 14, 56814 Bremm, Tel. (02675) 412, www.weingut-franzen.de. In Europas steilster Weinlage, dem „Bremmer Calmont", baut *Kilian Franzen* seine Weine an. Der Jungwinzer lernte unter anderem bei dem angesehenen Winzer *Clemens Busch* aus Pünderich und hat mit seinen hervorragenden Rieslingen, Weißburgundern und Elblingen schon längst die Aufmerksamkeit der Fachpresse erregt. Im Eichelmann 2016 als „hervorragendes Weingut" geadelt, im Gault&Millau mit drei Trauben – und das nach nur wenigen Jahren.

■ **Weingut Markus Dreis,** Brunnenstr. 58, 56814 Bremm, Tel. (02675) 16 33, www.weinbergpfirsich-dreis.de, April bis Okt. Mi 16–18 Uhr, Sa 10–17 Uhr. Im historischen Gewölbekeller ist der Hofladen „Dä Lade" untergebracht. Neben den hauseigenen Rieslingen werden Liköre, Edelbrände und Produkte aus dem Weinbergpfirsich angeboten, z.B. Senf, Essig, Traubenkernöl, Fruchtaufstrich oder Gelee.

## Aktivitäten

■ **Gleitschirmfliegen:** Auf dem Calmont-Gipfel, direkt vor dem Gipfelkreuz, starten bei guter Thermik Gleitschirmflieger. Geländehalter sind die Drachen- und Gleitschirmfliegerfreunde Rhein-Mosel-Lahn e.V. (www.thermik4u.de).

## Feste und Veranstaltungen

■ **Weinfest:** Das dreitägige Fest am ersten Wochenende im September wird mit einem Umzug durch den Ort, Live-Musik und Tanz gefeiert. Samstags gibt es ein traditionelles Erbsensuppenessen.

## Öffentliche Verkehrsmittel

■ **Bus:** Rhein-Mosel-Bus Linie 711: Bullay – Bremm – Cochem (www.vrminfo.de).

## Wandern

### Calmont-Klettersteig

**Mein Tipp:** Für sportlich ambitionierte Wanderer ist der Klettersteig zwischen Eller und Bremm ein Erlebnis. Knifflige Passagen sind mit Leitern, Trittbügeln und Handläufen gesichert. Im Sommer kann es in dem steilen Felshang und in den Weinbergen sehr heiß werden, deshalb sollte man Getränke mitnehmen und nicht unbedingt in der Mittagszeit starten. Am Gipfelkreuz findet sich ein Café mit Erfrischungsgetränken, das allerdings nur wochenends in der Saison geöffnet ist. Es gibt eine Hauptroute, für die man etwa drei Stunden braucht, und verschiedene Möglichkeiten für den Rückweg. Unabdingbar sind in jedem Fall festes Schuhwerk und Schwindelfreiheit. Start ist am Parkplatz in Eller oder am Parkplatz in Bremm (www.calmont-klettersteig.com).

### Wanderung zum Calmont-Gipfelkreuz

Von Bremm aus führt die gut ausgeschilderte 16. Etappe des Moselsteigs hoch zum Gipfelkreuz auf dem Plateau des Calmont. Die Route ist elf Kilometer lang und teilweise recht steil, deshalb sind festes Schuhwerk und Schwindelfreiheit Voraussetzung.

089mo kn

> Das Storchenhaus in Bremm

# Ediger-Eller

Die beiden Ortsteile Ediger und Eller liegen nebeneinander direkt an der Mosel auf der Eifeler Seite. Oberhalb von Eller erhebt sich imposant der Calmont.

## Sehenswertes in Eller

Die **Pfarrkirche St. Hilarius** wurde 1718 errichtet, ihr Turm ist jedoch romanisch und stammt von einem Vorgängerbau. Im Inneren befinden sich eine Stumm-Orgel (1828) und zwei Gemälde des kurtrierischen Hofmalers *Heinrich Foelix,*

die Maria Magdalena und Mariä Krönung darstellen und aus der Karmeliterkirche in Koblenz stammen.

Schräg gegenüber der Kirche steht eine kleine, dem hl. Arnulf geweihte Kapelle, die aber allgemein **Rochuskapelle** genannt wird. Der Chor des eigentlich romanischen Bauwerks ist spätgotisch (um 1500). Eine Wandmalerei über einem der Chorfenster stammt aus dieser Zeit und zeigt den hl. Arnulf.

Aussicht vom Calmont-Gipfel: rechts unten Bremm, in der Biegung Neef, links hinter der Brücke Ediger-Eller

880mo kn

## Sehenswertes in Ediger

Das mittelalterliche Ediger gilt als das **„Rothenburg der Mosel“.** Mauerreste der Stadtbefestigung aus dem 14. Jh. sind im Ort noch teilweise erhalten. Kunstvolle, liebevoll restaurierte Fachwerkbauten reihen sich in den engen Gassen aneinander und bilden malerische Winkel. Ein besonders schmucker Fachwerkbau ist das sogenannte **Holle Häuschen,** in dem die Touristinformation untergebracht ist.

Die oben im Ort gelegene **Pfarrkirche St. Martin** hat einen ungewöhnlich reich verzierten, hohen Schieferturmhelm mit kleinen Gauben, Ecktürmchen und vergoldeten Krabben. An den Ecken des Turmes befinden sich Wasserspeier aus Sandstein. Es sind Kopien – die stark verwitterten Originale wurden vor der Kirche aufgestellt. Der Kirchenbau ist größtenteils gotisch, romanische Bauteile sind aber ebenfalls erhalten. In der Kirche finden regelmäßig **Orgelkonzerte** statt. Das historische Instrument ist ein Werk der berühmten Orgelbauerdynastie *Stumm.*

Hinter der Pfarrkirche führt ein Kreuzweg (1762) hoch in die Weinberge. Am Ende des Weges steht die **Heilig-Kreuz-Kapelle** aus dem 18. Jh. In ihrem Inneren befindet sich das berühmte Steinrelief „Christus in der Kelter“ aus dem 16. Jh. Dargestellt ist, wie das Blut Christi aus den Nagelwunden in den Händen und Füßen in eine Kelter fließt und sich mit dem Wein mischt.

☒ Das Holle Häuschen in Ediger

## Praktische Tipps

### Informationen

- **Touristinformation der Mosel Calmont Region,** Holle Häuschen, Pelzerstr. 1, 56814 Ediger-Eller (Ortsteil Ediger), Tel. (02675) 1344, www.ediger-eller.de, in der Saison Mo, Di, Do und Fr 9.30–12 und 16.30–18 Uhr, Mi und Sa 9.30–12 Uhr, in den Wintermonaten Di und Sa 10–12 Uhr.

### Essen und Trinken

- **Weincafé und Restaurant Springiersbacher** Hof/Weingut Borchert, Oberbachstr. 30, Tel. (02675) 1560, Ostern bis Okt. ab 12 Uhr, Mo und Di Ruhetag, ab Aug. nur Di geschl. In dem geschmackvollen Café-Restaurant mit **Vinothek** im Ortsteil Ediger werden hauseigene Weine ausgeschenkt. Dazu Winzerküche, hausgebackene Kuchen und Torten.
- **Winzerschänke Feiden,** Kirchstr. 10, Ediger, Tel. (02675) 332, www.winzerschaenke.de, Di–Sa ab 17 Uhr, So 12–14 und ab 17 Uhr, Ende Jan. bis Anf. März Do–So ab 17 Uhr. Zum Küchenrepertoire der Winzerschänke im gräflichen Dauner Hof gehören auch vegane und vegetarische Gerichte.

### Einkaufen

- **Weingut Schauf,** St. Jakob-Str. 18, 56814 Ediger-Eller, Tel. (02675) 288, www.schauf-weine.de. Das Weingut im Ortsteil Eller baut seit 1607 Wein am berühmten Calmont an. Samstags werden geführte Wanderungen über den Calmont-Klettersteig angeboten, abschließend gibt es Wein und Gegrilltes (p.P. 25 €). Auch Weinrebenpatenschaften sind möglich: Zwei Jahre lang ist man Weinpate und erhält dafür pro Lese zwei Flaschen Wein (pro Patenschaft und Weinstock 75 €).
- **Weingut Walter J. Oster,** Moselweinstr. 14, 56814 Ediger-Eller (Ortsteil Eller), Tel. (02675) 235,

www.weingutoster.de. Das Familienweingut besteht bereits seit 15 Generationen. Daraus entwickelte *Walter J. Oster* in den 1980er Jahren zusätzlich eine Likörmanufaktur. Am Anfang stand der Likör von Rotem Weinbergpfirsich, inzwischen ist daraus die Feinkostmanufaktur Wajos mit vielen Läden in der Region entstanden. Zum Sortiment gehören neben den hauseigenen Weinen Essige, Öle und Salze, Senf, Gewürzmischungen für Dips und vieles mehr.

## Aktivitäten

■ **Fahrradverleih Andre,** Moselweinstr. 34, Eller, Tel. (02675) 356, Mo–Sa 8–18.30 Uhr, So 9.30–18.30 Uhr. Fahrräder ab 9 € (ab 14 Uhr 6 €). Hat man mit dem Leihfahrrad eine Panne, bekommt man ein Ersatzrad gebracht (zwischen Cochem und Zell).

■ **Kulturweg der Religionen:** Der rund sechs Kilometer lange Rundweg verbindet Zeugnisse verschiedener Religionen in Ediger-Eller und Umge-

091mo kn

bung. Dazu gehören die ehemalige Synagoge, der Kreuzweg und die Heilig-Kreuz-Kapelle. Hinweistafeln informieren über den keltischen Naturglauben und die römischen Religionen.

### Feste und Veranstaltungen

- **Weinfest „Ediger Osterlämmchen":** Der *Edschara Stohlgang* ist der Höhepunkt des Ediger Wein- und Heimatfestes am zweiten Wochenende im August und gehört zu den skurrilsten Festen an der Mosel. Am Weinfest-Montag ziehen die Moselaner und ihre Gäste zu Live-Musik durch die Gassen von Ediger. Es wird getanzt, gesungen, geschunkelt und zwischendurch auf den mitgebrachten Stühlen ausgeruht. Nicht nur die Stühle, auch Wein, Wurst und Käse bringt der erfahrene Edschara-Stohlgang-Besucher selbst mit (www.edschara-stohlgang.de).

### Öffentliche Verkehrsmittel

- **Bahn:** Bahnhof Ediger-Eller, Moselstrecke Trier – Cochem – Koblenz (www.vrminfo.de).
- **Bus:** Rhein-Mosel-Bus Linie 711: Bullay – Ediger-Eller – Ernst (www.vrminfo.de ).

# Senheim

Senheim liegt auf der Hunsrücker Seite der Mosel, der kleinere Ortsteil **Senhals** am gegenüberliegenden Ufer. Eine Brücke verbindet die Doppelgemeinde. Während das 1067 erstmals erwähnte Senhals sein mittelalterliches Flair erhalten konnte, fiel Senheim 1839 einem verheerenden Brand zum Opfer. Nur wenige Gebäude blieben verschont, darunter die **katholische Pfarrkirche** mit ihrem romanischen Westturm und dem 1766 nach Plänen des Straßburger Architekten *Paul Stähling* errichteten Langhaus. Ebenfalls verschont blieb das mittelalterliche **Burghaus** in der Brunnenstraße. Letzteres ist ein staufischer Wohnturm (auch Vogtei Senheim genannt) und wurde in der ersten Hälfte des 13. Jh. errichtet. Er war Teil der Stadtbefestigung. Im Mittelalter gehörte Senheim drei Herren: Kurtrier, Sponheim und Metternich. Im Wappen des Ortes ist dies durch drei Löwen symbolisiert.

092mo kn

Vor dem Ort liegt der **Senheimer Hafen,** ein besonders schöner Yachthafen mit Schiffsanlegestelle und Slipanlage (www.moselhafen.de).

## Skulpturenpark

Der Skulpturenpark erstreckt sich von der Mosel bis hinauf in die Weinberge von Senheim. Der **Kulturweg,** der durch den Skulpturenpark führt, ist 7,6 Kilometer lang. Am Yachthafen steht ganz am Ende der Hafenmole das „Denkmal für ein Schiff" von *Jan Schröder* aus Traben-Trarbach. Besonders malerisch eingebettet in die Weinberge ist auch der monumentale Skulpturenkopf des Bildhauers *Jürgen Waxweiler* mit dem Titel „Ich sehe". Von hier aus hat man einen schönen Blick auf Senheim, die Kirche und die Mosel. Weitere Skulpturen und Installationen sind Werke von *Jürgen Lit Fischer* (Düsseldorf), *Maria* und *Christoph Anders* (Senheim), *Hubert Benatzky* (Köln und Kail) und *Klaus Großkopf* (Strachau). Der **Literatenweg** mit wechselnden Gedichten an 14 Holzstelen ist in den Weg integriert.

## Weinmuseum

Im bereits seit 1602 bestehenden **Weingut Schlagkamp-Desoye** ist ein Weinmuseum untergebracht. Mit mehr als 10.000 Exponaten ist es das größte private Weinmuseum Deutschlands. Winzer-, Küfer- und Weinbehandlungsgeräte sind zu bestaunen, ebenso der Keller samt seiner Fuder-Fässer und Gerätschaften.

☒ Der Yachthafen von Senheim

Man erhält auch Einblicke in die Sektherstellung. Sprachboxen in Deutsch, Niederländisch und Englisch informieren die Besucher an den einzelnen Stationen. Am Ausgang bekommt man zum Abschluss ein Glas Wein.

■ **Weinmuseum Schlagkamp-Desoye,** Zeller Str. 11–13, 56820 Senheim, Tel. (02673) 4381, 1. April bis 31. Okt. Mo–Sa 10–17 Uhr, So und Fei geschl., Erw 4 € (inkl. Glas Wein), Jugdl. (13–16 J.) 2 €, Kinder bis 12 J. frei, geführte Rundgänge für Gruppen ab 20 Personen 4 € pro Person (nur nach Anmeldung, inkl. Glas Wein).

## Römergräber Nehren

Hoch in den Weinbergen auf der Eifelseite liegen zwei römische Grabkammern. Die gleich großen, zweigeschossigen Bauten sind in Form von Grabtempeln gestaltet. In einer der beiden Kammern ist eine **Gewölbemalerei** mit Pflanzenornamenten aus dem 3./4. Jh. n.Chr. erhalten. Die Malereien sind durch eine Öffnung in der Tür zu besichtigen. Leider funktioniert die solarbetriebene Beleuchtung aufgrund von Vandalismus nicht immer. Die Methoden der Restauration und Konservierung sind auf Informationstafeln nachzulesen.

Von der Grabanlage aus hat man einen fantastischen **Weitblick** ins Moseltal und auf Nehren. Von Nehren aus erreicht man die Gräber über den knapp fünf Kilometer langen „Kulturweg Römergräber". Wer nicht wandern mag, findet an der Moselweinstraße (B49) einen Wanderparkplatz. Von dort aus ist es nur noch ein zehnminütiger Spaziergang bis zu der Grabanlage.

## Praktische Tipps

### Unterkunft, Essen und Trinken

■ **Hotel Weinhaus Halfenstube**②, Moselweinstraße 30, 56820 Senheim-Senhals, Tel. (02673) 4579, www.hotel-halfenstube.de. Das Drei-Sterne-Hotel mit Spa-Bereich und modernen Zimmern liegt am Moselsteig und am Moselradweg in Senhals. Das **Restaurant Treidelpfad**②-③ bietet sehr leckere, regionale Küche.

MEIN TIPP: **Schinkenkeller**①-②, Brunnenstr. 9, 56820 Senheim, Tel. (02673) 4270, www.schinkenkeller.de. Im Gewölbekeller eines ehemaligen Weingutes reifen unter idealen Bedingungen moselländische Schinken. Die Spezialitäten aus der Schinkenräucherei und die hausgemachten Konserven werden im **Schinkenlädchen** verkauft. Im Restaurant mit Biergarten gibt es neben Deftigem wie Schweinshaxe auch Salate und eine Vesperkarte.

#### Camping

■ **Campingplatz Holländischer Hof,** Am Campingplatz 1, 56820 Senheim, Tel. (02673) 4660, www.moselcamping.com. Der Vier-Sterne-Campingplatz mit täglich geöffnetem Restaurant und sauberen Sanitäranlagen liegt idyllisch zwischen Hafen und Mosel.

### Einkaufen

■ **Weingut Markus Görgen – Weine, Sekt und Destillate,** Zeller Str. 29, 56820 Senheim, Tel. (02673) 4251, www.mg-weine.de. Winzer *Markus Görgen* produziert nicht nur guten Wein, sondern beherrscht auch die Kunst des Schnapsbrennens. Trester, Apfel-, Quitten- und Erdbeerbrand, Zwetschgenwasser und Edelbrand oder Likör vom Roten Weinbergpfirsich gehören zum Angebot. Besondere Tröpfchen sind der alte Tresterbrand und der alte Weinhefebrand, sie lagern fünf Jahre im Holzfass.

### Öffentliche Verkehrsmittel

■ **Bus:** Rhein-Mosel-Bus Linie 711 Bullay – Senheim – Cochem (www.rhein-mosel-bus.de), Linie 716 Senheim – Beilstein – Cochem (www.vrminfo.de).

# Mesenich

Früher trugen die Mesenicher die Steine, die sie aus den Hängen zwischen Senheim und Mesenich sammelten, um Weinreben zu pflanzen, an bestimmten Stellen zusammen. So entstanden viele große Steinhaufen. Diese *Steinräuschen* waren teilweise sogar von Ringmauern umgeben. Da keine andere Gemeinde so viele Steinhaufen in den Weinbergen hatte, gaben die Bewohner der umliegenden Orte den Mesenichern den Spottnamen *Steinreichskäpp.*

Interessant ist die **Pfarrkirche St. Salvator Mundi.** Der romanische Turm stammt von einem Vorgängerbau, das Langhaus entstand zwischen 1833 und 1836 nach Plänen des Koblenzer Architekten *Johann Claudius von Lassaulx.* Die Innenausstattung ist barock. In der Kirchstraße stehen einige hübsche Fachwerkhäuser, von denen manche auf das Mittelalter zurückgehen.

### Camping

■ **ADAC-Campingplatz,** Wiesenweg 25, 56820 Mesenich, www.familycamping.de. Der familienfreundliche Vier-Sterne-Platz liegt direkt an der Mosel, umgeben von Weinbergen. Er bietet 98 durch Bäume und Hecken abgetrennte Parzellen, ein Schwimmbad, ein Planschbecken und saubere Sanitäranlagen.

## Öffentliche Verkehrsmittel

- **Bus:** Linie 716: Senheim – Mesenich – Cochem (www.vrminfo.de).

## Wandern

### Kulturweg „Mesenicher Steinreichskäpp"

Entlang des leicht zu gehenden, rund 2,5 Kilometer langen Wanderweges oberhalb von Mesenich sind **Skulpturen,** in Stein gemeißelte Sinnsprüche und Porträts von Menschen aus Mesenich aufgestellt. Der Weg lädt auch zum **Mitmachen** ein, so kann man sich im Steineheben messen oder sein Gewicht mit Steinen aufwiegen. Hinweistafeln informieren über die Themen Wasser, Stein und Wein.

# Beilstein

Zu den Höhepunkten an der Terrassenmosel gehört das kleine Beilstein mit dem hübschen Beinamen „Dornröschen an der Mosel". Idyllisch in Weinberge und Wälder gebettet, ist es **einer der malerischsten Moselorte.** Schmale Gassen, schiefergedeckte Fachwerkhäuser und ein beeindruckendes ehemaliges **Karmeliterkloster** machen den Charme des kleinen Weinortes aus. Und als sei dies nicht schon genug, thront hoch über dem Ort auf einem Berggrat die **Ruine der Burg Metternich.** Cafés und Winzerschenken laden zu Pausen ein, an der Moselpromenade schmeckt Riesling-Eis mit Blick auf den Fluss besonders gut.

☐ Beilstein mit der imposanten Klosterkirche und überragt von der Burgruine Metternich, war Drehort für verschiedene Filme

093mo kn

Das idyllische Ortsbild hatte sich Beilstein bewahrt, weil es lange Zeit keine Zufahrtsstraße gab. Die einzige Verbindung waren die noch heute betriebene **Fähre nach Ellenz** auf der anderen Uferseite und alte, aber wenig bedeutende Verbindungswege in den Hunsrück.

Beilstein ist so schön, dass es bereits mehrmals als **Filmkulisse** diente. 1936 wurde hier der Film „Wenn wir alle Engel wären" mit *Heinz Rühmann* und *Leny Marenbach* in den Hauptrollen gedreht. 1938 folgte „Das Verlegenheitskind" mit *Ida Wüst* und *Paul Klinger.* 1952 wurde *Carl Zuckmayers* Lustspiel „Der fröhliche Weinberg" in dem romantischen Örtchen aufgenommen. Sechs Jahre später war Beilstein wiederum Kulisse für einen Film, der auf einem Theaterstück von *Zuckmayer* basiert: „Schinderhan-

094mo ct

nes" mit *Curd Jürgens, Maria Schell* und *Will Quadflieg* in den Hauptrollen. Auch für die Neuverfilmung von „Wenn wir alle Engel wären" (1956) mit *Dieter Borsche* und *Marianne Koch* war Beilstein Drehort. Und noch einmal wurde der Ort als Kulisse bemüht, diesmal für den Film „Der wahre Jakob" (1960) mit *Willy Millowitsch.*

## Sehenswertes

Das Zentrum des autofreien Ortskerns bildet der **mittelalterliche Marktplatz.** Das Marktrecht erhielt Beilstein 1316, danach begann *Johann II. von Braunshorn* Beilstein zur Stadt auszubauen. Auf dem kleinen Platz fällt das **Zehnthaus** ins Auge. 1574 erbaut, wurde hier der Zehnt-Teil, also die Naturalsteuer, die die Bauern und Winzer entrichten mussten, gelagert. Heute ist darin eine Weinstube des Weinguts Lipmann untergebracht.

### Klosterkirche

108 Treppenstufen führen zum ehemaligen Karmeliter-Stift hinauf. Zu der Anlage des Stifts gehört die imposant über dem Ort thronende, barocke **Klosterkirche St. Joseph,** in der eine „Wunderbare Schwarze Madonna" steht. Das Gnadenbild soll während des Dreißigjährigen Krieges von spanischen Soldaten zurückgelassen worden sein.

☐ Das Zehnthaus am Marktplatz

### Ehemalige Synagoge und jüdischer Friedhof

*Johann von Braunshorn* erhielt 1309 von Kaiser *Heinrich VII.* das Recht, jüdische Familien in Beilstein anzusiedeln. Seit dem Mittelalter wurden Juden gegen Bezahlung Schutzbriefe ausgestellt, die ihnen die Ansiedlung in Städten erlaubte. Die Familien kamen aus Oberwesel am Rhein nach Beilstein, weil sie sich in ihrem Heimatort nicht mehr sicher fühlten. Dort hatte man im Jahr 1287 die Leiche eines Jugendlichen gefunden. Man beschuldigte die jüdische Gemeinde eines religiös motivierten Ritualmordes. Es kam zu brutalen Judenverfolgungen, die auch auf andere Orte übergriffen. So entstand in Beilstein eine kleine jüdische Gemeinde.

Die restaurierte ehemalige Synagoge im jüdischen Viertel (Weingasse 13) wurde vermutlich bereits im Mittelalter errichtet. In der Nähe der Burgruine Metternich befindet sich der Friedhof der jüdischen Gemeinde, der auch Juden aus Bruttig, Bremm, Ediger-Eller, Senheim und Mesenich als Begräbnisstätte diente. Rund 110 Grabsteine sind noch erhalten.

### Burgruine Metternich

Die Ruine der Metternichburg auf einem hohen Berggrat über Beilstein ist wegen der **fantastischen Aussicht** den kurzen, aber steilen Anstieg wert. Die Burg wird erstmals im Jahr 1268 als Lehen der Herren von Braunshorn erwähnt, im 17. Jh. ging sie in den Besitz der Freiherren von Metternich über. Den Dreißigjährigen Krieg überstand die Burg zwar weitgehend unbeschadet, doch 1688/89 zerstörten Soldaten *Ludwigs XIV.* die Anlage während des Pfälzischen Erbfolgekrieges. Auffälliges Merkmal der Burg ist der mehr als 20 Meter hohe, **fünfeckige Bergfried** (13. Jh.). In einem der Wohnbauten befindet sich heute eine Gaststätte, die im Sommer mit einem Terrassencafé inmitten der romantischen Mauerreste lockt.

# Praktische Tipps

## Informationen

■ **Heimat- und Verkehrsverein,** Bachstr. 47, 56814 Beilstein, Tel. (02673) 900191, www.beilstein-mosel.de.

■ **Historische Stadtführung – 700 Jahre Beilstein,** unterhaltsame Führung durch den historischen Ortskern, Sa 14.30 Uhr und So 10.30 Uhr, Erw. 4,50 €, Kinder 3,50 €.

## Essen und Trinken

MEIN TIPP: **Café-Bistro Klapperburg,** Bachstraße 33, http://klapperburg.de, tägl. außer Mo 10–18.30 Uhr. Sehr gemütliches Café, liebevoll eingerichtet mit zahlreichen Altertümchen und mehr als 500 Kaffeemühlen aus drei Jahrhunderten. Der selbstgebackene Kuchen ist unschlagbar gut, außerdem gibt es kleine herzhafte Speisen und Weine aus der Region.

■ **Kloster-Restaurant und Café Beilstein**①-②, Klosterstr. 55, Tel. (02673) 1674, www.klostercafe-beilstein.de, 14 Tage vor Ostern bis Mitte Nov. tägl. ab 9 Uhr, in den Wintermonaten nur Sa und So. Wunderschöne Terrasse mit Blick auf den Ort und die Mosel, gutbürgerliche Küche, hausgebackene Kuchen, Torten und Waffeln.

## Öffentliche Verkehrsmittel

■ **Bus:** Linie 716: Senheim – Beilstein – Cochem (www.vrminfo.de).

■ **Fähre Beilstein – Ellenz-Poltersdorf:** Das kleine Schiff, das zum gegenüberliegenden Ufer nach Ellenz pendelt, ist eine sogenannte Gierseilfähre. Die motorbetriebene Fähre nutzt die Strömung, um Treibstoff zu sparen. Sie ist mit einem quer über den Fluss gespannten Seil verbunden. Nur in Beilstein gibt es heute noch eine Fähre dieser Art. Ostern bis Ende Oktober tägl. 9–12 Uhr und 13–18 Uhr.

## Wandern

### „Erlebnis Moselkrampen"

Der 15 Kilometer lange Wanderweg verbindet die Weinorte Beilstein, Bruttig-Fankel, Ernst und Ellenz-Poltersdorf. Die Route führt durch Weinberge und Wälder, unterwegs informieren große Hinweistafeln über Sehenswertes. Man kann die Wanderung in jedem der vier Orte starten, sollte aber die Fährzeiten der Fähre zwischen Beilstein und Ellenz-Poltersdorf beachten (s.o.). Auch wenn der Weg als mittelschwer eingestuft ist, sind festes Schuhwerk, Trittsicherheit und Schwindelfreiheit Voraussetzung. Mehr Informationen und eine Karte als pdf-Datei sind unter www.erlebnis-moselkrampen.de zu finden.

### Traumschleife „Layensteig Strimmiger Berg"

MEIN TIPP: Etwa zehn Autominuten von Beilstein entfernt liegt auf den Hunsrückhöhen der kleine Ort **Liesenich.** Hier startet ein außergewöhnlicher und anspruchsvoller Wanderweg, für den man trittsicher und schwindelfrei sein sollte. Der knapp 14 Kilometer lange Rundweg führt durch stille Täler und die Orte **Mittelstrimmig** und **Altstrimmig.** Der Clou sind Klettersteige, von denen man, wenn man sie erst erklommen hat, tolle Aussichten genießen kann. Nicht ganz so Wagemutige können die Klettersteige umgehen. Drahtseile und in den Fels eingelassene Steigeisen helfen über schwierige Passagen. Infotafeln geben Einblick in die Geschichte des Strimmiger Berges, die Geologie und den Schieferabbau in früheren Zeiten. Die Schieferstollen standen auch Pate für die Namensgebung des Wanderweges. *Layen* nennt man die Platten, mit denen die für den Hunsrück so typischen Schieferdächer gedeckt werden. Rekonstruierte Spalt- und Wohnhäuschen in der Höhlenschlucht bei Liesenich lassen ahnen, wie mühsam die Gewinnung und der Transport des Dachschiefers waren.

In der Saison ist Beilstein ein Touristenmagnet

096mo ct

097mo ct

# Ellenz-Poltersdorf

Ellenz-Poltersdorf liegt gegenüber von Beilstein auf einem flachen Hang mitten in der Moselschleife Cochemer Krampen. In Poltersdorf fällt die ungewöhnliche, spitzbogige Tordurchfahrt durch den romanischen Westturm der katholischen **Filialkirche St. Andreas** auf. Der Turm ist das Wahrzeichen von Poltersdorf. Der Saalbau der Kirche wurde erst 1950/52 gebaut und ist zurzeit geschlossen. Direkt unterhalb der Kirche liegt der **Gymnicher Hof** aus dem 17. Jh.

In Ellenz thront die alte **Pfarrkirche St. Martin** etwas außerhalb hoch über

Blick auf Ellenz von der Burgruine Metternich – über den Fluss verkehrt die kleine Gierseilfähre

dem Ortskern des Winzerortes. Das **historische Rathaus,** das laut einer Inschrift aus dem Jahr 1541 stammt, ist ein schönes Beispiel moselländischer Fachwerkarchitektur. Sehr alt ist das **Burghaus Warsberg,** errichtet 1473. Der massive Bau ist im Grundriss fast quadratisch. Zur Straße hin schließt je ein Dreiviertelturm an den Hausecken die Fassade ab.

### Unterkunft, Einkaufen

■ **Weingut Heinrich Basten**①-②, Auf Mertesborn 13, 56821 Ellenz, Tel. (02673) 1508, www.weingut-basten.de, Weinproben tägl. nach Voranmeldung. 2016 erhielt das Weingut von der Landesarbeitsgemeinschaft „NatUrlaub" die Auszeichnung zum „Urlaubshof des Jahres".

■ **Ferienweingut Villa Hausmann**②, Neustr. 4 und 7, 56821 Ellenz, Tel. (02673) 1710, www.weingut-hausmann.de, tägl.18–22 Uhr, Mi geschl. Der Vier-Sterne-Familienbetrieb verteilt sich auf zwei Gebäude, das Stammhaus und die Villa mit geschmackvollen Zimmern. Zum Angebot gehören verschiedene Arrangements für Kurzurlaube.

■ **Historische Marmeladen- und Genußmanufaktur,** Moselweinst. 27, 56821 Ellenz, Tel. (02673) 1869, tägl. 10–12 und 14–16 Uhr. Zum Sortiment des Ladens in dem schmucken Bruchsteinhaus gehören Senf, Öl, Essig, Dips, Edelbrände und ein Likör, vieles davon aus dem Roten Weinbergpfirsich.

### Aktivitäten

■ **Familien-Freibad,** St. Sebastianusstraße 45, 56821 Ellenz-Poltersdorf, Tel. (02673) 962027, www.ellenz-poltersdorf.de, Erw. 4 €, Kinder und Jugendl. 2,50 €, Kinder bis 3 J. frei, Familien 12 €, Mitte Mai bis Beginn Sommerferien Mo und Do 14–18 Uhr, Mi und Fr–So 10–18 Uhr, Di geschl., Sommerferien tägl. 10–19.30 Uhr. Das solarbeheizte Freibad liegt inmitten der Weinberge am Ortsrand von Ellenz. Für Spaß im kühlen Nass sorgen ein 25-Meter-Schwimmbecken mit Sprungturm, ein Nichtschwimmerbecken und ein Planschbecken für den Nachwuchs. Außerdem gibt es Beachvolleyball, Fußball-Torwandschießen und Tischtennis.

### Öffentliche Verkehrsmittel

■ **Bus:** Rhein-Mosel-Bus Linie 711: Bullay – Ellenz – Poltersdorf – Ernst (www.vrminfo.de).

■ **Fähre Beilstein – Ellenz-Poltersdorf:** Ostern bis Ende Oktober tägl. 9–12 Uhr und 13–18 Uhr (siehe dazu auch unter Beilstein).

## Bruttig-Fankel

Der Doppelort Bruttig-Fankel am Hunsrücker Moselufer punktet durch seine vielen historischen Gebäude aus dem 14. bis 16. Jh. Für Architekturfreunde sind an einigen Häusern kleine Hinweistafeln angebracht, die die wichtigsten Informationen wie Baujahr, Bauart und Baustil zusammenfassen, zusätzlich illustrieren Grafiken ihre Besonderheiten. So eine Besonderheit sind zum Beispiel die aufwendigen **Schwebegiebel** an einigen Fachwerkhäusern, ein frei vor die Giebelwand gesetztes Sparrenpaar. In anderen Regionen werden sie als Freigespärre bezeichnet. Nirgendwo sonst an der Mosel gibt es so viele Fachwerkhäuser mit Schwebegiebel wie in Bruttig-Fankel. Am Moselufer in Bruttig fällt das **Schunk'sche Haus** sofort ins Auge, ein Renaissancebau aus dem Jahr 1659 mit zwei geschwungenen Voluten-Giebeln (Am Moselufer 6). Das ehemalige **Rathaus** von Bruttig mit einem massiven, runden Treppenturm stammt aus dem Jahr 1619.

In Bruttig gibt es noch die alte Tradition des Dengelns. Das heißt, dass die drei Kirchturmglocken der **Pfarrkirche St. Margaretha** mit der Hand angeschlagen werden. An kirchlichen Feiertagen wie Weihnachten, Ostern und Pfingsten und während der Bruttiger Kirmes wird diese Tradition noch gepflegt.

Der Name Fankel leitet sich von dem keltischen Wort *fank* für sumpfiges Gelände ab. Der Ursprung des Ortes ist folglich keltisch, auch wenn er urkundlich um 1100 erstmals erwähnt wird. Reizvoll in dem kleineren Ortsteil sind vor allem der historische **Marktplatz** und die gut erhaltenen und restaurierten historischen Gebäude in der **Brunnenstraße.** Wie in Bruttig haben einige der Fachwerkhäuser Schwebegiebel. Das älteste Gebäude ist der ehemalige **Hof der Stetzgis von Treis,** ein 1467 errichtetes Gebäude mit einer eindrucksvollen Fachwerkfassade und kleinen Türmchen an den Seiten des Giebels (Brunnenstraße 47). Das Langhaus der katholischen **Pfarrkirche Mariä Himmelfahrt** wurde im späten 14. Jh. errichtet, der ältere Turm ist spätromanisch. Die Ausmalung im Innenraum ist barock, ebenso wie die Altäre.

## Ehemaliges Konzentrationsaußenlager Bruttig-Treis

Quer durch Bruttig zieht sich ein gemauerter **Bahndamm** mit vielen Brückenbögen, durch die hindurch die Gassen Richtung Mosel führen. Der Damm war Teil einer geplanten rechtsseitigen Mosel-Eisenbahnstrecke von Bullay nach Treis-Karden. Der Plan dieser Bahnverbindung wurde jedoch nie verwirklicht. Die unvollendeten Bauwerke stehen stattdessen im Zusammenhang mit einem sehr traurigen Kapitel der Ortsgeschichte: Mitten in Bruttig befand sich ein nationalsozialistisches Konzentrationslager. Das Nazi-Regime richtete es als **Außenstelle des elsässischen KZ Natzweiler-Struthof** ein.

Ursprünglich sollte der 1917 errichtete **Eisenbahntunnel** zwischen Treis und Bruttig den Moselbogen bei Cochem verkürzen. Doch wegen der Inflation nach dem verlorenen Krieg und aufgrund des Versailler Vertrages wurde der Bau der Strecke nie abgeschlossen. Außer dem Tunnel wurde lediglich 1924 der Bahndamm in Bruttig fertiggestellt. Von 1937 bis 1944 nutzte man den Tunnel für eine Champignonzucht. Zwischen März und September 1944 wurden in dem Tunnel bis zu 1527 Gefangene zur **Zwangsarbeit** eingesetzt. Die zumeist politischen Häftlinge kamen vorwiegend aus Frankreich, aber auch aus den Beneluxländern, aus Norwegen, Polen, Russland und anderen Ländern. Sie sollten die 2,8 Kilometer lange Tunnelröhre zu einer unterirdischen, bombensicheren Fabrik für die kriegswichtige Industrie ausbauen. Geplant war die Produktion von Zündkerzen und Elektroteilen für den Flugzeugbau. Untergebracht waren die Gefangenen in Bruttig und Treis in eigens errichteten Baracken. Die Arbeitsbedingungen waren menschenunwürdig, die Gefangenen wurden von der SS schikaniert, misshandelt und gefoltert. Dass sie bei der harten Arbeit und durch Unterernährung und Krankheiten starben, wurde nicht nur in Kauf genommen, sondern war sogar erwünscht. Fluchtversuche bestrafte die SS mit Hinrichtung. Am 14. September 1944 wurden die Lager geräumt, der Tunnel wurde 1947 gesprengt.

Nur wenig erinnert heute noch an das Konzentrationsaußenlager Bruttig-Treis. Einige **Baracken** blieben erhalten und wurden umgenutzt. Auf den Friedhöfen der beiden Ortsteile steht jeweils ein **Gedenkstein.**

■ **Buchtipp:** *Ernst Heimes:* „Ich habe immer nur den Zaun gesehen. Suche nach dem KZ Außenlager Cochem", Fölbach Verlag 1999. Ein berührendes, stellenweise erschütterndes Buch über die Geschichte des KZ Außenlagers Bruttig-Treis. Nach jahrelanger Recherche hat *Heimes* anhand von Augenzeugenberichten und Archivmaterialien die Geschehnisse rekonstruiert und das KZ der Vergessenheit entrissen.

## Unterkunft

■ **FeWo im historischen Winzerhaus**①-②, Moselufer 9 und 10, 56814 Bruttig-Fankel, Tel. (02671) 989031, www.ferienwohnung-zender.de. Das malerische Ensemble im Ortsteil Bruttig besteht aus zwei denkmalgeschützten Fachwerkhäusern aus dem Jahr 1488. Sowohl im Winzerhaus als auch im angrenzenden ehemaligen Kelterhaus sind liebevoll eingerichtete Ferienwohnungen untergebracht.

■ **FeWo Fachwerkhaus-Bergmeister**②, Brunnenstraße 19, 56814 Bruttig-Fankel, Tel. (0212) 818759, www.fachwerkhaus-bergmeister.de. Die Ferienwohnungen im hübschen Fachwerkaus mit Schwebegiebel in der Denkmalzone Brunnenstraße im Ortsteil Fankel sind mit antiken Möbeln ausgestattet.

## Veranstaltungen

■ **Kirmes Bruttig:** Am Wochenende nach dem 20.7. (Namenstag von Margaretha von Antiochia) lassen die Glocken-Dengler von St. Margaretha die Kirchenglocken durch Anschlagen mit der Hand erklingen.

■ **Winzerfest Bruttig:** Das Fest am zweiten Wochenende im August ist eines der größten an der Untermosel. Samstags steigt Bacchus von der Bruttiger Götterlay herab, setzt in einem alten Moselkahn über und wird mit einem Feuerwerk am Moselufer empfangen. Sonntags zieht ein großer Festumzug mit Fußgruppen, Musikkapellen und Festwagen durch den Ort.

■ **Weinfest Fankel:** 2. Wochenende im Juli.

## Öffentliche Verkehrsmittel

■ **Bus:** Linie 716: Senheim – Bruttig-Fankel – Cochem (www.vrminfo.de).

☑ Das ehemalige Rathaus von Bruttig

098mo kn

# Ernst

„Ernst macht Spaß" lautet das Motto der Weingemeinde, die nur zehn Autominuten von Cochem entfernt ist. Die Winzergemeinde ist aus Oberernst und Niederernst hervorgegangen, zwei ursprünglich eigenständigen Ortskernen. Nach dem Wiener Kongress 1815 kam das Rheinland zu Preußen. Kurz darauf wurden Ober- und Niederernst zu einer Gemeinde vereinigt, die dann nach und nach zusammenwuchs.

Wahrzeichen des Ortes ist die **Pfarrkirche St. Salvator.** Der Bruchsteinbau mit Doppelturmfassade wurde zwischen 1844 und 1848 im neoromanischen Stil nach Plänen des Koblenzer Architekten *Johann Claudius von Lassaulx* erbaut.

## Moselland Museum

Auf vier Etagen mit insgesamt 1600 Quadratmetern Ausstellungsfläche begeistert das 2017 eröffnete Moselland Museum Technik- und Nostalgieliebhaber gleichermaßen. Während im Erdgeschoss mehr als 20 **historische Traktoren** zu bewundern sind, geht es im ersten Stock um die Geschichte des Weinbaus an der Mosel. In den restlichen Etagen steht die Zeit der **1950er und 1960er Jahre** im Mittelpunkt. Gezeigt werden komplett eingerichtete Wohnräume, eine Schusterei, eine Schmiede, ein Klassenzimmer, außerdem alte Öfen und historisches Spielzeug.

■ **Moselland Museum,** Weingartenstr. 91, Tel. (02671) 6078377, www.moselland-museum.de. Ostern bis 1. Nov. tägl. 10–18 Uhr, 2. Nov. bis Ostern Sa und So 11–18 Uhr, Erw. 9,50 €, Kinder (6–14 J.) 5 €, Familien (2 Erw. und 1 Kind bis 14 J.) 20 €, jedes weitere Kind 3 €, Gruppenführungen 60 € (bis 25 Personen, nur nach Voranmeldung). Das Museum ist barrierefrei.

Im Sommer können Besucher einen **Traktor für Fahrten durch die Umgebung** leihen. Ostern bis 1. Nov. tägl. 10–15 Uhr, 2 Std. 60 €, jede weitere angefangene Stunde 20 €.

■ **Phillips Bistro**②, zum Angebot des gemütlichen Bistros im Erdgeschoss des Moselland Museums gehören leckere Flammkuchen, regionale Gerichte wie Dippelappes, Kaffee und Kuchen sowie ein Frühstücksbuffet (9–12.30 Uhr).

# Praktische Tipps

## Informationen

■ **Tourist-Information,** Moselstraße 46, 56814 Ernst, Tel. (02671) 916748, www.ernst-mosel.de, April bis Juli Mo–Do und Sa 9.30–11.30 Uhr, Aug. bis Okt. Mo–Sa 9.30–11.30 Uhr.

## Einkaufen

■ **Vinothek BREVA,** in der Tourist-Information, www.brevaweinundweg.de, Mo–Do 9.30–11.30 Uhr, Verkostung Fr und Sa 15–18 Uhr. In der Vinothek des Vereins BREVA, einem Zusammenschluss der Weindörfer Bruttig, Ernst und Valwig, können Weine der Region verkostet und gekauft werden.

■ **Weingut Göbel-Schleyer-Erben,** Klosterstraße 12, Tel. (02671) 7444, weingut.goebel-schleyer.com. Zu den Produkten gehören neben Wein und Sekt auch Edelbrände und Liköre. Im Hofladen im ehemaligen Kelterraum werden Riesling-Senf, Feines aus Rotem Weinbergpfirsich, Öle, Dips und Konfitüren nach alten Familienrezepten verkauft.

099mo kn

■ **VinoForum,** Moselstraße 12–13, Tel. (02671) 9171777, http://vinoforum-ernst.de, April bis Okt. 10–18 Uhr, Nov. bis März 13–17 Uhr. Vinothek in moderner Architektur mit großer Terrasse und Blick auf die Weinlage „Valwiger Herrenberg". Wein, Sekt, Secco und Traubensaft aus zwei Weingütern können verkostet und gekauft werden. Außerdem regelmäßig Kulturveranstaltungen wie Konzerte oder Theater-Dinner.

## Aktivitäten

**Mosel-Kanutours,** Moselstr. 45, 56814 Ernst, Tel. (02671) 5551, www.mosel-kanutours.de. Die Kanustation befindet sich neben der Tourist-Information im Bioladen Wilder Wein, das Kanulager auf der Liegewiese am Moselufer. Verliehen werden Einer- und Zweier-Kajaks, Kanadier, Boards für Stand Up Paddling, Fahrräder und E-Bikes.

## Feste und Veranstaltungen

■ **Heimat- und Weinfest:** am dritten Wochenende im August mit Live-Musik, Feuerwerk, großem Festumzug und Entenrennen.

■ **Ernster Walnussmarkt:** am dritten Sonntag im September auf dem Festplatz mit vielen Ständen rund um die Walnuss und den Roten Weinbergpfirsich.

## Öffentliche Verkehrsmittel

■ **Bus:** Rhein-Mosel-Bus Linie 711: Bullay – Ediger-Eller – Ernst (www.vrminfo.de).

Im neuen Moselland Museum

100mo ct

# Valwig

Der kleine Winzerort Valwig schmiegt sich an die sonnigen Steilhänge des Herrenberges. Er besteht aus den Ortsteilen Valwig und Valwigerberg. Wie Ernst und Treis-Karden hat auch Valwig eine **Kirche (St. Martin),** die von dem Koblenzer Architekten *Johann Claudius von Lassaulx* entworfen und zwischen 1823 und 1826 errichtet wurde. Auf dem Valwiger Berg steht die **Wallfahrtskirche St. Maria und Maria Magdalena.** Von hier aus hat man einen einmaligen Blick ins Moseltal. Der Valwiger Wein wird nicht nur von einer Weinkönigin mit ihren Weinprinzessinnen repräsentiert, sondern auch von einem Bacchus. Ihren großen Auftritt haben sie an den Rieslingfesttagen im September.

⌃ Die Steilhänge rund um Valwig können erwandert werden

## Unterkunft, Essen und Trinken

■ **Landgasthof Winzerscheune**②-③, Brühlstraße 16, 56812 Valwig, Tel. (02671) 9161565, www.winzerscheune-valwig.de, Di ab 17.30 Uhr, Mi–Sa ab 12 Uhr. In der hübschen ehemaligen Bruchsteinscheune gibt es neben dem sehr guten Mittag- und Abendessen mit saisonalen Gerichten nachmittags Kaffee und Kuchen, Waffeln und Eis, sonntags außerdem ein Frühstücksbuffet (9.30–13 Uhr, Nov. bis April nach tel. Anmeldung, pro Person 15,50 €). Die Zimmer sind großzügig und modern eingerichtet.

■ **Ferienweingut Rudi Steuer**②, Bachstr. 4, 56812 Valwig, Tel. (02671) 7330, www.weingut-steuer.de. Das gemütliche **Weinlokal Alte Winzerstube** befindet sich in einem 1607 erbauten Fachwerkhaus. Neben den gutseigenen Weinen werden rustikale Winzergerichte aus regionalen Produkten serviert (Ostern bis Anfang Nov. Mo und Mi–Fr ab 18 Uhr, Sa, So und Fei ab 15 Uhr, Di geschl.). Geschmackvolle Gästezimmer stehen im Weingut, Ferienwohnungen im „Alten Winzerhaus“ zur Verfügung. Weinverkauf und Verkostungsmöglichkeiten im Weingut.

## Feste und Veranstaltungen

■ **Rieslingfesttage:** am ersten Wochenende im September, samstags gibt es einen Festumzug mit der Weinkönigin und dem Weingott Bacchus mit Gefolge.

## Öffentliche Verkehrsmittel

■ **Bus:** Linie 716: Senheim – Valwig – Cochem (www.vrminfo.de).

## Wandern

### Kulturweg „Apolloweg Valwig"

Sehens- und Erlebenswert ist der „Apolloweg Valwig". Mit etwas Glück kann man hier zwischen Mitte Juni und Mitte Juli den seltenen und streng geschützten **Apollofalter** erblicken (siehe Exkurs). Der knapp 7,5 Kilometer lange Kulturweg informiert nicht nur über den Moselapollo, sondern auch über Kulturgeschichte, Landschaft, Weinbau sowie die Flora und Fauna rund um Valwig (www.apolloweg-valwig.de).

# Der Apollofalter

Der **Rote Apollo** (Parnassius apollo, auch Apollofalter) gehört zu den gefährdetsten Schmetterlingsarten, obwohl sein Verbreitungsgebiet ziemlich groß ist. Von Südeuropa bis zum Baikalsee in Sibirien ist er zu finden, dennoch ist seine Lage prekär. Deshalb ist der Apollofalter in fast allen Ländern, in denen er vorkommt, **streng geschützt.**

Schon seit Jahrhunderten ist er wegen seiner hübschen Zeichnung ein begehrtes Sammlerobjekt. Auffällig sind die rot oder gelblich gefüllten, schwarzen Ringe auf den weißen Flügeln. Die Außenränder der Flügel sind durchsichtig. Der Rote Apollo gehört zur **Familie der Ritterfalter** (Papilionidae), er bevorzugt trockene, warme Lebensräume. Der **Moselapollo** (Parnassius apollo vinningensis) ist eine europäische Unterart, die nach dem Winzerort Winningen benannt ist und an der Untermosel zwischen Traben-Trarbach und Koblenz-Güls in den Steilhängen vorkommt. Die alten Schiefermauern in den Weinbergen sind ein ideales Terrain für den Schmetterling. Die Weiße Fetthenne, die in den Ritzen der Trockenmauern wächst, ist die bevorzugte Nahrung der Raupen. Deshalb legen die Weibchen ihre Eier an der Pflanze ab. Die Falter mögen den Nektar der Weißen Fetthenne, aber ebenso die Blüten von Disteln, Greiskraut, Flockenblumen oder Oregano.

Früher fingen Schmetterlingssammler die prächtigen Tagfalter mit Netzen, spießten sie mit Nadeln auf und konservierten sie hinter Glasscheiben. Heute jagen sie stattdessen mit Fernglas und Kamera. Auf dem Apolloweg bei Valwig hat man von Mitte Juni bis Mitte Juli gute Chancen, den farbenprächtigen Falter zu sehen.

# Cochem

Cochem ist das **touristische Zentrum** der Terrassenmosel. Die Stadt mit ihren verwinkelten Gassen und der hoch über ihr thronenden Reichsburg gehört zu den meistbesuchten Orten an der Mosel. Der Blick von der Moselbrücke auf die Uferpromenade der Altstadt und die sich im Wasser spiegelnde Burgsilhouette – bei Dunkelheit illuminiert in Szene gesetzt – ist eines der **klassischen Moselmotive,** häufig fotografiert und gemalt, und doch immer wieder faszinierend. Der von prächtigen Fachwerkhäusern umstandene Marktplatz mit dem barocken Rathaus zieht Besucher aus aller Welt an – so viele, dass es im Sommer in den umliegenden Gassen mit unzähligen Cafés, Restaurants und Läden schon mal eng werden kann.

Schmale Sträßchen und Steintreppen führen in die **Oberstadt** mit dem ehemaligen Kapuzinerkloster. Dahinter auf dem steilen **Burgberg** erhebt sich die im neugotischen Stil wiederaufgebaute Reichsburg – Besuchermagnet auch wegen des einmaligen Blicks auf Cochem und die **Moselschleife.** Ein Sessellift fährt zu einem nicht weniger schönen Aussichtspunkt hinauf, dem **Pinnerkreuz,** hoch über dem Seitental der Endert gelegen.

Mitten im Stadtgebiet von Cochem verschwinden die Züge von Koblenz nach Trier im **Kaiser-Wilhelm-Tunnel,** um 4205 Meter weiter in Eller wieder aufzutauchen. Von Eller führt die Bahnstrecke über eine die Mosel querende Brücke und weiter durch den 367 Meter langen Petersbergtunnel. Diese drei Bauwerke, Kaiser-Wilhelm-Tunnel, Stahlbrücke und Petersbergtunnel, verkürzen die ursprünglich 30 Kilometer lange Bahnstrecke auf nur noch fünf Kilometer. Der Kaiser-Wilhelm-Tunnel von 1887 galt als Wunderwerk der Ingenieurskunst und war seinerzeit der längste Eisenbahntunnel Deutschlands. Diesen Rekord hielt er bis 1988. Seit der Eröffnung einer zweiten Röhre („Neuer Kaiser-Wilhelm-Tunnel“) im Jahr 2014 wird die Bestandsröhre, der „Alte Kaiser-Wilhelm-Tunnel“, erneuert. Er erhält eine neue Innenschale, eine moderne technische Ausstattung und neue Stütz- und Brückenbauwerke.

## Sehenswertes

### Marktplatz

Der von pittoresken Fachwerkhäusern und stattlichen Bürgerhäusern flankierte Marktplatz gehört zu den meistbesuchten Plätzen an der Terrassenmosel. In seiner Mitte erhebt sich der **Martinsbrunnen.** Ein Blickfang ist das 1739 erbaute barocke **Rathaus.** Die schöne Kulisse lädt zu einer Rast in einem der Straßencafés auf dem zentralen Platz ein.

### Kapuzinerkloster

Über Treppenaufgänge gelangt man auf den Klosterberg und zur historischen Klosteranlage in der Oberstadt von Cochem. Der Weg vom Marktplatz über die **Obergasse** und die **Kapuzinertreppe** ist ausgeschildert.

1623 gründeten Kapuzinerpatres das Kloster. 1625 wurde zunächst die Klosterkirche errichtet, bis 1634 kamen die restlichen Gebäudeteile hinzu. Das ehemalige Kloster ist heute ein **Kulturzentrum,** es wird für Konzerte, Theater- und Kabarettaufführungen, Autorenlesungen und Ausstellungen genutzt.

■ **Kulturzentrum Kapuzinerkloster,** Klosterberg 5, Tel. (02671) 60940, www.kulturzentrum-kapuzinerkloster.de.

## Reichsburg

Mehr als 100 Meter ragt die Reichsburg mit ihrem wuchtigen Turm über der Mosel auf. Die imposante Wehranlage ist das **Wahrzeichen der Stadt.** Zu Fuß geht man vom Marktplatz aus über die Schlossstraße und weiter über den Weg, der über das „Tummelchen" führt, ein Hügel zwischen dem Klosterberg und dem Burgberg. Entlang des Weges sind **Reste der Stadtbefestigung** erhalten, darunter der liebevoll **Zuckertürmchen** genannte ehemalige Wachturm. Da der etwa 20-minütige Fußweg stetig bergan verläuft, fährt in der Saison ein Shuttlebus vom Marktplatz zur Burg hinauf.

Die **mittelalterliche Höhenburg** wurde um das Jahr 1100 erbaut. 1151 eroberte König *Konrad III.* die Burg. Die

☐ Die Reichsburg, das Wahrzeichen hoch über der Stadt

103mo ct

105mo ct

Verwaltung wurde reichsministerialischen Burgmannen übertragen, was vermutlich der Ursprung des Namens Reichsburg ist. Kaiser *Friedrich I.*, genannt *Barbarossa*, besuchte im Jahr 1174 anlässlich des Pfingstfestes die Burg. 1294 endete die Reichszugehörigkeit, König *Adolf* verpfändete die Burg Cochem und die Burg Klotten an Erzbischof *Boemund I.* Soldaten des Sonnenkönigs zerstörten die Burg 1689 im Pfälzischen Erbfolgekrieg.

Zwischen 1868 und 1877 ließ Kommerzienrat *Louis Ravené,* ein Berliner Kaufmann, die Burg im **neugotischen Stil** wieder errichten. Dies gilt vor allem für die Inneneinrichtung. Bei der Rekonstruktion des Gemäuers behielt er Abbildungen aus dem 16. Jh. im Auge und bezog sie in die Planungen mit ein. *Ravené* nutze die Burg als Sommersitz für sich und seine Familie. 1978 ging die Reichsburg in den Besitz der Stadt Cochem über. Zum **Veranstaltungsprogramm** der Burg gehören Führungen, Festmahle, Burgfeste und die romantische Cochemer Burgweihnacht am dritten Adventswochenende.

■ **Reichsburg Cochem,** Schloßstraße 36, Tel. (02671) 255, www.reichsburg-cochem.de. Burg-

⌃ Im Innenhof der Reichsburg

› Unterhaltsame Begegnungen während der Burgführung

109mo ct

führungen durch den Rittersaal, das Jagdzimmer und die Kemenate finden von Mitte März bis 1. Nov. tägl. 9–17 Uhr statt und dauern etwa 40 Minuten (Erw. 6 €, Kinder 6–17 Jahre 3 €). Im Winter eingeschränkte Öffnungszeiten.

## Sesselbahn

Aus luftiger Höhe die Mosel erleben, das geht mit einer Fahrt in der Sesselbahn. Auf dem **Pinnerkreuzberg** angekommen, hat man einen unglaublich schönen Ausblick ins Tal und hinüber zur Reichsburg. Insgesamt werden 155 Höhenmeter bewältigt. An der **Bergstation** lädt ein Terrassencafé zur Pause ein, bevor man wieder zurückfährt oder sich zu dem rund 20 Fußminuten entfernten **Wild- und Freizeitpark Klotten** (s.S. 291) aufmacht. Der in Serpentinen verlaufende, steinige Pfad zwischen Tal- und Bergstation ist schwierig zu gehen und Teil des Weges „Cochemer Ritterrunde“ (s.u.: „Wandern“).

■ **Cochemer Sesselbahn,** Talstation Endertstraße 44, Tel. (02671) 989065, www.cochemer-sesselbahn.de, 25. März bis 12. November tägl. ab ca. 10 Uhr bis ca. 18 Uhr bzw. maximal bis Einbruch der Dunkelheit. Fahrpreis Erw. 4,90/6,90 €, Kinder (4–14 J.) 1,90/2,90 € (jeweils einfache Fahrt / Hin- und Rückfahrt), Familien (2 Erw. und bis zu 4 Kinder) Hin- und Rückfahrt 17 €.

## Burgruine Winneburg

Über dem **Endertbachtal** erhebt sich die Ruine der Winneburg. Um die Entstehung der Wehranlage rankt sich eine

108mo ct

# Ausflug in die Tiefe – die Bunkeranlage der Deutschen Bundesbank

Gut getarnt in einem Cochemer Wohnviertel, hütete die Deutsche Bundesbank ein **Staatsgeheimnis des Kalten Krieges:** 15 Milliarden D-Mark stapelten sich kisten- und säckeweise bis unter die Decke eines streng geheimen, unterirdischen Tresorraums. Doch in den braunen Kartons waren keine gültigen DM-Noten, sondern eine ähnlich aussehende Ersatzwährung. Der Kalte Krieg zwischen Ost und West, der Mauerbau und die Kuba-Krise schürten in den 1960er Jahren die Angst vor einem Dritten Weltkrieg. Im Falle einer Falschgeldflut sollte diese **Notstandswährung** zügig in Umlauf gebracht und eine **Wirtschaftskrise verhindert** werden. Der Plan der Bundesbank: Trotz einer drohenden Hyperinflation sollte die BRD dank der Ersatzmilliarden zahlungsfähig bleiben. Doch ob das im Ernstfall tatsächlich funktioniert hätte, bezweifeln die Historiker.

Der Bunker lag in rund **30 Meter Tiefe** verborgen unter einem Schulungszentrum der Bundesbank. Von 1962 bis 1964 grub man ein **300 Meter langes Gangsystem** in den Hang. Für die massiven Wände wurden rund 3000 Kubikmeter Beton verarbeitet. Die ab- und anfahrenden LKWs, die Bagger und vor allem der Lärm durch die Sprengungen blieben natürlich nicht unbemerkt. Den Anwohnern fiel bald auf, dass mitten in dem Wohngebiet in Cochem-Cond etwas Merkwürdiges vorging. Anfangs erzählte man den Nachbarn, dass ein Schulungsheim der Bundesbank gebaut würde, dazu auch ein Zivilschutzbunker – nichts Ungewöhnliches, denn während des Kalten Krieges wurde der

Die Ersatzwährung im Cochemer Bunker – dass es kein „richtiges" Geld ist, sollte sichtbar sein

102mo kn

Bunkerbau in ganz Westdeutschland vorangetrieben. Um weitere Spekulationen einzudämmen, versprach man den misstrauischen Anwohnern im Falle eines Super-GAUs rund 100 Plätze im **atomsicheren Bunker.** Insgesamt hatten 175 Personen in dem Luftschutzbunker Platz. Rund zwei Wochen hätten die dort tätigen Mitarbeiter der Bundesbank und die Anwohner überleben können. Letztere wären in klaustrophobischer Enge in einem schmalen, schlauchartigen Gang auf Pritschen untergebracht worden. In der Anlage gab es Dekontaminationsräume, eine eigene Strom- und Wasserversorgung und eine Luftfilteranlage, außerdem eine Küche, einen Speisesaal, Schlafräume und ein Fernmeldezentrum.

1965 wurden die ersten **Geldscheine** für den Krisenfall eingelagert. Die interne Bezeichnung für die damals im Umlauf befindliche Serie der Deutschen Mark war BBk I, die in Cochem eingelagerte Ersatzwährung hieß dementsprechend BBk II. Die Zehner-, Zwanziger-, Fünfziger- und Hunderter-Noten hinter der acht Tonnen schweren Tresortür sahen auf der Vorderseite vertraut aus, unterschieden sich aber in den Motiven auf der Rückseite und in den Farben. Ein Raubüberfall auf den Bunker wäre also sinnlos gewesen, als offizielles Zahlungsmittel war die BBk II-Serie nicht zu gebrauchen.

Die Geldscheine sind inzwischen nicht mehr da. 1988 wurden sie abtransportiert und zerschreddert. Nach Ende des Ost-West-Konflikts hatte der Bunker ausgedient und stand seither leer. Nach seiner Renovierung wurde er 2016 für die Öffentlichkeit zugänglich gemacht, es gibt regelmäßige **Führungen** durch die unterirdische Anlage (s.S. 282). In den beiden **Tarnwohnhäusern,** die als Schulungszentrum der Bundesbank dienten, hat inzwischen ein **Hotel** eröffnet (siehe „Unterkunft").

finstere Sage: Graf *Winnenburg* beauftragte einen Baumeister mit der Errichtung einer trutzigen Burg. Doch als sich deren Fertigstellung immer weiter verzögerte, drohte der unzufriedene Graf seinem Baumeister, ihn durch einen anderen ersetzen zu lassen. Just in dem Moment, als der Baumeister sich in die Fluten der Mosel stürzen wollte, um der drohenden Schmach zu entgehen, erschien ihm der Teufel. Der Höllenfürst bot ihm an, den Bau der Burg zu beenden, wenn er ihm dafür seine Tochter opfere. Der Baumeister willigte ein und um Mitternacht mauerte er seine Tochter lebendig in die Grundmauern der Burg ein. Der Teufel hielt sein Versprechen und am anderen Morgen war die Winneburg erbaut.

Belegt ist, dass die Winneburg im 13. Jh. errichtet wurde. Erstmals urkundlich erwähnt wurde sie im Jahre 1304 als Besitz eines *Wirich von Wunnenberg.* In den darauf folgenden Jahrhunderten wurde die Burganlage stetig erweitert. Mitte des 17. Jh. gelangte sie in den Besitz der Familie *von Metternich.* 1689 sprengten französische Truppen die Burg im Zuge des Pfälzischen Erbfolgekriegs.

Vom Cochemer Stadtzentrum aus ist die Winneburg auf einem rund vier Kilometer langen Wanderweg durch das Endertbachtal zu erreichen.

## Bundesbank-Bunker Cochem

Zur Zeit des Kalten Krieges stapelten sich **15 Milliarden D-Mark** bis unter die Decke des eigens dafür gebauten Bunkers in Cochem-Cond. Doch es waren keine Scheine der offiziellen Währung, sondern einer **geheimen Ersatzwährung.** In den 1960er Jahren waren die sowjetische Bedrohung, der Mauerbau und die Kubakrise für die Regierung Anlass genug, eine **riesige unterirdische Bunkeranlage** zu bauen, um darin die Notstandswährung zu verstecken. Getarnt war der Bunker durch seine Lage: tief unter den völlig normal aussehenden, unscheinbaren Einfamilienhäusern von Cochem-Cond (siehe Exkurs).

Wer an der **einstündigen Tour** durch die Bunker- und Tresoranlage teilnehmen möchte, sollte an eine Jacke oder einen Pullover denken. In dem feuchtklammen Bunker herrscht unabhängig von der Jahreszeit eine Temperatur von nur zehn bis zwölf Grad.

■ **Bundesbank-Bunker Cochem,** Am Wald 35, 56812 Cochem-Cond, Tel. (02671) 9153540, www.bundesbank-bunker.de, Erw. 10 €, Kinder (12–17 Jahre) 5 €, Familien (2 Erw. und bis zu 5 Kinder) 23 €, Gruppen 9,50 € p.P. (ab 13 Personen). Führungen 9. Jan. bis 14. März Sa um 11, 13 und 15 Uhr, 15. März bis 30. April Sa, So und Fei um 11, 13 und 15 Uhr, 1. Mai bis 1. Nov. tägl. um 11, 12, 13, 14 und 15 Uhr (für Gruppen nach Absprache auch zu anderen Zeiten).

■ **Anfahrt:** Der ehemalige Bundesbank-Bunker liegt in einem Wohngebiet, in dem es keine Parkplätze gibt. Deshalb wurde ein Shuttle-Service eingerichtet, der am Endertplatz vor der Tourist-Information Cochem startet (nur Mai bis Oktober). Zu Fuß erreicht man den Bunker vom Endertplatz oder vom Bahnhof aus in jeweils rund 15 Minuten. Vom Freizeitzentrum in Cochem-Cond sind es ca. 10 Minuten.

# Praktische Tipps

## Informationen

■ **Tourist-Information Ferienland Cochem,** Endertplatz 1, 56812 Cochem, Tel. (02671) 60040, www.ferienland-cochem.de, Nov. bis März Mo–Fr 9–13 und 14–17 Uhr, April Mo–Fr 9–17 Uhr, Mai bis Mitte Juli Mo–Fr 9–17 Uhr, Sa 9–15 Uhr, Mitte Juli bis 31. Juli zusätzl. So 10–15 Uhr, 1. Aug. bis 31. Okt Mo–Do 9–17 Uhr, Fr 9–18 Uhr, Sa 9–17 Uhr, So 10–15 Uhr.

**Mein Tipp:** Viele Beherbergungsbetriebe im Landkreis Cochem-Zell stellen ihren Gästen das sogenannte **Gästeticket** zur Verfügung. Damit kann man während des Aufenthalts die öffentlichen Verkehrsmittel der Umgebung kostenfrei nutzen. Informationen unter www.cochem-zell.de.

## Unterkunft

**2** **Moseltal-Jugendherberge Cochem**①, Klottener Str. 9, 56812 Cochem, Tel. (02671) 8633, www.diejugendherbergen.de. Die JH der Kategorie IV+ liegt im Stadtteil Cond, wenige Fußminuten vom Freizeitzentrum mit dem Moselbad entfernt. Alle Zimmer sind mit Dusche und WC ausgestattet.

**7** **Hotel Cochemer Jung**④, Moselpromenade 2, 56812 Cochem, www.cochemer-jung.de. Das moderne Hotel in zentraler Lage ist das erste Null-Emissionshotel in Rheinland Pfalz.

**3** **Hotel Vintage**④, Brauselaystr. 5–7, 56812 Cochem-Cond, Tel. (026 71) 5067080, www.hotel-vintage.de. Das originelle Hotel im Retro-Design mit dem Charme der 1960er Jahre wurde 2016 in den ehemaligen Tarnhäusern des Bundesbank-Bunkers eröffnet (siehe Exkurs).

### In der Umgebung

■ **Roompot Golfresort Cochem,** Am Kellerborn 1, 56814 Ediger-Eller, Tel. (02675) 911601, www.roompot.de. Der Ferienpark liegt oberhalb

104mo ct

von Cochem zwischen Weinbergen und Wäldern. Es gibt ein Hallenbad, einen Club für Kids, Bowlingbahnen und einen Golfplatz (s.u.). Die Preise der Unterkünfte variieren je nach Saison, Größe und Ausstattung.

### Camping

1 **Mosel Camping Cochem,** Stadionstr., 56812 Cochem-Cond, Tel. (02671) 4409, http://campingplatz-cochem.de. Langgestreckter Platz am Ufer nahe dem Moselbad am Ortsrand von Cond. Fußweg ins Zentrum etwa 20 Minuten. Mit Imbiss und Biergarten, WLAN gegen Gebühr, Hunde erlaubt.

In der Saison herrscht Hochbetrieb auf dem Marktplatz

## Essen und Trinken

11 **L'auberge du vin**②-⑤, Obergasse 1 / Am Marktplatz, Tel. (02671) 3976, www.lohspeicher.de, Do–Sa ab 13 Uhr (So, Mo und Mi geschl.). Im Restaurant des Hotels Lohspeicher serviert Küchenmeister *Ingo Beth* nicht nur ausgezeichnete, französisch inspirierte Küche, wie der Name vermuten lassen könnte. Internationale Gerichte wie Teriyaki-Nudeln oder mit Limone gefüllte Ravioli stehen ebenso auf der Karte, außerdem verschiedene Flammkuchen. Dienstags gibt es ab 18 Uhr das „Happy-Hour-Menü", ein dreigängiges Überraschungsmenü (35 € p.P., Reservierung erforderlich). An bestimmten Terminen sind auch **Kochkurse** buchbar.

10 **Restaurant „Zom Stüffje"**③, Oberbachstraße 14, Tel. (02671) 7260, Mi–Mo 11.30–14 und

# Cochem

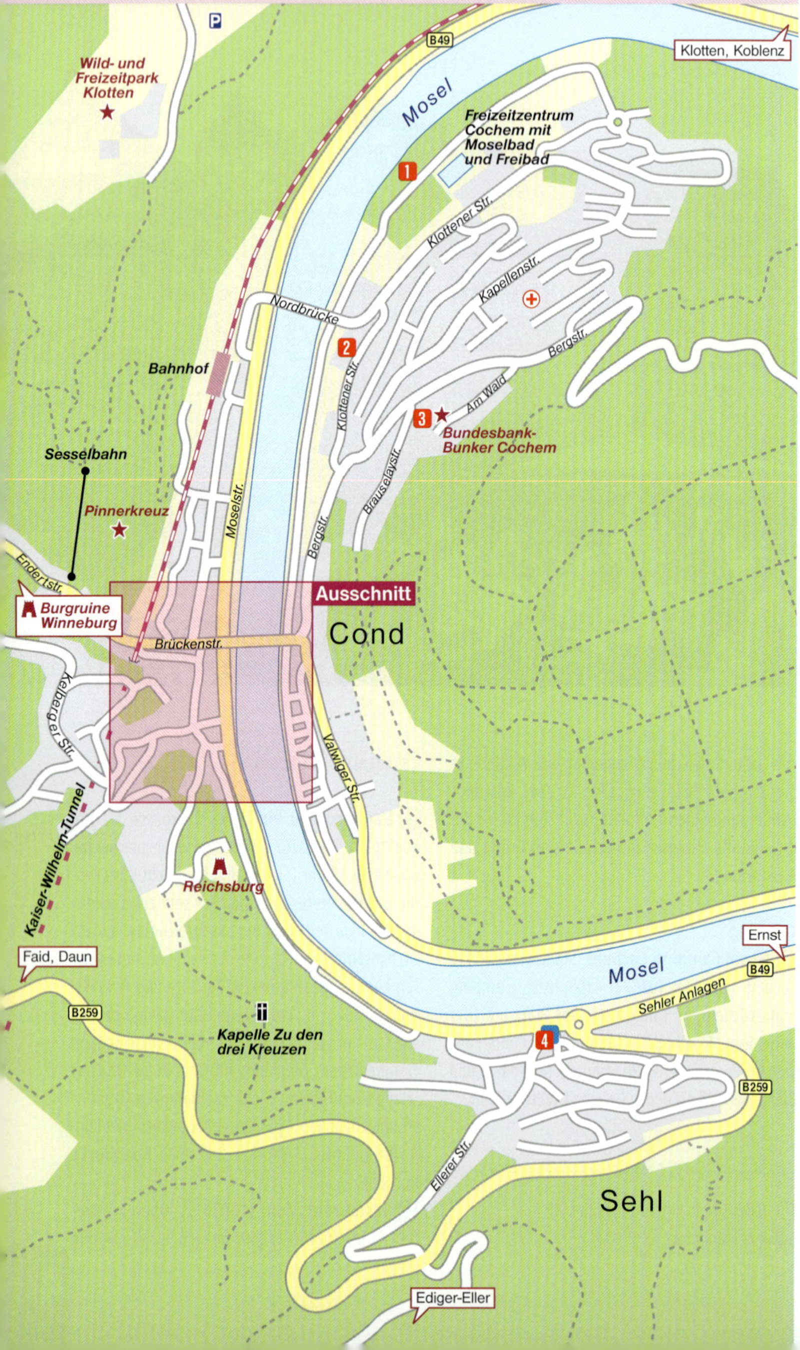

0
500 m
Wild- und Freizeitpark Klotten
Klotten, Koblenz
B49
Mosel
Freizeitzentrum Cochem mit Moselbad und Freibad
1
Klottener Str.
Kapellenstr.
Nordbrücke
2
Bergstr.
Am Wald
Bahnhof
3
Bundesbank-Bunker Cochem
Klottener Str.
Brauselaystr.
Sesselbahn
Pinnerkreuz
Moselstr.
Bergstr.
Endertstr.
Ausschnitt
Burgruine Winneburg
Cond
Brückenstr.
Kelberger Str.
Valwiger Str.
Kaiser-Wilhelm-Tunnel
Reichsburg
Faid, Daun
Ernst
Mosel
B49
Sehler Anlagen
B259
Kapelle Zu den drei Kreuzen
4
B259
Ellerer Str.
Sehl
Ediger-Eller

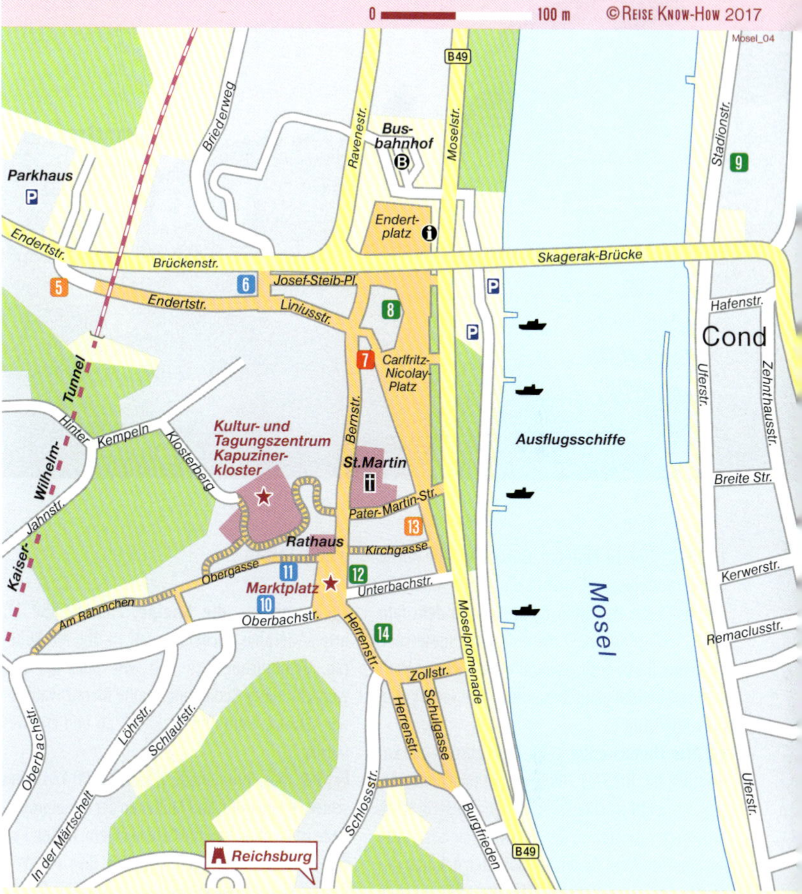


**Übernachtung**

1 Mosel Camping Cochem
2 Moseltal-Jugendherberge Cochem
3 Hotel Vintage
4 Weingut Daniel Bach
7 Hotel Cochemer Jung

**Essen und Trinken**

4 Weingut Daniel Bach
6 Alte Thorschenke
10 „Zom Stüffje“
11 L’auberge du vin

**Nachtleben**

5 Murphys – die Kneipe
13 P.9

**Einkaufen**

8 Winzerladen Germania
9 Historische Senfmühle
12 Cochemer Genusskontor
14 Wajos – Die Genussmanufaktur

110mo ct

17.30–21 Uhr, Di Ruhetag. Gutbürgerliche Küche und moseltypische Gerichte im urigen Ambiente gibt es in der der alten Brennerei aus dem Jahr 1642. Seit Anfang 2017 steht das alteingesessene Cochemer Traditionshaus unter neuer Leitung. Nach wie vor beliebt sind besonders die sehr guten Fleischgerichte.

6 **Alte Thorschenke**②-③, Brückenstr. 3 (am Enderttor), Tel. (02671) 7059, www.thorschenke.de, tägl. 11–21 Uhr. Schon *Napoleon* und Kaiserin *Marie Antoinette* speisten in der historischen Gaststätte am alten Stadttor. Zu den Spezialitäten gehören saisonale und moseltypische Gerichte sowie Kuchen und Torten aus der hauseigenen Konditorei.

4 **Weingut Daniel Bach**②, Brausestr. 1, 56812 Cochem, www.bach-wein.de. Weingut mit gemütlicher Straußwirtschaft im mehr als 100 Jahre alten Winzerhaus. Serviert wird moselländische Winzerküche, dazu die hauseigenen Weine (Mitte Mai bis Mitte Juni und Mitte Juli bis Ende Okt. tägl. ab 17 Uhr, Mi Ruhetag). Das Weingut liegt im Stadtteil Sehl, die Cochemer Innenstadt ist dennoch schnell erreicht.

4 Die Eltern des Winzers *Daniel Bach* betreiben das **Gästehaus** im Weingut mit Gästezimmern und Ferienappartements (www.bach-gaestehaus.de).

## Nachtleben

5 **Murphys – die Kneipe,** Endertstraße 11, http://murphys-cochem.de, ab 18 Uhr, Mo Ruhetag. Gemütlicher Irish Pub, wie man ihn sich wünscht: nette Bedienung, große Bierauswahl sowie Whisky, Wein und Cocktails, ab und zu Live-Musik.

13 **P.9,** Moselpromenade 9, Tel. (02671) 1333. Das schicke P.9 im Hotel Karl Müller an der Moselpromenade ist Lounge, Bar und Café in einem. Neben Kaffee- und Teespezialitäten, Cocktails, Bier und Wein gibt es kleine Speisen wie Flammkuchen, Salate, belegte Baguettes und Pasta.

## Einkaufen

Mehrere Weingüter haben in der Altstadt hübsche Läden eröffnet, in denen man in der Saison sogar sonntags und feiertags tolle Souvenirs erstehen kann. Neben Weinen gehören Winzersekte, Liköre, regionale Feinkostprodukte, Accessoires rund um den Wein und hübsche Geschenkartikel zum Sortiment. Besonders schön lässt es sich in den folgenden Läden shoppen:

8 **Winzerladen Germania,** Weingut Göbel-Schleyer-Erben, Moselpromenade 1.

14 **Wajos – Die Genussmanufaktur,** Weingut Walter J. Oster, Herrenstr. 5.

12 **Cochemer Genusskontor,** Markt 7, http://cochemergenusskontor.de. Das Genusskontor am Marktplatz verkauft Produkte für Genießer: Weine des Weinguts Ring, Weiß- und Rotwein aus Südtirol, Essig, Schokolade, Öle, Marmeladen, Chutneys und die preisgekrönten Brände von Hubertus Vallendar. Eine Geschenkegalerie bietet alles rund um das Thema Wein.

9 **Historische Senfmühle,** Stadionstr. 1, 56812 Cochem-Cond, Führungen täglich um 11, 14, 15 und 16 Uhr, 2,50 €, Kinder bis 11 J. frei. Verkauf inklusive Senfprobe tägl. 10–18 Uhr. In der Historischen Senfmühle erhält man Riesling-Senf, Bärlauch-Senf oder den Historischen Senf nach einem Rezept von 1820. Der kalt gemahlene Senf hält in den salzglasierten Töpfen bis zu zwei Jahre – ganz ohne Kühlschrank. Die Spezialitäten sind beliebte Mitbringsel, ebenso wie die mit Senf verfeinerten Brotaufstriche und Konfitüren.

## Aktivitäten

**Freizeitzentrum Cochem,** Moritzburger Straße 1, 56812 Cochem-Cond, Tel. (02671) 97990, www.moselbad.de. Zum Freizeitzentrum in Cond gehört das **Moselbad** mit Hallen-Wellen-Erlebnisbad, Saunalandschaft, Freibad und Kinderland, außerdem Tennisplätze, eine Minigolfanlage und der Campingplatz (s.o.).

Im **Hallen-Wellenbad/Erlebnisbad** sorgt eine 55 Meter lange Rutsche für Spaß, mindestens genauso beliebt ist das Wellenbad. Di und Do 9–19 Uhr, Mi 14–21 Uhr, Fr 10–21 Uhr, Sa, So und Fei 10–19 Uhr, Mo geschl., in den Ferien Mo 13–21 Uhr, Di und Do 9–21 Uhr, Mi und Fr 10–21, Sa, So und Fei 10–19 Uhr. Eintrittspreise mit Kinderland: Erw. 4,80 € (90 Min.), 5,80 € (2 Std.), 6,80 € (3 Std.), Tageskarte 8,80 €, Kinder und Jugendl. 3 € (90 Min.), 3,50 € (2 Std.), 4,50 € (3 Std.), Tageskarte 5,50 €, Familien 24 €.

Das **Kinderland** ist eine Beckenlandschaft für Kids und Familien. Für die Kleinsten gibt es eine Baby-Mulde zum Plantschen, die Größeren toben sich im Kinderbecken aus oder haben mit Wasserspielen ihren Spaß. Di–Fr 14–19 Uhr, Sa, So und Fei 10–19 Uhr, in den Ferien Mo 13–20 Uhr, Di–Fr 10–20 Uhr, So und Fei 10–19 Uhr.

Zur **Saunalandschaft** gehören zwei Trockensaunen, ein Sanarium (sanfte Sauna mit Temperaturen zwischen 45 und 65 °C) und eine Dampfsauna. Do und Fr 14–22 Uhr, Sa 12–19 Uhr, So und Fei 10–19, Mi 14–22 Uhr (nur Damen-Sauna), Erw. 15,50 € (bis 3 Std.), Tageskarte 17 €, Kinder (3–11 J.) 10,20 €, Tageskarte 11,70 €, Jugendl. 12,40 €, Tageskarte 13,90 €.

Das **Freibad** verfügt über 50-Meter-Becken, Sprungturm und Riesenrutsche und ist bei schönem Wetter von Mai bis August geöffnet. Mai/Juni Mo–Fr 14–18 Uhr, Sa, So und Fei 10–18 Uhr, Juli/August tägl. 10–19 Uhr, Erw. 4 €, Kinder und Jugendl. 2,50 €, Familien 12 €. Bei schlechterem Wetter sind die Öffnungszeiten unter Tel. (02671) 97990 zu erfragen.

Die **Minigolf-** und die **Tennisanlage** sind nur in den Sommermonaten geöffnet.

■ **Nachtwächterrundgang durch Cochem:** Der etwa zweistündige Rundgang findet ganzjährig samstags ab 20.30 Uhr statt (Erwachsene 5 €, Kinder 2,50 €). Treffpunkt ist vor der Tourist-Information. Die Tour ist auch für Gruppen buchbar (70 €, bis max. 25 Pers.).

■ **Schiffsausflüge:** Abfahrt und Ticketverkauf an der Moselpromenade in Cochem (www.moselrundfahrten.de). Bei der „Schleusenfahrt Cochem – Beilstein – Cochem" kann man nach der Besichtigung von Beilstein mit einem beliebigen Schiff nach Cochem zurückfahren.

◁ Die Uferpromenade

■ **Golfplatz im Roompot Golfresort Cochem,** Golfclub Cochem/Mosel, Am Kellerborn 2, 56814 Ediger-Eller, Tel. (02675) 911511, www.golfcochem.eu, nach telef. Anmeldung, Erw. 17,50 €, Jugendl. 50 %. Der Golfplatz auf einem Plateau zwischen Cochem und Ediger-Eller bietet einen 9- und einen 18-Loch-Platz, die mit mehreren Wasserflächen und Bunkeranlagen ausgestattet sind. Auf der Driving Range mit 60 Plätzen kann man seinen Abschlag trainieren.

## Feste und Veranstaltungen

■ **Blütenfest des Roten Mosel-Weinbergpfirsichs:** Wenn der Weinbergpfirsich an der Mosel rosa blüht, findet in Cochem das Weinbergpfirsichblütenfest statt (zweites Wochenende im April). Mit dem Pfirsich lässt sich überraschend viel Leckeres zubereiten. Senf, Balsamico, Eis, Likör und Bowle werden von regionalen Herstellern auf dem kleinen Markt auf dem Endertplatz angeboten.

■ **Ostermarkt:** Zwei Wochenenden vor Ostern findet der Cochemer Ostermarkt auf dem Endertplatz und dem Carlfritz-Nicolay-Platz statt. Zum Angebot der Stände gehören Ostergestecke, bemalte Ostereier, Handarbeiten, Keramik und Kulinarisches. Der Sonntag ist ab 13 Uhr verkaufsoffen.

■ Der **Knippmontag** ist so etwas wie der Nationalfeiertag der Cochemer. Am Montag nach Ostern wandern die Cochemer mit Picknickkörben ausgestattet zur Knipp-Wiese oberhalb der Burg und genießen Wein, Musik und vom Fest übrig gebliebene Ostereier. Der Legende nach entdeckte ein Burgknecht auf dem Weg zu seiner Liebsten eine bewaffnete Horde französischer Soldaten, die sich anschickte, die Burg anzugreifen. Er kehrte um und alarmierte den Burgherrn. Als die Angreifer am nächsten Tag anrückten, waren die Mannen auf der Burg bestens vorbereitet und konnten die Gegner in die Flucht schlagen. Das alles trug sich an einem Weißen Sonntag (dem Sonntag nach Ostern) zu. Aus Dankbarkeit soll der Burgherr diesen Tag zum Feiertag für Burg und Stadt erhoben haben. Soweit die Legende. Doch tatsächlich wird der Knippsonntag in dieser Art erst seit 1870 gefeiert. Als die Burgruine wieder aufgebaut wurde, verlegte man das Fest auf die Knipp-Wiese, so bekam es seinen Namen.

■ **Kunst- und Handwerkermarkt:** Am ersten Maiwochenende bieten Künstler, Kunsthandwerker und Händler auf dem Endertplatz von 10 bis 18 Uhr ihre Waren an.

■ **Mosel-Wein-Woche:** Rund um Fronleichnam präsentieren Winzerbetriebe aus den Weinbaugemeinden im Ferienland Cochem ihre Weine und Winzersekte.

■ **Cochemer Weinlagenfest:** Am letzten Juniwochenende wird der Wein dort gefeiert, wo er wächst: in der Terrassenweinlage „Conder Rosenberg". An Ständen werden Moselweine, Sekte und regionale Leckerbissen angeboten.

■ **Burgfest:** Am ersten Wochenende im August bevölkern Ritter, Gaukler, Musiker und Minnesänger Cochems Wahrzeichen und lassen die Gäste tief ins Mittelalter eintauchen.

■ **Heimat- und Weinfest:** Auf der Moselpromenade und auf Cochems Marktplatz wird am letzten Wochenende im August eines der größten und schönsten Weinfeste an der Mosel gefeiert. Sonntag gibt es mittags einen Festumzug und abends ein Feuerwerk.

■ **Erntemarkt des Moselweinbergpfirsichs:** Am zweiten Wochenende im September wird auf dem Endertplatz die Vielseitigkeit des Weinbergpfirsichs gefeiert.

■ **Federweißenfest:** Am ersten und zweiten Wochenende im November wird auf dem Endertplatz frischer Federweißer ausgeschenkt. Dazu gibt es Zwiebelkuchen.

■ **Cochemer Burgweihnacht auf der Reichsburg:** Am dritten Adventswochenende wird auf der Burg ein „lebendiges Krippenspiel" mit echten Tieren aufgeführt. Im Rosenhof verbreiten Stände mit weihnachtlichen Artikeln Adventsstimmung. Erw. 6 €, Kinder 3 €, Familien 16 €.

- **SternZauber in Cochem:** stimmungsvoller Adventsmarkt ab Mitte November bis einige Tage vor Weihnachten täglich 11–18 Uhr in der Innenstadt.

## Öffentliche Verkehrsmittel

- **Bahn:** Bahnhof Cochem, Moselstrecke Trier – Cochem – Koblenz (www.vrminfo.de).
- **Bus:** Rhein-Mosel-Bus Linie 711: Bullay – Alf – Senhals – Poltersdorf – Cochem, Linie 750: Cochem Bahnhof – Bullay – Zell – Flughafen Hahn (www.rhein-mosel-bus.de).

## Wandern

### Seitensprung „Cochemer Ritterrunde"

Der insgesamt mehr als 18 Kilometer lange Weg ist einer der längsten unter den Seitensprüngen des Moselsteigs. Wem das zuviel ist, der kann einen der zwei Teilabschnitte erwandern, die jeweils nur knapp zehn Kilometer lang sind. Die erste Route führt von der Talstation der Cochemer Sesselbahn zum Aussichtspunkt Pinnerkreuz, dann durch das Enderttal, weiter zur Ruine Winneburg und wieder zurück nach Cochem. Die zweite Tour beginnt ebenfalls an der Talstation und führt zur Wilhelmshöhe und zum Aussichtspunkt Hubertushöhe. Zurück geht es an der Knippwiese vorbei bis zur Reichsburg und zum Startpunkt zurück. Sportliche können die Abschnitte natürlich auch kombinieren.

107mo kn

Umzug bei einem der zahlreichen Weinfeste in Cochem

# VON KLOTTEN NACH HATZENPORT

**NICHT VERPASSEN!**

- **Archäologie-Park Martberg** – gallo-römischer Tempel mit prächtigen Wandmalereien | 293
- **Stiftskirche St. Castor** in Treis-Karden | 294
- **Hängeseilbrücke Geierlay** – in 80 Metern Höhe über das Moselseitental | 300
- Mittelalterromantik auf **Burg Eltz** | 302

**Diese Tipps erkennt man an der gelben Hinterlegung.**

## Klotten

Klotten liegt in unmittelbarer Nähe zu Cochem. Eine Fähre, liebevoll „die Pont" genannt, verbindet seit 1907 Klotten mit dem anderen Moselufer.

Die katholische **Pfarrkirche St. Maximin** mit ihrer zweischiffigen Halle und dem Kreuzgewölbe ist spätgotisch. Der ältere Kirchturm ist zwar romanisch, wirkt aber durch das 1564 hinzugefügte Geschoss mit Maßwerkfenstern eher gotisch. In ihrem Inneren befinden sich schöne Altaraufsätze aus Sandstein, die vermutlich aus der Werkstatt des Trierer Renaissance-Bildhauers *Hans Ruprecht Hoffmann* stammen.

### Sehenswertes

#### Ruine Coraidelstein

Die Burg Coraidelstein, auch Burg Klotten genannt, liegt hoch über dem Ort. Wann die Festungsanlage gegründet wurde, ist unklar. Gesichert ist, dass der römisch-deutsche König *Adolf* sie 1294 zusammen mit der Burg Cochem an den Trierer Erzbischof *Boemund* verpfändete. Coraidelstein wurde anders als die meisten Burgen an der Mosel nicht Ende des 17. Jh. von den Franzosen zerstört, sondern bis ins 19. Jh. hinein bewohnt und erst dann aufgegeben. Übrig gebliebenen sind Reste der **Umfassungsmauern** und der romanische **Bergfried.** Der romantische Name *Coraidelstein* ist wohl erst im 19. Jh. entstanden. Die Burg befindet sich in Privatbesitz und ist nicht zu besichtigen.

### Wild- und Freizeitpark Klotten

Der Wild- und Freizeitpark liegt rund drei Kilometer von Klotten entfernt auf der Eifelhöhe. Von Cochem aus gelangt man mit der **Sesselbahn** in die Nähe der Anlage und kann zu Fuß dorthin gehen. Auf 300.000 Quadratmetern bietet er Spaß für die ganze Familie. Die **Wildwasserbahn** „Zum Rittersturz" gehört zu den höchsten, steilsten und schnellsten in Deutschland. Auch die **Achterbahn** und die **Greifvogelflugshow** sind Attraktionen, die nicht nur der Nachwuchs liebt. Im **Tiergehege** gibt es mehr als 50 Tierarten, darunter Bären, Steinböcke, Vögel, Ziegen, Waschbären, Emus und Kaninchen. Das Damwild frisst aus der Hand. Auch eine **Puppenbühne** und eine Pferdereitbahn gehören zum Programm.

- **Wild- und Freizeitpark Klotten,** Wildparkstraße 1, 56818 Klotten, Tel. (02671) 605440, www.klotti.de, tägl. 9.30–18 Uhr, Kinder (ab 1 Meter Körpergröße bis einschließl. 14 J.) 15 €, Erw. 16,50 €.

# Praktische Tipps

### Aktivitäten

- **Segway-Touren Fun and Future Mobilität,** Kernstr. 47, 56818 Klotten, www.fun-and-future-mobilitaet.de. Neben einem **E-Bike-Verleih** werden auch verschiedene geführte Touren angeboten, zum Beispiel die rund zehn Kilometer lange Segway-Kennenlern-Tour von Klotten nach Pommern (39 € p.P.) oder eine Fahrt zum Martberg inklusive Römervesper (55 € p. P.).

### Essen und Trinken, Einkaufen

- **Weingut Edgar Comes,** Bahnhofstr. 30, 56818 Klotten, Tel. (02671) 3357, www.weingut-comes.de. Winzer *Jörg Comes* baut auf rund drei Hektar vorwiegend Riesling an.
- Zum Weingut gehört die **Comes Weinbar**①-② (Fahrstr. 8, 56818 Klotten, Tel. (02671) 5250), in der es zu den feinen, hauseigenen Weinen kleine Gerichte aus der modernen Winzerküche gibt. Öffnungszeiten auf Anfrage.

### Feste und Veranstaltungen

- **Wein-und Heimatfest:** Am ersten Augustwochenende veranstaltet Klotten sein Weinfest mit Ständen und Unterhaltungsmusik im Ortskern. Freitagabend wird ein Feuerwerk gezündet, Sonntag findet ein historischer Festumzug statt.

### Öffentliche Verkehrsmittel

- **Bahn:** Bahnhof Klotten, Moselstrecke Trier – Cochem – Koblenz (www.vrminfo.de).

### Wandern

#### Kulturweg „Dortebachtal Klotten"

Der rund fünf Kilometer lange Kulturweg führt vom Moseltal durch das Naturschutzgebiet Dortebachtal, ein Seitental nahe Klotten. Über Serpentinen wandert man bis zum Bergplateau. Der Rundweg ist mit einem Eidechsen-Logo markiert. Start ist auf dem Wanderparkplatz an der B49. Festes Schuhwerk ist erforderlich.

111mo kn

# Pommern

Pommern schmiegt sich an die Eifelhänge der Mosel und ist ein sehr hübscher Ort mit schmalen, teils steilen Gassen. Die Römer nannten den Ort *Pomaria* (Obstgarten), denn sie bauten nicht nur Weinreben, sondern auch andere Früchte an. Noch heute müssen sich die Moselaner auf Hochwasser einstellen. Wie unberechenbar der Fluss früher sein konnte, zeigt die katholische **Pfarrkirche St. Stephan** in Pommern. Während der mittelalterliche Turm die Zeiten überstand, wurde das Kirchenschiff 1784 bei einem Eisgang zerstört. Da die Abtei Himmerod viel Besitz im Ort hatte und außerdem den Zehnten erhielt, hatte das Kloster die Baupflicht für eine neue Kirche, die zwei Jahre später errichtet wurde.

Unter den zahlreichen schmucken Fachwerkhäusern und moseltypischen Winzervillen aus Bruchstein fällt besonders das **Pfarrhaus** neben der Kirche auf. Es ist der ehemalige Hof des Klosters Himmerod und nicht nur das älteste Pfarrhaus im Bistum Trier, sondern auch eines der schönsten. Ebenfalls bemerkenswert ist das **erzbischöfliche Burghaus,** ein massiver Wohnturm, der nach 1414 erbaut wurde.

Der rekonstruierte Umgangstempel im Archäologie-Park auf dem Martberg

## Archäologie-Park Martberg

Der Martberg liegt hoch über der Mosel zwischen Pommern und Karden. Archäologische Funde dokumentierten, dass das Plateau vom 1. Jh. v.Chr. bis ins 5. Jh. n.Chr. bebaut wurde und als Kultstätte diente. Um 100 v.Chr. befand sich ein **Oppidum der Treverer** auf der Bergkuppe. Teile dieser keltischen Siedlung wurden für den Archäologie-Park Martberg rekonstruiert.

Doch im Mittelpunkt des Parks steht ein wiedererrichtetes **keltisch-römisches Heiligtum.** Ende des 2. Jh. n.Chr. standen vier bis fünf solcher gallo-römischen Umgangstempel in dem Tempelbezirk. Beeindruckend sind die prächtigen **Wandmalereien.** Die Motive und Muster sind verschiedenen archäologischen Funden in der Region nachempfunden. Die Pilger kamen zum Heiligtum, um für Gesundheit zu bitten. Sie opferten nach keltischer Sitte Münzen und Schmuck. Später kam der Brauch hinzu, kleine mit Münzen gefüllte Keramikgefäße zu opfern. In dem römischen Straßendorf Cardena (heute Karden) gab es einen Töpferbezirk, in dem man diese Weihegeschenke anfertigte. Die Inschrift auf einem Weihestein zeigt, dass in einem der Tempel der Gott Mars Lenus verehrt wurde. Den griechischen und lateinischen Texten zufolge besuchte der Grieche *Tychikos* das Heiligtum mit der Bitte um Genesung. Nach langer schwerer Krankheit wurde er tatsächlich wieder gesund und ließ aus Dankbarkeit den Weihestein anfertigen. Forscher vermuten, dass der Stein die Basis einer ungewöhnlich genauen, hohlkugelförmigen Sonnenuhr war. Sie stammt aus dem 2. bis 3. Jh. nach Christus. Viele archäologische Fundstücke aus den Grabungen auf dem Martberg sind im Stiftsmuseum Treis-Karden ausgestellt.

- **Archäologie-Park Martberg,** Mai bis Okt. Fr–So und Fei 11–17 Uhr, Erw. 2 €, Kinder bis 12 J. frei. In einem der rekonstruierten Gebäude ist das **Martberg-Café** untergebracht. Kaffee und Kuchen, Weine der Region und andere Getränke gehören zum Angebot, außerdem Fachliteratur zum Martberg und Souvenirs.
- **Anfahrt:** In Pommern ist der Martberg bereits ausgeschildert. Von einem Wanderparkplatz im Wald ist es noch ein Kilometer Fußweg bis zur Tempelanlage. Wer den ganzen Weg von Pommern zu Fuß gehen möchte, folgt der Markierung des Lenus-Mars-Weges (s.u.).

# Praktische Tipps

## Einkaufen

- **Weingut Leo Fuchs,** Hauptstr. 3, 56829 Pommern, Tel. (02672) 1326, Mo–Do 17–19 Uhr, Fr 13–19 Uhr, Sa 10–17 Uhr und nach Vereinbarung, www.leo-fuchs.de. Winzer *Ulrich Fuchs* baut vorwiegend Riesling an, außerdem für die Mosel eher untypische weiße Burgundersorten. Das historische Winzerhaus aus dem 18. Jh. liegt mitten im Ort. Zum Weingut gehört die stilvolle Vinothek Pomaria, die Weine kann man auch online bestellen.

### In der Umgebung

**MEIN TIPP:** **Edelbrennerei Hubertus Vallendar,** Hauptstr. 11, 56829 Kail, Tel. (02672) 913552, www.vallendar.de, Mo–Fr 8–12 und 13–17 Uhr, Sa 9–14 Uhr. Knapp zehn Autominuten von Pommern entfernt liegt in der Eifel der kleine Ort Kail. Der Ausspruch „Schnaps ist Schnaps" gilt für *Hubertus Vallendar* nicht. Seine Destillate sind preisgekrönt. Er ist sogar Gewinner des Preises „Distillery of the year 2016" in Gold. Besonders gefragt sind sein Haselnussgeist oder der Rote Weinbergpfirsichbrand. *Vallendar* hat aber auch sehr ausgefallene Kreationen auf Lager: Spargelgeist oder Bananenbrand gehören ebenfalls zum Sortiment.

### Feste und Veranstaltungen

- **Uferrock-Festival:** Bei dem familiären, zweitägigen Festival im Juli stehen Bands aus der Region auf der Bühne. Direkt am Moselufer wird Freitag und Samstag ein breites Spektrum unterschiedlicher Genres präsentiert. Camping ist im Ticketpreis enthalten und von Donnerstagnachmittag bis Sonntagnachmittag möglich (Moselwiese, 56829 Pommern, www.uferrock.de).

### Öffentliche Verkehrsmittel

- **Bahn:** Bahnhof Pommern, Moselstrecke Trier – Cochem – Koblenz (www.vrminfo.de).
- **Bus:** Reuter Reisen Linie 744: Pommern – Moselkern – Treis-Karden (nur Mo–Fr, www.vrminfo.de).

### Wandern

#### Lenus-Mars-Weg

Der **Martberg** ist zu Fuß von Pommern oder Treis-Karden aus zu erreichen. Unterwegs informieren Hinweistafeln über die Lebensweise und Kultur der Kelten und Römer. Der stellenweise sehr steile, rund fünf Kilometer lange Weg (Markierung: stilisierter Tempel) erfordert etwas Kondition und Trittsicherheit.

# Treis-Karden

Der Doppelort Treis-Karden erstreckt sich entlang beider Moselufer, verbunden durch eine Brücke. Treis liegt auf der Hunsrückseite, Karden auf der Eifelseite. Karden ist aus dem römischen Straßendorf *Cardena* hervorgegangen. In der antiken Handwerker- und Händlersiedlung gab es bis ins 4. Jh. einen großen Töpfereibezirk. Neben Gebrauchskeramik wurden auch Tongefäße und -figuren gebrannt, die Pilger im gallo-römischen Heiligtum auf dem Martberg ihren Göttern darbrachten.

## Sehenswertes in Karden

### Stiftskirche St. Castor

Weithin sichtbar dominiert die ehemalige Stiftskirche St. Castor den Ortsteil Karden. Sie erinnert an den hl. *Castor von Karden,* der ein Schüler des berühmten Trierer Bischofs *Maximinus* war und bereits im 4. Jh. als Priester in Karden gewirkt haben soll. Ein **spätrömisch-christlicher Grabstein** mit Christusmonogramm zeigt, dass sich das Christentum dort sehr früh ausbreitete. Karden entwickelte sich zum religiösen Zentrum der Untermosel. Ab dem 9. Jh. war der Ort Sitz eines der fünf Verwaltungsbezirke des Erzbistums Trier. Zum Stiftsbezirk gehört außerdem der **Korbisch,** ein romanischer Wohnturm (um 1208), in dem der Probst (Chorbischof) lebte.

Die im Volksmund **„Hunsrückdom"** genannte romanische Kirche gehört zu den bedeutendsten Sakralbauten an der

112mo kn

Untermosel. Sie wurde im 11. und 12. Jh. errichtet. Die Apsis mit der Zwerggalerie wird von zwei mächtigen Türmen flankiert. Der Westturm wurde im 17. Jh. aufgestockt und mit einer geschwungenen Barockhaube bekrönt.

Das Innere beherbergt ein besonders kostbares, aus Ton gebranntes **Dreikönigs-Altarretabel,** das um 1420 entstand. Die beiden Renaissance-Seitenaltäre (1628/29) stammen vermutlich aus der Werkstatt des Trierer Bildhauers *Hans Rupprecht Hoffmann.* Sie zeigen die Auferstehung Christi und die Steinigung des hl. Stephan. Ebenfalls wertvoll ist die **Orgel** (1728) aus der Werkstatt von *Johann Michael Stumm.*

■ **Stiftskirche St. Castor,** Lindenplatz 2, 56253 Treis-Karden, im Sommer 9–17.30 Uhr, im Winter 9–17 Uhr.

## Stiftsmuseum

Das Museum im **Zehnthaus** (1238) neben der Stiftskirche präsentiert 2000 Jahre Religionsgeschichte. In der gallo-römischen Abteilung stammen viele Exponate vom **Heiligtum Martberg.** Weitere Abteilungen zeigen Funde zur Ortsgeschichte und Kunstschätze des ehemaligen Kollegiat-Stiftes St. Castor.

■ **Stiftsmuseum,** St.-Castor-Str. 2, Mai bis Okt. Fr–So 15–17.30 Uhr, Erw. 3 €, Kinder (6–17 J.), Schüler, Studenten 1,50 €, Familien (2 Erw., ab 1 Kind) 6,50 €.

⌃ Karden mit seiner mächtigen Kirche St. Castor

## Sehenswertes in Treis

Während im Ortskern von Karden noch viele Fachwerk- und Bruchsteinhäuser erhalten sind, wurde Treis im Zweiten Weltkrieg zu großen Teilen zerstört. Unversehrt blieb die **katholische Pfarrkirche St. Johannes der Täufer.** Das Frühwerk des Koblenzer Architekten *Johann Claudius von Lassaulx* wurde zwischen 1823 und 1831 errichtet. Sie gilt als ein bedeutendes Beispiel der rheinischen Neogotik.

### Burg Treis und Wildburg

Treis besitzt gleich zwei Burgen, die allerdings beide kaum erforscht sind. Die **Burgruine Treis,** eine Wehranlage aus dem 12. Jh., liegt idyllisch oberhalb des Ortes am Zusammenfluss von Dünnbach und Flaumbach. 1689 wurde sie im Zuge des Pfälzischen Erbfolgekrieges von französischen Truppen zerstört und nicht wieder aufgebaut. Erhalten sind nur der **Bergfried und Mauerreste.**

Folgt man dem **Flaumbachtal** nur wenige Hundert Meter weiter, gelangt man zur Wildburg. Wann sie erbaut wurde, ist nicht bekannt, möglicherweise im 13. oder 14. Jh. Ebenso wie die Burg Treis wurde die Wildburg im Pfälzischen Erbfolgekrieg zerstört. Erhalten sind der **Bergfried** und ein **Palas.** 1956 wurde die Ruine von einem Privatmann gekauft und teilweise wieder aufgebaut. Da sie sich in Privatbesitz befindet, kann sie nur von außen besichtigt werden.

## Kloster Maria Engelport

Das Kloster Maria Engelport liegt rund acht Kilometer von Treis entfernt idyllisch im **Flaumbachtal.** Es wurde um das Jahr 1220 von Ritter *Emelricus von Monreal-Eltz* gestiftet. Er berief Zisterzienserinnen aus dem Kloster Kumbd bei Simmern ins Kloster Maria Engelport. 1260 setzte *Graf Philipp von Wil-*

Die Krippe im Kloster Maria Engelport

*denburg* bei Treis das zwischenzeitlich verlassene und verwahrloste Kloster wieder instand. Diesmal zogen Dominikanerinnen dort ein und *Graf Philipps* Tochter *Beatrix* wurde erste Priorin. Nach der Zerstörung im Dreißigjährigen Krieg wurde das Kloster 1661 wieder aufgebaut. Mit dem Anrücken französischer Truppen 1794 wurde es erneut verlassen und dem Verfall preisgegeben. 1903 erwarb der Orden der Hünfelder Oblaten das ehemalige Klostergut und errichtete ein neues Gebäude.

Seit 2013 leben die Anbetungsschwestern des Königlichen Herzen Jesu in dem Kloster. In der Weihnachtszeit ist in der Klosterkirche eine prächtige, **neapolitanische Krippe** zu bewundern. Die detailreiche Krippe wurde von dem Krippenbauer *Guglielmo Muoio* erschaffen,

113mo kn

dessen Familie seit Jahrhunderten Krippen baut (1. Adventssonntag bis Mariä Lichtmess (2. Feb.) tägl. 8–16.30 Uhr).

Rund um das Kloster gibt es mehrere **Wanderwege.** Einer dieser Wege führt zur Mörsdorfer Geierlay-Hängeseilbrücke (6,4 km), ein anderer zur Burg Eltz (6 km).

■ **Kloster Engelport,** Flaumbachtal 4, 56253 Treis-Karden, www.kloster-engelport.de. Die Ordensgemeinschaft bietet eine Auszeit vom Alltag an: Gästezimmer mit Bad und Halb- oder Vollpension im Hauptgebäude und im **Jugendhaus**①.

# Praktische Tipps

## Informationen

■ **Tourist-Information Ferienland Treis-Karden,** St. Castorstr. 87, Im Bahnhof, 56253 Treis-Karden, Ortsteil Karden, Tel. (02672) 9157700, http://tourismus.treis-karden.de, Mai bis Okt. Mo–Fr 9–12 und 14–17 Uhr, Sa 9–12 Uhr, Nov. bis April Mo–Do 9–12 und 14–16 Uhr, Fr 9–13 Uhr.

## Unterkunft

■ **Schloß-Hotel-Petry** ③-④, St.-Castor-Str. 80, 56253 Treis-Karden, im Ortsteil Karden, Tel. (02672) 9340, www.schloss-hotel-petry.de. Sehr schönes Vier-Sterne-Hotel mit Wellnessbereich. Arrangements zu Themen wie Wein oder Ayurveda sowie Yoga- und Relax-Wochenenden runden das Angebot ab.

■ **Ferienwohnungen Wildburgmühle**②-③, Wildburgmühle 1, 56253 Treis-Karden, Tel. (02672) 2398, www.wildburgmuehle.de. Die Vier-Sterne-Ferienwohnungen in der historischen Wildburgmühle am Flaumbach am Fuß der Treiser Burg sind geschmackvoll und komfortabel eingerichtet. Die Strandkörbe im weitläufigen Garten laden zum Ausspannen ein.

### Camping

■ **Campingplatz Mosel-Islands,** Am Laach, 56253 Treis-Karden, Tel. (02672) 2613, www.mosel-islands.de. Der Fünfsterne-Campingplatz mit Yachthafen liegt auf einer Insel vor Treis.

## Essen und Trinken

■ Das zum Campingplatz Mosel-Islands gehörige **Treiser Bootshaus**①-② ist Café, Restaurant und Bar. Es bietet eine umfangreiche Speisekarte mit mediterraner und regionaler Küche.

■ **Ristorante Pizzeria „La Mula"**②, Am Markt 4, Tel. (02672) 1045. Klassische Pizzeria zentral am Treiser Marktplatz mit echt italienischer Küche. Dank Steinofen hat die Pizza einen richtig guten, knusprigen Boden.

### In der Umgebung

■ **Restaurant Pulgersmühle**①-②, Wohnplatz Pulgersmühle 1, 56858 Altstrimmig, Tel. (02672) 913202, www.pulgermuehle.de, März bis Okt. tägl. ab 11 Uhr, Di Ruhetag. Seit mehr als 100 Jahren werden Gäste in der Pulgersmühle nahe dem Kloster Maria Engelport bewirtet, seit den 1970er Jahren auch mit Forellen aus eigener Zucht.

## Einkaufen

Mein Tipp: **Fischerei und Aalräucherei Christoph Barden,** Moselwehr 5, 56254 Müden (Postanschrift: Moselwehr 4, 56253 Treis-Karden), Tel. (02672) 7137. Auf der Hunsrücker Moselseite gibt es direkt am Wehr Moselaal, frisch, geräuchert oder in der Dose. Sehr gut schmecken auch die geräucherten Forellen.

## Aktivitäten

**Spiel- und Spaßbad Treis-Karden,** Bruttiger Str. 1, 56253 Treis-Karden, am südlichen Ortsrand von Treis, Tel. (02672) 7331, Mai bis Sommerferien Di und Do 14–18.30 Uhr, Mi, Fr–So 10–18.30 Uhr, Mo geschl., in den Sommerferien tägl. 10–19.30 Uhr, bei schönem Wetter bis 20 Uhr, Erw. 4 €, Kinder/Jugendl. 2,50 €, Kinder unter 3 J. frei, Familien 12 €. Neben einem 25-Meter-Schwimmbecken gibt es ein behindertengerechtes Spiel- und Spaßbecken, ein Planschbecken, Rutschen, einen Strömungskanal, eine Spiel- und Liegewiese, Basketballplatz, Tischfußball und ein Café mit Terrasse.

■ **RIVER and SUN,** Brückenstr. 21, 56253 Treis-Karden, Tel. 0173 6675840, www.riverandsun.de. Die Sportbootschule im Yachthafen bietet nicht nur Kurse für Sportbootführerscheine, sondern verleiht auch Boote. Zur Auswahl stehen ein Schlauchboot, ein Motorboot und ein Partyboot in Form eines riesigen Donuts, auf dem man sogar grillen kann.

■ **Minigolf:** Moselallee, 56253 Treis-Karden, Tel. (02672) 9148344. Der Minigolfplatz mit 18 Bahnen liegt mitten in den Treiser Moselanlagen.

## Feste und Veranstaltungen

■ **Johannimarkt:** Der Markt mit breitem Warensortiment findet an einem Sonntag im Juni rund um den Marktplatz in Treis statt.

■ **Kirmes:** Jeder Ortsteil hat seine eigene Kirmes, die Treiser geht Ende Juni, die Kardener Mitte August über die Bühne.

■ **Weinfest:** Am zweiten Wochenende im September feiern die Treis-Kardener mit Wein, Kulinarischem und viel Musik ihr Weinfest auf dem Treiser Marktplatz.

## Öffentliche Verkehrsmittel

■ **Bahn:** Bahnhof Treis-Karden, Ortsteil Treis, Moselstrecke Trier – Cochem – Koblenz (www.vrminfo.de).

■ **Bus:** Rhein-Mosel-Bus Linie 712: Treis-Karden – Brieden – Illerich – Cochem (www.vrminfo.de), Burgenbus Linie 330: Treis-Karden – Hatzenport – Münstermaifeld – Burg Eltz – Burg Pyrmont (Mai bis Okt., Sa, So und Fei, www.vrminfo.de).

■ **Fahrradbus:** RegioRadler Untermosel: Treis-Karden – Burgen – Brodenbach – Emmelshausen (1. Mai bis 1. Nov., Reservierungen unter www.regioradler.de).

## Wandern

### Buchsbaumwanderpfad

Die knapp fünf Kilometer lange Route verbindet Karden mit dem Nachbarort **Müden,** sie führt auf die Eifelhöhe und wieder hinab ins Moseltal. Durch das milde Klima der Steillagen der Untermosel wächst hier **wilder Buchsbaum,** der normalerweise in Südeuropa heimisch ist. Die teilweise meterhohen, tiefgrünen Pflanzen verbreiten einen wunderbaren Duft. In Karden startet der Weg am Ende des Burg-Eltz-Weges und in Müden am frühfränkischen Gräberfeld. Der Weg durch die Weinberge ist steil, teilweise wird der schmale Pfad fast schon alpin. Festes Schuhwerk und Trittsicherheit sind erforderlich.

### Schiefergrubenweg

Von Treis-Karden erreicht man in rund zehn Autominuten den kleinen Ort **Lütz** im Moselhunsrück. Wanderern eröffnet sich auf dem Schiefergrubenweg im Lützbachtal ein interessantes Stück Bergbaugeschichte. Der sieben Kilometer

114mo kn

lange Rundweg erinnert an Zeiten, in denen noch Dachschiefer in tiefen Bergwerksstollen abgebaut wurde. Informationstafeln geben Einblick in die Zeit des Dachschieferabbaus, die von der Mitte des 19. Jh. bis 1953 dauerte. Start der Route ist in Lütz (Parkplatz am Ortseingang/Moselstraße).

## Abstecher: Geierlay-Hängeseilbrücke

Zwanzig Autominuten von Treis-Karden entfernt liegt **Mörsdorf.** Der kleine Hunsrückort hat eine große Attraktion: die atemberaubende Hängeseilbrücke Geierlay. Mit 360 Metern ist sie die längste Hängeseilbrücke in Deutschland. Die 1,20 Meter breite Brücke ist nur für Menschen ohne Höhenangst geeignet, denn sie führt nicht nur in **80 Metern Höhe** zwischen Mörsdorf und Sosberg über das Moselseitental, sondern kann bei Wind oder vielen Brückengängern auch ordentlich schwanken. An Wochenenden und Feiertagen wird die Spannung noch gesteigert, dann finden **Flugvorführungen** mit Adlern und anderen Greifvögeln an der Geierlay statt.

Im **Besucherzentrum** gibt es ein Restaurant mit Biergarten, einen Souvenirverkauf und ein Infoterminal, das Gäste über touristische Ziele informiert. Die Brücke ist nur zu Fuß zu erreichen, vom Besucherzentrum sind es rund 1,5 Kilometer.

■ **Besucherzentrum Geierlay,** Kastellauner Straße 23, 56290 Mörsdorf, www.haengeseilbruecke.de, täglich 10–20 Uhr, die Gastronomie hat montags Ruhetag. Im **Restaurant** werden kleine Gerichte, regionale Küche und nachmittags Kaffee und Kuchen serviert. Ein Tagesticket für den Parkplatz neben dem Besucherzentrum kostet 2 €.

# Moselkern

Der beschauliche Winzerort Moselkern liegt an der Mündung des aus der Eifel herabfließenden **Elzbaches** und zieht sich bis ins Eltztal. An dem ruhigen und wildromantischen Moselzufluss liegen die Burg Eltz (s.u.) und weiter oben im Elzbachtal die Burg Pyrmont. Sofort ins Auge fällt der mächtige Druidenfels gegenüber von Moselkern. Ende des 19. Jh. fand man auf dem Bergsporn Reste einer eisenzeitlichen Befestigung.

## Sehenswertes

### Merowinger-Kreuz

In Moselkern selbst entdeckte man noch etwas Spektakuläreres: eine frühchristliche Grabstele auf dem **Friedhof der Pfarrkirche St. Valerius.** Das sogenannte Merowinger-Kreuz aus Mayener Basaltlava stammt aus dem 7. Jh. und gilt als **früheste bildhauerische Darstellung von Christus** nördlich der Alpen. Auf den ersten Blick ist es kaum zu erkennen, doch das Relief zeigt Christus nicht als Gekreuzigten, sondern als Erlöser, der vor dem Kreuz steht. Das Original ist im Rheinischen Landesmuseum Bonn ausgestellt, Repliken stehen vor der Kirche und an der Friedhofsmauer.

☐ Schon beim Anblick wird manch einem schwindelig: Deutschlands längste Hängeseilbrücke

### Rathaus

Die ungewöhnliche Stele ist nicht die einzige Besonderheit in Moselkern. Der Ort kann auch mit dem **ältesten Rathaus an der Mosel** aufwarten. Es wurde 1535 errichtet und hat einen sehr schönen Erker. In der Mauer des Erdgeschosses ist ein Eisenring eingelassen. Er geht auf die Zeit der französischen Revolution zurück. Rechtsbrecher wurden daran festgekettet, zur Schau gestellt und dem Spott preisgegeben.

### Altes Halfenhaus

Ein ebenfalls sehr **pittoresker Fachwerkbau** ist das Alte Halfenhaus (1738/39). *Halfen* nannte man Knechte, die mit ihren Pferden die Schiffe flussaufwärts zogen. An der Mosel befanden sich eine Reihe von Herbergen, in denen die Halfen übernachten und ihre Pferde unterstellen konnten. In der Gaststube des Halfenhauses ruhten sich die Treidler von der mühsamen Arbeit aus. Viele der **Treidlerpfade** entlang dem Ufer sind heute Spazier- oder Radwege.

### Ehemalige Wollfabrik

In der Elzbachstraße liegt die ehemalige Wollfabrik. Lange Zeit war sie das wirtschaftliche Zentrum des Ortes, bis zu 300 Menschen verschaffte sie Arbeit. 1811 begann *Christian Haan* (1783–1857) mit dem Bau des Fabrikgebäudes und gründete 1813 die **Decken- und Flanellfabrik C. Haan & Söhne.** Die beiden Weltkriege führten zu Konkurs und Stilllegung der Haan'schen Fabrik.

1945 konnte das Gebäude an *Bertil Brunnström*, den Direktor der Bedburger Wollindustrie, verpachtet werden. Bis 1993 produzierte die Wollfabrik, dann zwang ein verheerendes Hochwasser die Besitzer, die Fabrik zu schließen. Ein Förderverein setzt sich für den Erhalt der **denkmalgeschützten Anlage** ein und möchte aus dem faszinierenden Industriedenkmal ein **Kulturzentrum** machen. Die Fabrik ist nur im Rahmen von Veranstaltungen zugänglich. Termine unter http://wollfabrik-moselkern.de.

## Praktische Tipps

### Unterkunft

- **Im alten Halfenhaus**①-②, Moselstr. 5, 56254 Moselkern, Tel. (02672) 2516, http://fewo-halfenhaus.de. Ferienwohnungen im denkmalgeschützten Fachwerkhaus.

### Einkaufen

- **Weingut Weckbecker,** Oberstr. 21, 56254 Moselkern, Tel. (02672) 1553, www.weingut-weckbecker.de, März bis Okt. Mo–Sa 9–19 Uhr, Nov. bis Feb. 9–18.30 Uhr, So nach Vereinbarung. Der Familienbetrieb betreibt seit 1728 Weinbau in Moselkern, aber auch in Klotten, Müden und Hatzenport werden Weinberge bewirtschaftet. Drei Generationen arbeiten auf dem Weingut. Die beiden Jungwinzerinnen *Julia* und *Rabea Weckbecker* erhielten 2015 den Bioweinpreis in Silber.

MEIN TIPP: **Dagmars Marmeladenladen,** Eltztal 55, 56254 Moselkern, Mi–So 10.30–17.30 Uhr. In dem charmanten, kleinen Laden gibt es eine große Auswahl an leckeren Eigenkreationen: hausgemachte Marmeladensorten wie Roter Weinbergpfirsich, Sanddorn oder Bratapfel, Gelee, Pesto, Zwiebelkonfitüre, Brände, Lavendelsirup, Rhabarber-Curd und vieles mehr.

### Feste und Veranstaltungen

- **Wein- und Heimatfest:** Mit Live-Musik, Kulinarischem und natürlich reichlich Wein feiern die Moselkerner am letzten Wochenende im Juli.

### Öffentliche Verkehrsmittel

- **Bahn:** Bahnhof Treis-Karden, Moselstrecke Trier – Cochem – Koblenz (www.vrminfo.de).
- **Bus:** Reuter Reisen Linie 744: Pommern – Moselkern – Treis-Karden (nur Mo–Fr, www.vrminfo.de), Burgenbus Linie 330: Treis-Karden – Moselkern – Münstermaifeld – Burg Eltz – Burg Pyrmont (Mai bis Oktober, Sa, So und Fei, www.vrminfo.de).

# Abstecher: Burg Eltz

Ritterromantik pur: Die Burg Eltz mit ihren **Türmchen und Erkern** gehört zu den **schönsten Burgen in Deutschland.** Schon der französische Schriftsteller *Victor Hugo* notierte über sie in seinem Tagebuch: „Hoch, mächtig, verblüffend, finster." Ihre Lage ist traumhaft, inmitten ursprünglicher Natur liegt sie am kleinen **Elzbach,** der sie auf drei Seiten umfließt. Zu Beginn des 12. Jh. auf ei-

[>] Wie aus einem Fantasy-Film: Burg Eltz

115mo kn

nem 70 Meter hohen Felsen errichtet, ist die Burg nach mehr als acht Jahrhunderten immer noch im Familienbesitz der *Grafen von Eltz.*

Die Burg Eltz wurde nie erobert oder zerstört. Die Eltzer Fehde war die einzige bedeutende militärische Auseinandersetzung. Kurfürst *Balduin von Trier* ließ 1331 auf einem der Burg vorgelagerten Felsen die **Trutz-Eltz** bauen und die Burg Eltz von dort mit Kanonen und Katapulten beschießen. Selbst während des Pfälzischen Erbfolgekrieges, als Sonnenkönig *Ludwig XIV.* die meisten Burgen der Region in Schutt und Asche legen ließ, blieb die Burg Eltz verschont. Zu verdanken ist das einem Vorfahren der Grafenfamilie. *Hans Anton zu Eltz-Üttingen* diente als hoher Offizier in der französischen Armee. Mit viel diplomatischem Geschick verhinderte er ihre Zerstörung.

Da eine Felsformation das Fundament der Burg bildet, haben einige Räume sehr **eigenwillige Grundrisse.** Der Bau wirkt insgesamt sehr verschachtelt – dies hat einen bestimmten Grund: Bereits im 13. Jh. wurde die Burg unter drei Brüdern aufgeteilt. Bis 1650 bauten die drei Eltzer Familienstämme ihre Teile der Burg eigenständig weiter aus.

Große Teile der Einrichtung gehen bis ins Mittelalter zurück. Besonders beeindruckend sind die kunstvollen **Wandmalereien** im Ankleidezimmer und an der Decke des **Schlafgemachs** (15. Jh.). Das kunstvoll geschnitzte Bett mit Baldachin und Vorhängen schützte vor Kälte. Zu den Glanzstücken gehört die „Madonna mit dem Kinde und Weintrauben", ein Originalgemälde von *Lucas Cranach d.Ä.* (um 1520). Im **Rittersaal** beeindruckt ein buntes Fries aus den Wappen der weitläufigen Familie. Narrenköpfe an der Wand erinnerten daran, dass bei den Zusammenkünften Redefreiheit herrschte, der Narr durfte alles sagen, ohne mit Konsequenzen rechnen zu müssen. Die „Rose des Schweigens" wiederum ermahnte die Teilnehmer, dass das Gesagte den Raum nicht verlassen durfte. Unverändert erhalten ist die **Rodendorfer Küche** mit Gegenständen aus dem 15. bis 19. Jh. Ebenfalls sehr sehenswert ist die **Schatzkammer.** In den Vitrinen liegen Schmuck, Gold- und Silberschmiedearbeiten, Münzen, Waffen, kostbare Gläser und Porzellan.

■ **Burg Eltz,** 56294 Wierschem, Tel. (02672) 950500, http://burg-eltz.de, April bis 1. Nov. tägl. 9.30–17.30 Uhr, Erw. 10 €, Schüler, Studenten und Behinderte 6,50 €, Familien (2 Erw. und ab 2 Kinder) 28 €. Die Burg kann nur bei einer Führung erkundet werden, diese beginnen alle 10–15 Minuten und dauern rund 40 Minuten. Die Schatzkammer kann man zwischen 9.30 und 18 Uhr selbstständig besichtigen. In der Vorburg gibt es zwei **Selbstbedienungsgaststätten** (9.30–18 Uhr).

■ **Anfahrt:** Zum Parkplatz Burg Eltz gelangt man über Wierschem. Vom Parkplatz führt ein Fußweg zur Burg (1,3 km, rund 15 Minuten). Ein Pendelbus fährt alle 10 Minuten (pro Person 2 €). Parkgebühren: 2 € für PKW und Motorräder, 4 € für Wohnmobile.

■ **Bus:** Der ÖPNV-Burgenbus (Linie 330) fährt an Wochenenden und Feiertagen (Mai bis Oktober) von Treis-Karden über Burg Pyrmont und Burg Eltz nach Hatzenport und wieder zurück. Fahrräder werden im Anhänger mitgenommen. Informationen unter www.rhein-mosel-bus.de.

> Der Fährturm von Hatzenport

## Wandern

### Traumpfad „Eltzer Burgpanorama"

Die 12,6 Kilometer lange Route wurde zum schönsten Wanderweg 2013 gekürt. Sie führt über das Moselplateau, um die Burg Eltz und durch die Auenlandschaften des Elzbachtals und den Eltzer Wald. Start ist am Dorfgemeinschaftshaus in **Wierschem.**

116mo kn

# Hatzenport

Bereits seit dem Mittelalter gab es in Hatzenport einen Fährbetrieb. Heute fällt der **Fährturm** sofort ins Auge. Für eine **Gierseilfähre** errichtete man den Turm 1863. Dieser auch Fliegende Brücke oder Gierponte genannte Fährtyp wurde mittels eines am Turm befestigten Seils von einem Ufer zum anderen gezogen. Auf der anderen Seite war das Seil an einem Felsen verankert. Dabei nutzte man die Kraft der Wasserströmung aus, indem man die Fähre quer zur Mosel bewegte. 1957 bekam Hatzenport ein motorgetriebenes Fährschiff, das 24 Tonnen Ladung aufnehmen konnte. Erst als 1972 im Nachbardorf Löf die Moselbrücke gebaut war, wurde der Fährbetrieb endgültig eingestellt. Auch in Klotten und anderen Orten ersetzte man die Gierseilfähren im Laufe der Zeit durch Schiffe mit Dieselmotor. In Beilstein ist eine Gierseilfähre heute noch in Betrieb.

Dass bereits in der frühen Römerzeit in Hatzenport Wein angebaut wurde, beweist ein **römisches Steinrelief** aus dem 1. Jh. n.Chr., das man 1877 bei Bauarbeiten fand. Auf dem Dorfplatz unterhalb der neuen Kirche steht eine Nachbildung des Reliefs.

## Sehenswertes

### Haus Ibald

Das älteste Haus in Hatzenport ist das spätmittelalterliche, 1547/48 errichtete Haus Ibald (Moselstr. 27). In der für das Moseltal typischen Flurküche, die einst

117mo kn

der zentrale Wohnraum war, ist heute eine Weinstube untergebracht.

### Pfarrkirche St. Johannis

Die gotische Pfarrkirche St. Johannis steht auf einer Anhöhe über dem Ort. Vermutlich war an dieser Stelle zuvor eine keltische Kultstätte, so wie es bei den ebenfalls hoch gelegenen Kirchen in St. Aldegund und Neef nachgewiesen werden konnte.

Der **Friedhof** an der Alten Kirche, wie das Gotteshaus auch genannt wird, wurde in einen großen **Kräutergarten** umgewandelt. Neben klassischen Kräutergartenpflanzen wachsen auch wilde Kräuter aus den Weinbergen und **Rosen.** Am Rand des Friedhofs stehen alte **Maulbeerbäume.** Von hier aus hat man einen tollen Blick auf die Mosel.

## Praktische Tipps

### Unterkunft, Essen und Trinken

■ **Ferienwohnung Mosel**②-③, Moselstr. 26, 56332 Hatzenport, www.ferienwohnungenmosel.de. Große, sehr geschmackvolle Vier-Sterne-Ferienwohnung in einem alten Fachwerkhaus mit Blick auf die Mosel.

MEIN TIPP: **Winzerhof Gietzen**②-③, Moselstraße 70, 56332 Hatzenport, Tel. (02605) 952371, www.winzerhof-gietzen.com, März bis Nov. Fr ab 18 Uhr, Sa und So ab 14 Uhr. Im idyllischen, mit wildem Wein und Glyzinien bewachsenen Innenhof werden kleine Speisen aus der Winzerküche mit

Pfarrkirche St. Johannis

Kräutern aus dem hofeigenen Garten serviert. Winzerin *Maria Gietzen* hat das Buch „Mosel-Tapas" herausgegeben, das zeigt, dass kleine Appetithappen, wie sie in Spanien zum Wein gegessen werden, auch sehr gut von der Mosel kommen können. Zum Weingut gehört das sogenannte Cellarium, **Vinothek und Hofladen** in einem. Man kann auch sehr ansprechende **Zimmer** buchen. Angeboten werden außerdem geführte Weinbergswanderungen.

■ **Brunnenhof-Hatzenport**①-②, Moselstr. 58, 56332 Hatzenport, Tel. (02605) 952485, www.brunnenhof-hatzenport.de. Die Straußwirtschaft „Zum Brünnchen" ist von Mai bis September geöffnet (Fr, Sa, So und Fei). Besonders schön sitzt man im idyllischen Innenhof. Serviert wird Winzerküche, Flammkuchen und dazu hauseigene Weine. **Planwagenfahrten** von der Mosel durch die Weinberge und bis ins Maifeld gehören ebenfalls zum Angebot des Weinguts.

### Camping

■ **Campinginsel Sonnenwerth,** Hatzenporter Werth 1, 56332 Hatzenport, Tel. (02605) 2151, www.campinginsel-hatzenport.de. Der Campingplatz liegt idyllisch auf einer Insel und ist über einen Damm mit dem Moselufer verbunden. Mit Zeltwiese und Brötchenservice.

## Einkaufen

■ **Apfelweinkelterei Hasdenteufel,** Oberstr. 1, 56332 Hatzenport, Tel. (02605) 3708. In dem ehemaligen Pfarrhof werden Äpfel regionaler Streuobstwiesen zu Apfelsaft, Apfelwein oder Apfelsekt verarbeitet. Besichtigung nach Vereinbarung.

## Feste und Veranstaltungen

■ **„Schromb macht Spaß – Happy Schrumpftal":** Der auto- und fahrradfreie Aktionstag im Schrumpftal zwischen Hatzenport und Münstermaifeld-Metternich findet im Zweijahres-Rhythmus (in geraden Jahren) im Juni statt. Entlang der fünf Kilometer langen Strecke wird den Wanderern ein buntes Veranstaltungsprogramm geboten.

■ **Hatzenporter Sommersonnenwende:** Mitte Juni wird im Zuge der Kulturreihe „Kunst und Kultur, Küche und Keller" ein abwechslungsreiches Programm mit Musik, Ausstellungen, geführten Wanderungen, Weinproben und moseltypischen Winzergerichten angeboten. Die wechselnden Veranstaltungsorte sind Winzerhöfe, Gewölbekeller oder alte Scheunen.

■ **Wein- und Heimatfest:** Seit mehr als 50 Jahren feiert Hatzenport sein Weinfest mit einem abwechslungsreichen Programm, inklusive Krönung der Weinkönigin und des Weingottes Bacchus (Ende Juli, Freitag bis Montag).

## Öffentliche Verkehrsmittel

■ **Bahn:** Bahnhof Hatzenport, Moselstrecke Trier – Cochem – Koblenz (www.vrminfo.de).

■ **Bus:** Rhein-Mosel-Bus Linie 337: Mayen – Polch – Münstermaifeld – Hatzenport, Rhein-Mosel-Bus Linie 988: Koblenz-Güls/Hatzenport – Löf – Kobern-Gondorf (nur Mo–Fr, www.rhein-mosel-bus.de), Burgenbus Linie 330: Treis-Karden – Hatzenport – Münstermaifeld – Burg Eltz – Burg Pyrmont (Mai bis Okt., Sa, So und Fei, www.vrminfo.de).

## Wandern

### Traumpfad „Hatzenporter Laysteig"

Die knapp zwölf Kilometer lange Strecke durch die Weinberge ist nicht leicht zu gehen und nur für geübte Wanderer geeignet. Sie führt über steile Pfade und anspruchsvolle Klettersteige. Von der Rabenlay und der Kreuzlay bieten sich tolle Ausblicke ins Moseltal. Danach führt die Route durch das idyllische Schrumpftal. Start ist am Bahnhof von Hatzenport.

#### Kulturweg „WeinWetterWeg"

Der Kulturweg ist mit einem hübschen Logo markiert, auf dem ein Hase Weintrauben nascht. Der Name bezieht sich auch auf die Kachelmann-Wetterstation, die am Wegesrand liegt und stündlich Temperatur, Niederschlag und Wind misst. Der insgesamt elf Kilometer lange Weg ist so angelegt, dass auch nur Teilstrecken erwandert oder schwierige Kletterpassagen umgangen werden können (www.weinwetterweg.de).

## In der Umgebung

### Burg Bischofstein

Zwischen Moselkern und Hatzenport, gegenüber dem Ort **Burgen,** steht die Burg Bischofstein strategisch günstig auf einem Bergsporn, der auf drei Seiten steil abfällt. Im 13. Jh. ließ sie Erzbischof *Arnold II. von Trier* errichten. Im Pfälzischen Erbfolgekrieg wurde die Burg 1689 von französischen Truppen zerstört. In den 1930er Jahren wurde sie wieder aufgebaut, seit 1954 nutzt man sie als Schullandheim.

Das Burggelände ist nicht zugänglich. Zu besichtigen ist aber die mittelalterliche **Kapelle Unterbischofstein** (früher Pauluskapelle), die auf halber Höhe unterhalb der Burg steht und einst Wallfahrtsstätte war. Das Kapellenschiff und die Mauern des Chores sind romanisch (12/13. Jh.), das Kreuzgewölbe im Chor stammt aus dem 14. Jh. Der barocke Steinaltar wurde 1653 geschaffen. Wesentlich älter (um 1380) ist das Relief, das drei Frauenfiguren zeigt: Fides, Spes und Caritas (lat.: Glaube, Hoffnung, Liebe) sind Grundtugenden des Christentums. Das Uhrwerk der Turmuhr aus dem 16./17. Jh. ist eines der ältesten in Deutschland. Es hat nur einen Zeiger, er zeigt die Stunden an.

### Schrumpftal

**Mein Tipp:** Das romantische Schrumpftal mit seinen alten Mühlen ist ein wunderbares **Wandergebiet.** Hier scheint die Zeit stillzustehen. Die **fünfzehn Mühlen** entlang dem Schrumpfbach sind teilweise Ruinen, andere wiederum hat man kunstvoll restauriert. Das Tal verbindet Hatzenport mit dem Maifeld in der Eifel. Da die 4,5 Kilometer lange Straße entlang dem Schrumpfbach relativ steigungsfrei und wenig befahren ist, wird sie auch gern als **Fahrradweg** genutzt. Im Juni gibt es hier einen auto- und fahrradfreien Aktionstag (s.o.).

#### Essen und Trinken

■ **Justen Mühle**①, Im Schrumpftal 18, 56294 Münstermaifeld, Tel. (02605) 848118, www.justenmuehle.de, Sa 14–18 Uhr, So 11–18 Uhr, für angemeldete Gruppen auch nach Vereinbarung. Im Schrumpftal liegt die schmucke Justen Mühle aus dem Jahr 1738, eine der Mühlen im idyllischen Bachtal. Gegenüber steht das kleine **Kaffeehaus mit Biergarten.** Serviert werden kleine Gerichte, selbstgebackener Kuchen, Eis und sonntags auch Frühstück.

# Abstecher: Münstermaifeld

Am Ende des Schrumpftals liegt in ländlicher Idylle der Eifelort **Mörz.** Ein Abstecher lohnt sich schon wegen der vielen Ateliers. Töpfer, Bildhauer und Maler leben in dem **Künstlerdorf.** Mörz ist ein Ortsteil von Münstermaifeld und liegt im vorderen **Maifeld** zwischen Eifel und Mosel. Die sanft hügelige Landschaft ist wie das Moseltal eine Kulturlandschaft und dennoch völlig anders. Fruchtbares Ackerland, so weit das Auge reicht, und etliche Bauernhöfe prägen das Bild.

Die Stadt Münstermaifeld wird weithin sichtbar von der imposanten Stiftskirche dominiert, die man in einem so kleinen Ort gar nicht erwartet. Bei Grabungen auf dem Vorplatz der ehemaligen Stiftskirche fand man rund 550 Gräber, darunter 45 fränkische Grabstätten mit wertvollen Beigaben. Sie weisen darauf hin, dass Münstermaifeld in der Frankenzeit sehr reich gewesen sein muss und weitreichende Handelsbeziehungen hatte.

Zu den historischen Sehenswürdigkeiten von Münstermaifeld führt ein **Rundweg,** für den man etwa eine Stunde braucht. Start ist an der Tourist-Information am Münzplatz.

## Ehemalige Stiftskirche

Der markante Kirchturm der ehemaligen Stiftskirche **St. Martin und St. Severus** ist romanisch und geht auf einen Vorgängerbau zurück. 1225 wurde der spätromanische Kirchenbau durch einen frühgotischen, dreischiffigen ersetzt. Glanzstück im Inneren der Kirche ist der spätgotische **Antwerpener Flügelaltar.** 92 vergoldete Figuren zieren den geschnitzten Mittelteil. Anfang der 1970er Jahre wurde neben zwei Engelsfiguren auch der **„Mann mit Seil“ von Kunstdieben aus dem Goldaltar gestohlen.** Er galt daraufhin als verschollen. Seit den 1980er Jahren ersetzt eine Nachbildung das Original. 2016 tauchten im Klostergarten von Maria Laach zwei herrenlose Koffer auf. Darin fanden die überraschten Benediktinerbrüder elf kunsthistorisch bedeutende Altarfiguren, darunter auch den „Mann mit Seil“. Offensichtlich plagte den Täter das schlechte Gewissen oder seine Nachfahren wollten das Diebesgut wieder loswerden. Die Polizei konnte die Figuren verschiedenen Kirchen im Rheinland zuordnen, einzig der „Mann mit Seil“ blieb rätselhaft. Erst die Veröffentlichung eines Fotos brachte den entscheidenden Hinweis. Ein ehemaliger Messdiener erkannte die Figur mit dem markanten Gesicht. Dem rund 500 Jahre alten „Mann mit Seil“ fehlte zwar die Vergoldung, ansonsten war er wohlbehalten. Inzwischen hat er nach vier Jahrzehnten endlich wieder seinen angestammten Platz im Altar zurück.

Die barocke **Stumm-Orgel** aus dem Jahr 1722 fertigte *Johann Michael Stumm* (1683–1747). Er war der Gründer der Orgelbauerdynastie aus Rhaunen-Sulzbach im Hunsrück, die in sieben Generationen mehr als 370 Kirchenorgeln schuf. Die Münstermaifelder Orgel ist auch deshalb etwas Besonderes, weil sie das Erstlingswerk des berühmten Orgelbauers ist.

## Archäologisches Museum

Exponate aus der Steinzeit bis zur Epoche der Franken geben Einblick in die **Geschichte des Maifelds.** Auf der rund 180 Quadratmeter großen Ausstellungsfläche im Kellergeschoss der ehemaligen Propstei gibt es unter anderem Funde zu sehen, die bei Bauarbeiten auf dem Münsterplatz ans Licht kamen. Die Dauerausstellung mit dem Titel „Reichtum.Macht.Seelenheil" zeigt neben Schmuck, Waffen, Keramik und Münzen auch ein **Gräberfeld.** Es wurde nicht nur mit Skeletten und Grabbeigaben rekonstruiert, sondern gibt gleichzeitig Einblick in die **Arbeit der Archäologen.** In die Gäber drapierte Pinsel, Eimer und Kellen wirken, als hätten die Altertumsforscher der Generaldirektion Kulturelles Erbe Rheinland-Pfalz gerade erst ihren Arbeitsplatz verlassen.

■ **Archäologisches Museum,** Alte Propstei, Münsterplatz 6, 56294 Münstermaifeld, Tel. (02605) 9615026, 1. Nov. bis 1. April Mi und Fr 10–14 Uhr, Do 12–16 Uhr, Erw.3 €, Kinder (8–16 J.) 2,50 €, Kinder bis 8 J. frei, Familien 7 €.

## Heimatmuseum

Das Heimat- und Erlebnismuseum in der **Alten Propstei** gilt als größtes **Ladenmuseum** Deutschlands. Unter dem Motto „anno dazumal" präsentiert es insgesamt 30 Betriebe, Geschäfte und Einrichtungen aus der Zeitspanne zwischen 1900 und den 1950er Jahren. Dazu gehören ein Milchladen, eine Arztpraxis, eine Schulklasse, eine Kneipe, eine Poststelle und ein Reisebüro.

■ **Heimatmuseum,** Alte Propstei im Rosengarten, Münsterplatz 4, Tel. (02605) 3556, April bis 31. Okt. Mi–So 14–17 Uhr und nach Vereinbarung, an Feiertagen auch Mo und Di geöffnet, Erw. 5 €, Kinder 3,50 €, Kinder bis 6 J. frei.

[>] Der wehrhaft anmutende Kirchturm der ehemaligen Stiftskirche St. Martin und St. Severus

# Praktische Tipps

## Informationen

■ **Tourist-Information,** Münsterplatz 6, 56294 Münstermaifeld, Tel. (02605) 9615026, www.maifeldurlaub.de.

## Essen und Trinken

■ **Löffels Landhaus**③-④, Obertorstr. 42, 56294 Münstermaifeld, Tel. (02605) 953773, www.loeffelslandhaus.de, Mi–Sa ab 17.30 Uhr, So und Fei ab 11 Uhr, Mo und Di geschl. Küchenchef *Günter Löffel* kreiert saisonale Gerichte mit Produkten aus der Eifel. Häufig steht dabei die Maifelder Kartoffel im Mittelpunkt. Eine besondere Spezialität ist das Eifeler Landhausschnitzel, für das *Löffel* Schweine- oder Kalbsrücken, Fisch, Putenbrust oder Schafskäse mit frisch geriebenen Kartoffeln umhüllt und knusprig brät. Für Vegetarier gibt es eine erfreulich große Auswahl auf der Speisekarte.

### In Mörz

■ Einen Besuch wert ist das **Café Toscana** (Moselstr. 10a, 56294 Münstermaifeld, Sa, So und Fei 13–18 Uhr), in dem es leckeren Kuchen gibt. Das Café mit mediterranem Flair liegt direkt an der Hauptstraße, die durch Mörz führt.

118mo kn

# VON BURGEN NACH WINNINGEN

## Burgen

Burgen liegt auf der Hunsrücker Uferseite und hat eine sehr schmucke Dorfmitte. Im Ort mündet der **Baybach** in die Mosel, gegenüber thront die Burg Bischofstein (s.S. 308). Der **Druidenstein** erhebt sich südwestlich von Burgen auf der Hunsrücker Seite hoch über der Mosel mit Blick auf den Weinort Moselkern. Es ist ein schroffes Felsmassiv, auf dem schon die Treverer eine Höhensiedlung angelegt hatten. Vermutlich wurde sie bereits nach 50 v.Chr. aufgegeben, als die Truppen *Julius Cäsars* die Region im Zuge des Gallischen Krieges eroberten. Die Römer legten an dieser Stelle eine Tempelanlage an, von der allerdings nichts mehr erhalten ist.

**NICHT VERPASSEN!**

- Lebendiges Mittelalter auf der **Ehrenburg** | 319
- Wandern in der **Ehrbachklamm** zwischen Wasserfällen und Felsen | 321
- Die **Alte St. Michaelskirche** in Alken | 324
- Die **Matthiaskapelle** in den Ruinen der Oberburg von Kobern-Gondorf | 330

**Diese Tipps erkennt man an der gelben Hinterlegung.**

### Camping

■ **KNAUS Campingpark Mosel/Burgen,** Am Bootshafen (an der B49), 56332 Burgen, Tel. (02605) 952176, www.knauscamp.de, geöffnet April bis Oktober. Zu dem direkt an der Mosel gelegenen, gut ausgestatteten Campingplatz mit Blick auf die Burg Bischofstein gehört ein eigener Boots- und Yachthafen. Außerdem verfügt der Platz über einen solarbeheizten Swimmingpool, Weinfässerhütten zum Mieten und ein Restaurant mit Terrasse. Vom Campingplatz aus sind auf Anfrage Ballonfahrten möglich, Infos unter Tel. (0671) 89000.

### Essen und Trinken

■ **Weinstube Hubertus Günther**①-②, Pützstr. 5, 56332 Burgen, Tel. (02605) 4911, Ostern bis Ende

Juni Fr und Sa ab 17 Uhr, So und Fei ab 16 Uhr, Juli bis Okt. Di–Sa ab 17 Uhr, So und Fei ab 16 Uhr. Wunderschöne Straußwirtschaft im moseltypischen Bruchsteinhaus mit weinberanktem Innenhof. Zu der sehr guten, regionalen Küche wird der hauseigene Wein ausgeschenkt.

### Aktivitäten

■ **Minigolf:** Moselstr. 36, 56332 Burgen, Tel. (02605) 408871, Anfang April bis Okt. Di–So und Fei 11.30–19 Uhr, Kinder (bis einschl.10 J.) 1,50 €, Erw. 2 €. Zur Anlage in der Nähe des Campingplatzes gehört ein Grill-Imbiss.

### Öffentliche Verkehrsmittel

■ **Bus:** Rhein-Mosel-Bus Linie 301: Koblenz – Dieblich – Brodenbach – Burgen, Linie 388: Dieblich/Burgen – Löf – Polch (www.vrminfo.de).

■ **Fahrradbus:** RegioRadler Untermosel: Treis-Karden – Burgen – Brodenbach – Emmelshausen (1. Mai bis 1. Nov., Reservierungen unter www.regioradler.de).

### Wandern

#### Seitensprung „Borjer Ortsbachpädche"

Der Rundweg „Borjer Ortsbachpädche" ist ein Seitensprung des Moselsteigs. Die 8,7 Kilometer lange Route startet auf dem Marktplatz in Burgen und folgt dem Lauf des Baybachs, später dann dem Ortsbach. 300 Höhenmeter müssen insgesamt überwunden werden. Belohnt wird man mit einer tollen Aussicht über den Hunsrück.

# Abstecher: Baybachtal

Von den Hunsrückhöhen führen tief eingeschnittene Bachtäler zur Mosel. In ihnen verbergen sich naturbelassene Bachläufe, meist rauschende Bäche, die sich durch enge Schluchten mit bizarr geformten Felsen zwängen und schäumende **Wasserfälle** bilden. Im Sommer können sie auch mal zu dürren Rinnsalen werden. Eines der abwechslungsreichsten Täler ist das wildromantische Baybachtal, auch **Grand Canyon des Hunsrücks** genannt. Die Quellen des Baybachs liegen südlich von Emmelshausen nahe der Hunsrückhöhenstraße. In Burgen mündet der Baybach in die Mosel.

Urwüchsige Natur und alte Schiefersteinbrüche mit geheimnisvollen Stollenmundlöchern machen das Baybachtal unvergleichlich schön. Einst klapperten in dem heute so stillen Tal 32 Getreide-, Öl- und Sägemühlen. In den abseits gelegenen Mühlen soll sich der berüchtigte Räuber Schinderhannes vor seinen Verfolgern versteckt haben. Auch in der **Schmausemühle** fand er angeblich Unterschlupf. Heute ist die rund 350 Jahre alte Mühle ein Gasthaus und für ihre Forellen aus eigener Zucht bekannt (s.u.). Im Baybachtal gibt es ausgezeichnete **Wanderwege,** für die man etwas Kondition und unbedingt gutes Schuhwerk mitbringen sollte.

## Unterkunft, Essen und Trinken

**Mein Tipp:** **Hotel & Restaurant Schmausemühle**③, 56283 Gondershausen, Tel. (06745) 270, www.schmausemuehle.de. Elf Doppelzimmer in der Mühle und im „Hexenhäuschen" neben dem Haupthaus. Außerdem gibt es eine rund 300 m von der Mühle entfernte Blockhütte, die für 2–6 Personen geeignet ist (Preise nach Personenzahl gestaffelt). Beliebtes Ausflugsziel im Baybachtal, berühmt für die Forellen aus eigener Zucht und das hausgebackene Brot. Toll ist auch die vegetarische Variante der Hunsrücker Kartoffelklöße. Je nach Saison stehen auch Wild und andere Spezialitäten auf der Karte des gemütlichen Gasthauses. Speisekarte 12–14 und 18–21 Uhr, Vesperkarte 14.30–17.30 Uhr.

■ **Weinscheune**①-②, Hauptstr. 13, 56291 Bickenbach, Tel. (06746) 800930, www.weinscheune-bickenbach.de, So ab 12 Uhr. Die Traumschleife „Oberes Baybachtal" führt direkt an der Weinscheune vorbei. In dem schönen Garten und der Scheune werden verschiedene Weine und leckere Gerichte – auch für Veganer – serviert.

**Mein Tipp:** **Hunsrücker Hexenhaus**②, St. Martin-Str. 7, 56290 Beltheim-Mannebach, Tel. (06762) 7510, Mi–Sa ab 14 Uhr, So und Fei ab 12 Uhr, Mo und Di geschl., www.hunsruecker-hexenhaus.de. Gegessen wird im alten Pferdestall, im Sommer auch in dem von Bruchsteinmauern umfassten, idyllischen Garten. Als Aperitif ist ein Winzersekt mit Holunderblütensirup oder Sanddornlikör sehr lecker. Es gibt Speisen für den großen Hunger, wie Lammgulasch mit Pinienkernen oder Kleinigkeiten wie gratinierten Ziegenkäse. Die Weine kommen zu einem großen Teil aus biologischem Anbau. Hausgemachtes gibt es im Hunsrücker Hexenhaus auch zum Mitnehmen. Sehr lecker ist der Kräuterlimo-Sirup, mit dem man zuhause seine eigene Limonade mixen kann. Die Produkte sind nicht nur ansprechend gestaltet, sondern haben oft liebevolle Bezeichnungen: Hinter der „Moorhexe" versteckt sich ein Lakritzlikör, der „Hexengarten" ist ein Kräuterlikör. Zum Sortiment der Manufaktur gehören Gelees, Marmeladen, Kräuteröle und verschiedene Essigsorten.

☒ Der Baybach hat sich seinen Weg durch den Hunsrückschiefer gegraben

## Wandern im Baybachtal: wilde Pfade und urwüchsige Natur

Fünf Rundwanderwege laden dazu ein, das Baybachtal zu erkunden: „Baybachklamm", „Murscher Eselsche", „Rabenlay" und „Oberes Baybachtal" sind Traumschleifen, Nebenwege des Saar-Hunsrück-Steigs. Das „Borjer Ortsbachpädche" (s.o.: Burgen) ist ein sogenannter Seitensprung und gehört zu dem 2014 eröffneten Moselsteig. Alle Wanderwege passieren alte Mühlen, imposante Felsen und romantische Bachläufe. Zweifelhafte Weggabelungen? Fehlanzeige. Die Routen sind **hervorragend ausgeschildert,** Verlaufen ist praktisch unmöglich. Auf schwierigen Felspassagen geben Stahlseile Sicherheit. Die Traumschleife „Murscher Eselsche" wurde zu einem der schönsten Wanderwege Deutschlands gekürt.

■ www.saar-hunsrueck-steig.de/traumschleifen
■ www.moselsteig.de/die-partnerwege

### Traumschleife „Baybachklamm"

Der zehn Kilometer lange, schon fast alpin anmutende Rundweg durch das wildromantische Baybachtal ist ziemlich anspruchsvoll, doch die Anstrengung lohnt sich: Knifflige Felspassagen, die mit Stahlseilen gesichert sind, wechseln sich mit naturbelassenen Pfaden durch sanfte Auen ab. Tiefe Schluchten, Was-

008hu kn

serfälle, schöne Aussichtspunkte und bizarre Felsen runden das Wandererlebnis ab. Bei Schnee und Eis ist die Traumschleife nicht zu begehen und auch nach heftigem Regen ist Vorsicht geboten. Unbedingt an festes Schuhwerk denken! Start ist am Wanderparkplatz **Heyweiler** (für Navigationsgeräte: 56290 Beltheim-

Heyweiler, Hauptstraße). Die Schmausemühle (s.o.), berühmt für Gerichte aus fangfrischen Forellen, liegt etwa auf halber Strecke am Wegesrand. Wer lieber am Ende der Tour einkehren möchte, kann die Wanderung auch am Parkplatz der Schmausemühle beginnen.

### Traumschleife „Murscher Eselsche"

Das „Murscher Eselsche" ist einer der schönsten Wanderwege im Hunsrück. Für den merkwürdigen Namen gibt es eine Erklärung: *Mursche* ist das Hunsrücker Wort für den Ortsnamen Morshausen. *Eselsche* hieß im Volksmund ein

122mo kn

bizarr geformter Felsen am Weg, bevor ein paar Jugendliche die an das Grautier erinnernde Form mit Munition aus dem Zweiten Weltkrieg wegsprengten. Schmale Pfade führen hinab zum Baybachtal, über den Zechenpfad zur ehemaligen Erzgrube Theresia und über teils sehr steile Felsen wieder hoch zum Ausgangspunkt. Der knapp elf Kilometer lange Wanderweg ist anspruchsvoll und sehr abwechslungsreich. Knifflige Felspassagen sind mit Seilen gesichert. Mit den falschen Schuhen wird die Tour allerdings zur waghalsigen Kletterpartie. Start ist an der alten Schule in **Morshausen** (von Brodenbach aus zu erreichen).

### Traumschleife „Rabenlay"

Der 15,5 Kilometer lange Rundweg bietet von den offenen Feldfluren aus einen sagenhaften Eifelblick, bis zur hohen Acht und zur Nürburg. Eindrucksvoll ist die schroffe Felsschlucht des Baybachs. Die Tour steht unter dem Motto der vier Elemente Feuer, Wasser, Erde und Luft. Schautafeln stellen die Verbindung zu Themen wie Windräder, Wasserräder oder Solarfelder her. Start ist an der Gunthershalle in **Gondershausen.**

### Traumschleife „Oberes Baybachtal"

Die mittelschwere Strecke, auf der 417 Höhenmeter überwunden werden müssen, bietet wundervolle Ausblicke. Sieben Mühlen liegen am Wegesrand, die Route verläuft teilweise neben dem Baybach. Start der 15,3 Kilometer langen Traumschleife ist am Wanderparkplatz **Reifenthal** (an der B327 nahe Emmelshausen, www.oberes-baybachtal.de).

Dick bemooste Steinfelsen im Baybachtal auf dem Wanderweg „Murscher Eselsche"

## Burg Waldeck

Oberhalb des Baybachs in der Mitte des Tals liegt die Burg Waldeck. Sie hatte eine bewegte Geschichte, auch noch als sie bereits eine Ruine war. Die Ganerben-Burg wurde spätestens im 13. Jh. erbaut und im 17. Jh. zerstört. Im 18. Jh. hat man in den **Ruinen** ein schlossartiges Gebäude errichtet. Aber auch das verfiel, die Ruine wurde als Steinbruch genutzt.

### Bewegte Geschichte

Die eigentlich interessante Geschichte beginnt jedoch viel später: Im April 1911 erwachte die Waldeck aus ihrem Dornröschenschlaf, als die noch junge Jugendbewegung des **Nerother Wandervogels** sich auf der Burgruine versammelte. Auf dem Plan standen gemeinsame Spiele, Wettkochen und vor allem Spaß. Am Lagerfeuer pflegte man das Wandervogelliedgut und sang zur Gitarre. Hehres Ziel war der Umbau des alten Gemäuers zur „Rheinischen Jugendburg". 1922 baute man in den Ruinen eine erste feste Behausung, ein Garten wurde angelegt und die Waldeck besiedelt.

Mit der Machtergreifung der Nationalsozialisten 1933 begann die **Verfolgung** der Wandervögel. Der Bund wurde offiziell aufgelöst, der Wandervogelgedanke jedoch noch lange nicht aufgegeben. Trotz der Auflösung des Bundes gelang es der Gestapo nicht, die Bewegung restlos zu zerschlagen. Eine Verhaftungswelle, Razzien und Prozesse folgten, einige Mitglieder kamen ins Konzentrationslager. Nach dem Krieg trafen sich die versprengten Wandervögel erneut auf der Waldeck und die Jugendbewegung lebte wieder auf.

### Chanson- und Folklore-Festivals

Parallel dazu entstand eine zweite Bewegung: Burg Waldeck wurde zum **Mittelpunkt einer neuen Musikkultur.** Pfingsten 1964 fand hier das erste Musikfestival statt: das Chanson Folklore International. Rund 400 Besucher kamen, darunter **Franz Josef Degenhardt** und **Reinhard Mey.** Es war das erste Open-Air-Festival in Deutschland und begründete die deutsche Liedermacherszene. Gleichzeitig war es der Beginn der deutschen Folkbewegung, die von der Protestsongbewegung in den USA beeinflusst war und sich bewusst vom seichten Schlager der Nachkriegszeit abheben wollte. Ein Jahr später kamen bereits 2000 Besucher auf das Festival im Hunsrück. *Degenhardt* trug die gesellschaftskritische Ballade von den „Schmuddelkindern" vor. 1966, beim dritten Festival, trat unter anderem **Hannes Wader** vor mittlerweile 3000 Zuschauern auf – es war sein Durchbruch.

Sämtliche Kapazitäten des Festivalgeländes wurden 1968 gesprengt, als rund 5000 Besucher zur Waldeck strömten. Allerdings machten sich die politischen Umbrüche der Zeit mehr und mehr bemerkbar. Es herrschte eine aufgeheizte, fast aggressive Stimmung. Die Musiker wurden immer wieder von Störern unterbrochen, denen die Texte nicht radikal genug waren. Auch im folgenden Jahr gab es Richtungsstreitigkeiten zwischen Musikern und Publikum. Viele Künstler wollten nicht mehr auf der Waldeck auftreten und suchten sich andere Bühnen. In ganz Deutschland hatte sich inzwischen eine Liedermacherszene entwickelt, das Waldeck-Festival verlor seine Bedeutung.

## Burg Waldeck heute

Ein gemeinnütziger Verein, die Arbeitsgemeinschaft Burg Waldeck e.V., unterhält heute die Jugend-, Freizeit- und Bildungsstätte Burg Waldeck. So treffen sich noch immer Liedermacher aus aller Welt auf der Burg und knüpfen an die legendäre Zeit der Waldeck-Festivals an. Junge Talente und bekannte Künstler bieten an Pfingsten drei Tage lang ein buntes Programm.

- **Burg Waldeck,** Waldecker Weg, 56290 Dorweiler, www.burg-waldeck.de (Termine und Veranstaltungsprogramm).
- **Anfahrt:** Von Burgen kommend, auf der L205 über Macken und Dommershausen bis Dorweiler fahren. In Dorweiler von der L205 (Dorfstraße) nach links auf den Waldecker Weg abbiegen. Nach rund zwei Kilometern ist die Burg Waldeck erreicht.

▷ Auf der Ehrenburg wird mittelalterliche Geschichte lebendig

# Brodenbach

Brodenbach liegt an der Einmündung des **Ehrbachs** und des **Brodenbachs** in die Mosel. Die beiden waldreichen Seitentäler führen dem Ort ständig frische Luft zu, weshalb Brodenbach ein staatlich anerkannter Erholungsort ist. Die Ehrenburg im unteren Ehrbachtal ist das touristische Glanzstück des Ortes.

## Ehrenburg

Oberhalb von Brodenbach steht die Ehrenburg, gut erhalten und ein tolles Ausflugsziel für Familien. Erstmals erwähnt wird die Burg im Jahr 1161, erbaut wurde sie aber früher. Als **Raubritterburg** war sie Jahrhunderte lang gefürchtet. Sehr markant ist der ungewöhnliche **Doppelbergfried.** Die Burg wird heute nicht nur als Hotel (s.u.) genutzt. In dem alten Gemäuer wird das

006hu kn

Mittelalter lebendig. Geboten wird ein buntes Programm mit alter Musik, historischem Handwerk und speziellen Veranstaltungen. Das Programm „Lebendige Burg“ an den Familiensonntagen zeigt Besuchern historisches Handwerk wie Töpfern, Schmieden oder Weben, es gibt Musik und Tanz, Bogen- und Katapultschießen. Sonderveranstaltungen wie das Hexenfest am 1. Mai oder das Ehrenburger Menütheater finden das ganze Jahr über statt.

■ **Ehrenburg,** 56332 Brodenbach, Tel. (02605) 3077, Termine und Infos: www.ehrenburg.de. Geöffnet Frühlingsanfang bis 1. Nov. Mo–Sa ab 10 Uhr, So und Fei ab 11 Uhr. Mo–Sa und an den Familiensonntagen „Lebendige Burg“: 4,50 €, Kinder 3,50 €, Familienkarte (Eltern und 2 Kinder) 19 €, jedes weitere Kind 3 €. „Traumzeit“ und „Ehrenburger Sommer“: 7 €, Kinder 5 €.

## Unterkunft, Essen und Trinken

■ **Gasthaus Mühle Vogelsang**②, Rhein-Mosel-Str. 63, 56332 Brodenbach, Tel. (02605) 1437, http://muehle-vogelsang.de, Mo und Mi 15–22 Uhr, Do–So 12–22 Uhr, Di Ruhetag. Die Mühle ist mehr als 450 Jahre alt und liegt unterhalb der Ehrenburg. Die frische, moselländische Küche wird mit Kräutern aus dem Mühlengarten und Wildkräuter verfeinert. In der ehemaligen Scheune der Mühle sind fünf **Ferienwohnungen** untergebracht.

■ **Burghotel Ehrenburg**④, 56332 Brodenbach, Tel. (02605) 3077, www.ehrenburg.de. Im kleinen Burghotel mit fünf stilecht eingerichteten Kemenaten lässt es sich schlafen wie im Mittelalter, mit Dusche und Heizung allerdings deutlich komfortabler. Rustikaler als die Kemenaten, aber dafür vielleicht noch authentischer ist der Schlafplatz im Ritterzelt, inkl. Frühstück pro Person 35 € (zwischen Ostern und Oktober). Die Ritterzelte bieten Platz für 4, 6 oder 8 Personen. Modernen Komfort bietet die Sanitäranlage im Torturm, Frühstück gibt es im Rittersaal. Abendessen in der Wächterstube: Für 30 € wird in der historischen Wächterstube mit prasselndem Kaminfeuer ein Vier-Gang-Menü serviert. Reservierung unter Tel. (02605) 3077.

### Camping

■ **Campingplatz Mühle Vogelsang,** Rhein-Mosel-Str. 63, 56332 Brodenbach, Tel. (02605) 1437, http://muehle-vogelsang.de. Ruhiger, sehr schön gelegener Campingplatz am Ehrbach. Er ist einer der wenigen hochwasserfreien Plätze an der Mosel, deshalb ist ganzjähriges Camping möglich.

## Feste und Veranstaltungen

■ **Motorbootrennen:** Im Mai/Juni findet in Brodenbach das Internationale ADAC-Motorbootrennen statt. Das hat Tradition, denn bereits seit 1973 veranstaltet der ADAC Mittelrhein das Rennen auf der Mosel. Die Bundesstraße wird gesperrt und Tausende Motorsportbegeisterte und Schaulustige säumen das Ufer. Termin und weitere Informationen unter www.brodenbach-mosel.de.

■ **Wein- und Heimatfest:** Das viertägige Fest am zweiten Wochenende im September wird Freitagabend mit Musik und Tanz für jüngeres Publikum eröffnet. An den folgenden drei Tagen gibt es ein buntes Programm mit Live-Musik, Tanzvorführungen, Früh- und Dämmerschoppen.

## Aktivitäten

■ **Yachthafen:** Der Hafen wird vom Verein Wassersportfreunde Brodenbach (www.wsf-brodenbach.de) und vom Segelclub Brodenbach (www.scbm.de) genutzt. Gastliegeplätze sind vorhanden (Moselkilometer 27,5, Moselufer 27, 56332 Brodenbach).

## Öffentliche Verkehrsmittel

- **Bus:** Rhein-Mosel-Bus Linie 388: Dieblich/Burgen – Löf – Polch, Linie 301: Koblenz – Dieblich – Brodenbach – Burgen (www.vrminfo.de).
- **Fahrradbus:** RegioRadler Untermosel: Treis-Karden – Burgen – Brodenbach – Emmelshausen (1. Mai bis 1. Nov., Reservierungen unter www.regioradler.de).

## Wandern

### Traumpfad „Bergschluchtenpfad Ehrenburg"

Für ambitionierte Wanderer ist der Traumpfad „Bergschluchtenpfad", der auch an der **Ehrenburg** vorbeiführt, absolut zu empfehlen. Die anspruchsvolle, 18,6 Kilometer lange Route ist für sportliche Wanderer geeignet. Sie erfordert Trittsicherheit und wegen der teils sehr steilen Aufstiege auch einiges an Kondition. 879 Höhenmeter müssen überwunden und etwa 6½ Stunden eingeplant werden. Für die Mühe entschädigen wundervolle Ausblicke über die Mosel und die gesamte Region. Der Startpunkt ist Brodenbach (www.traumpfade.info).

# Abstecher: Ehrbachtal

Der Ehrbach schlängelt sich rund 17 Kilometer von Emmelshausen bis nach Brodenbach, wo er in die Mosel mündet. Eine bekannte Sehenswürdigkeit im Ehrbachtal ist der zur **Schlucht** verengte mittlere Talabschnitt, die idyllische Ehrbachklamm mit ihren kleinen Wasserfällen. Neben der wunderschönen Natur gibt es aber auch kulturelle Besonderheiten zu entdecken: Mehrere **Mühlen,** manche zu Gasthäusern umgebaut, und Burgen hat das Ehrbachtal zu bieten.

## Ehrbachklamm

Die Ehrbachklamm lockt mit markanten **Felspartien** und rauschenden **Wasserfällen.** Um die schroffe, rund drei Kilo-

Mal schroff und wild, mal idyllisch – die Ehrbachklamm hat viele Facetten

005hu kn

meter lange Klamm zu passieren, muss man trittsicher sein. Teilweise ist der Pfad äußerst schmal, manchmal sind es nur in den Fels gehauene Trittstufen, auf denen man sich mit Hilfe von Stahlseilen entlanghangelt. Am besten erkundet man die Klamm auf dem gut ausgeschilderten Rundwanderweg Traumschleife „Ehrbachklamm" (s.u.).

■ **Anfahrt:** Von Brodenbach auf der K119 Richtung Boppard-Buchholz bis zur Abfahrt Oppenhausen fahren, dort auf die K120 bis zum Wanderparkplatz Oppenhausen an der Abzweigung nach Hübingen (für Navigationsgeräte: Mittelstraße, 56154 Boppard).

## Ruine Rauschenburg

Die Rauschenburg liegt in der Ehrbachklamm nördlich von Mermuth. Sie wurde im Zuge der Eltzer Fehde 1332 von Erzbischof *Balduin von Trier* als Trutzburg gegen die feindlichen Burgherren der Umgebung errichtet. Heute ist die Rauschenburg eine Ruine, die Reste der Schildmauer, des Bergfrieds und der Burghof sind noch gut zu erkennen.

Die Rauschenburg ist **nur zu Fuß** zu erreichen. Einen schönen Blick auf die Ruine hat man von der Traumschleife „Ehrbachklamm" (s.u.). Wer die Rauschenburg aus nächster Nähe sehen möchte, erreicht sie am besten von **Mermuth** aus (Wanderparkplatz am Kiefernweg). Nach rund anderthalb Kilometern über Feld- und Waldwege führt ein Serpentinenweg zu der Ruine über dem Ehrbachtal. Da lediglich ein Schild am Wanderparkplatz die grobe Richtung vorgibt und der weitere Weg nicht ausgeschildert ist, muss man auf eine detaillierte Wanderkarte oder ein GPS-Gerät zurückgreifen.

## Schloss Schöneck

Auch das Schloss Schöneck liegt im idyllischen Ehrbachtal. Vorgängerbau des Schlosses beim kleinen Ort Windhausen war eine Reichsministerialburg, erbaut von *Konrad von Boppard* Ende des 12. Jh. In der Eltzer Fehde 1331–36 gehörte die Burg zum Schutzbündnis gegen den Trierer Kurfürsten *Balduin von Luxemburg*, aber schon 1354 ging sie als Lehen an Kurtrier. Mitte des 17. Jh. wurde die Wehranlage zu einem barocken Schloss umgestaltet. Die meisten Um- und Neubauten erfolgten im 19. Jh. Da sich das Schloss in Privatbesitz befindet, sind Besichtigungen nur am Tag des offenen Denkmals (2. So im Sept.) möglich. Der Falkenturm ist frei zugänglich.

■ **Anfahrt:** Von Brodenbach auf der K119 Richtung Boppard-Buchholz, dann auf die K120 Richtung Windhausen fahren. Hinter Windhausen nach rund 800 Metern auf die Schönecker Straße abbiegen.

## Unterkunft

■ **Daubisberger Mühle**①, in der Ehrbachklamm, Tel. (06745) 267. Das kleine Ausflugslokal liegt direkt an der Traumschleife „Ehrbachklamm". Im Außenbereich gibt es einen Kiosk mit teilweise überdachten Sitzplätzen davor. Feste Öffnungszeiten existieren nicht, aber die Wirtin ist eigentlich immer da. Es gibt eine kleine Vesperkarte mit Strammem Max oder Kotelett, bekannt ist die Mühle aber für Forellen.

■ **Landgasthaus Tenne②**, Mittelstr. 35, 56154 Oppenhausen, Tel. (06745) 182828, www.gasthaus-tenne.de, Mo Ruhetag. In Oppenhausen, wo sich der Wanderparkplatz für den Zugang zur Ehrbachklamm befindet. Große Auswahl an gutbürgerlichen Gerichten, Rumpsteak gehört zu den Spezialitäten des Hauses. Die Weine kommen von Mosel und Rhein.

■ **Landgasthof Hierer Mühle②**, Hierer Mühle 1, 56154 Boppard/Ney, Tel. (06745) 369, www.landgasthof-hierer-muehle.de, Oktober bis einschl. Februar tägl. außer Mo und Di, ab März tägl. außer Di. Im oberen Ehrbachtal bei Dieler. Auf der Speisekarte sind die Forellen aus eigener Zucht besonders zu empfehlen.

## Wandern

### Traumschleife „Ehrbachklamm"

Sagenhafte 93 Erlebnispunkte hat das Deutsche Wanderinstitut dem **Premiumweg** mit seinen Wasserfällen, Kletterpassagen und spektakulären Felsen verliehen. „Wanderpapst" *Manuel Andrack* bezeichnete die Ehrbachklamm sogar als „definitiv schönste, wildeste, romantischste Klamm in den deutschen Mittelgebirgen". Am besten erkundet man die Klamm auf diesem gut ausgeschilderten, 8,5 Kilometer langen Rundwanderweg.

Alternativ kann man die Traumschleife „Ehrbachklamm" mit der **Schöneck-Schleife** kombinieren. Zusammen mit der Zuwegung kommt man dann auf 15 Kilometer, für die man allerdings viel Zeit einplanen muss, denn die Anstiege sind steil und das Teilstück, das durch die eigentliche Klamm führt, wird stellenweise zur Kletterpartie. **Leitern und Holzstege** helfen über die schwierigen Passagen. Der Weg führt an den schönsten Sehenswürdigkeiten vorbei. Dazu gehören Aussichtspunkte mit wunderbaren Fernsichten, schöne Rastplätze, spektakuläre Felsen, Mühlen und die Rauschenburg.

Bei Schnee und Eis sind die Wege nicht begehbar, aber auch in der Saison sollte man vorsichtig sein, **Wanderunfälle sind keine Seltenheit.** Festes Schuhwerk und Kondition sind in der Klamm unerlässlich, vor allem aber erfordert der mittlere Schluchtabschnitt einiges an Trittsicherheit. Start der beiden Touren ist am **Wanderparkplatz in Oppenhausen.**

# Alken

Alken gehört zu den ältesten Orten an der Untermosel, schon der keltische Stamm der Treverer siedelte hier. Auch der Ortsname ist vermutlich keltischen Ursprungs: *Olk* bedeutete sowohl „pflügbares Land" als auch „fruchtbarer Boden", aber auch – deutlich passender für den kleinen Moselort – „Weinberg". Spuren der Römerzeit fand man ebenfalls, zum Beispiel Teile des Fundaments der Burg Thurant.

## Sehenswertes

### Stadtbefestigung

An der Moselstraße steht ein **Wehrturm** der einstigen Stadtbefestigung. Er diente als Zoll- und Signalturm. Vorbeifahrende Schiffe mussten zur Zeit der Pfalzgrafen Zoll entrichten. Heute gehört er zu einem Hotel-Restaurant (s.u.). Das **Fal-**

007hu kn

**lertor,** Haupttor der mittelalterlichen Stadtbefestigung, hatte ursprünglich eine Zugbrücke und ein Fallgatter. Die Stadtmauer war zusätzlich von einem Graben umgeben. Von der Fallerport aus erreichte man die Wehrgänge.

⌃ Der Innenhof der Doppelburg Thurant mit Steingarten und Skulpturen lädt zu einem Spaziergang ein

## Alte St. Michaelskirche

Sehenswert ist im Ort vor allem die Alte St. Michaelskirche aus dem 12. Jh. Über eine steile, von vierzehn **Kreuzwegstationen** flankierte Schiefersteintreppe erreicht man den Ehrenfriedhof mit der kleinen, ehemaligen katholischen Pfarrkirche. Die **Fresken** im Chorraum sind im 14. Jh. entstanden. Unter der Kapelle befindet sich ein **Beinhaus,** durch ein Gitter kann man einen Blick hineinwerfen.

■ **Alte St. Michaelskirche,** Von-Wiltberg-Straße, Ostern bis Ende Okt. So und Fei 14–17 Uhr, für Besuchergruppen auch nach Vereinbarung.

### Burg Thurant

Hoch über Alken thront die Burg Thurant. Sie wurde zwischen 1198 und 1206 vom rheinischen Pfalzgrafen *Heinrich* erbaut. Da er gerade von einem Kreuzzug aus dem Orient zurückgekehrt war, benannte er die Wehranlage nach der Kreuzfahrerburg Toron (heute Qal'at Tibnin im Libanon).

Auffällig ist, dass die Burg gleich **zwei mächtige Bergfriede** hat. Das geht auf die ungewöhnlichen Besitzverhältnisse ab dem 13. Jh. zurück. Von 1246 bis 1248 belagerten die Erzbischöfe von Trier und Köln gemeinsam die pfalzgräfliche Burg. Nach der erfolgreichen Eroberung teilten sie die Anlage durch eine Trennmauer in der Mitte und errichteten einen zweiten Bergfried. Im 17. Jh. wurde die Doppelburg zerstört und im 19. und 20. Jh. wieder aufgebaut. Einige der Bauteile wie das Hauptgebäude, das Jagdhaus und die Kapelle wirken zwar mittelalterlich, sind aber aus der Neuzeit.

Sehenswert sind der **Steingarten** und der **Garten im Ehrenhof,** beide mit Skulpturen geschmückt. Auch die Burgkapelle, der Weinkeller und die erst kürzlich rekonstruierten Ställe sind zu besichtigen. Das große Holzgerüst vor den Pferdeställen diente dazu, die Ritter in ihren schweren Rüstungen mittels einer Winde auf ihr Schlachtross zu hieven. Im Kölner Turm befinden sich nicht nur Folterinstrumente, dort liegt auch ein echtes Skelett tief unten im Verlies.

■ **Burg Thurant,** 56332 Alken, www.thurant.de, 1. März bis 30. April 10–17 Uhr, 1. Mai bis 15. Nov. 10–18 Uhr, 16. Nov. bis 28. Febr. geschl., Erw. 3,50 €, Kinder (ab 7. J.) 2,50 €, Kinder bis 7 J. frei.

## Praktische Tipps

### Informationen

■ **Tourist-Information Sonnige Untermosel,** Moselstr. 7, 56332 Alken, Tel. (02605) 8472736, www.sonnige-untermosel.de, April bis Okt. Mo–Fr 9–17 Uhr, Sa, So und Fei 10–14 Uhr, Nov. bis März Mo–Fr 10–16 Uhr, So und Fei 10–12 Uhr.

■ **Verkehrsverein Alken e.V.,** Schulstr. 1, 56332 Alken, Tel. (02605) 790, www.alken.de.

### Unterkunft, Essen und Trinken

■ **Turmgasthaus Burg Thurant**③, Moselstr. 15, 56332 Alken, Tel. (02605) 8498580, Mo, Di, Do–Sa ab 17 Uhr, So und Fei ab 12 Uhr, Mi Ruhetag (Jan. bis April Di und Mi). Das Gebäudeensemble besteht aus einem Winzerhaus aus dem 14. Jh., dem ehemaligen Zoll- und Signalturm und einer idyllischen Terrasse davor. Serviert wird frische, saisonale Landhausküche. Die **Zimmer** haben entweder einen Blick auf die Mosel oder auf die Burg Thurant.

### Einkaufen

■ **FunkenVoll,** Moselstr. 4, Tel. (02605) 8497611. Hübscher, kleiner Laden mit handgefertigten Edelsteinketten, Silber- und Edelstahlschmuck, Lederwaren und anderen Accessoires.

■ **Alte Schmiede Alken,** Bachstr. 3. Zum Sortiment gehören Wein, Spirituosen und Feinkost wie Marmelade oder Senf und eine große Auswahl an Balsamico-Essigsorten.

## Feste und Veranstaltungen

■ **Moosemannfest:** Am dritten Fastensonntag wird in Alken das Moosemannfest gefeiert, das an ein historisches Ereignis erinnert: Als die Erzbischöfe von Köln und Trier 1246 bis 1248 die Burg Thurant belagerten, gelang es dem Junker *Emmerich von Leiningen* mit einem Trick, unbemerkt an den Belagerern vorbeizukommen. In einen Moosballen gewickelt, rollte er den Abhang zum Bach hinunter und konnte Hilfe holen. Am Festtag gibt es einen Umzug durch Alken, die Burg Thurant kann kostenlos besichtigt werden (Festprogramm unter www.alken.de).

## Öffentliche Verkehrsmittel

■ **Bus:** Rhein-Mosel-Bus Linie 301: Koblenz – Dieblich – Brodenbach – Burgen, Linie 388: Dieblich/Burgen – Löf – Polch (www.rhein-mosel-bus.de).
■ **Schiff:** Alken ist Anlegestelle der Personenschifffahrt MS Goldstück (www.ms-goldstueck.de).

## Wandern

### Tal der dreizehn Mühlen

Gegenüber von Alken liegt **Kattenes,** ein Ortsteil von Löf. Dort führt eine schmale Straße durch das Tal der dreizehn Mühlen. Die Mühlen wurden im 19. Jh. errichtet und sind schon lange nicht mehr in Betrieb, doch teilweise wurden sie sehr schön renoviert. Hinweistafeln vermitteln Wissenswertes über die Gebäude und ihre ehemalige Funktion. Das gesamte Tal wurde als Denkmalzone unter Schutz gestellt. Für den Spaziergang braucht man Kondition, der Weg durch das schluchtartige Tal ist zwar nur wenige Hundert Meter lang, mit einer Steigung von 24 Prozent allerdings ziemlich steil.

# Oberfell

Oberfell ist ein typisches kleines Moseldorf mit historischem Ortskern. Das eigentlich Interessante aber befindet sich auf dem **Bleidenberg** oberhalb des Dorfes. Auf dem Plateau fanden Archäologen die Reste einer Lagerstätte aus der Altsteinzeit. Eine **Skulpturengruppe** zeigt anschaulich, wie die Lagerstätte des homo erectus ausgesehen haben könnte. Zur Gruppe gehören außerdem ein Wollnashorn und ein imposanter, sechs Meter hoher Waldelefant. Die Skulpturen aus Corten-Stahl wurden von dem Metallgestalter *Jürgen Berens* aus Kail in der Eifel gefertigt.

Etwa 200 v.Chr. befand sich auf der Hochfläche ein keltisches Oppidum. Ein Stück der einst 2,5 Kilometer langen **keltischen Pfostenschlitzmauer,** welche die stadtähnliche Siedlung umgeben und geschützt hatte, wurde rekonstruiert. Während einer Fehde (1246–48) belagerten die Erzbischöfe von Köln und Trier die Pfalzgrafen auf der Burg Thurant. Vom Bleidenberg aus beschossen sie die Wehranlage mit sogenannten Bliden. Nach dieser Art Katapult soll der Bleidenberg benannt sein. Auf der Burg Thurant sind solche Geschosse noch zu finden.

Archäologische Funde vom Bleidenberg sind im kleinen **Heimatmuseum** im Obergeschoss des Alten Pfarrhauses in Oberfell ausgestellt

- **Heimatmuseum Oberfell,** im Alten Pfarrhaus, Koblenzer Weg 2, Besichtigungen sind nach Absprache möglich, Tel. (02605) 4484.

## Dreifaltigkeitskirche

Sowohl von Oberfell als auch vom Nachbarort Alken aus führen **Kreuzwege** zur Dreifaltigkeitskirche auf dem Bleidenberg. Schon der Vorgängerbau, eine frühromanische Marienkapelle aus dem 10./11. Jh., war ein Wallfahrtsort. Sie wurde während der Thuranter Fehde zerstört.

Der Trierer Erzbischof *Arnold II.* ließ die Dreifaltigkeitskirche 1248 nach Abschluss des Friedensvertrages auf den Resten der Marienkapelle errichten. Die Kirche wurde mehrmals umgebaut, erhalten ist ein **frühgotischer Nebenchor.** Merkwürdigerweise steht am Hauptchor der Stumpf eines nachträglich angebauten und offensichtlich nicht fertiggestellten Turms. Bis heute findet jährlich am Trinitatissonntag (erster Sonntag nach Pfingsten) eine **Wallfahrtsprozession** von der Pfarrkirche in Oberfell zum Bleidenberg statt. Von hier aus hat man einen fantastischen **Panoramablick** in das Maifeld und die Vordereifel. Der Eingang auf der Nordseite ist ganzjährig geöffnet.

# Praktische Tipps

## Unterkunft

- **Ferienappartements Auszeit**③, Im Klos 62, 56332 Oberfell, Tel. (02605) 961346, www.auszeit-mosel.de. In dem modernen Haus am Moselufer befinden sich zwei schicke, helle Ferienwohnungen, die mit fünf Sternen ausgezeichnet wurden.

## Öffentliche Verkehrsmittel

- **Bus:** Rhein-Mosel-Bus Linie 301: Koblenz – Dieblich – Brodenbach – Burgen.

## Wandern

### Themenwanderweg „Zeitreise"

Auf der sechs Kilometer langen Strecke zwischen Oberfell und Alken lassen sich 800.000 Jahre Menschheits- und Siedlungsgeschichte entdecken. Start ist am Alten Pfarrhaus in Oberfell. Zu den Sehenswürdigkeiten entlang der Weinbergs- und Waldpfade gehören die rekonstruierte keltische Pfostenschlitzmauer, die einst das ganze Plateau einfasste, die Dreifaltigkeitskirche und die Burg Thurant. Informationen unter www.themenweg-zeitreise.de.

### Traumpfad „Bleidenberger Ausblicke"

Großartige Panoramablicke ins Moseltal und bis in die Eifel bietet der Weg, der entlang des Alkener Bachs bis zur mittelalterlichen Burg Thurant, zum hübschen Weinort Alken und bis auf den Bleidenberg führt. Start der 12,8 km langen Strecke ist an der Kirche in Oberfell.

# Kobern-Gondorf

Kobern-Gondorf liegt rund 20 Kilometer vor der Mündung der Mosel in den Rhein. Der Doppelort auf der Eifeler Uferseite wartet mit erstaunlichen historischen Gebäuden auf. Sowohl Kobern als auch das südlich davon gelegene Gondorf haben jeweils eine Ober- und eine Unterburg.

## Sehenswertes in Gondorf

### Schloss von der Leyen

Kurios ist die unmittelbar am Moselufer gelegene **Oberburg** in Gondorf, das Wasserschloss von der Leyen. Nicht nur, dass die Vorburg beim Bau der Eisenbahntrasse 1876 von der Hauptburg abgetrennt wurde, seit 1971 führt die Moselstraße durch den untertunnelten Renaissancebau und den Palas hindurch. Der auf das 12. Jh. zurückgehende Bau ist die einzige Wasserburg an der Mosel. Die Fürsten *von der Leyen* ließen um 1560 die Oberburg, die ursprünglich von einem Wassergraben umgeben war, zu einem repräsentativen Schloss ausbauen. Heute befinden sich in dem Gebäude die Außenstelle des Koblenzer Landeshauptarchivs, ein **Weinmuseum** und ein **Heimatmuseum.**

- **Schloss von der Leyen,** Von-der-Leyen-Platz 5, Gondorf, Ostersamstag bis zum letzten Sonntag im Okt. Sa 11–14 Uhr, So 14–16 Uhr, Eintritt frei.

### Schloss Liebieg

Schloss Liebieg, die Gondorfer **Niederburg,** liegt einige Hundert Meter weiter Richtung Koblenz mitten in Gondorf in einem großen Park. Der Vorgängerbau war eine Wehranlage, Ritter *Marsilius von Gondorf* ließ den Wohnturm im 13. Jh. zu einer Burg ausbauen. Wie so viele mittelalterliche Burgen wurde auch die Gondorfer Niederburg komplett zerstört. Französische Truppen plünderten sie im Zuge der Französischen Revolution. Der Koblenzer Kaufmann *Johann Peter Clemens* ließ die Ruine 1859/60 als prachtvolles **neugotisches Schloss** wiedererrichten. Seine Tochter *Angelika* heiratete den Freiherrn *Theodor von Liebieg,* nach dem das Schloss später benannt wurde. In dem alten Gemäuer sind heute verschiedene Firmen untergebracht.

## Sehenswertes in Kobern

Im Mittelalter diente der **Marktplatz** im historischen Ortskern von Kobern als Turnierplatz. Zu dieser Zeit standen dort weniger Häuser, der Platz war zur Mosel hin offen und bot ausreichend Platz für Rittertuniere. Am Ende des Marktplatzes liegt der **Rittersaal,** der ursprünglich zu dem gotischen Burghaus der Familie *Romilian* gehörte. Der **Tatzelwurmbrunnen** auf dem Marktplatz ist das Wahrzeichen der Stadt. Das wurmartige Fabeltier ist auch auf Kapitellen der Matthiaskapelle hoch über Kobern dargestellt. Der Sage nach tötete der Kreuzritter *Heinrich* das oberhalb von Kobern lebende Ungeheuer.

In der malerischen Ortsmitte von Kobern steht auch das vermutlich älteste Fachwerkhaus Deutschlands, der **Abteihof St. Marien,** erbaut 1320/21.

Die neoromanische **Pfarrkirche St. Lubentius** entstand nach Plänen des Architekten *Johann Claudius von Lassaulx.* Die Kirche hat keinen Turm, die Glocken befinden sich stattdessen in dem am Berghang allein stehenden romanischen **Glockenturm** (12. Jh.).

## Nieder- und Oberburg

Die beiden Burgruinen stehen auf einem langgestreckten Berggrat oberhalb von Kobern. Die malerische **Ruine der Niederburg** liegt auf halber Höhe des Berges und ist weithin sichtbar. Ungewöhnlich ist ihr im Grundriss trapezförmiger Bergfried. Erhalten geblieben sind außerdem Gebäudereste an der Ringmauer und ein spätgotischer Palas. Die Niederburg stammt wie die Oberburg aus dem 12. Jh., wurde aber nach ihr gebaut. Die **Oberburg** war Stammsitz der Herren von Isenburg-Kobern. Der Reichsritter *Gerlach III. von Isenburg* ließ die Niederburg errichten, weil die Oberburg verteidigungstechnisch veraltet war. Der Bau der neuen Burg brachte ihm allerdings Ärger mit dem Trierer Erzbischof *Johann I.* ein. Dieser enteignete den Ritter und übertrug ihm beide Burgen als erzbischöfliches Lehen.

Im restaurierten Bergfried der Oberburg ist ein kleines **Restaurant** untergebracht.

Der Marktplatz von Kobern mit dem Tatzelwurmbrunnen

121mo kn

## Matthiaskapelle

Die Matthiaskapelle liegt direkt neben der Ruine der Oberburg und ist unbestritten das **schönste Bauwerk von Kobern.** Der sechseckige, spätromanische bau entstand in den Jahren 1220 bis 1230 als Reliquienkapelle und Pilgerort. In der Kapelle wurde bis zum 14. Jh. das Haupt des Apostels *Matthias* aufbewahrt. Man vermutet, dass *Heinrich von Kobern* die Matthiasreliquie von einem Kreuzzug mitbrachte.

Bemerkenswert sind die reich geschmückten **Kapitelle der Säulen.** Der auf einem der Kapitelle dargestellte Tatzelwurm war Vorbild für den Tatzelwurmbrunnen auf Koberns Marktplatz. Die Runde Apsis stammt vermutlich von einem Vorgängerbau und wurde in den Bau integriert. 1819 kaufte der preußische Staat die Kapelle. König *Friedrich Wilhelm IV. von Preußen* beauftragte den Architekten *Johann Claudius von Lassaulx* mit der umfangreichen Restaurierung (1836–44). Nach einer Reihe wechselnder Aufbewahrungsorte befindet sich der Kopf des Apostels seit 1927 in der Benediktinerabtei St. Matthias in Trier.

■ **Matthiaskapelle,** Ende März bis 1. Nov. So und Fei 11–17 Uhr. Führungen finden am letzten Sonntag des Monats jeweils um 15 Uhr statt. Die Kapelle ist für Hochzeitsfeiern sehr gefragt.

## Goloring

Nördlich von Kobern liegt der Goloring, eine **eisenzeitliche Kultstätte** der mittelrheinischen Hunsrück-Eifel-Kultur (7. bis 4. Jh. v.Chr.). Die Wall-Grabenanlage hat einen Durchmesser von 190 Metern und ist von Grabhügelfeldern umgeben. Forscher ordnen die Anlage den sogenannten Henge-Heiligtümern zu, die vor allem von Britannien bekannt sind. Das wohl berühmteste Monument dieser Art ist Stonehenge. Der Goloring ist das einzige Henge-Monument der Eisenzeit auf dem Kontinent.

Der Goloring befindet sich an der L52 (Koblenz – Polch), gut einen Kilometer westlich vom Ort Wolken entfernt (Karte S. 339). Der Wanderweg „Koberner Burgpfad“ (s.u.) führt an dem eisenzeitlichen Ringwall vorbei.

# Praktische Tipps

## Informationen

■ **Touristik und Kultur Kobern-Gondorf,** Lennigstr. 12–14, 56330 Kobern-Gondorf, Ortsteil Kobern, Tel. (02607) 1055, www.kobern-gondorf.de, Mo–Do 13.30–17.30 Uhr, Fr 13.30–17 Uhr.

## Unterkunft, Essen und Trinken

■ **Restaurant Alte Mühle Thomas Höreth**④-⑤, Mühlental 17, und **Hotel Höreth im Wald**③, Mühlental 6, 56330 Kobern-Gondorf, Tel. (02607) 6474, www.thomashoereth.de. Im nostalgischen Restaurant in der alten Burgmühle wird saisonale, moselfränkische Küche serviert, dazu hervorragende Weine. Rund 300 Meter vom Restaurant liegt das verwunschen wirkende Fachwerkensemble unterhalb der Matthiaskapelle. Sehr schön gestaltete, charmante Zimmer.

▷ Die Matthiaskapelle in Kobern

120mo kn

## Einkaufen

■ **Weingut Freiherr von Schleinitz,** Kirchstraße 15–17, 56330 Kobern-Gondorf, Ortsteil Kobern, Tel. (02607) 972020, www.vonschleinitz.de. Das Weingut gehört zu den renommiertesten an der Terrassenmosel. Dipl.-Weinbauingenieur *Konrad Hähn* erzeugt hervorragende Weine, die im Gault& Millau regelmäßig empfohlen werden.

## Theater

■ **Die Remise,** Kirchstr. 22, Kobern, Tel. (0176) 34040959, www.dieremise.com. Auf der Bühne im Winzerhof von Schleinitz werden in den Sommermonaten Komödien, Revuen und Kindertheater aufgeführt. Das Programm wird mit thematisch passenden Menues und Weinen vom Weingut Freiherr von Schleinitz (s.o.) kombiniert.

## Aktivitäten

■ **Indoor Abenteuergolf Kobern-Gondorf,** Kalkofen 2, Tel. (02607) 9735544, www.abenteuergolf-kobern-gondorf.de, am Moselufer nahe dem Bahnhof in Gondorf, Mi–Fr 14–19.30 Uhr, Sa, So und Fei 11–19.30 Uhr, Mo und Di Ruhetag, in den Sommerferien Di–So 11–19.30 Uhr, jedes erste Wochenende im Monat lange Golfnacht: Fr 14–22 Uhr, Sa 11–22 Uhr. Kinder (bis 15 J.) 5 €, Jugendl. und Erw. 6,50 €. Auch bei miesem Wetter ist die Stimmung gut, denn die Golfbahnen in der 1600 m² großen Halle sind liebevoll angelegt, mit unterschiedlichen Schwierigkeitsgraden. Gespielt wird nach den Regeln des Minigolfs. Wer bei schönem Wetter lieber draußen ist, kann auf die Minigolfanlage ausweichen, gespielt wird auf 18 Bahnen.

## Feste und Veranstaltungen

■ **Wein- und Burgenfest:** dreitägiges Fest im Ortsteil Kobern am ersten Wochenende im Juli.

## Öffentliche Verkehrsmittel

■ **Bahn:** Bahnhof Kobern-Gondorf, im Ortsteil Gondorf, Moselstrecke Trier – Cochem – Koblenz (www.vrminfo.de).

■ **Bus:** Rhein-Mosel-Bus Linie 988: Koblenz-Güls – Kobern-Gondorf, Linie 355: Münstermaifeld – Kobern-Gondorf –Winningen – Koblenz (www.rhein-mosel-bus.de).

■ **Schiff:** Kobern ist Anlegestelle der Köln-Düsseldorfer-Rheinschifffahrt (www.k-d.com) und der Personenschifffahrt MS Goldstück (www.ms-gold stueck.de).

### Wandern

#### Traumpfad „Koberner Burgpfad"

Die knapp 17 Kilometer lange Strecke ist als schwer eingestuft, Wanderer brauchen für die schmalen und teilweise steilen Serpentinenpfade Kondition und Trittsicherheit. Zu den Höhepunkten am Wegesrand zählen die Oberburg, die Matthiaskapelle, das idyllische Keverbachtal und die keltische Kultstätte Goloring. Start ist am Koberner Pfarrhaus (Mühlengraben 27).

## Winningen

Rund 2500 Menschen leben in dem Dorf Winningen, das zu den schönsten an der Mosel zählt. Die hiesigen Winzer sind sehr erfolgreich und produzieren einzigartige Weine. Zum Beispiel *Reinhard Löwenstein* vom Weingut Heymann-Löwenstein, dessen Rieslinge zu den besten in Deutschland zählen. Wer sich selbst ein Bild von den edlen Tropfen machen möchte, kann dies bei einer Weinprobe in der Vinothek im Spital (s.u.) machen. Dort gibt es Weine von 20 örtlichen Winzern. Die bekannteste Weinlage ist der rund 16 Hektar große **„Winninger Uhlen".** Der Name leitet sich von „Eulen" ab – die nachtaktiven Vögel nisteten dort bis ins 19. Jh. Bis zu 60 Grad Steigung haben die Steillagen und können nur von Hand bearbeitet werden. Sie gehören zu den **steilsten Weinbergen der Mosel.** Der „Winninger Uhlen" ist außerdem die größte terrassierte Weinlage in Deutschland, mehr als 20 Kilometer Trockenmauern gliedern die Parzellen.

Der Fund eines 700.000 Jahre alten Faustkeils zeigt, dass der Ort schon in der Steinzeit besiedelt war. Auch die Römer hinterließen ihre Spuren: In den Ruinen einer Villa Rustica entdeckte man die Reste einer großen Baumkelter. Unter dem Namen *Windige* wird das Dorf im Jahr 871 schriftlich erwähnt.

Die **Winninger Hex** ist das Wahrzeichen des Ortes und präsentiert neben der Weinkönigin die Winninger Weine. Die Figur geht auf eine Sage zurück. Demnach lebte der wegen seines Flötenspiels „Pfeifenhannes" genannte Winzer *Veit Mertes* mit seiner Frau *Kathrin* in Winningen. Irgendwann stellte er fest, dass Wein in den Fässern fehlte. Auch die Nachbarn berichteten, dass ihr Wein unerklärlicherweise über Nacht immer weniger wurde, was eigentlich nur mit Hexerei zu erklären sei. Doch das glaubte der Pfeifenhannes nicht. Um dem dreisten Dieb eine Falle zu stellen, versteckte er sich am folgenden Abend im Weinkeller. Seine Überraschung war groß, als er feststellen musste, dass es seine eigene Frau war, die in den Keller schlich und den Wein stahl. Er folgte ihr und verdrosch sie mit seiner Flöte. Seit dieser Zeit hatten die Nachbarn Ruhe vor der Weinhex. Heute werden auf dem Weinhof rund um den **Weinhexbrunnen** fröhliche Weinfeste gefeiert.

Berühmtester Sohn und Ehrenbürger von Winningen ist **Dr. August Horch** (1868–1951). Der Sohn eines Schmiedes gründete 1899 in Köln die Firma **HORCH** und 1909 in Zwickau die Firma **AUDI.** *Horch* besuchte in Winningen die Volksschule und machte mit 13 Jahren eine Lehre als Schmied in der Werkstatt seines Vaters. Doch er wollte Automobilingenieur werden und studierte am Technikum Mittweida in Sachsen. Anschließend arbeitete er als Maschinenbauingenieur in Rostock, Leipzig und bei Carl Benz in Mannheim. Seine ehemalige Volksschule ist heute ein Heimatmuseum (s.u.). *Horch* wurde darin eine Ausstellung gewidmet, die über Leben und Werk des Autopioniers informiert.

### Museum Winningen

Der Museumsbau selbst ist eine ehemalige **Volksschule.** Der Koblenzer *Johann Claudius von Lassaulx,* seines Zeichens königlich-preußischer Baumeister der Rheinprovinz, entwarf das Schulgebäude 1833. Die Themenschwerpunkte des Museums sind Weinbau, Ortsgeschichte, bäuerliches und bürgerliches Wohnen und **August Horch.** Um die Arbeit des Autopioniers zu illustrieren, werden unter anderem historische und moderne **Motoren der Firmen HORCH und AUDI** gezeigt.

- **Museum Winningen,** Schulstr. 5, Tel. (02606) 2126 oder 2214, www.museum-winningen.de, 1. Mai bis 31. Okt. Sa und So 15–18 und nach Vereinbarung, Erw. 5 € (mit Führung 8 €), Kinder (bis 14 J.) 2 €.

### Kunsttage

**Mein Tipp:** Weit über die Region der Terrassenmosel hinaus ist Winningen für seine alle zwei Jahre stattfindenden Kunsttage bekannt. Ein Wochenende lang werden an unterschiedlichen Plätzen **zeitgenössische Kunstwerke** gezeigt. Straßen, Weingüter, private Gärten, Moselufer, Rathaus und Kirche werden zum Ausstellungsraum für Skulpturen, Malerei, Installationen und Fotografie (s.u.: „Feste und Veranstaltungen").

### Pfarrkirche

Die Pfarrkirche geht auf das 12./13. Jh. zurück und ist eine der wenigen **evangelischen Kirchen** an der größtenteils katholisch geprägten Untermosel. Während das Umland früher kurtrierisch war, wurde in Winningen 1557 die Reformation eingeführt, da der Ort zur Hinteren Grafschaft Sponheim gehörte.

## Praktische Tipps

### Informationen

- **Touristik Winningen e.V.,** August-Horch-Straße 3, 56333 Winningen, Tel. (02606) 2214, Mo–Fr 8–12 und 13–17 Uhr.

### Camping

- **Campingplatz Ferieninsel Winningen,** Inselweg 10, 56333 Winningen, www.camping-winningen.de. Der schön gelegene Platz auf einer Halbinsel vor Winningen verfügt über ein Restaurant, Bootsliegeplätze und eine Segway-Vermietung.

## Essen und Trinken

■ **Café Restaurant Fronhof-Stuben**③, Fronstraße 2, Tel. (02606) 435, www.fronhof-stuben.de, Do–Di 11–14.30 und 17.30–22 Uhr, Mi Ruhetag. Das moderne Gasthaus in einem der ältesten Gebäude Winningens serviert regionale, frisch zubereitete Moselküche mit Gerichten wie geschmorter Tresterbraten oder „Wingertspännsche" mit Tresterbrandsoße, dazu Weine der Winninger Winzer, im Sommer auch auf der großen Außenterrasse.

■ **Gutsschänke Schaaf**③, Fährstr. 6, Tel. (02606) 597, www.gutsschaenke.com, Mo–Sa ab 17 Uhr, So und Fei ab 12 Uhr, Jan. und Feb. nur wochenends. Zur Gutsschänke gehören ein wundervoller Innenhof und fünf urige Gaststuben. Delikate Küche und eine große Auswahl an regionalen Weinen. Im ehemaligen Kelterhaus finden **Kunstausstellungen** statt.

## Einkaufen

■ **Weingut Heymann-Löwenstein,** Bahnhofstraße 10, Tel. (02606) 1919, www.hlweb.de. *Reinhard Löwenstein* gehört zu den bekanntesten Winzern der Terrassenmosel. Er ist der Vorreiter der Terroir-Bewegung, setzt sich schon lange für natürlichen Wein ohne Chemie, dafür mit viel Zeit für die Reife ein und ist für Experimente offen. Auch ungewöhnliche Wege sind ihm dabei recht. Zukünftig wird er Weinfässer aus Mondholz nutzen. Die Mondeichen wuchsen bei der Burg Eltz und wurden an Neumond zwischen Weihnachten und den Heiligen Drei Königen geschlagen. Die Fässer sollen das Optimale aus dem Wein herausholen. Die ungewöhnlichen Methoden geben *Löwenstein* Recht – seine frisch-würzigen Weine sind stets hochprämiert. In einem der Kellergewölbe und einer ehemaligen Packhalle befindet sich die **Vinothek,** in der man die großartigen Rieslinge erstehen kann (Fr und Sa 13–18 Uhr und nach Vereinbarung).

■ **Weingut Reinhard und Beate Knebel,** August-Horch-Str. 24, Tel. (02606) 2631, www.weingut-knebel.de. Auf rund sieben Hektar produziert Familie *Knebel* Rieslinge von höchster Qualität. Die trockenen und edelsüßen Weine gehören zur Spitze in Deutschland.

■ **Vinothek im Spital,** Weinhof 2, Tel. (02606) 961514, 1. Mai bis 31. Okt. Mi–Sa 15–20 Uhr, So und Fei 14–19 Uhr, 1. Nov. bis 30. April Fr–So und Fei 15–18 Uhr oder nach Vereinbarung. Das Angebot im schmucken Fachwerkhaus umfasst Weine, Sekte und Brände von Winzern aus Winningen. Weinproben sind während der Öffnungszeiten jederzeit möglich. Man bezahlt die probierten Weine oder entscheidet sich für das Angebot einer Dreier- oder Sechser-Probe. Für eine kommentierte Weinprobe muss man sich anmelden.

■ **Keramikatelier Schwarzweissbunt,** Neustraße 17, Tel. (02606) 961411, http://schwarzweissbunt-keramik.de, Fr 14–18 Uhr, Sa 11–14 Uhr und nach telefonischer Vereinbarung. Neben farbenfroher Gebrauchskeramik fertigt *Katja Lewe* witzige Schwimmblasen in Form von Froschkönigen und Prinzessinnen als originelle, frostfeste Deko für den Gartenteich.

## Aktivitäten

■ **Yachthafen Marina Winningen Mosel,** Inselweg 3, Tel. (02606) 2296, http://marina-winningen.com. Gastliegeplätze mit Strom- und Wasseranschluss, Hafenrestaurant, Werkstatt, Tankstelle, Bootsverleih sowie Wassersport- und Campinggeschäft.

**Freibad Winningen,** Inselweg, Tel. (02606) 670, in der Saison Mo–Fr 10–20 Uhr, Sa, So und Fei 9–19 Uhr, Erw. 3 €, Kinder (6–15 J.) 1,50 €, Kinder bis 5 J. frei. Das beheizte Freibad mit Blick ins Moseltal bietet ein Schwimmerbecken, ein Nichtschwimmerbecken und einen Drei-Meter-Turm.

■ **Fahrradverleih:** Der kleine Fahrradladen, Bahnhofstr. 9, Tel. (0172) 6536076, Fr und Sa 10–19

Uhr oder nach Vereinbarung. Service rund ums Zweirad, Verkauf und Verleih von Fahrrädern.

■ **Kanu- und SUP-Verleih:** Fährstr. 1, Tel. (0171) 3100725, www.kanuverleih-winningen.de. Verleih von Kanus du SUP-Boards. Kurse im Stand Up Paddling, dem Stehpaddeln mit einem Stechpaddel auf einer Art Surfbrett (Einzel- oder Gruppentraining).

■ **Berggolf:** Raiffeisenstr. 10, 56333 Winningen, Reservierung des Platzes unter Tel. (02606) 961487, 0157 57139430 oder per Mail: dieter.56333@web.de, Mo–Fr ab 17 Uhr, Sa und So ab 14 Uhr, ab 4,50 € pro Person. Auf dem mehr als 4000 Quadratmeter großen Berggolf-Platz, einem ehemaligen Weinberg, puttet man die Bälle nicht nur in Löcher, sondern auch in Trichter oder durch die Öffnungen eines Fußballtores. Ziel ist es, den Ball mit möglichst wenigen Schlägen ins Ziel zu befördern.

■ **Segway-Touren:** mosel-segtours, Ferieninsel Winningen, 56333 Winningen, Tel. (02606) 2462, www.mosel-segtours.jimdo.com. Eine 60-minütige Tour durch Winningen und die Weinberge kostet 35 € p.P. (nur zwischen Ostern und Anfang Okt.).

■ **Flugplatz Koblenz-Winningen,** Rhein-Mosel-Flug GmbH, Flugplatzweg, Tel. (02606) 866, www.rhein-mosel-flug.de, tägl. 10–17 Uhr. Ballonfahrten, Charter, Flugschule und verschiedene Rundflüge über Mosel, Eifel oder Rhein. Für Abenteuerlustige mit starken Nerven sind Kunstflüge inklusive Looping, Rolle und Trudeln buchbar.

## Feste und Veranstaltungen

■ **Ostereierkibben:** Etwas Fingerspitzengefühl braucht man beim sogenannten „Ostereierkibben" am Ostersonntag in Winningen. Die Spielregeln des alten Brauchs sind einfach: Die Teilnehmer des Wettstreits versuchen, mit einem hartgekochten Ei das Ei des Gegners zu knacken. Derjenige, dessen Ei unbeschädigt bleibt, darf das Ei des Gegners behalten und solange weiterspielen, bis auch seines kaputt ist. Zum Rahmenprogramm des Festes am Weinhexbrunnen gehören Musik, Tanz und Eierwein, mit Eiern und Zucker vermischter Mosel-Riesling.

■ **Kunsttage Winningen:** Seit 2008 finden alle zwei Jahre im Mai die Kunsttage statt (s.o.). Für das Eintrittsgeld (Erwachsene 10 €, Kinder bis 14 Jahre frei) erhalten die Besucher ein Bändchen, das an allen drei Tagen gültig ist und zur Teilnahme an den geführten Rundgängen berechtigt. Informationen über die teilnehmenden Künstler, Öffnungszeiten, Ausstellungsorte und Termine der Rundgänge unter www.kunsttage-winningen.de.

■ **Moselfest:** Zehn Tage lang feiern die Winninger ihr Winzerfest rund um den Weinhexbrunnen. Gleich zwei Würdenträgerinnen eröffnen die Feierlichkeiten: die Winninger Weinkönigin und die Weinhex. Zum umfangreichen Festprogramm gehören (verteilt auf verschiedene Tage) ein Weinmarkt, ein Feuerwerk, die Krönung der Weinkönigin und die Proklamation der Weinhex. Weitere Programmpunkte unter www.winningen.de.

## Öffentliche Verkehrsmittel

■ **Bahn:** Bahnhof Winningen, Moselstrecke Trier – Cochem – Koblenz (www.vrminfo.de).

■ **Bus:** Rhein-Mosel-Bus Linie 988: Koblenz-Güls – Kobern-Gondorf, Linie 355: Münstermaifeld – Kobern-Gondorf – Winningen – Koblenz (www.rhein-mosel-bus.de).

■ **Schiff:** Köln – Bonn – Linz – Koblenz – Winningen (nur März bis Oktober, www.b-p-s.de).

www.fotolia.de © buFka

# 5 Koblenz

Die Stadt am Zusammenfluss von Rhein und Mosel bildet das nördliche Eingangstor zum UNESCO-Welterbe Oberes Mittelrheintal. Koblenz besitzt eine hübsche Altstadt mit kopfsteingepflasterten, verwinkelten Gassen, zahlreichen Kulturdenkmälern und Museen. Charmante, kleine Läden laden zum Einkaufsbummel ein, Straßencafés und Biergärten zu einer gemütlichen Pause.

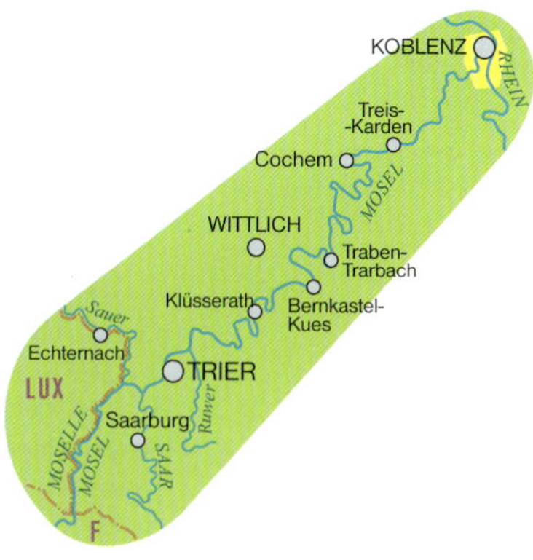


< Das Deutsche Eck, die markante Landzunge an der Mündung der Mosel in den Rhein. Im Hintergrund erheben sich die Ausläufer des Hunsrücks

# KOBLENZ

Koblenz ist mit 110.000 Einwohnern eine eher kleine Großstadt, immerhin aber die drittgrößte Stadt von Rheinland-Pfalz. Hoch oberhalb thront die imposante Ehrenbreitstein, eine der größten Festungen Europas. Doch bereits vor deren Erbauung war Koblenz Garnisonsstadt. Schon die Römer errichteten an der Stelle, an der die Mosel in den Rhein mündet, einen befestigten Stützpunkt, das Castellum apud Confluentes („Kastell bei den Zusammenfließenden"). Über die Jahrhunderte wurde aus „Confluentes" der Name Koblenz.

## Stadtgeschichte

Archäologische Funde zeigen, dass das heutige Stadtgebiet schon vor 10.000 Jahren besiedelt war. Zur Zeit von Kaiser *Augustus* (27 v. bis 14 n.Chr.) entstand ein erstes **frührömisches Kastell.** Das römische Confluentes wurde um das Jahr 9 v.Chr. gegründet.

Nach den Römern kamen ab Mitte des 5. Jh. die **Franken,** erste christliche Gotteshäuser wurden errichtet. 1018 schenkte Kaiser *Heinrich II.* dem Trierer Erzbischof *Poppo von Babenberg* den fränkischen Königshof. Um 1520 begann man mit dem Ausbau der **Burg Ehrenbreitstein** zur Festung. Im Pfälzischen Erbfolgekrieg wurde Koblenz 1688 von Französischen Truppen stark zerstört. Die Stadt wurde wieder aufgebaut, zwei Jahre später stieg Koblenz zur

**NICHT VERPASSEN!**


- **Forum Confluentes** mit Romanticum und Mittelrhein-Museum | 345
- Zwischen Vater Rhein und Mutter Mosel: das **Deutsche Eck** | 348
- Moderne und zeitgenössische Kunst im **Ludwig Museum** | 349
- Mit der Seilbahn über den Rhein zur **Festung Ehrenbreitstein** | 353
- Prunkschloss mit Teichen, Grotten und Wasserfällen: **Burg Stolzenfels** | 355


**Diese Tipps erkennt man an der gelben Hinterlegung.**

## Koblenz (Großraum)

0 — 2 km ©Reise Know-How 2017

**Kurfürstlichen Residenz** auf. 1786 zog Kurfürst *Clemens Wenzeslaus* in das Residenzschloss ein.

Insgesamt dauerte die Herrschaft der Kurfürsten bis 1798, fast 800 Jahre. Dann wurde Koblenz im Zuge der Französischen Revolution von den **Franzosen** eingenommen und zur Hauptstadt des französischen Departements Rhein und Mosel. Die französische Besatzung dauerte bis 1814, es folgte die **preußische Zeit** (1815–1945). Im **Zweiten Weltkrieg** wurden 87 % der Stadt zerstört. Von 1947 bis 1951 war Koblenz die Landeshauptstadt von Rheinland-Pfalz.

2002 wurde das Obere Mittelrheintal zwischen Koblenz und Bingen zum UNESCO-Weltkulturerbe erklärt. Die **Bundesgartenschau 2011** brachte viele positive Veränderungen im Stadtbild, darunter die **Seilbahn,** die die beiden Wahrzeichen der Stadt, das Deutsche Eck und die Festung Ehrenbreitstein, miteinander verbindet. Die Bundesgartenschau war für Koblenz eine regelrechte Schönheitskur. Die **Rhein- und Moselpromenaden** wurden modernisiert und bepflanzt. Die damals geschaffenen Blumenbeete rund um das Deutsche Eck, vor dem Kurfürstlichen Schloss und auf der Festung Ehrenbreitstein blieben teilweise erhalten und blühen auch heute noch üppig.

2013 errichteten die Stadtplaner so etwas wie eine neue Mitte für Koblenz: das **Forum Confluentes** mit dem Romanticum (einer Dauerausstellung zum Thema Rheinromantik), dem Mittelrhein-Museum, der Stadtbibliothek und der Tourist-Information.

# Koblenz

0 200 m

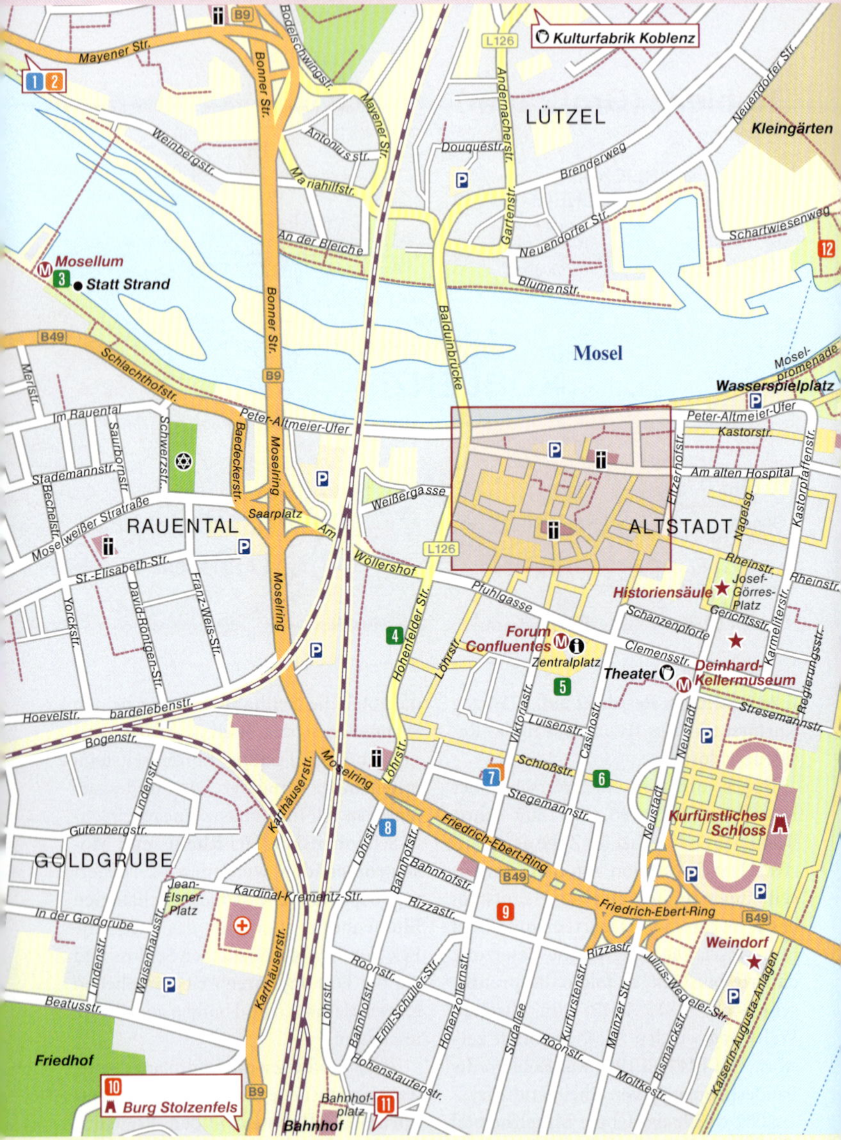


**Nachtleben**

2 Café Hahn
7 Circus Maximus
19 Irish Pub

**Einkaufen/Sonstiges**

3 Supnation – Stand Up Paddling
4 Löhr-Center
5 Forum Mittelrhein

© Reise Know-How 2017

## Ausschnitt

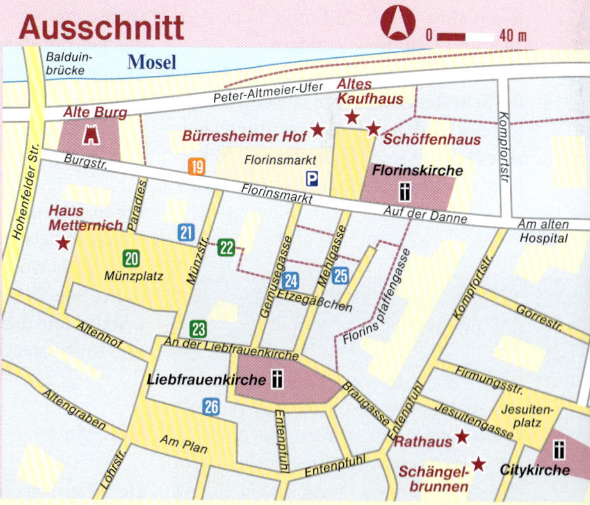


**Übernachtung**
- 9 Hotel Brenner
- 10 Forsthaus Remstecken
- 11 GHOTEL hotel & living
- 12 KNAUS Campingpark Koblenz/Rhein-Mosel
- 18 Jugendherberge Festung Ehrenbreitstein

**Essen und Trinken**
- 1 Schiller's Restaurant
- 7 Circus Maximus
- 8 Konditorei Café Baumann
- 13 Gerhards Genussgesellschaft
- 14 Augusta Restaurant
- 15 C's Authentic Food
- 16 Pegelhaus
- 21 Claudio Filppone's CHIARO
- 24 Café Miljöö
- 25 Pfefferminzje
- 26 Hans im Glück

- 6 Wochenmarkt Schloßstraße
- 17 Wochenmarkt Kapuzinerplatz
- 20 Wochenmarkt Münzplatz
- 22 Kunstgässchen
- 23 Pfeffersack und Söhne

# Sehenswertes

## In der Altstadt

Den Stadtkern kann man gut zu Fuß erkunden, die Sehenswürdigkeiten liegen nah beieinander. Jesuitenplatz, Am Plan, Florinsmarkt und Münzplatz gehören zu den schönsten Plätzen der Innenstadt.

### Florinsmarkt

Ein architektonisch interessanter Platz ist der Florinsmarkt. Vier historische Gebäude bilden hier ein pittoreskes Ensemble. Die romanische **Florinskirche** wurde um 1100 errichtet und gehörte zum Chorherren-Stift St. Florin. Im Inneren sind wertvolle Fresken aus dem 14. und 15. Jh. zu bewundern.

Im 1530 im spätgotischen Stil erbauten **Schöffenhaus** tagten einst die Schöffen des Stadtgerichtes. Der **Bürresheimer Hof,** ein 1659/60 errichteter ehemaliger Adelshof, trägt den Namen seiner früheren Besitzer, der Familie *von Breitbach-Bürresheim.*

Das **Alte Kaufhaus,** auch „Kauf und Danzhaus“ genannt, wurde 1419 im gotischen Stil erbaut und im 17./18. Jh. um barocke Elemente erweitert. Händler, deren Schiffe am Moselufer festmachten, nutzten den Gewölbekeller als Stapel- und Lagerhaus und boten ihre Waren an. Die oberen Geschosse nutzte man für Versammlungen und Feste. 1724 wurde im Turm des Gebäudes eine Turmuhr eingebaut. Das Besondere an ihr ist der **„Augenroller“,** der im Takt des Pendels die Augen hin und her bewegt. Zur halben Stunde streckt er seine Zunge nur einmal heraus, zur vollen Stunde so oft, wie die Stunde schlägt. Der Legende nach stellt das Gesicht den Raubritter *Johann Lutter von Kobern* dar, der in der Nähe auf dem Plan 1536 hingerichtet wurde und vor der Hinrichtung genau das tat: mit den Augen rollen und die Zunge herausstrecken.

### Alte Burg

Sehenswert ist die Alte Burg (Burgstr. 1), ein im Mittelalter auf römischen Fundamenten als Wohnturm errichteter, imposanter Bau. Er wurde 1277 wehrhaft umgestaltet und diente Trierer Erzbischöfen und Kurfürsten als Residenz.

### Münzplatz

Der Münzplatz trägt diesen Namen, weil hier ab dem 11. Jh. ein großer Teil des Geldes der Trierer Kurfürsten geprägt wurde. Die Gebäude der Münzfabrik wurden im 19. Jh. abgerissen, sodass der

#### KoblenzCard

**MEIN TIPP:** Mit der KoblenzCard erhält man 50 % Ermäßigung auf die Eintrittspreise der Koblenzer Museen, 20 % Ermäßigung auf die Eintrittskarten für die Festung Ehrenbreitstein und die Seilbahn sowie das Theater Koblenz, dazu kostenlose Teilnahme an einer Führung, freie Fahrt mit dem ÖPNV und einiges mehr. Preis ab 9,80 € (Einzelkarte). Infos unter www.koblenz-touristik.de.

159hu kn

Münzplatz entstand. Im **Haus Metternich** (Münzplatz 8), einem 1674 errichteten Adelshof, wurde 1773 *Klemens Wenzel Lothar von Metternich,* der spätere Außenminister und Staatskanzler des österreichischen Kaiserreichs, geboren.

Am Münzplatz liegt, wenn auch etwas versteckt, das **Kunstgässchen.** Mehrere kleine Läden bieten ihre Waren an, auch bei schlechtem Wetter lässt es sich hier herrlich bummeln.

## Liebfrauenkirche

Im Zentrum der Altstadt steht die katholische Liebfrauenkirche. Sie wurde im Mittelalter auf den Fundamenten eines Gotteshauses aus dem 5. Jh. errichtet. Bis zur Französischen Revolution war sie die Hauptpfarrkirche von Koblenz. Jeden Abend um 22 Uhr läutet die Lumpenglocke, die an die einstige Schließung der Stadttore um diese Zeit erinnert. Die barocken Hauben der Kirchtürme prägen mit der Florinskirche und der Kastorkirche das Stadtbild von Koblenz.

■ **Liebfrauenkirche,** An der Liebfrauenkirche 16, 8.30–18 Uhr, www.liebfrauen-koblenz.de.

## Am Plan

Der Platz „Am Plan" war ursprünglich barock bebaut, doch Kurfürst *Clemens Wenzeslaus* ließ ihn im klassizistischen

Häuser am Florinsmarkt: Bürresheimer Hof und Altes Kaufhaus

Stil modernisieren und eben (also plan) pflastern. Sehenswert sind die Eckhäuser des Altengraben und der **Einkaufsmeile Löhrstraße.** Mit ihren reich verzierten Erkern bilden sie das pittoreske „Vier-Türme-Ensemble".

## Jesuitenplatz

Von dem mit alten Bürgerhäusern umstandenen Plan gelangt man über den Entenpfuhl zum Jesuitenplatz. Namensgeber ist die ehemalige Jesuitenkirche

160hu kn

St. Johannes der Täufer, die zwischen 1613 und 1617 erbaut wurde und heute als **Citykirche** bezeichnet wird. Das Jesuitengymnasium wurde erst später, zwischen 1694 und 1701, errichtet und dient seit 1895 als **Rathaus.** In der Mitte des Platzes steht das Müller-Denkmal. *Johannes Müller* (1801–58), ein Koblenzer Forscher und Anatom, wurde unweit des Jesuitenplatzes geboren. Er gilt als einer der großen Naturphilosophen des 19. Jh., sein Handbuch der Physiologie des Menschen wurde ein Welterfolg.

### Schängelbrunnen

Durch einen Rundtorbogen am Jesuitenplatz gelangt man in den Innenhof des Rathauses. Hier steht der Schängelbrunnen, ein **Wahrzeichen** von Koblenz. Unachtsame Spaziergänger müssen damit rechnen, dass der bronzene Lausbub auf dem Brunnensockel sie erwischt und mit einer **Wasserfontäne,** die weit über den Beckenrand hinausreicht, „anspuckt". Das passiert alle paar Minuten – für Eingeweihte ist es ein großer Spaß, wenn der Schängel nichtsahnenden Passanten eine nasse Überraschung bereitet.

### Josef-Görres-Platz

Geht man vom Schängelbrunnen zurück zum Jesuitenplatz, gelangt man über die Firmungstraße, in der es viele Restaurants und Geschäfte gibt, zum Josef-Görres-Platz (oder kurz: Görresplatz). In der Mitte steht die **Historiensäule,** die die wichtigsten Ereignisse der 2000-jährigen Koblenzer Geschichte darstellt. Sie wurde von dem Bildhauer *Jürgen Weber* gefertigt und im Jahr 2000 aufgestellt.

◁ Der Brunnen mit dem spuckenden Schängel

### Schängel-Stadt

Die Koblenzer tragen den **Spitznamen** Schängel. Das Wort bedeutet so viel wie Lausbub. Der Begriff geht auf die Zeit um 1800 zurück, als Koblenz zur Französischen Republik gehörte. Gemeint waren die Kinder deutscher Mütter und französischer Väter. Da zu dieser Zeit der Name *Johann* oder *Hans* sehr häufig war, nannte man sie nach dem entsprechenden französischen Vornamen **Jean.** In der Koblenzer Mundart wurde daraus **Schang** und in der Verniedlichungsform **Schängel,** also *Hänschen.* Ursprünglich war es ein Schimpfwort, doch mittlerweile bezeichnen sich die Koblenzer selbst gern als Schängel. So ist der Schängelbrunnen im Hof des Rathauses ein Wahrzeichen von Koblenz.

## Forum Confluentes

Der Neubau des Forum Confluentes am Zentralplatz ist sozusagen die neue Mitte von Koblenz. Der spektakuläre Entwurf des Gebäudes stammt von dem deutsch-niederländischen Star-Architekten *Benthem-Crouwel.* In ihm sind ein Präsentations- und Informationszentrum zum UNESCO-Welterbe Mittelrheintal, das Mittelrhein-Museum mit seiner wertvollen kunsthistorischen Sammlung, die Stadtbibliothek und die Tourist-Information untergebracht.

161hu kn

**Mein Tipp:** Ein echtes Erlebnis ist ein Besuch der **Aussichtsplattform** auf dem Dach des Forums. Mit einem modernen Aufzug gelangt man bis zur Dachterrasse, die einen tollen Ausblick über Koblenz bietet.

■ **Forum Confluentes,** Zentralplatz 1, 56068 Koblenz, www.forum-confluentes.de.

## Romanticum

Eine interaktive Erlebnisausstellung im Forum Confluentes informiert über die Geschichte des Mittelrheintals und die **Rheinromantik.** Im Romanticum erfährt man auf einer virtuellen Rheinreise alles über den Fluss und die Rheinromantik des 19. Jh. Die Besucher werden zu Passagieren eines Dampfschiffes und lernen die fantastischen Sagen und Märchen der Region kennen.

■ **Romanticum,** im Forum Confluentes, täglich 10–18 Uhr, Erw. 6 €, Kinder bis 12 J. 1 €, Familienkarte 10 €.

## Mittelrhein-Museum

Das Mittelrhein-Museum bewahrt nicht nur Erinnerungen an die Zeit der Rheinromantik, sondern zeigt auch Exponate der städtischen Kunstsammlung aus über 2000 Jahren Kunst- und Kulturgeschichte. **Gemälde, Skulpturen und Kunsthandwerk** vom Mittelalter bis zum 21. Jh. werden im ersten Stock präsentiert, im Erdgeschoss finden Wechselausstellungen statt.

■ **Mittelrhein-Museum,** im Forum Confluentes, Tel. (0261) 1292520, www.mittelrhein-museum.de, Di–So tägl. 10–18 Uhr, Dauerausstellung: Erw. 6 €, Jugendl. ab 13 J. 4 €, Kinder bis 12 J. frei, Familien 10 €, Sonderausstellung: Erw. 6 €, Jugendl. ab

13 J. 4 €, Kinder bis 12 J. frei, Familien 10 €, Dauer- und Sonderausstellung: Erw. 10 €, Jugendl. ab 13 J. 7 €, Kinder bis 12 J. frei, Familien 16 €.

## Am Moselufer

Die breite **Moselpromenade** teilen sich Spaziergänger, Jogger und Fahrradfahrer. Seit der Bundesgartenschau sind die Flaniergärten entlang dem Ufer noch attraktiver geworden. Für Kinder ist der **Wasserspielplatz** am Deutschen Eck im Sommer ein Riesenspaß.

### Mosellum

Das Mosellum an der Moselstaustufe gibt Einblick in die Welt der **Wanderfische.** Besucher können durch drei große Unterwasserfenster die Fische beobachten. Die Erlebnisausstellung am Fischpass Koblenz zeigt darüber hinaus Wissenswertes über die **Mosel** zwischen Ökonomie und Ökologie, über die Schifffahrt und die Stromerzeugung, das Moseltal und seine Ufer als Lebensraum.

■ **Mosellum,** Moselstaustufe/Pastor-Klein-Straße 19, 56073 Koblenz, Tel. (0261) 95234030, Di–So 10–17 Uhr, Erw. 3 €, Kinder über 7 Jahre 1,50 €, Familien (2 Erw. u. 2 Kinder ab 7 J.) 8 €, www.mosellum.de.

### Balduinbrücke

Kurfürst *Balduin von Luxemburg* veranlasste 1342 den Bau der ersten Steinbrücke über die Mosel. Seit mehr als 700 Jahren überspannt sie den Fluss und verbindet die Altstadt mit dem Stadtteil Lützel. Doch schon zu Römerzeiten gab es an dieser Stelle eine römische Brücke.

Görresplatz mit Historiensäule

Im Forum Confluentes sind das Romanticum, das Mittelrhein-Museum, die Stadtbibliothek und die Tourist-Information untergebracht

162hu kn

158hu kn

## Deutsches Eck

Wo „Vater Rhein“ und „Mutter Mosel“ aufeinandertreffen, ist das Deutsche Eck. Der Name geht auf den Deutschen Orden zurück. Erzbischof *Diether von Trier* berief die Ritter des Deutschen Ordens nach Koblenz, die sich dann im Jahr 1216 hier niederließen. Zunächst hieß die Stelle *Deutscher Ordt,* später entwickelte sich daraus die Bezeichnung Deutsches Eck. Im Volksmund nannte man die Landzunge früher auch *Honsschwanz* (Hundeschwanz), da sie, geografisch gesehen, der letzte Ausläufer des Hunsrücks ist.

### Kaiser-Wilhelm-Denkmal

Die Idee, ein **Reiterstandbild** *Kaiser Wilhelms I.* am Deutschen Eck aufzustellen, entstand schon kurz nach dessen Tod im Jahr 1888. Sein Enkel, Kaiser *Wilhelm II.,* wählte drei Jahre später den Standort aus. Eine künstliche Landzunge wurde aufgeschüttet, der monumentale Sockel und das kupfergetriebene Reiterdenkmal wurden 1897 errichtet. Natürlich ist es kein Zufall, dass der Blick des Kaisers Richtung Reichshauptstadt Berlin geht und das Hinterteil des Pferdes Richtung Frankreich weist. Im März 1945 wurde das Denkmal durch Artille-

riebeschuss zerstört. Bis zur Wiedervereinigung diente der leere Sockel als Mahnmal für die deutsche Einheit. 1993 wurde eine Rekonstruktion aufgestellt.

## Am Rheinufer

Der Abschnitt der linken Rheinanlagen, die vom Deutschen Eck nach Süden bis zum Kurfürstlichen Schloss reichen, wurden 1901 gestaltet und heißen heute

Seilbahn über den Rhein vom Deutschen Eck zur Festung Ehrenbreitstein

Konrad-Adenauer-Ufer. Südlich davon schließen sich die Kaiserin-Augusta-Anlagen an, die zwischen 1856 und 1861 gestaltet wurden. Zusammen bilden sie eine wunderschöne **Uferpromenade,** die zu ausgiebigen Spaziergängen entlang zahlreicher Sehenswürdigkeiten einlädt.

### Ludwig Museum

Nur wenige Schritte vom Deutschen Eck entfernt liegt das Ludwig Museum im historischen Deutschherrenhaus. Die Sammlung zeigt auf vier Etagen **moderne Kunst,** vor allem französische Kunst des 20. Jh. Dazu gehören Gruppen wie die *Nouveaux Réalistes* oder *Fluxus.* Sehenswert sind auch die Wechselausstellungen, bei denen zeitgenössische Kunst im Vordergrund steht.

■ **Ludwig Museum,** Danziger Freiheit 1, www.ludwigmuseum.org, Di–Sa 10.30–17 Uhr, So und Fei 11–18 Uhr, Erw. 5 €, ermäßigt 3 €, Kinder bis 12 Jahre frei. In Zeiträumen, in denen keine Sonderausstellung präsentiert wird (Umbau), wird der Eintritt um die Hälfte reduziert.

### Basilika St. Kastor

Die bereits 836 geweihte, karolingische Kastorkirche ist ein **Hauptwerk romanischer Baukunst am Mittelrhein.** Sie ist die älteste erhaltene Kirche in Koblenz.

Im Jahre 842 ging sie in die Geschichte ein, als sich die fränkischen Herrscher *Ludwig der Deutsche, Karl der Kahle* und *Lothar II.* in der Kastorkirche trafen, um ihre Herrschaftsansprüche zu regeln. Sie führten erste Verhandlungen über eine

Teilung des Reiches *Karls des Großen.* Die Bestimmungen über die fränkische Reichsteilung wurden im Jahr darauf im Vertrag von Verdun unterzeichnet. Das Ergebnis war, dass das Fränkische Reich in drei Teile geteilt wurde (Westfrankenreich, Ostfrankenreich und Lotharingien).

In ihrer heutigen Form stammt die Kastorkirche vorwiegend aus der Mitte

163hu kn

des 12. Jh. 2008 entdeckte man bei Bauarbeiten ein **römisches Kastell** aus der Zeit des Kaisers *Augustus* (27 v.Chr. bis 14 n.Chr.). Das frührömische Kastell war 100x100 m groß. Im späten 1. bis zum 4. Jh. stand an der Stelle ein gallo-römischer Tempel.

Auf dem Platz vor der Kirche steht der recht klobig wirkende **Kastorbrunnen.** Er wurde zum Gedenken an den Russlandfeldzug *Napoleons* errichtet. Der damalige französische Präfekt *Doazan* ließ 1812 folgende Worte hineinmeißeln: „A Napoleon le Grand, an MDCCCXII Memorable par la Campagne contre les Russes sous la Prefecture de Jules Doazan" („An Napoleon den Großen, 1812 zum Gedenken an den Russlandfeldzug unter der Präfektur von Jules Doazan"). Doch das war sehr voreilig, denn tatsächlich endete der Russlandfeldzug nicht etwa mit dem Sieg *Napoleons,* sondern mit einer verheerenden Niederlage. Nachdem sich die französischen Truppen zurückgezogen hatten, bewies der neue russische Stadtkommandant Humor und ließ folgende Worte – ebenfalls in Französisch – in den Kastorbrunnen einmeißeln: „Vue et approuvé par nous, le Commandant Russe de la Ville de Coblence" („Gesehen und genehmigt von uns, dem russischen Kommandanten der Stadt Koblenz").

## Seilbahn

**Mein Tipp:** Eine besondere Attraktion ist die Seilbahnfahrt vom **Deutschen Eck** über den Rhein hinweg zur **Festung Ehrenbreitstein.** Vor allem der Blick über die Stadt und die beiden Flüsse machen die Fahrt zu einem tollen Erlebnis. Wem das noch nicht genug Nervenkitzel ist, der nimmt die Gondel 17, sie hat einen Glasboden. Die Talstation der modernen Seilbahn, die im Zuge der Bundesgartenschau 2011 gebaut wurde, liegt am Konrad-Adenauer-Ufer in der Nähe der Basilika St. Kastor.

- **Seilbahn Koblenz,** www.seilbahn-koblenz.de, Ende März bis 31. Okt. 9.30–18.30 Uhr, 1. Nov. bis März Sa, So und Fei 9.30–17.30 Uhr, Erw. 6,50 € (einfache Fahrt), 9 € (Hin- und Rückfahrt), Kinder (7–17 J.) 3,50 € (einfache Fahrt), 4 € (Hin- und Rückfahrt), Schüler, Studenten, Auszubildende 4 € (einfache Fahrt), 5 € (Hin- und Rückfahrt), Familien (2 Erw. und bis zu 4 Kinder) 21,80 € (Hin- und Rückfahrt), außerdem gibt es Kombitickets (Festung Ehrenbreitstein und Seilbahn Hin- und Rückfahrt).

## Pegelhaus

Südlich der Kastorkirche am Rheinufer steht das achteckige Pegelhaus (Anfang des 17. Jh.), das ursprünglich ein Rheinkranhaus mit drehbarem Dach war. Heute ist ein Restaurant darin untergebracht. Durch das neue Glasdach hat man einen tollen Blick auf den Rhein und die Festung Ehrenbreitstein. An der Wand des Pegelhauses steht eine leuchtend blaue **Pegeluhr,** die mittels eines Schwimmers im Rhein den Wasserstand anzeigt. Sie wurde 1887 aufgestellt, davor diente eine einfache Metallpegellatte zum Anzeigen des Wasserstandes.

Hinter dem Pegelhaus erhebt sich das imposante ehemalige Preußische Regierungsgebäude.

◁ St. Kastor, die älteste Kirche von Koblenz

## Kurfürstliches Schloss

Wenige Fußminuten weiter südlich gelangt man zum Kurfürstlichen Schloss. Errichtet wurde es zwischen 1777 und 1786 von Kurfürst *Clemens* im Stil des französischen Frühklassizismus. Der spätere Kaiser *Wilhelm I.* residierte als preußischer Militärgouverneur für einige Jahre in dem Schloss. 1944 wurde es bei einem Bombenangriff völlig zerstört und 1950 wiedererrichtet. Heute ist das Kurfürstliche Schloss Behördensitz.

## Kaiserin-Augusta-Anlagen

Hinter der Pfaffendorfer Brücke beginnen die 3,5 km langen Kaiserin-Augusta-Anlagen. *Augusta von Sachsen-Weimar-Eisenach,* Gattin Kaiser *Wilhelms I.,* ließ die Uferanlagen am Rhein zwischen 1856 und 1861 neu gestalten. Der königlich-preußische Gartendirektor *Peter-Joseph Lenné* schuf sie nach den Plänen von Hermann Fürst von Pückler-Muskau. Noch heute ist die idyllische **Rheinpromenade** ein beliebter Ort zum Flanieren. Einmal im Jahr, am ersten Sonntag im Juni, wird in den Rheinuferanlagen und auf dem Gelände des Kurfürstlichen Schlosses die Zeit Kaiserin *Augustas* wieder lebendig. Das **Kaiserin Augusta Fest** bietet Konzerte, Vorträge und Führungen und lockt jedes Jahr viele Besucher an.

## Weindorf

In den Kaiserin-Augusta-Anlagen nahe der Pfaffendorfer Brücke liegt das Weindorf. Ursprünglich wurde es 1925 für die „Reichsausstellung Deutscher Wein“ errichtet. Die Nachbauten von **vier Winzerhäusern** aus deutschen Weinanbaugebieten blieben über die Ausstellungszeit hinaus erhalten und sind heute eine beliebte Touristenattraktion (www.weindorfkoblenz.de). Hinter dem Weindorf befindet sich das „Schnorbach Brückstück“, die einzige **Innenstadtweinlage** von Koblenz und außerdem die kleinste registrierte Einzellage in Deutschland.

www.fotolia.de © Martin Schlecht

▷ Festung Ehrenbreitstein über dem Rhein

# Ehrenbreitstein

## Festung Ehrenbreitstein

118 Meter über der Stadt kann man eine fantastische Aussicht über Koblenz genießen: Hoch über dem Deutschen Eck am rechten Rheinufer thront die mächtige Festung Ehrenbreitstein. Sie ist die **zweitgrößte erhaltene Festung in Europa,** nur der Festungsbau von Gibraltar ist noch größer.

In ihrer heutigen Form entstand die Anlage im 19. Jh., doch ihr Ursprung geht auf den Konradiner *Ehrenbert* zurück, der um das Jahr 1000 die Burg Ehrenbertstein errichten ließ. In den folgenden Jahrhunderten wurde die Anlage weiter ausgebaut und im Laufe der Zeit änderte sich der Name von Ehrenbertstein zu Ehrenbreitstein.

Vor allem die Trierer Erzbischöfe machten sie zu einer fast uneinnehmbaren Festung. Den französischen Revolutionstruppen gelang die Eroberung des kurtrierischen Bollwerks nur durch Aushungern. 1801 sprengten die Franzosen die Anlage. Auf Befehl von König *Wilhelm III.* wurde die Festung dann zwischen 1817 und 1828 zu dem mächtigen Bollwerk ausgebaut, das heute über der

165hu kn

Stadt thront – sehr wehrhaft, aber auch sehr repräsentativ.

■ **Festung Ehrenbreitstein,** www.diefestung ehrenbreitstein.de, Ende März bis 31. Okt. 10–18 Uhr, 18–24 Uhr freier Zutritt zu Gelände und Gastronomie, 1. Nov. bis Ende März täglich 10–17 Uhr, 17–24 Uhr freier Zutritt zu Gelände und Gastronomie, Erw. 6 €, Schüler und Studenten 4 €, Kinder bis 6 J. frei, Familien (ein Erw. und bis zu 4 Kinder) 6 €, Familien (zwei Erw. und bis zu 4 Kinder) 12 €, außerdem Kombitickets (Festung Ehrenbreitstein und Seilbahn, www.seilbahn-koblenz.de).

## Landesmuseum Koblenz

Der Schwerpunkt des Museums auf der Festung Ehrenbreitstein liegt auf Technik- und Wirtschaftsgeschichte. Im **Haus der Fotografie** (Turm Ungenannt) ist die Landessammlung zur Geschichte der Fotografie in Rheinland-Pfalz ausgestellt. Im **Haus der Archäologie** werden die Spuren menschlichen Lebens an Mittelrhein und Mosel und bedeutende Funde der Region präsentiert. Im **Haus des Genusses** (Lange Linie) informiert die Dauerausstellung „WeinReich" über das Thema Weinbau und regionale Rebsorten. An bestimmten Terminen werden in der Vinothek auch Weinverkostungen angeboten.

■ **Landesmuseum Koblenz,** Festung Ehrenbreitstein, Tel. (0261) 66750, www.landesmuseum-ko blenz.de, Ausstellungshäuser Ende März bis 31. Okt. 10–18 Uhr, 1. Nov. bis Ende März Sa, So und Fei 10–17 Uhr, Eintrittspreise siehe Festung. **Vinothek:** April bis Okt. Sa, So und Fei 12–17 Uhr, Nov. bis März So 12–16.30 Uhr. Außerdem gibt es jedes Jahr mehrere Wechselausstellungen und für Kinder thematisch passende Museums-Rallyes (s.u.: „Aktivitäten für Kinder").

## Mutter-Beethoven-Haus

Im **Ortsteil Ehrenbreitstein** unterhalb der Festung steht das **Geburtshaus** von *Maria Magdalena Keverich,* der Mutter von *Ludwig van Beethoven.* Auch *Clemens Wenzeslaus Brentano de La Roche* erblickte in Ehrenbreitstein das Licht der Welt. **Brentano** (1778–1842) gilt als einer der bedeutendsten Schriftsteller der deutschen Romantik.

*Maria Magdalena Keverich* wurde 1746 geboren. Das kleine Museum zeigt Zeugnisse aus dem Leben des Komponisten und der Familie seiner Mutter. Weitere Exponate und historische Dokumente stammen von den Schriftstellern *Sophie von La Roche, Clemens Brentano* und *Bettina von Arnim.*

■ **Mutter-Beethoven-Haus,** Wambachstr. 204, Ehrenbreitstein, April bis Okt. Sa., in der Regel So und Fei 14–18 Uhr. Die Öffnungszeiten sind eher unregelmäßig und werden jedes Jahr neu festgelegt. Genaue Termine unter www.mutter-beethoven-haus.de.

## Rhein-Museum

Das Museum im Stadtteil Ehrenbreitstein präsentiert die **Kulturgeschichte des Flusses.** Leben am Rhein, Fischfang und die Entwicklung der Rheinschifffahrt sind Themen der Ausstellung.

■ **Rhein-Museum,** Charlottenstr. 53a, Ehrenbreitstein, www.rhein-museum.de, Di–So 10–17 Uhr, Erw. 5 €, Schüler ab 16 J. 3 €, Kinder (6–15 J.) 2 €, Kinder bis 5 J. frei, Familien 11 €.

☐ Das Weindorf in den Kaiserin-Augusta-Anlagen

## Burg Stolzenfels

Nur wenige Kilometer südlich von Koblenz auf der linken Rheinseite liegt die Burg Stolzenfels. Der **Prunkbau** aus dem 19. Jh. bezaubert mit zinnenbekrönten Türmen und Mauern.

1823 schenkte die Stadt Koblenz die Ruine der Burg Stolzenfels, einer einstigen kurtrierischen Zollburg aus dem 13. Jh., dem Kronprinzen *Friedrich Wilhelm.* Dieser beauftragte 1842 den Architekten **Karl Friedrich Schinkel,** die Ruine zu einem Sommersitz umzubauen. Das Schloss wurde als „altdeutsche Burg“ gestaltet. Teile der historischen Ausstattung sind zu besichtigen, zum Beispiel die Kapelle, der Palas mit Rittersaal, der Wohnturm und der Pergolagarten.

Ebenfalls sehenswert sind die **Gartenanlagen** der Burg – nicht nur die fünf Gärten, sondern auch die weitläufigen Parkanlagen mit Grotten, Wasserfällen und Teichen rund um Burg Stolzenfels. Sie alle wurden von dem berühmten Landschaftsarchitekten **Peter-Joseph Lenné** entworfen. Der königlich-preußische Gartendirektor hatte unter anderem den Zoologischen Garten und die Pfaueninsel in Berlin sowie die Gartenanlagen von Schloss Sanssouci geplant. In Koblenz entwarf er 1842 im Auftrag König *Friedrich Wilhelms IV.* den Schlossgarten und war um 1854 an der Gestaltung der Rheinanlagen beteiligt.

■ **Burg Stolzenfels,** 56075 Koblenz, www.schloss-stolzenfels.de, Erw. 5 €, Kinder und Jugendl. 3 €, Familien: 1 Erw. mit Kindern 5 €, 2 Erw. mit Kindern 10 €. Jan. u. Feb. nur Sa und So 10–17 Uhr, März und Okt./Nov. Di–So 9–17 Uhr, April bis Sept. Di–So 9–18 Uhr, Dez. geschl., letzter Einlass 45 Min.

vor Schließung. Das Stationentheater „Die Muse von Stolzenfels", eine szenische Führung durch das Schloss und seine Geschichte, findet mehrmals im Jahr zwischen Mai und Oktober statt. Kartenreservierung unter Tel. (0261) 51656.

■ **Anfahrt:** Der Stadtteil Stolzenfels liegt etwa 5 km südlich der Innenstadt an der B9. Die Anlage ist von dort über einen Serpentinenweg zu Fuß in rund 20 Minuten erreichbar. Das Parken im Parkhaus am Fuß des Berges ist für Burgbesucher kostenfrei.

# Praktische Tipps

## Informationen

■ **Tourist-Information,** im Forum Confluentes, Zentralplatz 1, 56068 Koblenz, Tel. (0261) 19433, www.koblenz-touristik.de, tägl. 10–18 Uhr.

■ **Tourist-Information,** Konrad-Adenauer-Ufer, April bis Okt. Fr 13–16 Uhr, Sa, So und Fei 10–16 Uhr, Tel. (0261) 91469990.

## Unterkunft

18 **Jugendherberge Festung Ehrenbreitstein** ①, 56077 Koblenz, Tel. (0261) 972870, www.diejugendherbergen.de. Die Jugendherberge liegt hoch über Koblenz auf der Festung Ehrenbreitstein. Sie gehört zur Kategorie IV+, das heißt, alle Zimmer verfügen über Dusche und WC.

10 **Forsthaus Remstecken**①-②, 56075 Koblenz, Tel. (0261) 55579, www.forsthaus-remstecken.de. Außerhalb und sehr ruhig gelegenes, familiengeführtes Haus mitten im Koblenzer Stadtwald. Die Doppelzimmer können auch als Einzelzimmer gebucht werden. Zur Familiensuite gehören Küche, Wohnzimmer und eigene Terrasse.

9 **Hotel Brenner**②, Rizzastr. 20–22, 56068 Koblenz, Tel. (0261) 915780, http://hotel-brenner.de. Das Drei-Sterne-Hotel in der Koblenzer Vorstadt verfügt über schlichte, aber elegante Zimmer.

11 **GHOTEL hotel & living**②, Neversstraße 15, 56068 Koblenz, Tel. (0261) 2002450, www.ghotel.de. Das moderne Drei-Sterne-Hotel mit 120 Zimmern liegt günstig direkt am Bahnhof.

12 **KNAUS Campingpark Koblenz/Rhein-Mosel,** Schartwiesenweg 6, 56070 Koblenz, Tel. (0261) 82719, www.knauscamp.de. Der Platz liegt an der Moselmündung gegenüber dem Deutschen Eck und der Altstadt mit Blick auf die Festung Ehrenbreitstein. Mit der Altstadt ist die Vier-Sterne-Anlage durch eine Personenfähre verbunden.

## Essen und Trinken

In der Altstadt gibt es eine Fülle an Restaurants und Biergärten. **Sterneküche** suchte man bisher vergebens, doch 2015 wurde eine Koblenzer Gaststätte zum ersten Mal vom Guide Michelin mit einem Stern ausgezeichnet: Schiller's Restaurant. Außerdem ist Koblenz eine alte Weinstadt. Gleich zwei berühmte **Weingebiete** treffen in der Stadt zusammen, die Terrassenmosel und das Mittelrheintal. Deshalb ist die Weinauswahl in vielen Restaurants erfreulich gut.

13 **Gerhards Genussgesellschaft**③, Danziger Freiheit 3 (im Blumenhof), Tel. (0261) 91499133, www.gerhards-genussgesellschaft.de, Di–Fr ab 18 Uhr, Sa und So 12–14 und ab 18 Uhr. Das Restaurant gehört zu den ersten Adressen in Koblenz. Koch *Georg Gerhards* zaubert Kulinarisches aus frischen Produkten. Das Restaurant mit seiner sehr schönen Terrasse fügt sich wunderbar in das alte Gemäuer des ehemaligen Klosters ein.

26 **Hans im Glück**①-②, Am Plan 11, Mo–Do 11–23 Uhr, Fr und Sa 11–1 Uhr, So und Fei 12–23 Uhr. Die Burger werden mit raffinierten Zutaten wie Heumilchkäse, Parmesansoße, Walnüssen oder Brie serviert, für Vegetarier und Veganer mit pikanten

Bratlingen. In der Burgerbraterei, die stets gut besucht ist, gibt es außerdem Salate und Cocktails.

**16 Pegelhaus**②, Konrad-Adenauer-Ufer 1, Tel. (0261) 91489644, Mo–Mi 17–22.30 Uhr, Do–So 11.30–22.30 Uhr, www.pegelhaus-koblenz.de. Das Restaurant bietet deutsche und internationale Küche und die Panoramaglaskuppel einen tollen Blick über den Rhein bis zur Festung Ehrenbreitstein.

**25 Pfefferminzje**①-②, Mehlgasse 12, Mi und Do 9.30–18 Uhr, Fr–So 9.30–22 Uhr, Mo und Di Ruhetag, Tel. (0261) 2017777, www.pfefferminzje.de. Kleines Café-Bistro mit idyllischer Terrasse im Hinterhof und sehr abwechslungsreichem Angebot für Vegetarier und Veganer. Kult sind die Tatortabende am Sonntag, die Fans der ARD-Krimis gemeinsam mit Gleichgesinnten im Pfefferminzje verbringen.

**14 Augusta Restaurant**②-③, Rheinstr. 2a, Tel. (0261) 91446822, www.augusta-restaurant.de. Schöne Lage am Rheinufer (Konrad-Adenauer-Ufer in der Nähe des Deutschen Ecks). Verarbeitet werden vor allem regionale Produkte. Gehobene Küche mit entsprechenden Preisen, doch das Mittagsmenü ist überraschend günstig.

**15 C's Authentic Food**②-③, Rheinstr. 2a, Tel. (0261) 97388861, http://cs-koblenz.de, Mo, Do und Fr ab 17 Uhr, Sa und So ab 12 Uhr, Di und Mi geschl. Serviert werden Steaks, Burger, Pizza, Vegetarisches und Veganes, dazu regionale Weine und eine tolle Aussicht auf den Rhein.

**1 Schiller's Restaurant**⑤, Mayener Str. 126, Tel. (0261) 963530, www.hotel-stein.de, Di–Fr 12–14 Uhr, Di–Sa 18–22 Uhr, So/Mo Ruhetag. Mediterrane Küche, darunter Exklusives wie Austern oder Gänseleber.

**21 Claudio Filppone's CHIARO**③, Münzstr. 3, Tel. (0261) 97379371, www.chiaro-restaurant.de, Mo 18–23 Uhr, Di–Sa 12–15 und 18–23 Uhr. Im schicken Restaurant am Münzplatz in der Altstadt bieten *Claudio Filippone* und sein Team raffinierte mediterrane und regionale Küche auf hohem Niveau und einen sehr guten Service.

**24 Café Miljöö,** Gemüsegasse 8, Tel. (0261) 14237, tägl. 9–1 Uhr, www.cafe-miljoeoe.de. Schönes Szenecafé in der Altstadt mit Blick auf die Liebfrauenkirche. Kaffeetrinker dürfen zwischen 40 Kaffeespezialitäten wählen und es gibt eine umfangreiche Frühstückskarte, die sogar bis 17 Uhr gilt. Auf der Speisekarte werden auch Vegetarier und Veganer fündig.

**8 Konditorei Café Baumann,** Löhrstr. 93, Tel. (0261) 31433, Mo–Fr 7.30–18.30 Uhr, Sa 7.30–18 Uhr, So 10–18 Uhr. In dem Café mit eigener Konditorei und Kaffeehausflair gibt es nicht nur köstliche Kuchen und Torten, sondern auch Frühstück und Mittagstisch. Handgefertigte Pralinen und Trüffel runden das Angebot ab.

## Nachtleben

**2 Café Hahn,** Neustr. 15, 56072 Koblenz, www.cafehahn.de. Über die Grenzen von Koblenz hinaus bekannter Musik- und Kleinkunstclub im Stadtteil Güls mit einem breit gefächerten Progamm, das von Kabarett über Lesungen bis zu Jazz, Blues und Rock reicht.

**7 Circus Maximus,** Stegemannstr. 30, Tel. (0261) 3002358, www.circus-maximus.org, Di–Do 16–1 Uhr, Fr und Sa 16–3 Uhr, So 16–0 Uhr. Im **7 Restaurant** gibt es tolle Burger, auch für Veganer, abends Motto-Partys, Live-Musik oder Poetry Slams.

**19 Irish Pub,** Burgstr. 7, Mo–Do 16–1 Uhr, Fr 16–2 Uhr, Sa 15–2 Uhr, So 18–1 Uhr, http://irishpubkoblenz.com. Bereits seit den 1980er Jahren führt der Ire *Shay Dwyer* den authentischen Pub in Koblenz. 2015 wählte die „Irish Times“ ihn als drittbesten Pub außerhalb von Irland und damit zu einem der schönsten Pubs weltweit.

## Einkaufen

Sehr viele Läden in der Altstadt von der Löhrstraße über Entenpfuhl bis zum Görresplatz sind inhabergeführt (www.altstadt-carree.de). Die größte Einkaufsstraße ist die **Löhrstraße.**

22 MEIN TIPP: Die kleinste Einkaufsstraße ist das **Kunstgässchen** (Münzstr. 8), das hübsch versteckt am Münzplatz liegt. In dem kleinen, überdachten Basar findet man Mode aus Kaschmir, Klangschalen, handgeschöpftes Papier, Schmuck und Deko.

23 MEIN TIPP: **Pfeffersack und Söhne,** An der Liebfrauenkirche 1, www.pfeffersackundsoehne.de. Hipper Laden mit Gewürzen, Gewürzmischungen, Currys, Masalas, Salzen und Ölen. Witzig: Es gibt sogar eine Gewürzmischung für das regionale Gericht *Debbekooche*. Besonders hübsch sind die schwarzen Keramikdosen, die exklusiv im Westerwald für Pfeffersack und Söhne hergestellt werden.

### Shopping-Center

Eine Vielzahl an Geschäften bieten die Shopping-Center in der Innenstadt:

5 **Forum Mittelrhein**

4 **Löhr-Center**

### Wochenmärkte

6 In der Schloßstraße: Di 8–14 Uhr, Do 8–14 Uhr.

20 Am Münzplatz: Sa 8–14 Uhr.

17 In Ehrenbreitstein am Kapuzinerplatz: Mi 16–19 Uhr.

020mo kn

## Kultur

■ **Theater Koblenz,** Clemensstraße 1, Kartenvorverkauf an der Theaterkasse im Forum Confluentes, Zentralplatz 1, Tel. (0261) 1292-840 oder -841, tägl. 10–18 Uhr, www.theater-koblenz.de. In dem klassizistischen Theaterbau unweit des Kurfürstlichen Schlosses aus dem Jahr 1787 wird Schauspiel, Musiktheater und Ballett aufgeführt.

**Mein Tipp:** Seit der Spielzeit 2014/15 gibt es als vierte Sparte ein **Puppentheater.** Zwei fest engagierte Puppenspieler bringen eigenständige Produktionen auf die Bühne, nicht nur für junges Publikum, sondern auch Stücke für Erwachsene.

Führungen durch das Theater jeden zweiten Samstag im Monat um 15 Uhr (Anmeldung unter Tel. (0261) 129-2870).

■ **Kulturfabrik Koblenz,** Mayer-Alberti-Str. 11, 56070 Koblenz-Lützel, Tel. (0261) 85280, www.kufa-koblenz.de. Kleinkunsttheater mit Kabarett und Musik.

## Feste und Veranstaltungen

■ **Kaiserin Augusta Fest:** Am ersten Sonntag im Juni (UNESCO-Welterbetag) wird auf dem Gelände des Kurfürstlichen Schlosses in den Rheinuferanlagen die Zeit der Gemahlin von *Wilhelm I.* wieder lebendig. Zum Angebot gehören Themenführungen, Kutschfahrten, Musik, regionale Speisen und ein Kinderprogramm (www.augusta-fest.de).

■ **Altstadtfest:** Am ersten Juli-Wochenende feiern die Koblenzer ihr großes Volksfest auf den Plätzen der Altstadt.

■ **Horizonte Festival:** Mitte Juli findet das dreitägige Weltmusik-Festival mit internationalen Künstlern auf der Festung Ehrenbreitstein statt (www.horizonte-festival.de).

☒ Gauklerfestival auf der Festung Ehrenbreitstein

■ **Mosel Musikfestival:** Von Juli bis Dezember bietet das Klassikmusikfestival viele Konzerte in Koblenz und entlang der Mosel bis Trier. Programm unter www.moselmusikfestival.de.

■ **Internationales Gaukler- und Kleinkunstfestival:** Ende Juli treten ein Wochenende lang Akrobaten, Puppenspieler, Gaukler und Clowns auf der Festung Ehrenbreitstein auf (www.gauklerfest-koblenz.de).

■ **Rhein in Flammen:** Anfang August findet an den Ufern von Rhein und Mosel das große Illuminationsspektakel statt. Hinzu kommt auf dem Rhein eine Armada von Ausflugsschiffen: ein riesiger, sehr beeindruckender Schiffskorso. Gleichzeitig ist das Koblenzer Sommerfest (www.rhein-in-flammen.com).

■ **Lange Nacht der Museen:** Anfang September öffnen mehr als 20 Häuser ihre Pforten und bieten Kunstinteressierten mehr als 80 verschiedene Abendveranstaltungen (www.museumsnacht-koblenz.de).

■ **Koblenzer Schängelmarkt:** An drei Tagen im September findet das größte Koblenzer Volksfest statt. Geboten werden ein Markt, Live-Musik und verkaufsoffener Sonntag ab 13 Uhr (www.koblenz-stadtmarketing.de).

■ **Koblenzer Debbekoochefest:** Alle zwei Jahre im Oktober findet auf dem Münzplatz das Debbekoochefest mit Musik und Unterhaltung statt. Im Mittelpunkt steht natürlich der leckere *Kowelenzer Debbekooche* (Topfkuchen aus geriebenen Kartoffeln). Termin und Programm unter www.dkfest.de.

■ **Nacht der Technik:** Jedes Jahr im November finden in den Berufsbildungszentren der Handwerkskammer (HwK) Koblenz in der August-Horch-Straße Shows, Mitmachaktionen, Ausstellungen, Vorträge und Vorführungen zu Themen aus Wissenschaft und Technologie statt. Spannend nicht nur für Technikfreaks, sondern besonders auch für Familien und Jugendliche.

■ **Weihnachtsmarkt:** Mitte November bis Weihnachten tauchen sechs beschauliche Altstadtplätze und das Winterforum auf dem Zentralplatz die

Stadt in eine festliche Adventsstimmung (www.weihnachtsmarkt-koblenz.de).

## Aktivitäten

■ **Statt Strand am Stadtrand,** Universitätsstr., 56072 Koblenz, Mai bis Okt. täglich 10–1 Uhr, www.statt-strand-koblenz.de. Sand, Palmen, Liegestühle, Strohschirme und Cocktails – der künstliche Strand an der Moselstaustufe ist im Sommer ein beliebter Treffpunkt.

■ **Deinhard-Kellermuseum,** Deinhardplatz 3, 56068 Koblenz, www.deinhard.de. Am 1. Mai 1794 eröffnete *Johann Friedrich Deinhard* in der Koblenzer Altstadt sein Weinhandelsgeschäft. Ab 1843 begann das Unternehmen mit der Herstellung von Sekt. Bei einer Führung durch das Kellermuseum des Deinhard-Stammhauses erfährt man, wie dieser früher hergestellt wurde. Führungstermine können telefonisch oder per E-Mail vereinbart werden (Deinhard-Öffentlichkeitsarbeit, Tel. (0261) 91151-520 oder info@deinhard.de, Führung ab 8 € inkl. Glas Sekt).

3 **Supnation,** Emser Str. 20, 56076 Koblenz, Tel. (0261) 8087937, www.supnation.de. Supnation gibt in der Sommersaison beim Statt Strand auf der Mosel Kurse im **Stand Up Paddling,** also dem Stehpaddeln mit einem Stechpaddel auf einer Art Surfbrett (Einzel- oder Gruppentraining). Verkauf von Boards und mehr.

### Für Kinder

**Gewässer-Lehrpfad Rhein-Mosel:** Für Koblenz hat Wasser eine besondere Bedeutung. Der Lehrpfad ist knapp 12 km lang, 10 Tafeln informieren über das nasse Element. Der Weg kann auch gut mit dem Fahrrad zurückgelegt werden. Eine der Stationen ist das Mosellum (s.o.), eine Erlebnisausstellung an der Moselstaustufe, in der man durch Fenster Wanderfische beobachten kann.

**Landesmuseum auf der Festung Ehrenbreitstein:** Im Landesmuseum gibt es für Kinder museumspädagogische Angebote. Meist sind es auf die Wechselausstellungen abgestimmte Begleitprogramme. In den Ferienzeiten wird für Kinder zwischen 8 und 12 Jahren außerdem ein Ferienprogramm angeboten. Infos: Tel. (0261) 66751510.

**Spielplätze:** Seit der Bundesgartenschau 2011 gibt es in Koblenz vier neue, besonders schöne Spielplätze. Dem **Wasserspielplatz** am Deutschen

164hu kn

☒ Das Kurfürstliche Schloss

Eck können Kinder im Sommer kaum widerstehen. Gleich nebenan ist der Königsberger Biergarten (Danziger Freiheit 2), in dem die Eltern entspannen können, während die Kinder sich austoben. Auf der Festung Ehrenbreitstein bietet der **Kletterspielplatz Werk Bleidenberg** viel Platz zum Austoben. Am **Kurfürstlichen Schloss** wartet der barrierefreie Spielplatz „Schmuckkästchen der Kaiserin Augusta" auf Kinder ab 4 Jahren. Manche der Spielgeräte erinnern in ihrer Form an den Spiegel, die Perle oder die Haarnadel der Kaiserin. Für ältere Kinder befindet sich ganz in der Nähe, ebenfalls vor dem Kurfürstlichen Schloss, ein **Skaterplatz** für Skateboards und BMX-Bikes.

## Öffentliche Verkehrsmittel

- **Bahn:** Moselstrecke Trier – Cochem – Koblenz, Mittelrheinbahn Mainz – Koblenz – Bonn – Köln. Direkte Verbindungen auch nach Boppard und weiter entlang dem Rhein. Infos: www.vrminfo.de.
- **Bus:** Rheinhunsrückbus L620: Koblenz – Emmelshausen – Simmern, L621: Koblenz – Kastellaun, L650: Koblenz – Stolzenfels – Rhens – Spay – Boppard, AirportShuttle L610: Koblenz – Emmelshausen – Kastellaun – Flughafen Hahn. Infos unter www.vrminfo.de.

STUDIOS
AM
MARKT
Probe und
Verkauf im
Zehnthauskeller

095mo ct

# 6 Praktische Reisetipps A–Z

Im mittelalterlichen Zentrum von Beilstein

# Anreise und Verkehrsmittel

## Auto

Das Moseltal ist gut ans **Autobahnnetz** angebunden. **Trier** erreicht man über die A1 aus Richtung Saarbrücken und Kaiserslautern und über die A64 aus Richtung Luxemburg. **Koblenz** ist aus Richtung Köln über die A3 oder A61 angebunden. Auch über die Bundestraßen gelangt man gut ins Moseltal: durch die Eifel über die B51 und durch den Hunsrück über die B50. Von Saarbrücken kommend, führt die B51 entlang der Saar ins Moseltal. An der Mosel entlang verläuft die **Moselweinstraße** über 250 Kilometer: von Perl an der französischen Grenze bis nach Koblenz.

Mit dem Auto durch die oft **sehr engen Gassen der kleinen Moselorte** zu fahren, ist nicht immer ein Vergnügen. Noch ungünstiger ist es mit einem Wohnmobil. Im Zweifelsfall sollte man die Umgehungsstraßen nutzen und für Besichtigungen am Ortsrand und auf den ausgewiesenen Parkplätzen parken.

- **Pannenhilfe des ADAC:** über Festnetz (0180) 2222222, mobil 222222.

## Bahn

Die Moselregion ist verkehrstechnisch sehr gut angebunden. Auf der **Mosel-Strecke der Deutschen Bahn** gelangt man von Trier über Wittlich nach Koblenz. Die Züge fahren fast ausschließlich entlang der Eifelseite der Mosel, von Trier aus über Schweich, Bullay, Cochem, Treis-Karden und Kobern-Gondorf nach Koblenz (www.moseltalbahn.de). Die **Obermosel-Strecke** führt von Trier über Perl weiter nach Frankreich (Metz). Die **Sauer-Strecke** bedient Trier, Wasserbilllig und Luxemburg. Von Trier gelangt man über die **Saar-Strecke** nach Konz, Saarburg und weiter bis nach Saarbrücken.

Die kurze, für Touristen interessante **Moselweinbahn** fährt von Bullay nach Traben-Trarbach. Sie verbindet die Orte Traben-Trarbach, Kröv-Kövenig und Reil über Bullay mit der Moselstrecke zwischen Koblenz und Trier (www.rhenus-veniro.de).

Das **Rheinland-Pfalz-Ticket** der Bahn gibt es als 1er-, 2er-, 3er-, 4er- oder 5er-Ticket. Es kostet 24 € plus 5 € je Mitfahrer. Eigene Kinder und Enkel bis 14 Jahre fahren kostenlos mit. Das Ticket gilt montags bis freitags von 9 Uhr bis um 3 Uhr des Folgetages, am Wochenende und an Feiertagen schon ab 0 Uhr. Es ist in ganz Rheinland-Pfalz, im Saarland und auf bestimmten weiteren Strecken außerhalb der Landesgrenzen gültig. Weitere Informationen unter www.der-takt.de.

## Bus

Mehrere Verkehrsverbünde teilen sich den **Regionalbusverkehr an der Mosel.** Im Dreiländereck bedient der Saarländische Verkehrsverbund die Region. Rund um Trier ist der Verkehrsverbund Region Trier (VRT) zuständig. Die Busse des Verkehrsverbundes Rhein-Mosel (VRM) sind in der Verbandsgemeinde

Cochem-Zell, im Rhein-Hunsrück-Kreis und in Koblenz unterwegs. VRT, VRM und die Bahn sind wiederum Partner des **RMV Rhein-Mosel Verkehrsgesellschaft,** auf deren Website man sich grenzüberscheitend über die Bus- und Bahnverbindungen der Region zwischen Trier und Koblenz informieren kann.

Allerdings gibt es in manchen Orten **nicht zu jeder Tageszeit Busverbindungen,** deshalb sollte man vorab unbedingt die entsprechenden Fahrpläne zu Rate ziehen. Auch in den Ferien, an Wochenenden oder Feiertagen fahren oft deutlich weniger oder gar keine Busse.

- **www.rmv-bus.de**
- **www.vrminfo.de**
- **www.vrt-info.de**
- **www.saarfahrplan.de**

Die kleine Fähre zwischen Beilstein und Ellenz ist eine Gierseilfähre

## Schiff

### Pendelfähren

Schon wegen der Bewirtschaftung der Weinberge, die oft auf der gegenüberliegenden Uferseite lagen, war die Überquerung der Mosel schon immer wichtig. Jahrhundertelang waren Fähren oft die einzige Möglichkeit, von einem zum anderen Moselufer zu gelangen. Fast jeder Ort an der Mosel hatte eine eigene Fähre. Bis ins 19. Jh. hinein gab es an der Mosel nur zwei aus Stein errichtete Brücken: Die Römerbrücke in Trier und die Balduinbrücke in Koblenz. Bei Hochwasser oder Eisgang war das Übersetzen mit einer Fähre nicht möglich. Durch den Bau der Moselbrücken wurden jedoch viele Fähren überflüssig.

Die meisten der zehn noch verbliebenen Moselfähren verkehren nur von **Ostern bis Oktober.** Es gibt Personen-

123mo kn

fähren, die nur Fußgänger und Radfahrer übersetzen, die meisten sind aber Autofähren.

### Autofähren

- Oberbillig – Wasserbillig
- Pünderich – Marienburg
- Briedel – gegenüberliegendes Moselufer
- Beilstein – Ellenz-Poltersdorf
- Klotten – gegenüberliegendes Moselufer
- Koblenz-Lay – Winningen

### Personenfähren

- Kövenig – Enkirch
- Alf – Bullay
- Cochem – Cond
- Koblenz, Deutsches Eck – Koblenz-Lützel

## Ausflugsschiffe

Schiffsausflüge auf der Mosel sind beliebt. Was gibt es Schöneres, als entspannt auf einem Aussichtsdeck zu sitzen und die pittoresken Winzerdörfer gemächlich an sich vorbeigleiten zu lassen? Buchbar sind **Panorama-Rundfahrten,** die nur eine oder zwei Stunden dauern, Halbtagesfahrten und Tagesausflüge. Meist werden sie nur zwischen Ostern und Ende Oktober angeboten, doch wenn die Mosel noch schiffbar ist, werden die Programme im Winterhalbjahr um Glühwein-, Nikolaus- oder Silvesterfahrten erweitert.

Ein ganz besonderes Erlebnis ist eine Rundfahrt mit dem Römerweinschiff „Stella Noviomagi". Der hölzerne, 18 Meter lange Nachbau eines römischen Weinschiffes liegt im Hafen von Neumagen-Dhron (s.S. 138).

- **Personenschifffahrt Gebr. Kolb,** Zurlaubener Ufer, 54292 Trier, Tel. (0651) 26666, www.moselrundfahrten.de.
- **Mosel-Schiffs-Touristik,** Goldbachstraße 47, 54470 Bernkastel-Kues, Tel. (06531) 8222, www.mosel-schiffstouristik.de.
- **Köln-Düsseldorfer-Rheinschifffahrt,** Frankenwerft 35, 50667 Köln, Tel. (0221) 2088318, www.k-d.com.
- **Personenschifffahrt MS Goldstück,** Am Moselhang 31, 56332 Brodenbach (Heimathafen Alken), Tel. (02625) 9581796, www.ms-goldstueck.de.
- **Ex-Postschiff Telegraaf IV (Partyschiff),** Postfach 1245, 54338 Schweich, Tel. (06507) 8226, www.ex-postschiff.de.
- **Saar Personenschiffahrt GmbH & Co. KG,** Laurentiusberg 5, 54439 Saarburg, Tel. (06581) 99188, www.saarflotte.de.
- **Entente Touristique de la Moselle** (M.S. Princesse Marie-Astrid), 10, route du vin, L-6794 Grevenmacher, Tel. (+352) 758275, www.marie-astrid.lu.

## Eigenes Boot

Die Mosel lässt sich auch wunderbar mit dem eigenen Boot erkunden. Es gibt eine ganze Reihe **Sportboot- und Yachthäfen** mit Anlegemöglichkeiten für Gäste. Eine Liste der Häfen mit den entsprechenden Links findet sich unter www.yachtweb.de, Informationen zu den Bootsschleusen unter www.wasserwanderroute-mosel.de.

[>] Wein gehört zu den beliebtesten Mitbringseln von der Mosel

# Barrierefreies Reisen

Menschen mit Behinderung finden unter www.barrierefrei.gastlandschaften.de eine Datenbank, in der barrierefreie Hotels, Gaststätten und Sehenswürdigkeiten in Rheinland-Pfalz gelistet sind. Auch auf den Websites www.reisen-fuer-alle.de und www.rollstuhl-urlaub.de sind rollstuhlgerechte und behindertenfreundliche Unterkünfte an der Mosel zu finden.

# Einkaufen und Souvenirs

Als Mitbringsel aus der Moselregion steht an erster Stelle der Beliebtheitsskala natürlich der **Moselwein** (siehe dazu „Essen und Trinken“). Es gibt aber viele weitere kulinarische Köstlichkeiten, die aus den Trauben (oder anderen Früchten) hergestellt werden und sich als Souvenir eignen.

Zu vielen Weingütern gehören **Brennereien,** man findet sie überall entlang

124mo ct

der Mosel. Wer einen Abstecher in die Eifel machen möchte, findet in Kail die Edelbrennerei Hubertus Vallendar (s.S. 293). Destillateur *Vallendar* ist Gewinner des Preises „Distillery of the year 2016" in Gold. Sein **Haselnussgeist** oder der **Rote Weinbergpfirsichbrand** sind sehr gefragt. Wer es ausgefallen mag: Spargelgeist oder Bananenbrand gehören ebenfalls zum Sortiment.

Auch **Winzersekt** ist ein tolles Souvenir von der Mosel, zum Beispiel aus dem Leiwener Sektgut St. Laurentius (s.S. 133). Winzer *Klaus Herres* wurde 2016 zum Sekterzeuger des Jahres gekürt.

Ein wunderbares Souvenir ist auch **Verjus** (franz.: „grüner Saft"), ein aus unreifen Trauben gepresster und entsprechend säuerlicher Saft. Er wird in der Küche anstelle von Essig oder Zitrone eingesetzt. Verjus, auch *Geiztraubensaft* oder *Agrest* genannt, ist deutlich milder als Essig und entsprechend magenfreundlicher. Verjus ist nichts Neues. Schon im Mittelalter, als es noch keine Zitronen in Europa gab, benutzte man ihn als Würzmittel. Ab dem 17. Jh. geriet er jedoch zunehmend in Vergessenheit. Vor einiger Zeit wurde der Saft wegen seiner frischen, aromatischen Säure wiederentdeckt, er wird nun vor allem in der Gourmetküche eingesetzt. Für Winzer ist der Verjus ein ideales zusätzliches Produkt. Denn um die Qualität der Trauben zu steigern, werden im Sommer die Reben ausgedünnt und Trauben entfernt. Früher ließ man die überschüssigen Trauben auf dem Boden verrotten. Doch die unreifen Beeren können hervorragend zu Verjus verarbeitet werden, zumal die Nachfrage steigt. An der Mosel bekommt man Verjus unter anderem beim Weingut F.J. Regnery in Klüsserath (s.S. 129). Sternekoch *Harald Rüssel* schwört auf den Geiztraubensaft und setzt ihn regelmäßig in seinem Gourmetrestaurant Rüssels Landhaus St. Urban in Naurath ein (s.S. 121). Auch sein ebenfalls sternedekorierter Kollege *Alexander Oos* verwendet ihn in seinem Wein- und Tafelhaus in Trittenheim (s.S. 136).

Ein sehr wertvolles Öl und ein tolles Mitbringsel ist **Traubenkernöl.** Es ist hitzebeständig und hat antioxidative Eigenschaften. Kaltgepresstes Öl eignet sich sehr gut für Salate, raffiniertes Öl aus der Warmpressung aber auch zum Braten und Kochen. Es ist zuweilen ziemlich teuer, denn die kleinen Kerne sind nicht sehr ölhaltig und man braucht große Mengen, um es herzustellen. Die Kerne werden nach dem Pressen aus dem Trester, also den Rückständen, bestehend aus Stielen und Traubenschalen, herausgesiebt und getrocknet. Das kaltgepresste Traubenkernöl hat mehr wertvolle Inhaltsstoffe als das aus der Warmpressung und es schmeckt intensiver. Durch seine zellschützende Wirkung wird das Öl auch für Kosmetik oder Wellness-Massagen eingesetzt. Traubenkernöl erhält man an der Mosel unter anderem im Weingut Göbel-Schleyer-Erben in Ernst (s.S. 272), im Weingut Markus Dreis in Bremm (s.S. 254) und in den Wajos-Genussmanufakturen, deren Filialen man in diversen Moselorten findet.

Die Region hat noch viele weitere regionaltypische Mitbringsel zu bieten, Produkte aus **Rotem Weinbergpfirsich** zum Beispiel. Die Heimat des Weinbergpfirsichs liegt in China, über Vorderasien gelangte er nach Persien. Die Römer brachten ihn wie den Wein an die

Mosel. *Rud Peesch* nennen die Moselaner die kleine, pelzige Frucht und sie ist ausgesprochen vielseitig: Direktsaft, Likör, Edelbrand, Bowle, Punsch, Konfitüre, eingekochte halbe Weinbergpfirsiche, Essig, Balsamico, Aperitif-Essig oder Senf wird aus dem Pfirsich hergestellt oder mit seinem Fruchtfleisch verfeinert.

Wer mehr auf **Bier** als auf Wein steht, wird sicher in der Mannebacher Hausbrauerei bei Saarburg (s.S. 48) fündig. Braumeister *Hans-Günter Felten* braut nicht nur das bekannte naturtrübe Mannebacher, sondern auch ganz neue Biersorten und macht sogar Whiskey aus seinem Bier.

Die Ortsmitte von **Mettlach** an der Saar hat sich in den letzten Jahren zu einem **Outlet-Center** entwickelt. Neben Produkten von **Villeroy & Boch,** für die die Stadt schon lange bekannt ist, gibt rund um den Marktplatz und in den abzweigenden Gassen Läden von Bassetti, Silit, Laura Ashley, Birkenstock oder Vossen, in denen Schnäppchenjäger sicher fündig werden.

Eine alte Tradition ist der **verkaufsoffene Mantelsonntag** in Koblenz und Trier. Fachgeschäfte und Warenhäuser öffnen am Sonntag vor Allerheiligen von 13 bis 18 Uhr ihre Türen. Aus Eifel, Mosel und Hunsrück kommen Kunden in die Städte, um außerhalb der üblichen Öffnungszeiten zu shoppen und vielleicht schon erste Weihnachtsgeschenke einzukaufen. Der Ursprung liegt in früheren Zeiten, als die Bevölkerung vom Land in die Städte kam, um noch rechtzeitig einen neuen Mantel für den kommenden Winter zu kaufen.

126mo ct

Die Klassiker – auch an der Mosel isst man Zwiebelkuchen zum Federweißen

# Essen und Trinken

## Traditionelle Speisen

Moseltypische Gerichte sind **deftig** und oft mit **Riesling** verfeinert. Auf kaum einer Speisekarte der Landgasthöfe oder Straußwirtschaften fehlt das **Winzersteak,** in Weißwein mariniert und gegrillt oder gebraten. Aber die Küche des Mosellandes hat viel mehr zu bieten. Ein traditionelles Gericht ist **Gräwes.** Früher verbrachten die Männer ihre Mittagspause meist im Weinberg und ihre Frauen brachten das Essen zu ihnen. Dafür war Gräwes ideal, das deftige Wingertessen war gut warmzuhalten und leicht zu transportieren. Gräwes besteht aus Kasseler, Schweinerippchen oder Eis-

125mo kn

bein, Sauerkraut und gestampften Kartoffeln. Das Sauerkraut wird mit Riesling und Speck verfeinert. In Trier nennt man Sauerkraut mit Kartoffelpüree **Kappes Teerdisch.**

Ein beliebtes Gericht an der Mittelmosel ist das **Tresterfleisch.** Ursprünglich wurde es im Winter gekocht. Beim Schnapsbrennen hingen die Winzer einen Topf mit Fleisch in den Kessel. Während des Brennvorgangs garte das Fleisch in dem aufsteigenden Wasserdampf besonders sanft und nahm das Aroma des Tresters an. Heute wird das gewürfelte Fleisch stattdessen in einem Sud aus Trester und Riesling mariniert und dann mit Gemüse gekocht. Es gibt noch einige Gasthäuser mit eigener Destillerie, die das Tresterfleisch traditionell in der Brennblase garen.

**Dippelappes** oder **Debbekooche** (Topfkuchen) war ursprünglich ein Arme-Leute-Essen. Der deftige Auflauf wird aus Kartoffeln, Zwiebeln und Bauchspeck zubereitet, manchmal verfeinert mit Lauch und Mettwürsten. **Scholes** oder **Schales** wird wie der Dippelappes zubereitet, allerdings nicht im Ofen, sondern in der Pfanne auf dem Herd gegart.

In der Region Trier sind **Flieten** sehr beliebt, knusprig frittierte Hähnchenflügel. Als Beilage gibt es typischerweise Brot, oft aber auch Pommes. **Krumpernschnietscher** sind Reibekuchen, sie

Gräwes gibt es in verschiedenen Variationen

werden gern mit Apfelmus gegessen. Nur an Fastnacht gibt es **Mäuschen,** kleine, ungefüllte, in Zucker gewälzte Krapfen.

**Moselzander** in Rieslingsauce, gebratener **Moselfisch** *(gebroaden Muuselfisch)* und geräucherter **Moselaal** sind für das Moseltal typische Fischgerichte.

# Typische Getränke

## Wein

Moselwein genießt Weltruhm. Die sonnenverwöhnten Lagen an den steilen Hängen des Moseltals bringen erstklassige Weine hervor. Es wird vor allem **Weißwein** angebaut. Die häufigste Rebsorte ist mit 60 Prozent der **Riesling** (siehe dazu auch „Weinbau an der Mosel" im Kapitel „Land und Leute").

Um die hervorragenden Weine der Region kennenzulernen, gibt es viele Möglichkeiten. **Winzer** bieten ihre Erzeugnisse in ihren historischen Kellern, in Scheunen, modernen Vinotheken oder gemütlichen Weinstuben an. **Weinfeste** laden vom Frühjahr bis in den Herbst zum Probieren der guten Tropfen ein. Kulinarische **Weinbergsführungen** gehören zum Programm vieler Weinbaugemeinden, Winzer und Gastronomen. Dazu kommen immer ausgefallenere Angebote, die eine Weinprobe zum besonderen Erlebnis machen sollen, etwa die Tour mit einem alten VW-Bulli durch die Weinberge von Zeltingen-Rachtig (s.S. 189).

Beim Einstieg in die Welt des Weines sind die **Auszeichnungen der Verbände** eine Hilfe. Es gibt eine Vielzahl: Im *ECOVIN Bundesverband Ökologischer Weinbau* haben sich Biowinzer zusammengeschlossen. Es ist der größte Verband ökologisch arbeitender Weingüter. Der *Verein Deutscher Prädikatsweingüter (VDP)* ist ein 1910 gegründeter Zusammenschluss renommierter deutscher Weingüter, die sich zur Einhaltung hoher Qualitätskriterien verpflichten. Die Mitglieder werden nach strengen Maßstäben ausgewählt, das Gütesiegel ist ein Traubenadler auf der Flaschenkapsel.

### Die Qualitätsstufen beim Wein

Hinter den Bezeichnungen Kabinett, Spätlese, Auslese, Beerenauslese, Trockenbeerenauslese und Eiswein verbergen sich verschiedene Qualitätsstufen von Prädikatsweinen.

Die leichten **Kabinettweine** sind die erste Qualitätsstufe, sie haben das niedrigste Mostgewicht, also die geringste Dichte an Traubenmost. Als nächstes in der Qualitätspyramide folgt die **Spätlese,** für die hochreife Trauben verwendet werden. Bei der **Auslese** kommen ausgesuchte Trauben zum Einsatz. Die **Beerenauslese** und die **Trockenbeerenauslese** werden aus den bereits eingetrockneten, zusammengeschrumpften Tauben mit konzentrierter Fruchtsüße gewonnen. Diese Trauben sind bereits von der Edelfäule befallen. Sie entsteht durch den Pilz Botrytis, der den Trauben das Wasser entzieht. Für **Eiswein** werden gefrorene Weintrauben gepresst. Wenn das Wasser in der Beere gefroren ist, kann der Winzer hochkonzentrierten Traubenmost gewinnen und besonders süßen Wein keltern.

**Q.b.A.** (Qualitätswein bestimmter Anbaugebiete) bedeutet, dass die Reben zu 100 Prozent aus einem spezifischen Anbaugebiet stammen.

Die Landwirtschaftskammer Rheinland-Pfalz vergibt goldene, silberne und bronzene Kammerpreismünzen für qualitativ herausragender Qualitätsweine, die von einer Jury ausgewählt werden. Auch das kann ein guter Anhaltspunkt sein. Außerdem gibt es den Wettbewerb „Der beste Schoppen", an dem Winzer und Gastronomiebetreibe teilnehmen können. Jedes Jahr werden die besten Moselweine im offenen Ausschank gekürt. Die Sieger bekommen ein Siegel, mit dem sie die ausgezeichneten Schoppenweine auf ihrer Weinkarte hervorheben können. Die Plakette „Haus der Besten Schoppen" kennzeichnet Gastronomiebetriebe, die die Anforderungen mindestens drei Jahre lang erfüllen konnten.

## Federweißer

Federweißer ist frisch gepresster **Traubenmost,** dessen alkoholische Gärung gerade erst begonnen hat. Es gibt ihn nur während der Traubenlese, also im Spätsommer oder Herbst. Seinen Namen verdankt er den federweißen Schwebstoffen im ungefilterten Most. Der Alkoholgehalt variiert, er kann zwischen vier und elf Prozent liegen, je nachdem, wie weit die Gärung vorangeschritten ist. Zum süßen und fruchtigen Federweißen isst man traditionell deftigen Zwiebelkuchen.

## Viez

Viez ist ein leicht säuerlicher, manchmal auch sehr herber **Apfelwein** (siehe Exkurs S. 52). Süßen Viez gibt es wie Federweißen nur im Herbst, wenn der Most gekeltert wird und langsam zu gären beginnt. Je nach Reifestufe variiert auch hierbei der Alkoholgehalt.

## Spirituosen

**Trester** ist ein Weinbrand aus Traubenschalen, -stengeln und -kernen, also aus den Pressrückständen, die beim Keltern von Wein übrig bleiben. Er entspricht dem italienischen Grappa und dem französischen Marc. Viele Weingüter haben eine eigene Brennerei und stellen neben Trester **Obstbrände** und **Liköre** her.

Eine regionale Spezialität ist der **Weinbergspfirsichlikör,** der vor allem an der Terrassenmosel angeboten wird. **Winzersekt** mit einem Schuss des fruchtigen Likörs wird zum spritzigen **Kir Moselle.**

Der Weidenkranz – Symbol für Straußwirtschaften

127mo kn

## Gastronomie

Im Moseltal findet man eine Fülle an Restaurants, vom Schnellimbiss über solche mit Hausmannskost bis hin zur Haute Cuisine. Restaurants und Landgasthäuser mit **gutbürgerlicher Küche** gibt es überall entlang der Mosel. Sie besinnen sich immer häufiger auf traditionelle Rezepte aus saisonalen Produkten. Sterneköche, die ihre Gäste mit raffinierter **Gourmetküche** verwöhnen, findet man ebenfalls. An der Obermosel macht sich besonders die Nähe zur französischen Küche bemerkbar. In größeren Städten und den Tourismushochburgen ist das Preisniveau der Restaurants etwas höher. Umgekehrt gibt es gehobene Gourmetrestaurants auch in kleineren Orten wie Nennig, Naurath (Wald) oder Trittenheim.

**Mein Tipp:** Einige rheinland-pfälzische Landgasthäuser, die ein besonderes Augenmerk auf **regionale Küche** legen, haben sich in der gastronomischen Kooperation **Tafelrunde** zusammengeschlossen. Die Mitgliedsbetriebe legen großen Wert auf Qualität, Frische, Gastlichkeit und schönes Ambiente (www.tafelrunde-landrestaurants.de).

Die **Regionalinitiative Mosel** zeichnet Produkte, aber auch Betriebe und Einrichtungen aus den Bereichen Wein, Kultur und Tourismus mit einem Qualitätssiegel aus. Die Mitglieder müssen sich regelmäßig einer Überprüfung ihrer Standards stellen. Zu erkennen sind sie an dem Logo mit goldener Krone und dem Schriftzug „MOSEL WeinKulturLand". Mehr Informationen gibt es unter www.moselweinkulturland.de.

### Straußwirtschaften

Wie auch in anderen Weinbaugebieten Deutschlands betreiben viele Winzer in der Moselregion Straußwirtschaften auf ihren **Weingütern.** Die Winzer dürfen für eine bestimmte Zeit im Jahr ihren **hauseigenen Wein** ausschenken. Zu erkennen sind die Straußwirtschaften an einem bunten Strauß, der an der Tür hängt. Ebenfalls üblich ist ein mit bunten Bändern geschmückter Reisigbesen oder ein **geschmückter Weidenkranz.** Die meisten Winzer bieten neben ihren selbst erzeugten Weinen auch passende regionale **Spezialitäten aus der Winzerküche** an. Die Gäste werden in den Innenhöfen der Weingüter, in alten Fassweinkellern oder Kelterhäusern bewirtschaftet.

Straußwirtschaften haben eine lange **Tradition.** Dass es sie gibt, ist Kaiser *Karl dem Großen* zu verdanken. Damals durften die Weinbauern ihren Wein nicht direkt ausschenken. *Karl der Große* änderte diese Regelung und erteilte ihnen stattdessen eine auf 16 Wochen im Jahr begrenzte Ausschankerlaubnis. Diese Regel gilt auch heute noch.

**Mein Tipp:** Weingüter präsentieren ihre edlen Tropfen und passende Winzerküche regelmäßig an den **Tagen der offenen Weinkeller** (Termine unter www.mosellandtouristik.de).

### Vegetarisch und vegan essen

Vegetarier müssen im Moseltal nicht darben. Sie werden zwar eher in den Städten fündig, doch auch außerhalb folgt das gastronomische Angebot der gestiegenen Nachfrage und die Speise-

**Preiskategorien Gastronomie**

Die Restaurants sind in folgende Preiskategorien unterteilt, wobei der Preis für ein **Hauptgericht/Menü** gilt. Bei Hotelrestaurants wird die Kategorie des Restaurants nur angegeben, wenn sie von der des Hotels abweicht.

① bis 10 € / bis 15 €
② 10–15 € / bis 20 €
③ 15–20 € / bis 25 €
④ 20–30 € / bis 30 €
⑤ Luxusklasse

karten der Gaststätten bieten immer öfter auch fleischlose Alternativen an. Für Veganer ist es wie in anderen Urlaubsregionen etwas schwieriger, aber auch hier steigt das Angebot. Eine rein vegane Küche bietet zum Beispiel das Hotel Nicolay 1881 in Zeltingen-Rachtig (s.S. 189). Es ist nicht nur eines der wenigen veganen Restaurants an der Mosel, es bietet außerdem veganes Fastfood zum Mitnehmen und einen veganen Brunch an (sonntags).

▷ In den Moselorten sind die Wege oft steil – hier Pünderich

# Fahrradfahren

Das Moseltal ist zum Radfahren besonders geeignet. Nicht nur der beliebte Moselradweg lockt viele Fahrradfahrer. Auch in den idyllischen Seitentälern gibt es gut ausgeschilderte Radwege, die mit wenigen Steigungen entlang von Bächen oder kleinen Flüssen verlaufen.

Viele Tourist-Informationen, Hotels und Fahrradgeschäfte **verleihen** mittlerweile nicht nur Fahrräder, sondern auch **E-Bikes.** Die Zahl der Ladestationen nimmt stetig zu.

Angesichts des immer dichteren Wegenetzes lässt sich eine stetig wachsende Zahl der Gastgeber vom ADFC (Allgemeinen Deutschen Fahrradclub) zertifizieren. Die besonders **radlerfreundlichen Unterkünfte** und Gastronomiebetriebe sind im Katalog Bett & Bike gelistet (siehe „Unterkunft“).

Sportlich Ambitionierte wählen Touren, die auf die **Höhen des Hunsrücks oder der Eifel** führen. In der Region „Römische Weinstraße“ gibt es ein mehr als 200 Kilometer langes **Mountainbike-Streckennetz.** Fünf Rundtouren mit einer Länge zwischen 28 und 76 Kilometern wurden ausgeschildert, die zu bewältigenden Höhenmeter liegen zwischen 718 und 2119 Metern. Eine Übersichtskarte und weitere Informationen bekommt man in der Tourist-Information Römische Weinstraße in Schweich.

Der **Mountainbike-Trailpark-Mehring** (s.S. 122) bietet Abfahrten in verschiedenen Schwierigkeitsstufen. Hier haben sowohl Tourenbiker als auch Freerider ihren Spaß. Für Anfänger gibt es einen Übungsparcours.

## Raderlebnistag

Am dritten Sonntag im Mai wird **Saar-Pedal** veranstaltet, ein autofreier Erlebnistag entlang der Saar zwischen Konz und Merzig auf einer insgesamt 40 Kilometer langen Route (www.saarpedal.de).

## Fahrradbusse

Mit dem **RegioRadler** stehen Radlern verschiedene Fahrradbuslinien in Rheinland-Pfalz zur Verfügung, die die Rückfahrt einer Radtour per Bus ermöglichen. Die Busse halten an ausgewähl-

130mo kn

ten Haltestellen und fahren hauptsächlich am Wochenende von Mai bis Oktober. Tourenvorschläge und Fahrpläne gibt es auf **www.regio-radler.de** zum Download. Ein Erwachsenenfahrrad kostet 3 €, ein Kinderrad 2 €, dazu kommen die Einzelfahrscheine. Platzreservierungen werden empfohlen und sind bis vier Stunden vor Abfahrt möglich.

- **RegioRadler Moseltal:** Trier – Leiwen – Bernkastel-Kues – Bullay
- **RegioRadler Ruwer-Hochwald:** Trier – Ruwer – Hermeskeil – Türkismühle
- **RegioRadler Sauertal:** Trier – Irrel – Echternach – Bollendorf
- **RegioRadler Maare-Mosel:** Daun – Bernkastel-Kues
- **RegioRadler Vulkaneifel:** Cochem – Daun – Gerolstein
- **RegioRadler BurgenBus:** Treis-Karden – Burg Pyrmont – Burg Eltz – Hatzenport
- **RegioRadler Untermosel:** Treis-Karden – Brodenbach – Emmelshausen

# Ausgewählte Radwege

## Moselradweg

Der Moselradweg ist einer der **beliebtesten Fernradwegen Deutschlands.** Laut Allgemeinem Deutschen Fahrradclub gehört er sogar zu den Top Ten der meistbefahrenen Radwege. Der 275 Kilometer lange Moselradweg startet im französischen Thionville und endet am Deutschen Eck in Koblenz. Er führt großteils über ebene und ufernahe Strecken, ist also auch für Familien mit kleineren Kindern und Senioren geeignet. Ein weiterer großer Vorteil sind die zahlreichen **Einkehr- und Übernachtungsmöglichkeiten** sowie die Fahrradläden und Verleihstationen entlang der Route. Toll ist auch eine Kombination aus Radtour und Schifffahrt. Man fährt auf dem Moselradweg zu einem Ziel seiner Wahl und entspannt sich bei einer gemütlichen **Rückfahrt mit dem Schiff.** Für den Rückweg können die Räder auch in der **Bahn** und in **Fahrradbussen** transportiert werden (siehe oben).

## Veloroute SaarLorLux

Die Route führt durch das Dreiländereck Deutschland-Frankreich-Luxemburg, überwiegend auf Nebenstraßen und ausgebauten Radwegen entlang der Flusstäler von **Saar, Mosel und Sauer.** An der insgesamt rund 480 Kilometer langen Strecke liegen die Städte Saarbrücken, Metz, Luxemburg und Trier (www.saar-obermosel.de).

## Sauertal-Radweg

Die 60 Kilometer lange Tour auf einer **ehemaligen Bahntrasse** führt von Ettelbrück (Luxemburg) zur Sauermündung bei Wasserbilligerbrück/Wasserbillig. Größtenteils kann man auf beiden Seiten des Flusses fahren, ein Seitenwechsel ist durch die zahlreichen Brücken möglich. Der Radweg ist an den Radlerbus RegioRadler Sauertal angeschlossen.

## Saar-Radweg

Die 111 Kilometer lange, fast steigungsfreie Route entlang dem Saarufer verbindet Sarreguemines (Saargemünd) in

Frankreich mit Konz an der Mündung der Saar in die Mosel. Höhepunkte entlang der Strecke sind die Städte Saarbrücken und Saarlouis, die UNESCO-Welterbestätte Völklinger Hütte, die Saarschleife bei Mettlach und die idyllische Altstadt von Saarburg. In den Zügen der Bahnstrecke Trier – Konz – Saarbrücken ist eine Radmitnahme möglich.

### Kyll-Radweg

Der 130 Kilometer lange Kyll-Radweg verläuft zwischen Dahlem und Trier entlang der Kyll durch eine idyllische Tallandschaft der **Eifel.** Die relativ ebene Strecke ist auch für Ungeübte geeignet. Lediglich bei Kyllburg-Erdorf sind 110 Höhenmeter zu überwinden. Diesen Teilabschnitt kann man aber auch mit der Bahn überbrücken.

### Ruwer-Hochwald-Radweg

Der rund 50 Kilometer lange Radweg verläuft auf der alten **Trasse der Hochwaldbahn** zwischen Hermeskeil im **Hunsrück** und Trier-Ruwer an der Mosel. Die Strecke passiert große Waldgebiete, idyllische Auen und pittoreske Weindörfer. Da es stetig sanft bergab geht, ist der Radweg auch für weniger Sportliche geeignet. Auch dieser Radweg ist an den Radlerbus angeschlossen. Detaillierte Informationen über den Ruwer-Hochwald-Radweg gibt es unter www.ruwer-hochwald-radweg.de.

### Maare-Mosel-Radweg

Der knapp 60 Kilometer lange Maare-Mosel-Radweg zwischen Daun in der Eifel und Bernkastel-Kues gehört zu den **schönsten Bahntrassenradwegen in Deutschland.** Er ist besonders für Radtouren mit **Kindern** geeignet, da er größtenteils verkehrsfrei ist, durch mehrere Tunnel führt und überwiegend sanft bergab verläuft. Der elf Kilometer lange Teilabschnitt zwischen Daun und Gillenfeld ist sogar speziell für Kinder konzipiert. Kindgerechte Tafeln informieren über Wissens- und Sehenswertes entlang der Strecke. In der Tourist-Information Daun sind eine Broschüre für Kinder und ein Flyer für Eltern erhältlich.

MEIN TIPP: Das **Vulkanhaus in Strohn** ist ein kleines, aber sehr interessantes Museum und auf jeden Fall einen Abstecher wert. Mehr Informationen unter www.maare-moselradweg.de.

### Radweg Wittlicher Senke

Der 30 Kilometer lange, durchgehend asphaltierte Radweg zwischen Schweich an der Mosel und Wittlich führt durch die Felder und Wälder der Wittlicher Senke und verbindet den Maare-Mosel-Radweg mit dem Mosel-Radweg.

### Salm-Radweg

Der 17 Kilometer lange Salm-Radweg ist eine weitere Verbindung zwischen dem Maare-Mosel-Radweg und dem Mosel-Radweg. Er führt durch ebenes Gebiet von Dreis nach Klüsserath und lässt sich gut mit dem Radweg Wittlicher Senke kombinieren.

### Hunsrück-Mosel-Radweg

Der 58 Kilometer lange Hunsrück-Mosel-Radweg führt von Büchenbeuren über Kastellaun durch das Lützbachtal bis nach Treis-Karden an der Mosel. In der Gegenrichtung kann der steile Anstieg zwischen der Mosel und den Hunsrückhöhen mit dem RegioRadler-Bus Untermosel zurückgelegt werden.

### Schinderhannes-Untermosel-Radweg

Die 22 Kilometer lange, verkehrsarme Route verbindet Emmelshausen auf der Hunsrückhöhe mit dem Moseltal bei Burgen. Sie führt über asphaltierte Rad-, Wirtschafts- und Forstwege steil hinab und bietet unterwegs schöne Ausblicke. Der Radweg ist an den Radlerbus Untermosel angeschlossen.

[>] Die neue „Weinbergpfirsich-Fee" tritt ihr Amt an

# Feste und Veranstaltungen

Eine Übersicht aller Wein-, Straßen- und Volksfeste, Musikfestivals, Sportveranstaltungen, Burgfeste, Weihnachts- oder Bauernmärkte stellt die Mosellandtouristik in einer Broschüre zusammen. Sie ist in den örtlichen Touristinformationen erhältlich oder kann bei der Mosellandtouristik bestellt werden. Auf deren Website sind die Veranstaltungen ebenfalls abrufbar. (Zu traditionellen Festen, etwa **Weinfesten,** siehe den entsprechenenden Abschnitt im Kapitel „Land und Leute".)

- **Mosellandtouristik,** Kordelweg 1, 54470 Bernkastel-Kues, Tel. (06531) 97330, Mo–Fr 9–17 Uhr, www.mosellandtouristik.de.

### „Mythos Mosel – Eine Rieslingreise"

Dutzende Winzer öffnen Mitte Juni zwei Tage lang ihre Keller für eine **Jahrgangsverkostung.** Weitere Winzer sind zu Gast in diesen Weingütern und präsentieren gemeinsam ihre Weine. An welchem Abschnitt der Mosel die Verkostungen stattfinden, wird jedes Jahr neu festgelegt. Das **Groß-Event** mit Live-Musik und Speisen regionaler Köche, die prima zum Wein passen, wird von der Jungwinzervereinigung Moseljünger organisiert. Man bezahlt einmal Eintritt und kann an allen Stationen Weine probieren. Zwischen den Stationen gibt es einen Bus-Shuttle. Tages- oder Zweita-

131mo kn

geskarten sind in den teilnehmenden Weingütern oder online erhältlich (www.mythos-mosel.de).

### Weinforum Mosel

Die von der Landwirtschaftskammer und dem Moselwein e.V. veranstaltete, dreitägige **Weinpräsentation** findet im Januar in den römischen Thermen am Viehmarkt in **Trier** statt (www.weinforum-trier.de).

### Mosel Musikfestival

Musikliebhaber schätzen das Moselmusikfestival, das es bereits seit 30 Jahren gibt und inzwischen jährlich mehr als 20.000 Besucher anzieht. Es ist das größte internationale **Klassikfestival** in Rheinland-Pfalz. Von Juli bis Dezember bietet es viele Konzerte in Trier und entlang der Mosel bis Koblenz (www.moselmusikfestival.de).

### Kultursommer Rheinland-Pfalz

Der Kultursommer Rheinland-Pfalz findet jedes Jahr vom 1. Mai bis zum 3. Oktober statt und vereint weit über 200 Projekte der verschiedenen Kultur-Sparten (www.kultursommer.de).

### Internationale Orgelfestwochen Rheinland-Pfalz

Die Orgelfestwochen finden seit 25 Jahren statt und sind Teil des Kultursommers Rheinland-Pfalz. Konzerte an der Mosel gibt es zum Beispiel in Konz, Trier und Koblenz (www.kultursommer.de/orgel).

### MoselBallonFiesta

An jedem dritten Wochenende im August (Fr und Sa) findet ein großes **Heißluftballontreffen in Trier-Föhren** statt. Organisiert wird es vom Industriepark Region-Trier und „Schroeder fire balloons“ aus Schweich, der einzigen Firma in Deutschland, die Heißluftballons anfertigt. Zum Unterhaltungsprogramm gehören Wettfahrten, Live-Musik und Spielangebote für Kinder. Besonderer Höhepunkt ist das **nächtliche Glühen der Ballons** im Takt der Musik (www.moselballonfiesta.de).

### Laufsport-Events

Rund 2000 Teilnehmer kommen jedes Jahr im Juni zum **Ironman Luxemburg 70.3** nach Remich. Der Triathlon ist einer der sportlichen Höhepunkte der Region. Die Triathleten absolvieren eine 1,9-km-Schwimmstrecke durch die Mosel, eine 90-km-Fahrradstrecke durch die Weinberge und eine 21,1-km-Laufstrecke entlang des Flussufers.

Der **Internationale Trierer Stadtlauf** lockt Läufer am letzten Juniwochenende während des Altstadtfestes auf die Route durch die Innenstadt (www.triererstadtlauf.de).

Am Pfingstsamstag geht in Kröv der **Internationale Mitternachtslauf** über die Bühne. Mehr als 1000 Läufer gehen an den Start, nach der Siegerehrung gibt es ein Feuerwerk (www.mitternachtslauf-kroev.de).

Der **Mittelmosel Triathlon** findet jedes Jahr am vorletzten Wochenende im Juni in Zell statt. Es stehen eine Jedermann-Distanz (0,7-20-5,2 km) und das Hauptrennen über die Olympische Distanz (2-40-10,4 km) zur Auswahl (www.mittelmosel-triathlon.de).

Zum **Trierer Silvesterlauf** kommen rund 2000 Läufer, Tausende Zuschauer säumen die Strecke und sorgen mit Sambatrommeln, Trillerpfeifen und Konfetti für Stimmung.

# Informationen

## Überregionale Touristinformationen

- **Mosellandtouristik,** Kordelweg 1, 54470 Bernkastel-Kues, Tel. (06531) 97330, www.mosellandtouristik.de.
- **Saar-Obermosel-Touristik e.V.,** Tourist-Information Konz, 54329 Konz, Saarstr. 1, Tel. (06501) 6018040, oder Tourist-Information Saarburg, Am Markt 29, 54439 Saarburg, www.saar-obermosel.de.
- **Office Régional du Tourisme Région Moselle Luxembourgeoise,** 115, route du vin, L-5416 Ehnen, Tel. (00352) 26747874, www.visitmoselle.lu.
- **Deutsch-Luxemburgische Tourist-Information,** Moselstr. 1, 54308 Langsur-Wasserbilligerbrück, Tel. (06501) 602666, www.lux-trier.info.
- **Tourist-Information Römische Weinstraße,** Brückenstr. 46. 54338 Schweich, Tel. (06502) 93380, www.roemische-weinstrasse.de.
- **Tourist-Information Mittelmosel-Kondelwald,** Robert-Schuman-Str. 65, 54536 Kröv, Tel. (06541) 706111, www.mittelmosel-kondelwald.de.
- **Moseleifel Touristik e.V.,** Marktplatz 5, 54516 Wittlich, Tel. (06571) 4086, www.moseleifel.de.
- **Tourist-Information Ferienland Cochem,** Endertplatz 1, 56812 Cochem, Tel. (02671) 60040, www.ferienland-cochem.de.

■ **Tourist-Information Sonnige Untermosel,** Moselstr. 7, 56332 Alken, Tel. (02605) 8472736, www.sonnige-untermosel.de.

## Internet

Es gibt zahlreiche Internetadressen, die Informationen über das Moselland, einzelne Orte, Städte, Regionen oder bestimmte Reisethemen bieten. Hier eine Auswahl:

■ **www.mosellandtouristik.de:** die wichtigste Informationsquelle für die Moselregion allgemein mit Hinweisen zu Veranstaltungen, Sehenswertem, Unterkünften, Radfahren und Wandern, Wein, Kulinarik und Reiseangeboten.

■ **www.moseltourenplaner.de:** Das Internetportal listet auf einer interaktiven Karte Rad- und Wanderwege in der Moselregion auf und hilft bei der individuellen Planung von Touren. Die Karten lassen sich abspeichern oder ausdrucken und enthalten zusätzliche Informationen zu Tourenverläufen, Höhenprofile, Schwierigkeitsgrade, An- und Abreise und GPS-Tracks.

■ **www.moselsteig.de:** Offizielle Seite des 365 Kilometer langen Fernwanderweges Moselsteig mit Informationen zu den 24 Etappen, den zertifizierten Rundwegen (Seitensprünge und Traumpfade) am Rande des Steigs, Unterkünften, Arrangements und Veranstaltungen.

■ **www.wanderwunder.info:** Website der Rheinland-Pfalz Tourismus GmbH speziell zum Thema Wandern. Tourenvorschläge, Arrangements, Veranstaltungskalender bis hin zu einer praktischen Touren-App geben Wanderern Orientierung.

■ **www.traumpfade.info:** Die Website enthält Informationen zu den sogenannten Traumpfaden. Das sind Rundwanderwege, die vom Deutschen Wanderinstitut zertifiziert wurden und besonderes Wandervergnügen versprechen.

■ **www.strasse-der-roemer.eu:** Die „Straßen der Römer" verlaufen als virtuelles Römerstraßennetzwerk durch die Regionen Hunsrück, Eifel und Mosel sowie durch das Saarland und Luxemburg. Auf der Website werden rund 100 römische Sehenswürdigkeiten präsentiert, dazu Tourenvorschläge zum Wandern auf Themenrouten und Premiumpfaden, Radwege, Veranstaltungstermine und mehr.

■ **www.roemische-weinstraße.de:** Die Website zu dem „Römische Weinstraße" genannten Urlaubsgebiet entlang der Mittelmosel zwischen Schweich und Trittenheim bietet Informationen über die Region, Unterkünfte, Veranstaltungen, interaktive Karten und die Möglichkeit, Prospekte zu bestellen.

■ **www.calmont-region.de:** Die Internetseite bietet Informatives, Freizeittipps und Veranstaltungshinweise zum Calmont, Europas steilstem Weinberg, und den Orten Bremm, Neef und Ediger-Eller.

## Zeitungen

Im Moseltal werden vor allem zwei Tageszeitungen gelesen: Der „Trierische Volksfreund" bringt unter anderem Regionalausgaben für Trier und das Trierer Land, Konz, Saarburg und Wittlich heraus. Von Zell bis Koblenz ist die „Rhein-Zeitung" die führende Tageszeitung.

## Radio

In Rheinland-Pfalz gibt es den öffentlich-rechtlichen **Südwestrundfunk (SWR).** SWR1 spielt Hits aus den letzten 50 Jahren, SWR2 bringt Kultur und SWR3 richtet sich an jüngere Hörer. Daneben gibt es Privatsender wie RPR1 und RPR2, Rocklandradio oder bigFM.

# Mit Kindern unterwegs

Für Kinder wird der Urlaub an der Mosel garantiert nicht langweilig. Es gibt viele spannende Angebote für den Nachwuchs. Von der Römischen Villa Borg (s.S. 20), einem archäologischen Freilichtmuseum, bis zum Schmetterlingsgarten im luxemburgischen Grevenmacher (s.S. 32) gibt es an der Obermosel viel zu entdecken. Trier hat speziell für Kinder konzipierte Erlebnisführungen im Angebot (s.S. 100). An der Mittelmosel locken Burgen, Ruinen und der Kletterwald Mont Royal (s.S. 214).

Auch an der Terrassenmosel gibt es Burgen zu entdecken, allen voran die Ehrenburg (s.S. 319), die an den Familiensonntagen das Programm „Lebendige Burg“ veranstaltet: mit Bogen- und Katapultschießen, Töpfern, Schmieden, Weben, Musik und Tanz. Die märchenhafte Burg Eltz (s.S. 302) und die prunkvolle Burg Stolzenfels (s.S. 355) sind auch für Kinder ein Erlebnis. Zum Wild- und Freizeitpark Klotten (s.S. 291) fährt man am besten per Sesselbahn hinauf.

In Koblenz wartet eine Reihe toller Spielplätze (s.S. 360) auf den Nachwuchs. Besonders schön sind der Wasserspielplatz am Deutschen Eck, der Kletterspielplatz Werk Bleidenberg auf der Festung Ehrenbreitstein oder der Skaterplatz für Skateboards und BMX-Bikes am Kurfürstlichen Schloss. Ein Erlebnis für die ganze Familie ist eine Fahrt mit der Seilbahn zur Festung Ehrenbreitstein (s.S. 353). Das Landesmuseum auf der Festung hat museumspädagogische Angebote speziell für Kinder.

166hu kn

# Klima und Reisezeit

Die beste Reisezeit ist **zwischen Ostern und Oktober.** Das Moselland liegt geschützt im Tal, das Klima ist mild, vor allem in den Weinbergen, wo der Schiefer die Wärme speichert. Doch die Saison ist recht kurz. Von November bis Ostern liegt das Moselland im Winterschlaf. Viele Sehenswürdigkeiten und die meisten Museen sind geschlossen und die Auto- und Personenfähren haben ihren Fährdienst eingeschränkt oder den Betrieb ganz eingestellt. Restaurants machen Betriebsferien und die Straußwirtschaften dürfen ohnehin nur vier Monate im Jahr öffnen. Für die Städte Trier und Koblenz gilt diese Einschränkung jedoch nicht, hier ist das ganze Jahr über Saison.

Die ideale Reisezeit ist August bis Oktober. Wenn sich im **Herbst** die Weinberge golden färben und der Geruch frisch gepresster Trauben und bald darauf der des vergärenden Mosts aus den Weinkellern und durch die Gassen zieht, ist für viele die schönste Zeit, an die Mosel zu reisen. **Weinfeste** gibt es das ganze Jahr über, doch wenn die Weinlese beginnt, laden besonders viele Orte dazu ein, sich in den Festtrubel zu stürzen. In den Gaststuben wird der erste Federweiße mit Zwiebelkuchen serviert. Vor allem während der Weinlese muss man seine **Unterkunft rechtzeitig buchen.**

◁ Der Wasserspielplatz am Deutschen Eck in Koblenz

Die **Weihnachtsmärkte** in Bernkastel-Kues, auf der Reichsburg in Cochem oder in den Weinkellern von Traben-Trarbach sind im Dezember auf jeden Fall einen Ausflug wert.

# Notrufnummern

- **Allgemeiner Notruf / Feuerwehr:** 112
- **Polizeinotruf:** 110
- **Ärztlicher Bereitschaftsdienst** (nachts, an Wochenenden und Feiertagen): 116 117 (kostenfreie Telefonnummer, ohne Vorwahl)
- **ADAC-Pannendienst:** 0180 222222
- **Deutscher Sperrnotruf:** 116 116

# Sport und Erholung

Zum „Wandern“ und „Fahrradfahren“ siehe jeweils eigene Stichpunkte.

## Angeln

Die Mosel hat einen reichen Fischbestand. Die vorkommenden Fischarten sind Aal, Barsch, Hecht, Barbe, Brachse, Plötze, Karpfen, Schleie und Zander. Angelscheine bekommt man mit gültigem Bundesfischereischein bei den Touristinformationen oder in Fachgeschäften. Einige Anlaufstellen:

- **Moselabschnitt im Dreiländereck:** Gemeindeverwaltung Perl, Tel. (06867) 660.

- **Moselabschnitt Obermosel:** Angelecke Wasserliesch, Tel. (06501) 607249.
- **Sauer:** Ferienregion Trier-Land e.V., Langsur-Wasserbilligerbrück, Tel. (06501) 602666.
- **Saar:** Verbandsgemeindeverwaltung Saarburg, Tel. (06581) 81300.
- **Moselabschnitt zwischen Trier und Detzem:** Angel-Shop Ruwer, Tel. (0651) 57376.
- **Moselabschnitt zwischen Staustufe Zeltingen und Wintrich:** Mosel-Gäste-Zentrum Bernkastel-Kues, Tel. (06531) 500190.
- **Moselabschnitt Kövenig, Traben-Trarbach und Burg:** Fischermeister Harry Schneider, Tel. (06541) 1529.
- **Moselabschnitt zwischen Schleuse Müden und Schleuse Fankel:** Aalräucherei Barden an der Schleuse Müden, Tel. (02672) 7137.
- **Moselabschnitt zwischen Schleuse Fankel und Schleuse Sankt Aldegund:** Angelfachgeschäft Peierl in Ediger-Eller, Tel. (02675) 231.
- **Untermosel:** Tourist-Info Sonnige Untermosel in Alken, Tel. (02605) 8472736.

## Ballonfahrten

Ballonfahrten sind am **Flugplatz Trier-Föhren** möglich (www.flugplatz-trier.de). Ein besonderes Event ist dort die **MoselBallonFiesta** am dritten Wochenende im August (s.o.: „Feste und Veranstaltungen").

- **Rhein-Mosel-Ballonfahrten,** Am Kendel 31, 56642 Kruft, Tel. (0261) 9724880, www.rhein-mosel-ballonfahrten.de, startet auf dem Flugplatz Koblenz-Winningen.
- Ballonfahrten auf Anfrage auch vom **Campingplatz KNAUS** in Burgen, Tel. (0671) 89000, www.knauscamp.de.

> Bootsverleih in Ernst

## Gleitschirmfliegen

Das Moseltal bietet gute thermische Voraussetzungen für Gleitschirmflieger. Es gibt eine ganze Reihe Startplätze. Zu den attraktivsten, aber auch anspruchsvollsten gehört der **Bremmer Calmont,** Deutschlands steilster Weinberg. Weitere Startplätze gibt es in Klüsserath, Zeltingen-Rachtig und Burgen.

Die **Moselfalken,** ein Verein für Gleitschirm- und Drachenflieger in der Moselregion, unterhalten acht verschiedene Gelände. Da die Zahl der Gleitschirmflieger in den letzten Jahren stark angestiegen ist, hat der Verein eine Gästeflugregelung eingeführt. Außerdem sollten sich Gastflieger auf der Homepage der Moselfalken vorab registrieren: www.moselfalken.de.

Ende August treffen sich Gleitschirmflieger aus dem Mittelrheingebiet und dem Kölner Raum beim **Fliegerfest in Lasserg.** Dutzende Piloten starten am Aussichtspunkt am Lasserger Küppchen und landen auf dem gegenüberliegenden Moselufer bei **Burgen.** Veranstalter des Festes sind die Drachen- und Gleitschirmfliegerfreunde Rhein-Mosel-Lahn (www.thermik4u.de).

## Golf

- **Golfplatz Ensch-Birkenheck,** Golf Club Trier e.V., 54340 Ensch-Birkenheck, Tel. (06507) 993255, www.golf-club-trier.de. Die 18-Loch-Anlage des Golf-Clubs Trier steht auch für Gastspieler offen. Das leicht hügelige Gelände ist umgeben von Wäldern und Weinbergen.
- **Golfplatz im Roompot Golfresort Cochem,** Golfclub Cochem/Mosel, Am Kellerborn 2, 56814 Ediger-Eller, Tel. (02675) 911511, www.golfco

chem.eu, nach telef. Anmeldung, Erw. 17,50 €, Jugendl. 50 %. Zur Anlage gehören ein 9- und ein 18-Loch-Platz, Wasserflächen, Bunkeranlagen und eine Driving Range mit 60 Abschlagplätzen.

## Kanu und Stand up Paddling

Die Mosel und ihre beiden Nebenflüsse Saar und Sauer kann man wunderbar mit dem Kanu erkunden. **Kanuvermietungen** gibt es viele, sie sind unter www.wasserwanderroute-mosel.de aufgelistet. Hier findet man auch alle Ein- und Ausstiegsstellen, die für **Bootswanderer** angelegt wurden. Die Steganlagen helfen, die oft geschützten Uferbereiche zu schonen, denn dort befinden sich häufig Laich- und Brutzonen.

Mit dem Surfbrett auf dem Fluss paddeln ist ein neuer Trend, der ursprünglich in ähnlicher Weise von polynesischen Fischern betrieben wurde. In den Sommermonaten sieht man immer häufiger **Stehpaddler** gemächlich über die Mosel gleiten. Boards für das Stand up Paddling (SUP) und Anfängerkurse gibt es unter anderem in Schoden an der Saar, Trier, Ernst, Winningen und Koblenz (siehe jeweilige Ortsbeschreibungen). Im Juni, wenn die Schleusen gewartet werden, ruht die Schifffahrt für eine Woche – der ideale Zeitpunkt für Kanuten und Stehpaddler, einen Ausflug an die Mosel einzuplanen.

## Segway-Touren

Anbieter von Segwaytouren finden sich in Trier, Klotten, Riol, Longuich, Erden und Koblenz (siehe jeweilige Ortsbeschreibungen).

132mo ct

# Unterkunft

## Hotels und Pensionen

Da das Moseltal touristisch sehr gut erschlossen ist, gibt es zahlreiche Übernachtungsmöglichkeiten. In den größeren Orten findet man auf jeden Fall Hotels, in ländlicheren Gebieten stattdessen viele Gästezimmer. In Hotels und Pensionen sind Zimmer für Kurzurlauber meist etwas teurer. Wer nur für eine Nacht bucht, muss mit einem Aufpreis rechnen. Die Preise sind oft gestaffelt und sinken mit der Anzahl der Nächte. Man sollte Unterkünfte **vorab reservieren,** vor allem im **Herbst,** während der Weinlese und der vielen Weinfeste. In dieser Zeit sind die Preise oftmals höher als außerhalb der Saison.

Speziell auf die Bedürfnisse von Radfahrern eingestellt haben sich die **Bett+Bike-Betriebe.** Diese Gastgeber lassen sich vom ADFC (Allgemeiner Deutscher Fahrradclub) zertifizieren. Die besonders radlerfreundlichen Unterkünfte und Gastronomiebetriebe mit sicheren Abstellplätzen, Fahrradwerkzeug und reichhaltigem Frühstück sind online auf der Internetseite von Bett+Bike gelistet (www.bettundbike.de). Mittels der Suchfunktionen lassen sich die Adressen entlang bestimmter Fahrradfernwege oder nach Postleitzahlen bzw. touristischer Region sortiert anzeigen. Zusätzlich gibt es die kostenfreie Bett+Bike-App.

**Preiskategorien Unterkünfte**

Die Preiskategorien der beschriebenen Unterkünfte gelten jeweils für zwei Personen im **Doppelzimmer mit Frühstück.**

① bis 50 €
② 50–75 €
③ 75–100 €
④ 100–150 €
⑤ Luxusklasse

## Zimmer und Ferienwohnungen

Günstiger als Hotels oder Pensionen sind Privatzimmer sowie Ferienwohnungen und -häuser, die sehr unterschiedlichen Komfort bieten. Die Zeiten, in denen die Toilette auf dem Gang war, sind vorbei. Dennoch gibt es nach wie vor Vermieter, die damit werben, dass ihre „Fremdenzimmer“ über Dusche und WC verfügen. Die Palette reicht heute vom einfachen Zimmer bis zum üppig ausgestatteten Ferienhaus. Vor allem für Familien ist es günstiger, wenn man die Mahlzeiten selbst zubereiten kann. Eine Übersicht gibt es bei den einzelnen Touristinformationen. Unter **www.moselland-touristik.de** kann man nicht nur suchen, sondern auch online buchen.

Immer mehr **Winzerhöfe** bieten heute moderne Unterkünfte und Gastronomie an. Ein schönes Beispiel ist das

Burgblickhotel von *Ralf Horstmann* in Bernkastel-Kues (s.S. 174): Zum stilvollen Boutique-Hotel im modern-minimalistischen Stil gehören das Restaurant Ochs und eine schicke Weinbar mit gut sortierter Weinkarte. Weil *Horstmann* stets ratlos war, wenn seine Gäste wissen wollten, wo sie abends noch ausgehen könnten, richtete er kurzerhand selbst eine Weinbar in seinem Hotel ein. Ähnlich ging es *Sabine* und *Markus Longen,* die nicht wussten, welche Unterkünfte sie den Gästen in ihrem Weingut mit Straußwirtschaft und Weinbar empfehlen sollten. Auch sie nahmen die Sache selbst in die Hand. Nun stehen 20 Gästehäuschen, entworfen von dem Tiroler Stararchitekten *Matteo Thun,* neben ihrem Weingut in Longuich (s.S. 116). Dieses gelungene Projekt bekam eine Menge mediale Beachtung – in Deutschland und international.

## Ferien auf dem Bauernhof

Wer Landlust verspürt oder Ruhe und Natur sucht, ist im Moseltal richtig. Urlaub auf Winzer- oder Bauernhöfen ist vor allem für **Familien** interessant. Zahlreiche Höfe bieten Ferienwohnungen und Zimmer an. Für Kinder ist vor allem der Umgang mit den Tieren spannend, für die Erwachsenen der direkte Kontakt mit dem Winzer und das oftmals angebotene Erlebnisprogramm, wie Weinwanderungen oder Kellerbesichtigungen. Auf der Website des Vereins „Nat-Urlaub auf Winzer- und Bauernhöfen in Reinland-Pfalz" sind auch Online-Buchungen möglich (www.landsichten.de/rheinland-pfalz).

## Jugendherbergen

Jugendherbergen gibt es in Trier, Cochem, Traben-Trarbach und Koblenz, die Adressen sind in den Ortsbeschreibungen angegeben. Die Jugendherberge Bernkastel-Kues wird zurzeit renoviert. Wann sie wieder öffnet, ist noch nicht bekannt.

- **DJH Landesverband Rheinland-Pfalz und Saarland,** In der Meielache 1, 55122 Mainz, Tel. (06131) 374460, www.DieJugendherbergen.de.

## Camping

Campingplätze sind überall an der Mosel reichlich zu finden, manche aber nur für Reisemobile. Die meisten Plätze schließen während der Wintermonate, schon wegen der Hochwassergefahr. Freie Kapazitäten sollten vorher telefonisch erfragt werden. Manche Orte oder auch Winzer bieten kostenlose **Stellplätze für Wohnmobile** an. Nützliche Internetadressen für die Suche eines Campingplatzes:

- **www.camping.info**
- **www.camping-in-deutschland.de**
- Unter **www.mosellandtouristik.de** sind alle Campingplätze und Wohnmobilstellplätze gelistet.

# Wandern

Das Moseltal ist ideal zum Wandern. Das dichte Wanderwegenetz bietet **Strecken in allen Schwierigkeitsgraden,** von erholsamen Spaziergängen auf asphaltierten Wegen über anspruchsvollere Rundwege, die sich für Halbtages- und Tagestouren eignen, bis hin zu sportlichen Varianten mit steilen Pfaden und abenteuerlichen Kletterabschnitten. Auch **geführte Themenwanderungen** werden an der gesamten Mosel angeboten. Viele Winzer bieten **Weinwanderungen** an, bei denen der gute Tropfen gleich da, wo er wächst, verkostet wird. Die Touristinformationen haben in der Regel die entsprechenden Angebote zusammengestellt. Hilfreich ist auch die Broschüre „Mosel.Erlebnis.Route" der Mosellandtouristik, die einen guten Überblick über die interessantesten Wege im Moselland gibt. Auf der Website der **Mosellandtouristik** sind sie übersichtlich zusammengestellt und enthalten viele Zusatzinformationen für die Planung einer Wanderung (www.mosellandtouristik.de).

Auf diesen und weiteren Wanderwegen bieten die **„Kultur- und Weinbotschafter Mosel"** geführte Touren an – nicht nur an der Mosel, sondern auch entlang der Nebenflüsse Saar und Ruwer. Die geschulten Wanderführer vermitteln Wissenswertes zum Thema Wein und kennen die landschaftlichen und kulturellen Schätze ihrer Region. Veranstaltungstermine sind unter www.kultur-und-wein botschafter.de zu finden.

Unter www.wanderwunder.info kann man sich die **Touren-App Rheinland-Pfalz** auf das Smartphone laden. Dort werden alle zertifizierten Wege und noch viele weitere vorgestellt.

## Moselsteig

Der 365 Kilometer lange Moselsteig lockt ambitionierte Wanderer auf die ganz unterschiedlichen und teils anspruchsvollen Abschnitte, deren Ausgangspunkte bequem per Bus und Bahn zu erreichen sind. Der Moselsteig führt in **24 Etappen** von **Perl** im deutsch-französisch-luxemburgischen Dreiländereck nach **Koblenz.** Die Leser der Fachzeitschrift „Wandermagazin" wählten die Route 2016 zum schönsten Weitwanderweg Deutschlands. Von der Europäischen Wandervereinigung erhielt der Steig das Prädikat „Leading Quality Trail – Best of Europe" (LQT). Die „New York Times" nannte den Moselsteig als eines von 52 Top-Reisezielen für 2016.

Infos zu allen Etappen und Partnerwegen, außerdem Wanderarrangements mit Gepäcktransfer sind unter www.moselsteig.de zu finden. Mit der Moseltalbahn gelangt man zu 16 der 24 Etappenorte.

### Der Moselsteig in 24 Etappen

1. Perl – Palzem (24 km)
2. Palzem – Nittel (16,5 km)
3. Nittel – Konz (22,5 km)
4. Konz – Trier (20 km)
5. Trier – Schweich (19,5 km)
6. Schweich – Mehring (12,5 km)
7. Mehring – Leiwen (14,5 km)
8. Leiwen – Neumagen-Dhron (14 km)
9. Neumagen-Dhron – Kesten/Osann-Monzel (18 km)

10. Kesten/Osann-Monzel – Bernkastel-Kues (15 km)
11. Bernkastel-Kues – Ürzig (17,5 km)
12. Ürzig – Traben-Trarbach (15 km)
13. Traben-Trarbach – Reil (15 km)
14. Reil – Zell (Mosel) (12,5 km)
15. Zell (Mosel) – Neef (20 km)
16. Neef – Ediger-Eller (11 km)
17. Ediger-Eller – Beilstein (16 km)
18. Beilstein – Cochem (14 km)
19. Cochem – Treis-Karden (24 km)
20. Treis-Karden – Moselkern (13 km)
21. Moselkern – Löf (14 km)
22. Löf – Kobern-Gondorf (14 km)
23. Kobern-Gondorf – Winningen (14 km)
24. Winningen – Koblenz (15 km)

## Partnerwege

Entlang des Weitwanderweges Moselsteig wurden Partnerwege, sogenannte **Seitensprünge,** angelegt. An der Untermosel heißen sie **Traumpfade.** Die ebenfalls zertifizierten Routen sind ideal für einen Tagesausflug. Sie wurden vom Deutschen Wanderinstitut mit dem Wandersiegel für Premiumwege ausgezeichnet. Das bedeutet, dass die Strecken größtenteils auf naturbelassenen Pfaden verlaufen, sehr gut markiert sind und viel Naturgenuss versprechen. Informationstafeln, Ruhebänke und Einkehrmöglichkeiten runden die abwechslungsreichen Routen ab.

## Klettern und anspruchsvolle Wege

Wanderwege wie der „Calmont-Klettersteig“ bei Bremm, der „Kletter-Wanderweg Erdener Treppchen“ oder der „Collis-Steilpfad“ bei Zell erfordern neben **Kondition auch Trittsicherheit** und Schwindelfreiheit. Solche Klettersteige durch die Steillagen geben einen spannenden Einblick in die mühevolle Arbeit der Winzer an der Mittel- und Untermosel. In den Weinbergen kann es im Sommer schnell sehr heiß werden, man sollte unbedingt **genug zu trinken** mitnehmen. **Festes Schuhwerk** ist unerlässlich, denn viele Wege führen über schmale Felspfade und verwitterten Schiefer.

142mo ct

Der lockere Schiefer macht die steilen Pfade oft rutschig

119mo kn

# 7 Land und Leute

Weihnachtsmarkt in Bernkastel-Kues

# Geografie

Die **Mosel** entspringt in den Vogesen, ist insgesamt rund 500 Kilometer lang und durchfließt auf ihrem Weg bis zur Mündung in den Rhein drei Länder: Frankreich, Luxemburg und Deutschland. Über rund 250 Flusskilometer windet sich der deutsche Teil der Mosel zwischen dem Dreiländereck und Koblenz. Im Südosten wird die Mosel von den Hochflächen des **Hunsrücks,** im Nordwesten von der **Eifel** flankiert. Durch die geschützte Lage zählt das Moseltal zu den **wärmsten Klimazonen Deutschlands.** Auf ihrem Weg zur Mündung nimmt die Mosel das Wasser von zahlreichen Nebenflüssen und Bachläufen auf. Die drei größten Nebenflüsse sind Saar, Sauer und Meurthe.

Die **Obermosel** reicht vom Dreiländereck bis zur Einmündung der Saar bei Konz. Der Fluss bildet die Grenze zwischen Deutschland und Luxemburg. Das Tal ist breit, die Hänge sind flacher als am weiteren Flusslauf. Die Böden beste-

hen aus Muschelkalk und Mergel. Vor 243 Millionen Jahren gab es dort ein flaches Muschelkalkmeer, das durch Ablagerungen ein imposantes Dolomitkliff schuf. Im Naturschutzgebiet Nitteler Fels zwischen Nittel und Wellen ragen die Dolomit- und Kalkfelswände bis zu 40 Meter hoch. Auf den kalkhaltigen Böden dieser Region gedeihen vor allem Elbling und Burgundersorten.

Der Bereich von Trier bis Pünderich wird **Mittelmosel** genannt. Bei Trier wird die Mosel noch einmal sehr weit. Bei Mehring tritt sie ins Rheinische Schiefergebirge ein und gräbt sich tief in die Felsen. Das Rheinische Schiefergebirge ist 350 Millionen Jahre alt, es entstand im Paläozoikum (Erdaltertum). Die Böden der steilen Hänge bestehen aus Schieferverwitterungsgestein. Vorwiegend handelt es sich um dunklen Devonschiefer. In Trier stehen die Weinreben am linken Moselufer auf Buntsandstein. Bei Ürzig und in der Wittlicher Senke ist die geologische Beschaffenheit noch einmal anders, das sogenannte Rotliegend besteht aus Rhyolith und Konglomeraten. Das Gestein ist vulkanischen Ursprungs und hat sich vor 272 Millionen Jahren durch Magmaflüsse gebildet. Bei Schweich wiederum sind die Böden zwar rot, aber es ist trotzdem Schiefer, nämlich roter Tonschiefer.

133mo ct

Den Abschnitt zwischen Pünderich und Koblenz nennt man **Untermosel,** häufig auch Terrassenmosel. Der Fluss schneidet sich nicht nur tief in die Felsen ein, er bildet auch ausgeprägte Mäander. Diese engen Moselschleifen sind typisch für die Mittel- und Untermosel. Die markanteste Schleife ist der Cochemer Krampen zwischen Bremm und Cochem.

Die **Hänge der Mosel** werden in Prall- und in Gleithänge unterschieden. Der **Prallhang** liegt am kurvenäußeren Ufer des Flusses, der **Gleithang** am Kurveninneren. Beim Prallhang hat die Strömung das Ufer stärker abgetragen, der Hang ist steiler. Beim Gleithang dagegen legt die Strömung zusätzliches Material ab, das Ufer ist flacher. Dörfer, Städte und Weinberge liegen daher in den flacheren Gleithängen, die Prallhänge sind meist bewaldet.

‹ Die Mosel hat sich in die Höhenlagen zwischen Eifel und Hunsrück gegraben – Blick auf Cochem

# Moselschiefer

Vor allem auf Steillagen mit **Schieferböden** gedeiht der **Riesling,** die wichtigste Rebsorte an der Mosel, besonders gut. Der Schieferboden ist ideal, denn tagsüber von der Sonne aufgewärmt, gibt er nachts die Wärme wieder ab. Der wärmespeichernde Schiefer sorgt aber nicht nur für optimales Klima, er gibt dem Wein den besonderen mineralischen Geschmack.

Doch nicht nur im Weinbau spielt der Schiefer eine große Rolle. Lange Zeit gehörte der Graue Devonschiefer, der an der Mosel vorherrscht (es gibt bei Schweich aber auch roten Tonschiefer) zu den wichtigsten Baumaterialien der Region. Aus **Schieferbruchsteinen** wurden **Keller und Fundamente** errichtet. Bei Fachwerkhäusern bestand das Untergeschoss oft aus Schieferbruchstein, bei den moselländischen **Winzerhäusern** oft das ganze Gebäude. Die **Dächer** wurden mit gespaltenen Schieferplatten, den sogenannten *Layen,* gedeckt und auch

134mo ct

bei der **Fassade** griff man gern zu dem grauen Stein.

Ein großer Vorteil von Schiefer ist, dass er robust ist und ein Menschleben lang hält. Auch heute noch sind die kunstvoll behauenen Platten nicht nur ein guter Schutz vor der Witterung, sondern dienen auch als **dekorativer Schmuck.**

Bereits die Römer bauten Schiefer ab, um ihre Gebäude damit zu decken. Doch die Gewinnung des hochwertigen Dachschiefers war sehr mühsam. Zwar wurden die Layen auch im Tagebau gebrochen, aber der oberirdisch frei liegende Schiefer war durch die Verwitterung von geringerer Qualität. Deshalb trieb man **tiefe Stollen** in den Fels, um den hochwertigeren Schiefer abzubauen.

Der Begriff **„Moselschiefer"** bedeutete allerdings nicht, dass er an der Mosel abgebaut wurde. Tatsächlich wurde er größtenteils in **Bergwerken in der Eifel,** aber auch im **Hunsrück** gewonnen. Da er seit dem 18. Jh. über Moselhäfen wie Klotten verschifft wurde, ist er als „Moselschiefer" bekannt geworden. Bis in die 1960er Jahre war der Schieferabbau ein wichtiger Wirtschaftsfaktor. Im 20. Jh. wurde der Abbau größtenteils eingestellt, Kunstschiefer aus synthetischen Materialien verdrängte den echten Schiefer. Durch die Ölkrise in den 1970er Jahren lebte der Schieferabbau kurz noch einmal auf, doch die deutlich günstigere Konkurrenz aus Spanien machte ihn endgültig unrentabel. Fast alle Steinbrüche wurden stillgelegt. In Mayen in der Eifel wird auch heute noch Schiefer gefördert.

**Mein Tipp:** Einblicke in den Schieferabbau bekommt man im **Besucherbergwerk Fell** (s.S. 117) und bei einer Wanderung auf dem **Schiefergrubenweg** in der Nähe von Treis-Karden (s.S. 299).

◁ Mauerwerk aus Schieferbruchstein

# Flora und Fauna

An der Mosel ist es wärmer und trockener als in den angrenzenden Mittelgebirgen. Durch das **mediterrane Klima** gedeiht nicht nur der Sonne liebende **Wein** sehr gut, auch viele andere Pflanzen, die ursprünglich aus wärmeren Ländern stammen, können sich im Moseltal gut entwickeln.

Die kunstvoll angelegten Weinbergterrassen ließen ganz eigene Lebensräume für seltene Tier- und Pflanzenarten entstehen. Die **Trockenmauern** sind regelrechte Biotope. Auf den Steinen, die sich in der Sonne stark erwärmen, wachsen **Dickblattgewächse** wie Fetthennen und Hauswurz. Sie können in ihren dicken Blättern Wasser speichern und so auch extreme Trockenheit überdauern.

Im Sortengarten Zeltingen (s.S. 185) in der Weinlage „Sonnenuhr" wachsen **wärmeliebende Pflanzen** wie Aronia, Mispel, Kornelkirsche, Speierling, Oliven und Feigen. Das Experiment soll zeigen, welche Pflanzen außer Wein noch an den sonnenverwöhnten Moselhängen angebaut werden können.

In den warmen Hängen fühlt sich auch der **Rote Weinbergpfirsich** sehr wohl, dessen zartrosa Blüten im Frühjahr vor allem das Tal der Terrassenmosel verzaubern. Der kleine Obstbaum mit dem botanischen Namen *Prunus persica* wächst traditionell an den Rändern bewirtschafteter Wingerte und wird zunehmend auch auf brachliegenden Parzellen angepflanzt, um dort eine Verbuschung zu vermeiden. Der rotfleischige Weinbergpfirsich stammt eigentlich aus China. Über Persien gelangte er durch die Römer an die Mosel. Das pelzige, unscheinbare, aber sehr aromatische Steinobst ist sehr vielseitig zu verwenden und wird zu diversen regionaltypischen Spezialitäten verarbeitet.

Die **Mauereidechse** (Podarcis muralis) ist aus Südeuropa eingewandert und braucht viel Wärme. Auf den dunklen und deshalb rasch erwärmten Schiefersteinen kann das streng geschützte, wechselwarme Tier Sonne tanken. Die noch seltenere **Smaragdeidechse** (Lacerta bilineata) ist leuchtend grün und hat vom Kopf bis zur Schwanzspitze schwarze Punkte. Bis zu 35 Zentimeter lang kann die farbenprächtige Eidechsenart werden. Sie bevorzugt wie die Mauereidechse Felsen und Weinbergsmauern, nicht nur weil sie wärmeliebend ist, sondern auch, um sich vor Feinden zu schützen.

Zahlreiche **Insekten,** etwa Bienen, und **Vögel** tummeln sich in den Rebhängen, darunter die seltene **Zippammer** (Emberiza cia). Sie ist eigentlich am Mittelmeer zu Hause und bevorzugt felsige Berghänge. Zwischen Juli und Oktober hört man in den Weinhängen das Zirpen der **Steppensattelschrecke** (Ephippiger ephippiger). Wie der Name schon verrät, ist die nicht flugfähige Heuschrecke eigentlich in Gegenden mit Steppenklima beheimatet.

▷ Blühende Obstbäume: der Rote Weinbergpfirsich

# Naturschutz

Wenn **Weinberge aufgegeben** werden, sind auch die Biotope der Steilhänge gefährdet. Werden die Hänge nicht mehr genutzt, verbuschen sie, die Mauern liegen dann im Schatten. Auch die Flurbereinigung in den Weinanbaugebieten gefährdet Tierarten wie die Mauereidechse. Um das moseltypische Landschaftsbild zu erhalten und das **Verbuschen** der brach gefallenen Flächen zu vermeiden, gibt es verschiedene Möglichkeiten. Dazu gehört das **Freischneiden** und Roden per Hand, was allerdings sehr mühsam und zeitaufwändig ist.

Alternativ können die Weinbergsbrachen durch **Ziegen** beweidet werden. Die Tiere fressen sogar dornige Hecken und sind wahre Kletterkünstler. Auch Schafe oder Muffelwild können eingesetzt werden, um aufgelassene Weinberge zu pflegen. Eine weitere Möglichkeit ist, die Flächen in **Streuobstwiesen** mit heimischen Obstbäumen umzuwandeln. Hierfür nimmt man gern den Roten Weinbergpfirsich als moseltypisches Gewächs.

Die **Initiative „Lebendige Moselweinberge"** ist ein Projekt zur Förderung der biologischen Vielfalt, welches das Dienstleistungszentrum Ländlicher Raum (DLR) zusammen mit Winzern und anderen Partnern durchführt. Vom DLR ausgebildete „Natur-Erlebnisbegleiter" bieten Führungen für Touristen und Bewohner an. Sie informieren Winzer, wie sie ihre Weinberge so gestalten können, dass sie für die Tierwelt noch attraktiver werden. Dazu gehören der Bau von Insektenhotels für Bienen oder von Steinriegeln für Mauereidechsen und Blindschleichen.

## Schutz des Fischbestands

Um 375 n.Chr. schrieb der römische Beamte und Gelehrte *Decimus Magnus Ausonius* die „Mosella", ein Lobgedicht auf die Mosel. Darin hebt er besonders den Artenreichtum des Flusses und seiner Nebenflüsse hervor. Sehr genau beschreibt er 15 Fischarten, die darin vorkommen. Zwar gibt es in der Mosel tatsächlich **mehr als 20 Fischarten,** doch solche wie den von *Ausonius* geschilderten Lachs sieht man heute kaum noch.

Das liegt auch an den **Staustufen,** die für Fische ein unüberwindliches Hindernis sind. **Fischtreppen** an allen Staustufen sollen dafür sorgen, dass die Fischwanderung erhalten bleibt und die Tiere besser zu ihren Laichplätzen kommen. Doch diese Fischtreppen alter Bauart funktionieren nicht richtig, für Lachs, Aal und Meerneunauge sind die Schleusen weiterhin kaum zu überwinden. Deshalb sollen im Zuge des Umbaus der alten Moselschleusen zu Doppelschleusen auch fischfreundlichere **Fischpässe** errichtet werden. Ein Knackpunkt ist die Lockströmung. Sie muss ausreichend stark sein, um den Fischen zu vermitteln, wo es langgeht. Land und Bund sind zuversichtlich, dass zukünftig die Fischpopulation wieder steigen kann. Allerdings wird es noch viele Jahre dauern, bis die Schleusen an der Mosel entsprechend umgebaut sind.

Für den Aal greift man zu einer anderen Methode: Die **Aalschutzinitiative Rheinland-Pfalz** fischt jedes Jahr rund 15.000 Aale aus der Mosel und der Saar, um sie per LKW nach Rolandseck bei Remagen zu bringen. Dort werden sie im Rhein ausgesetzt und können ihren Weg in die Karibik fortsetzen. Ohne diese jährliche Aktion hätten die Aale keine

135mo kn

Chance, jemals ihre Laichgebiete in der Sargassosee zu erreichen. Sie würden in den Turbinen der Wasserkraftwerke an den Staustufen verenden. Die Aalschutzinitiative ist eine Kooperation des Landes Rheinland-Pfalz und der Innogy SE, einer Tochterfirma der RWE, die bereits seit 20 Jahren besteht. Mit im Boot sind mehrere Berufsfischer, die das Fischen und Umsetzen in den Rhein übernehmen. Da der Aal auf der Liste der besonders gefährdeten Tierarten steht, trägt die Aktion dazu bei, seine Art zu erhalten. Obwohl die Turbinen in den zehn Moselanlagen während größerer Aalwanderungen angepasst werden, verenden nach wie vor viele Tiere. Forscher beschäftigen sich deshalb mit der Frage, wie man Aalwanderungen frühzeitiger erkennen kann, um die Turbinen entsprechend besser zu steuern.

MEIN TIPP: Im **Erlebniszentrum Mosellum an der Staustufe in Koblenz** kann man Fische, die den Fischpass entlangschwimmen, hinter Glasscheiben beobachten (s.S. 347). Dieser moderne Fischpass hat bereits erste Erfolge gebracht. Dort passierte 2012 der erste Lachs die neue Fischtreppe.

# Weinbau an der Mosel

Man weiß, dass die **Kelten** bereits um 500 v.Chr. Wein tranken. Aber ob sie ihn selbst anbauten oder nur importierten, ist unklar. Vermutlich waren es aber die **Römer,** die die ersten Weinreben in die steilen Hänge links und rechts der Mosel setzten. Sie nutzten die „Mosella" als Schifffahrtsweg und trieben Handel mit dem Moselwein.

Heute ist die **Weinbauregion Mosel,** zu der auch die **Nebenflüsse Saar und Ruwer** gehören, eines der bekanntesten Anbaugebiete Deutschlands. Seine Rieslingweine sind weltberühmt. Rund 3600 Winzer bauen auf etwa 8800 Hektar Rebflächen Wein an. 2015 wurden 795.000 Hektoliter Wein an der Mosel erzeugt. Etwa ein Drittel der Moselweine werden in Länder wie die USA, nach China, Japan, Skandinavien, Südkorea, Großbritannien oder in die Niederlande exportiert. 2015 waren das rund 207.000 Hektoliter im Wert von 82 Millionen Euro. Zwei Drittel werden in Deutschland verkauft, etwa die Hälfte über den Einzelhandel, die andere Hälfte über den Fachhandel, die Gastronomie und den Direktvertrieb der Weingüter.

Der Weinbau prägt das einzigartige Landschaftsbild des Moseltals. Das **fünftgrößte Anbaugebiet Deutschlands** reicht von Perl im Dreiländereck bis nach Koblenz. Bis 2007 hieß das Weinbaugebiet „Mosel-Saar-Ruwer", dann wurde einheitlich die Bezeichnung „Mosel" eingeführt. An der Saar wird zwischen Serrig und Konz Wein angebaut, meist auf Schieferböden. An der Ruwer liegen die Weinberge zwischen Eitelsbach und Sommerau.

Die vorherrschende Rebe ist der **Riesling.** Die Rieslingrebe wird oft als die „Königin der Weißweinreben" bezeichnet. Die wärmespeichernden Schieferböden geben dem Riesling seine typische Mineralität. Vor allem auf Steillagen, die im perfekten Winkel zur Sonne liegen, gedeiht er gut. Mehr als 40 Prozent der Weinberge liegen in den sogenannten Steillagen: Die Hänge haben mindestens 30 Prozent Steigung. Der Bremmer Calmont als steilster Weinberg Europas hat sogar eine Steigung von mehr als 65 Prozent. Das Wasser der Mosel speichert zusätzlich Wärme und reflektiert die Sonnenstrahlen. Der Wechsel zwischen sonnigen, warmen Tagen und kühlen Nächten trägt zur Ausprägung feiner Fruchtaromen bei. Der relativ hohe Säuregehalt macht den Riesling sehr lagerfähig.

Die **Elblingrebe** (von lat. *albus* = „weiß") wurde wahrscheinlich wie die Rieslingrebe von den Römern an die Mosel gebracht. Schon *Plinius der Ältere* (23–79 n.Chr.) erwähnte die Rebsorte „vitis alba". Der säurebetonte Elbling wird vor allem auf den Muschelkalkhängen der Obermosel und der Sauer angebaut. Er ist eine früh reifende, sehr ertragreiche Rebsorte, weshalb man ihn im Mittelalter auch gern zur Entrichtung des Zehnten nutzte. Ab dem 17. Jh. wurde der Elbling mehr und mehr von den Sorten Riesling und Silvaner verdrängt. Bis in die 1960er Jahre stellte man ausschließlich Sekt aus der Elblingtraube her, erst langsam setzte sich die Erkenntnis durch, dass sie sich auch für einen leichten, spritzigen Qualitätswein eignet. Inzwischen sind sowohl der Elblingwein als auch der **Elblingsekt** kein Geheimtipp mehr. Der **Rote Elbling** als Wein oder Sekt ist allerdings eine richtige Rarität. Die rottraubige Mutation des Weißen Elblings gilt trotz seiner Farbe als Weißwein. Die Winzer lesen die roten Trauben aus und keltern daraus einen hellroten bis roséfarbenen Wein.

## Der Klimawandel und die Folgen

Der Erfolg der Winzer hängt auch sehr stark vom Wetter ab. Wie überall in Deutschland **steigen** auch im Moseltal die durchschnittlichen **Temperaturen** durch den Klimawandel, für den Weinbau allerdings nicht unbedingt zum Nachteil. Die Vegetationsperioden werden immer länger, die **Mostqualität steigt.** Die Winzer können Rebsorten anpflanzen, die sonst nur Frankreich, Italien oder Spanien vorbehalten waren, und auch mehr roten Wein anbauen. Sie müssen aber ihre Arbeit im Weinberg umstellen, etwa den Boden zwischen den Rebstöcken begrünen, damit die kostbare Feuchtigkeit nicht so schnell verdunstet. Auch das Alter der Reben spielt eine Rolle. Alte Reben mit tiefen Wurzeln sind in trockenen Sommern im Vorteil.

Durch die höheren Temperaturen kommen auch **neue Schädlinge:** Die Kirschessigfliege wurde aus Asien eingeschleppt, kalte Winter sind nötig, um ihre Ausbreitung einzudämmen. Bleiben die aus, haben die Winzer ein Problem.

Der Klimawandel wird aber auch zu häufigeren Wetterkapriolen führen, warnen Klimaforscher. Auch das bekamen die Winzer in den letzten Jahren schon vermehrt zu spüren. **Hagelschäden** führ-

# Deutsche Weinanbaugebiete

© Reise Know-How 2017

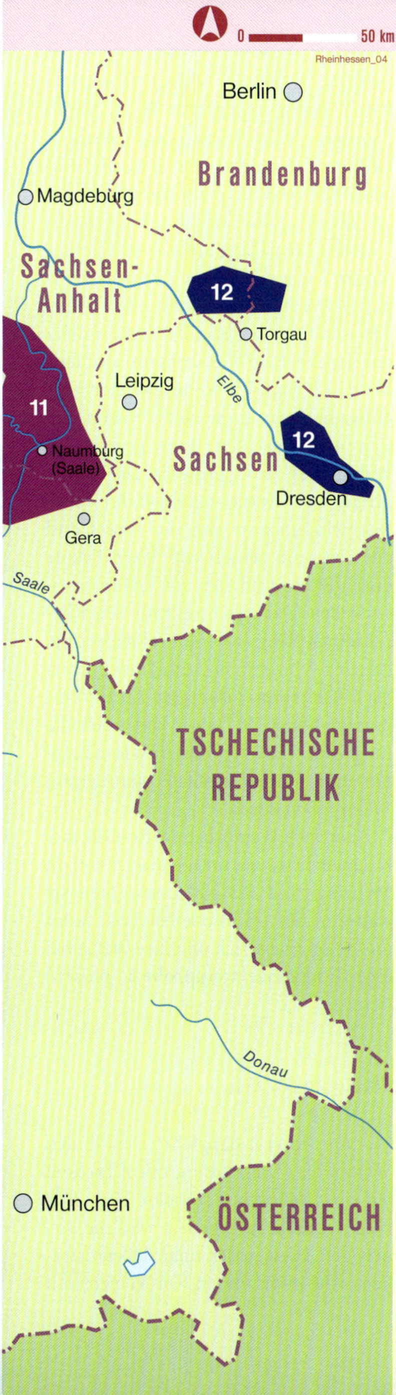


## Weinanbaugebiete und Rebsorten

**1 Ahr**
Spätburgunder 64 %, Riesling 8 %, Frühburgunder 6 %

**2 Baden**
Spätburgunder 35 %, Müller-Thurgau 16 %, Grauburgunder 13 %

**3 Franken**
Müller-Thurgau 27 %, Silvaner 24 %, Bacchus 12 %

**4 Hessische Bergstraße**
Riesling 45 %, Spätburgunder 10 %

**5 Mittelrhein**
Riesling 67 %, Spätburgunder 9 %

**6 Mosel**
Riesling 61 %, Müller-Thurgau 12 %

**7 Nahe**
Riesling 27 %, Müller-Thurgau 13 %, Dornfelder 11 %

**8 Pfalz**
Riesling 25 %, Dornfelder 13 %, Müller-Thurgau 9 %, Spätburgunder 7 %

**9 Rheingau**
Riesling 78 %, Spätburgunder 12 %

**10 Rheinhessen**
Riesling 17 %, Müller-Thurgau 16 %, Dornfelder 13 %, Silvaner 9 %

**11 Saale-Unstrut**
Müller-Thurgau 15 %, Weißburgunder 14 %, Riesling 9 %, Silvaner 7 %

**12 Sachsen**
Müller-Thurgau 15 %, Riesling 14 %, Weissburgunder 12 %

**13 Württemberg**
Trollinger 20 %, Riesling 19 %, Lemberger 15 %, Schwarzriesling 13 %

ten in einigen Regionen zu beträchtlichen Ernteausfällen, teilweise zu Totalausfällen. **Zu viel Regen** fördert Pilzerkrankungen, auch das war in letzter Zeit ein großes Problem. Besonders heftig traf es die **Ökowinzer,** die bestimmte Spritzmittel nicht verwenden dürfen. Bei sehr feuchter Witterung kann der Falsche Mehltau die Rebstöcke befallen. Konventionelle Winzer spritzen dagegen Kaliumphosphonat. Doch das Mittel gegen Pilze ist seit 2013 aufgrund einer EU-Verordnung im Bio-Weinbau nicht mehr zugelassen. Seither müssen Ökowinzer mit höheren Ausfällen durch den Falschen Mehltau rechnen.

## „Junge Winzer" – frischer Wind für alte Reben

Seit einigen Jahren bringt eine neue Generation junger Winzer frischen Wind in die älteste Weinregion Deutschlands. Sie rekultivieren halsbrecherische Schiefersteillagen und produzieren in **mühsamer Handarbeit** charaktervolle, individuelle Rieslinge. Die „Jungwinzer" sagen dem schlechten Image, das sich seit den Skandalen in den 1980er Jahren hartnäckig hält, den Kampf an. Sie setzen auf **Qualität statt Quantität** und gründen mit Gleichgesinnten Initiativen und tauschen sich aus. Bei gemeinsamen Verkostungen sind sie immer offen für Gespräche und weihen auch Gäste gern in ihr Handwerk ein. Solche „Talente", die in der Fachpresse von sich reden machen, sind unter anderem *Kilian Franzen* aus Bremm (Weingut Franzen), *Philipp Kettern* aus Piesport (Weingut Lothar Kettern), *Axel Pauly* aus Lieser (Weingut Rudolf Pauly), *Jan Matthias Klein* aus Kröv (Weingut Staffelter Hof), *Stefan Steinmetz* aus Brauneberg (Weingut Günther Steinmetz) oder *Julia* und *Rabea Weckbecker* aus Moselkern (Weingut Weckbecker). Unmöglich, alle aufzuzählen, die Liste ist lang und sie wird immer länger. Viele von ihnen haben in namhaften Weingütern gelernt oder Weinbau und Oenologie an der renommierten Hochschule Geisenheim studiert. Manche haben sich zu **Jungwinzer-Vereinigungen** zusammengeschlossen, um sich auszutauschen oder gemeinsam Weinproben zu organisieren. Die **Moseljünger** (www.moseljuenger.de) sind Nachwuchstalente von der Mosel und der Saar, die gemeinsam Wein-Events durchführen und sich auf Weinmessen vorstellen. Das gleiche gilt für den **Klitzekleinen Ring** (www.klitzekleinerring.de). Die Winzer in und um Traben-Trarbach bestreiten zusammen ihre Weinpräsentationen. In Leiwen haben sich die Jungwinzer aus dem Ort zusammengetan und führen ebenfalls gemeinsam Weinproben durch.

Aber auch Weinorte tun etwas für ihre Nachwuchswinzer und -winzerinnen: In Mehring zum Beispiel bekommen sie während des traditionellen Weinfestes die Gelegenheit, sich und ihre Weine bei einer **Jungwinzerweinprobe** zu präsentieren.

## Klasse statt Masse

Wer die Mosel entlangfährt, sieht in den Weinbergen vielerorts große **Brachen,** wo einst Weinreben standen. Viele Flächen wurden aufgegeben, weil die Arbeit, gemessen an den finanziellen Erträgen, sehr mühsam ist. Nur Winzer mit bekannten Namen können angemessene Preise für ihre Weine erzielen.

Trotzdem gibt es immer mehr Jungwinzer, die die Arbeit in den Steilhängen nicht scheuen. Sie krempeln die Weingüter komplett um und verwirklichen ihren Traum von hervorragenden Rieslingen. **Fortschritt und Tradition** gehen dabei Hand in Hand. Die junge Winzergeneration nutzt den Erfahrungsschatz ihrer Vorfahren, setzt aber gleichzeitig auf technische Innovationen. **Schonende, druckgesteuerte Pressen** werden angeschafft und in vielen Kellern stehen Eichenholzfässer neben **Stahltanks** mit einem ausgeklügelten, computergesteuerten Kühlsystem. Die Stahltanks mögen ziemlich unromantisch wirken, sie haben aber den Vorteil, dass der Gärprozess besser kontrolliert werden kann. Wenn sich die Hefen während der Gärung stark vermehren, steigt die Temperatur an. Innerhalb kurzer Zeit kann sie bis auf 30 °C hochschießen. Um die flüchtigen Aromen im Wein zu halten, muss verhindert werden, dass die Temperatur zu stark ansteigt. Wo früher noch Chemie eingesetzt wurde, um die Gärung zu stoppen, wird jetzt der Gärprozess durch **Kühlung** verlangsamt.

Aber die modernste Technik nützt nichts, wenn die Qualität der Trauben nicht stimmt. Hier kommt die Arbeit im Weinberg ins Spiel, zum Beispiel die sogenannte **Grüne Lese** im Juli oder August. Hängen zu viele Trauben am Stock, werden die überflüssigen entfernt. Die

Weinlagen bei Zeltingen-Rachtig

136mo kn

verbleibenden erhalten so mehr Extrakte aus der Wurzel, die Qualität wird verbessert. In der Regel landen die noch grünen Trauben auf dem Boden zwischen den Reben. Doch manche Winzer sammeln sie ein und machen daraus **Verjus,** ein seit dem 17. Jh. in Vergessenheit geratenes Würzmittel. In der Küche kann man den milden Verjus anstelle von Essig oder Zitrone einsetzen.

## Steillagen und Handarbeit

Der Weinanbau in sonnenverwöhnten Steillagen bringt auch eine höhere Qualität hervor. Der Begriff **Terroir** rückt in den Vordergrund, er beschreibt das Zusammenspiel dreier Faktoren: **Boden, Klima und Winzer.** In den Steilhängen können die Reben meist nur von Hand gepflegt werden, Maschinen würden die Steigung nicht schaffen. Rebflächen mit einer Hangneigung von mehr als 30 Prozent nennt man Steillagen, Steilstlagen beginnen bei 50 Prozent. In den alpin anmutenden Steillagen braucht man Waden wie ein Bergsteiger – oder eben, wie es die amtierende deutsche Weinkönigin *Lena Endesfelder* aus Mehring ausdrückt: „Steillagen-Waden".

In Hatzenport wurde 1926 die erste **Zwei-Schienen-Bahn** eingesetzt, die den Steillagenwinzern die Arbeit erheblich erleichterte. **Motorbetriebene Seilwinden** bewegten Loren, mit denen schwere Lasten in den Weinberg transportiert werden konnten. Nach und nach wurden sie von **Monorackbahnen** ersetzt. Diese Ein-Schienen-Zahnradbahnen können dem Gelände noch besser angepasst werden, sind sicherer und befördern nicht nur Lasten, sondern auch Personen. Dies erleichtert die Arbeit, aber dennoch bleibt der Steillagenweinbau mühselige Handarbeit.

Das schreckt die neue Generation aber nicht ab. Der Klitzekleine Ring, ein Zusammenschluss von Winzern aus der Umgebung von Traben-Trarbach, erzeugt gemeinschaftlich einen Riesling mit dem sinnigen Namen **„Bergrettung",** um die wertvollen, aber schwer zu bearbeitenden Steil- und Steilstlagen an der Mosel zu erhalten. Mit eigenen Worten ausgedrückt, sind sie „Steillagenretter im Auftrag des Rieslings". Ihre Initiative verhindert, dass Rebhänge brach fallen und von wilden Brombeeren überwuchert werden.

In den 1980er Jahren verfolgten die Winzer noch ein gegenteiliges Konzept, da konnten die Mengen nicht groß genug sein, Masse war das A und O. Der Ruf des deutschen Weißweins war entsprechend schlecht. Als österreichische Winzer gar Frostschutzmittel in den Wein panschten, um ihn süßer zu machen, und dieser von den Abfüllern mit deutschem Wein verschnitten wurde, war es um den guten Ruf endgültig geschehen. Der **Glykolskandal vom Sommer 1985** war einer der größten Lebensmittelskandale und löste eine Krise in der österreichischen, aber auch in der deutschen Weinwirtschaft aus. Bei dem Gedanken an die gesundheitsgefährdende Chemikalie Diethylenglykol verging Weinliebhabern die Lust auf süßen

▷ Monorackbahnen erleichtern heute die Arbeit in den Steillagen

Weißwein. Auch der Export ins Ausland brach ein. Der Imageschaden war enorm. Weil Massenweine nicht mehr zu verkaufen waren, mussten die Winzer umdenken. Sie setzten auf neue Anbaumethoden und eine bessere Qualität.

## Ökologischer Weinbau

Immer mehr Winzer produzieren ihren Wein nicht mehr konventionell, sondern ökologisch. Sie vermeiden den Einsatz von Chemie und setzen auf **Kompost**

137mo kn

**oder Humus** statt synthetischem Mineraldünger. Sie **verzichten auf Herbizide und Insektizide:** Unkraut wird mechanisch entfernt, Schädlinge bekämpft man mittels Pheromonfallen. Viele Ökowinzer schließen sich im ECOVIN-Verband zusammen, dem größten Öko-Weinbau-Fachverband, oder sie arbeiten nach den Richtlinien von ökologischen Erzeugerverbänden wie Bioland, Demeter und Naturland.

### Vegane Weine

Weine sind in der Regel nicht vegan, denn um den Wein zu klären, nehmen Winzer tierische Produkte zu Hilfe, zum Beispiel Eiweiß aus Fisch, Milch und Hühnerei oder Gelatine. Bei veganen Weinen wird stattdessen pflanzliches Protein eingesetzt.

# Geschichte

## Steinzeit

Archäologische Funde auf dem Plateau des Bleidenbergs bei Oberfell belegen, dass **vor rund 800.000 Jahren** der Homo erectus am Ufer der Urmosel eine Lagerstätte hatte. Auch in Koblenz-Güls fand man steinzeitliche, rund 800.000 Jahre alte menschliche Spuren. Der Fund von Faustkeilen bei Winningen zeigt, dass die Region in der frühen Altsteinzeit (Paläolithikum) von Menschen besiedelt war. Die **Steinwerkzeuge** sind mehr als 700.000 Jahre alt und gehören zu den ältesten Steinwerkzeugen des Homo heidelbergensis an der Mosel.

Das Gebiet am Zusammenfluss von Mosel und Rhein wurde seit 9000 v.Chr.

138mo kn

(mittlere Steinzeit) besiedelt. Im Trierer Tal lebten im 3. Jahrtausend v.Chr. Menschen, dort konnten bandkeramische Siedlungen aus der **älteren Jungsteinzeit** nachgewiesen werden. Zu dieser Zeit war der Mensch nicht mehr Jäger und Sammler, sondern sesshaft und betrieb Landwirtschaft.

## Treverer

Der **keltische Stamm** der Treverer siedelte sich etwa ab dem 6. Jh. v.Chr. in der Moselregion an. Die befestigten Orte (Oppida) befanden sich meist auf Hochplateaus, z.B. auf dem Martberg bei Pommern an der Untermosel. Weitere **Höhensiedlungen** gab es in Wallendorf an der Sauer und Kastel an der Saar. Das Gebiet von Trier besiedelten die Treverer um 250 v.Chr.

## Römer

Während des Gallischen Krieges zwischen 58 und 50 v.Chr. bekämpfte **Julius Caesar** die aufständischen Treverer. Nach der Eroberung Galliens durch *Caesar* wurde der Rhein zur Nordostgrenze des Römischen Reiches und die keltische Bevölkerung weitgehend romanisiert, es entwickelte sich eine **gallo-römische Kultur.**

Um Gallien ins Römische Reich einzugliedern, errichteten die Römer eine militärische Infrastruktur, zahlreiche **Militärstationen und Straßen** entstanden. **Landgüter** *(villae rusticae)* versorgten nicht nur die umliegenden Dörfer und Städte mit Lebensmitteln, sondern auch die Truppen. Die *villae rusticae* waren über die gesamte Provinz verteilt und garantierten eine gut funktionierende Landwirtschaft mit Ackerbau und Viehhaltung. Meist lagen die großen Gutshöfe an Landstraßen, was den Transport der Waren erleichterte. Aber auch die **Mosel als wichtige Wasserstraße** wurde genutzt. Entlang dem Fluss gab es solche Gutshöfe z.B. in Perl, Nennig, Wasserliesch, Longuich, Mehring oder Winningen. Die Landgüter boten einen gewissen Luxus, die Römer wollten auch in den Provinzen ein angenehmes Leben führen. Die **Villa Borg in Perl** (s.S. 20) ist eine detailgenaue Rekonstruktion eines solchen römischen Herrenhauses. Sie gibt einen lebendigen Einblick in das römische Leben und die antike Badekultur.

Die Römer errichteten im Jahr 30 v.Chr. ein Militärlager auf dem Trierer Petrisberg. 18/17 v.Chr. bauten sie die **erste Brücke über die Mosel,** zur gleichen Zeit gründete Kaiser *Augustus* die Stadt **Augusta Treverorum** (lat. „Stadt des Augustus im Land der Treverer"), das heutige **Trier.** An der Stelle, an der die Mosel in den Rhein mündet, errichteten die Römer einen befestigten Stützpunkt, das **Castellum apud Confluentes** („Kastell bei den Zusammenfließenden"). Um das Jahr 9 v.Chr. wurde die römische Stadt Confluentes gegründet. Über die Jahrhunderte wurde aus *Confluentes* der Name **Koblenz.**

*Iulius Valentinus,* ein junger Treverer, führte 70 n.Chr. einen **Aufstand der kel-**

◁ Relief-Fund bei Hatzenport aus dem 1. Jh. n.Chr.: schon die Römer bauten an der Mosel Wein an

**tischen Stämme** aus dem Gebiet der Mosel gegen die Römer an. Kaiser *Vespasian* schickte seinen General *Petilius Cerialis* mit mehreren Kohorten nach Augusta Treverorum, um den Aufstand niederschlagen zu lassen. Valentinus besetzte mit einer Hundertschaft Treverer einen schmalen und gut zu verteidigenden Militärstraßenabschnitt in der Nähe von Rigodulum (Riol), um die aus Mogontiacum (Mainz) anrückenden Legionäre anzugreifen. Gräben und Steinbarrikaden wurden eilig auf der Hochfläche zwischen Mosel, Dhron und Feller Bach errichtet, doch vergeblich. Die Treverer wurden besiegt und *Valentinus* gefangen genommen. Einen Tag später erreichte *Cerialis* das von den Treverern besetzte Augusta Treverorum und eroberte die Stadt zurück. Die **Schlacht bei Rigodulum** war das letzte Gefecht der Treverer gegen die römischen Besatzer.

327 n.Chr. brachte Kaisermutter *Helena* den **Heiligen Rock** von einer Wallfahrt ins Heilige Land nach Trier. Ein Jahr später erhob ihr Sohn *Konstantin II.* das heutige Trier zur **Kaiserresidenz.** Wirtschaft und Handel erblühten in der römischen Metropole an der Mosel. Die Römer betrieben **Weinbau** im großen Stil. Noch heute kann man an der Mittelmosel die Reste großer Weinkeltern bewundern, mit denen die Ernte aus mehreren Hektar Rebfläche gepresst werden konnte.

## Franken

Zwischen dem 3. und 5. Jh. überfielen **germanische Stämme** immer wieder das römische besetzte Gebiet. In dieser Zeit wurden viele römische Gutshäuser, die *villae rusticae,* aufgegeben. Durch die Einfälle fränkischer und anderer germanischer Stämme endete die Herrschaft der Römer an der Mosel. Nach dem **Untergang des Weströmischen Reiches** Ende des 5. Jh. gründeten die Franken **Höfe und Klöster,** bauten Kirchen und betrieben Weinbau. Römische Großbauten wie die Konstantinbasilika in Trier oder das Palatiolum (kleiner Palast) in Pfalzel wurden zu **Burgen** ausgebaut. Nach dem Tod *Karls des Großen* zerfiel das Fränkische Reich, die Macht ging von den Königen auf die **Landesfürsten** über.

## Dreißigjähriger Krieg

Der Dreißigjährige Krieg (1618–48), der auch an der Mosel ganze Landstriche verwüstete und entvölkerte, ist ein dunkles Kapitel der Geschichte. **Spanier** und **Schweden** marodierten durch die Region. Die Schweden zogen 1632 von Koblenz aus die Mosel hinauf und besetzten Treis, Cochem, Trarbach und weitere Orte.

## Pfälzischer Erbfolgekrieg

Auch der Pfälzische Erbfolgekrieg (1688–1697) brachte viel Leid und Zerstörung in der Moselregion, vor allem weil **Ludwig XIV.** die Kriegstaktik der „verbrannten Erde“ verfolgte. Der französische Sonnenkönig erhob Erbansprüche auf Teile der Pfalz. Im Namen seiner Schwägerin *Lieselotte von der Pfalz,* doch gegen deren Willen, marschierten seine Truppen in die Pfalz und das linksrheinische Gebiet ein. Die meisten Burgen an der

Mosel wurden von den französischen Truppen zerstört und viele von ihnen später nicht wieder aufgebaut.

## Kurfürstentum Trier

Erzbischof und Kurfürst **Clemens Wenzeslaus von Sachsen** (1739–1812) herrschte von 1768 bis 1794 über den **Trierer Kirchenstaat.** Doch lieber als in Trier hielt er sich in **Koblenz** auf. Dort ließ er das frühklassizistische Kurfürstliche Schloss und das öffentliche Theater errichten und in Bad Bertrich noch eine Sommerresidenz. *Clemens Wenzeslaus* war den Ideen der Aufklärung gegenüber sehr aufgeschlossen. Er wollte in seinem Kurstaat die Bildung verbessern, förderte das Schulwesen und die Lehrerausbildung. Sein **Toleranzedikt** im Jahr 1783 erlaubte es den **Protestanten** wieder, sich in seinem Herrschaftsgebiet aufzuhalten. Am 30. Oktober 1787 erließ er eine **Weinbauverordnung,** die sich bis heute auswirkt und das Moseltal prägte. Sie schrieb vor, dass entlang der Mosel nur noch Rieslingsorten angebaut werden durften. Ziel war, die Qualität des Weinbaus zu verbessern. Innerhalb von sieben Jahren sollte die damals verbreitete „rheinische" Rebsorte gegen Rieslingreben ausgetauscht werden. Die rheinische Rebsorte, die Trauben mit viel Säure lieferte, wollte man ausrotten. Die kurtrierischen Behörden setzten die Anordnung durch, mit Ausnahme der Obermosel, wo enge Verflechtungen mit dem Herzogtum Luxemburg und Frankreich dies unmöglich machten.

Nach dem Ausbruch der **Französischen Revolution** 1789 gewährte *Clemens Wenzeslaus* französischen Royalisten und Adligen Zuflucht in Koblenz. 1792 floh er ein erstes Mal vor französischen Revolutionstruppen nach Augsburg. Als die Gefahr gebannt war, kehrte er zurück. 1793 starb sein Neffe *Ludwig XVI.* in Paris durch die Guillotine. Am 5. Oktober 1794 floh *Clemens Wenzeslaus* endgültig vor den französischen Revolutionären nach Augsburg. Koblenz wurde knapp drei Wochen später von den Franzosen eingenommen. Die Flucht des letzten souveränen Herrschers über das Kurfürstentum Trier war gleichzeitig der Beginn des Untergangs des Trierer Kirchenstaates.

## Franzosenzeit

1792 war **Johann Wolfgang von Goethe** an der Mosel unterwegs, allerdings nicht ganz freiwillig. Im Rahmen seiner „Kampagne in Frankreich" war er zu seinem Dienstherrn Herzog *Karl-August von Sachsen-Weimar* unterwegs, um als Kriegsberichterstatter am Feldzug deutscher und österreichischer Monarchen gegen das jakobinische Frankreich teilzunehmen. Fast drei Jahrzehnte später schrieb *Goethe* über seine Eindrücke von der Mosel und seine Erlebnisse, nachzulesen in der „Kampagne in Frankreich".

Im Zuge der Französischen Revolution beschlagnahmten die Franzosen 1794 alle Besitztümer des Adels sowie der Klöster und Kirchen. **Napoleon** setzte unter der Losung „Freiheit, Gleichheit, Brüderlichkeit" die Säkularisation der Kirchen und Klöster durch, damit war die **Zeit der Klostergüter beendet.** Für einige Winzer war das allerdings die Chance, endlich in den Besitz von Weinbergen und Weingütern zu gelangen.

Daraus sind so manche renommierte **Traditionsweingüter** hervorgegangen.

1797 wurde das **gesamte linksrheinische Deutschland** von Frankreich annektiert. Ein Jahr später gliederten die Franzosen die Moselregion in die Departements Rhin et Moselle, de la Sarre, des Forêts (Luxembourg) und de la Moselle. Jedes Departement wurde wiederum in Arrondissements und Kantone gegliedert. Mit dem Frieden von Luneville fiel das linksrheinische Erzstift Trier 1801 endgültig an Frankreich.

## Preußen

1815 kam das Ende der Napoleonischen Ära und die Region unter preußische Verwaltung. Das **Königreich Preußen** betrieb in der ersten Hälfte des 19. Jh. eine so repressive Handelspolitik, dass viele Weinbauern in wirtschaftliche Not gerieten. Gegen Ende des 19. Jh. wendete sich das Blatt. Der Preußische Staat begann den Weinbau zu fördern. Damit begann die **Erfolgsgeschichte der Moselrieslinge.** Sie stiegen zu den teuersten Weinen der Welt auf, wurden an Königshöfen und in großstädtischen Luxushotels getrunken. Gleichzeitig kamen vermehrt **Touristen** ins Moseltal.

Englische **Künstler** wie *William Turner* entdeckten die landschaftlichen Schönheiten der Mosel bereits im 18. Jh. Sie waren von der einmaligen **Kulturlandschaft** und den edlen Weinen fasziniert. *Turner* und seine Malerkollegen schufen zahlreiche Bilder, die in London gezeigt wurden. Nach 1815 kamen immer mehr britische **Bildungsreisende,** es war der Beginn der Tourismuswirtschaft an der Mosel.

Die Preußen brachten auch technischen Fortschritt mit: 1839 befuhr der erste **Raddampfer** die Mosel. Von 1874 bis 1879 folgte der Bau einer **Bahnstrecke** zwischen Koblenz und Trier. Der 1887 errichtete Kaiser-Wilhelm-Tunnel zwischen Cochem und Eller galt als Wunderwerk der Ingenieurskunst und war bis 1988 der längste Eisenbahntunnel in Deutschland.

1926 kam es an der Mosel wegen der sehr schwierigen wirtschaftlichen Situation und der zunehmenden Verarmung der Winzer zu großen Unruhen. Sie lehnten sich gegen die hohe Steuerbelastung auf und protestierten für eine Senkung der Weinsteuer. Auch die ausländische Konkurrenz, vor allem der französische Wein, machte ihnen schwer zu schaffen. An einem Protestmarsch durch Bernkastel-Kues nahmen mehr als 2000 Moselwinzer teil. Der Protest eskalierte und das Finanzamt, die Finanzkasse und das Zollamt der Stadt wurden gestürmt. Gegen 29 Moselwinzer wurde Anklage wegen Landfriedensbruchs erhoben. Die sehr milden Urteile wurden nach mehreren Gnadengesuchen schließlich ganz ausgesetzt.

## Nationalsozialismus

Hitler beauftragte 1938 *Fritz Todt,* den „Generalinspektor für das deutsche Straßenwesen", mit dem **Bau des Westwalls,** einer rund 630 Kilometer langen Angriffs- und Verteidigungslinie mit Bunkern, Höckerlinien und Panzergräben. Der 1940 fertiggestellte Westwall erstreckte sich entlang der westlichen Landesgrenze von der niederländischen bis zur Schweizer Grenze.

Zwischen März und September 1944 richtete das Nazi-Regime in Bruttig und Treis ein **Konzentrationslager** als Außenstelle des elsässischen KZ Natzweiler-Struthof ein. Bis zu 1527 Gefangene wurden zur Zwangsarbeit in einem ungenutzten Eisenbahntunnel eingesetzt. Der knapp drei Kilometer lange Tunnel sollte zu einer bombensicheren Fabrik für die kriegswichtige Industrie ausgebaut werden. Am 14. September 1944 wurden die Lager geräumt, der Tunnel wurde später gesprengt.

## Wirtschaftliche Entwicklung bis heute

1958 begann man mit der **Kanalisation der Mosel** und baute sie zwischen Thionville und Koblenz zur **Großschifffahrtsstraße** aus. Insgesamt 28 Staustufen regeln den Wasserstand der Mosel. Mit der Kanalisation verschwanden die letzten Gierseilfähren, da die Strömung nicht mehr ausreichte. Nur in Beilstein gibt es heute noch eine: die motorbetriebene Fähre nutzt die Strömung, um Treibstoff zu sparen (s.S. 266).

Das **Weihnachtshochwasser von 1993** überschwemmte die gesamte Region und richtete riesige Schäden an. Starkregen ließ die Pegel so schnell ansteigen, dass sich der Fluss in eine reißende Flut verwandelte. Am 23. Dezember musste wegen des Jahrhunderthochwassers Katastrophenalarm ausgerufen werden. Am Pegel Trier wurde ein Wasserstand von 11,32 Meter gemessen. Er gilt als der höchste seit der Jahrtausendflut im Jahr 1784.

2008 entschied das Bundesverwaltungsgericht nach jahrelangen gerichtlichen Auseinandersetzungen zugunsten des umstrittenen **Hochmoselübergangs.** Ein Jahr später erfolgte bei Zeltingen-Rachtig der erste Spatenstich für das derzeit größte Brückenbauprojekt Europas. Der Hochmoselübergang soll ab 2018 Mainz und Frankfurt mit Rotterdam und Antwerpen verbinden.

Die **Bundesgartenschau 2011 in Koblenz** war mit 3,5 Millionen Besuchern nicht nur unerwartet erfolgreich, sondern brachte der Stadt auch viele positive Veränderungen. Seither verbindet eine Seilbahn die beiden Wahrzeichen von Koblenz, das Deutsche Eck und die Festung Ehrenbreitstein. Die Rhein- und Moselpromenaden wurden modernisiert und es wurden Blumenbeete rund um das Deutsche Eck, vor dem Kurfürstlichen Schloss und auf der Festung Ehrenbreitstein angelegt, die auch heute noch üppig blühen.

2014 eröffnete der **Moselsteig,** ein 365 Kilometer langer Weitwanderweg zwischen Perl und Koblenz mit 24 Etappen und zertifizierten Partnerwegen („Seitensprünge“ und „Traumpfade“). Die Leser der Zeitschrift „Wandermagazin“ wählten den Moselsteig zum schönsten Weitwanderweg Deutschlands.

# Religionen

Die Menschen im Moselland sind überwiegend **römisch-katholisch.** Die Region wurde bis zur Französischen Revolution vom Kurfürstentum Trier beherrscht, die Orte Zeltingen und Rachtig vom Erzbistum Köln. In den Winzerorten entlang der Mosel hatten Klöster ihre Gutshöfe und Weinberge, sie übten einen entsprechenden Einfuss auf die Bevölkerung aus. **Protestantische Enklaven** waren Traben-Trarbach, Enkirch, Winningen und die Grafschaft Veldenz. Heute hat der Landkreis Trier-Saarburg mit 79,3 % und der Landkreis Cochem-Zell mit 76,3 % die höchsten Katholikenanteile in Rheinland-Pfalz. Der Anteil der **muslimischen Bevölkerung** ist im Moseltal ähnlich groß wie in anderen ländlichen Gebieten Deutschlands. Moscheen gibt es nur eine in Koblenz (Tahir-Moschee).

139mo kn

# Traditionelle Feste und Bräuche

## Fastnacht

Die Festsaison beginnt mit dem Karneval. Wie die Rheinländer feiern auch die Moselaner dann gern ausgiebig. An Fastnacht, wie man den Karneval an der Mosel nennt, finden ausgelassene **Kappensitzungen,** in größeren Orten auch **Fastnachtsumzüge** statt.

## Weinfeste

Kurz nach Fastnacht werden die ersten Weinfeste veranstaltet, bei denen man die Gelegenheit hat, den einen oder anderen Tropfen zu genießen. Viele Weinbaugemeinden feiern ihre Winzerfeste mit Umzügen, Live-Musik, Fahrgeschäften, öffentlichen Weinproben und Großfeuerwerken. An jedem Wochenende finden entlang dem Moseltal irgendwo solche Feste statt, selbst der kleinste Ort nutzt die Gelegenheit, seinen Wein und regionale Leckereien zu präsentieren (zu den Terminen der einzelnen Weinfeste siehe jeweilige Ortsbeschreibungen).

Während der Weinfeste werden auch die neuen **Weinköniginnen gekrönt,** in manchen Orten stattdessen ein **Bacchus.** Winzerorte wie St. Aldegund haben traditionell beides: eine Weinkönigin und

< Bacchus-Brunnen in Remich – der römische Weingott repräsentiert heute die Weinfeste

einen Bacchus. Andere, wie der Winzerort Kesten, greifen notgedrungen auf einen Bacchus als Weinrepräsentant zurück, weil es immer schwieriger wird, Winzertöchter zu finden, die dieses zeitintensive Amt übernehmen möchten. Und wieder andere Orte haben genug Bewerberinnen, um ihrer Weinkönigin noch zwei **Weinprinzessinnen** an die Seite zu stellen.

Bei Weinfesten und Festumzügen hat es seinen großen Auftritt: das Moselblümchen. Die **traditionelle Winzertracht** erlebt an der Mittelmosel eine regelrechte Renaissance. Immer mehr Mädchen und Frauen legen sich eine eigene Tracht zu. Meist besteht sie aus einem flaschengrünen Rock, weißer Bluse, weißer Schürze, schwarzem Samtmieder und rotem Schultertuch. Das Dreieckstuch ist oft mit Weinlaub verziert. Auf dem Weinfest der Mittelmosel in **Bernkastel-Kues** sieht man besonders viele: Am Eröffnungstag (Donnertag vor dem ersten Septemberwochenende) lockt die Aktion „Moselblümchen trifft Winzerkittel" besonders viele Trachtler auf das Fest. Die Männer erscheinen dann eher schlicht, nämlich in der **traditionellen Arbeitskleidung der Winzer,** einem blauen oder blau-weiß gestreiften Kittel, dazu tragen sie eine schwarze Hose und manchmal ein rotes Halstuch.

## Osterklappern

Eine alte Oster-Tradition ist das Osterraspeln, -kleppern oder -klappern. In der Karwoche laufen **Kinder** zu bestimmten Uhrzeiten mit Holzklappern durch die Straßen. Das **laute Geklapper** soll die katholischen Gläubigen auf Ostern, das höchste Fest im Kirchenjahr, aufmerksam machen. Vor allem aber ersetzt es das Kirchenglockenläuten, denn um an die Leidenszeit von Jesus Christus zu erinnern, schweigen Karfreitag und Karsamstag die Glocken katholischer Kirchen. „Die Glocken fliegen nach Rom" heißt es laut einer Legende. Während die Kirchenglocken stumm bleiben, übernehmen Kinder mit dem Osterklappern die Aufgabe, die Christen an Gebetszeiten und Gottesdienste zu erinnern oder schlicht die Uhrzeit anzuzeigen. Am Karsamstag ziehen die Klapperkinder los und sammeln an den Haustüren Eier, Süßigkeiten oder auch kleinere Geldgeschenke. In vielen Dörfern drohte die alte Tradition fast schon auszusterben, doch vielerorts wurde der Brauch inzwischen wiederbelebt.

## Ostereierkibben

In **Winningen** gibt es am Ostersonntag die alte Tradition Ostereierkibben. Die Teilnehmer des **Wettstreits** versuchen, mit einem hartgekochten Ei **das Ei des Gegners zu beschädigen.** Derjenige, dessen Ei heil bleibt, darf das Ei des Gegners behalten. Man spielt solange weiter, bis auch das eigene Ei kaputt ist. Passend dazu gibt es **Eierwein,** mit Eiern und Zucker vermischten Riesling.

## Palmsonntags-Bräuche

Im mediterranen Klima an der Mosel gedeiht auch der **wilde Buchsbaum,** der eigentlich am Mittelmeer beheimatet ist. Man findet den immergrünen Strauch in Deutschland nur im Schwarzwald, am

Rhein und an der Mosel. Bei St. Aldegund gibt es ein großes Buchsbaumfeld und zwischen Müden und Treis-Karden einen Buchsbaum-Wanderpfad. Bei den katholischen Christen an der Mosel stehen die Zweige des Buchsbaums für die **Palmwedel,** mit denen Jesus von Nazareth bei seinem Einzug in Jerusalem begrüßt wurde. Am Palmsonntag, dem Sonntag vor Ostern, werden statt Palmwedeln die **Zweige des Buchsbaums** gesegnet und von den Gläubigen mit nach Hause genommen. Die Zweige des Vorjahres werden verbrannt, mit der so gewonnenen Asche wird am Aschermittwoch ein Kreuz auf die Stirn der Katholiken gezeichnet.

## Nikolaustag

Der hl. Nikolaus, **Schutzpatron der Schiffer,** wird heute noch in vielen Moselorten verehrt. Früher, als die Mosel noch nicht kanalisiert war, gab es viele gefährliche Felsen, Untiefen oder Stromschnellen, die den Schiffen zum Verhängnis werden konnten. Auch die Arbeit der Treidler, die die Lastschiffe mit Seilen flussaufwärts zogen, war nicht ungefährlich. Die Schiffer, Fischer und Treidler baten den hl. Nikolaus um seinen Schutz. Ihm wurden deshalb entlang der Mosel zahlreiche **Kapellen** errichtet. In Piesport und Graach kommt der Schifferheilige am Nikolaustag in einem Boot über die Mosel und beschenkt die Kinder. Auch in Bernkastel-Kues kommt er in einem Ruderboot, begleitet von zahlreichen Fackelschwimmern.

# Moselfränkisch

Das Moselfränkische *(Muselfränkesch)* wird im Moselraum zwischen Luxemburg und Koblenz gesprochen. Das Verbreitungsgebiet des **westmitteldeutschen Dialekts** reicht bis in die südliche Eifel, in den nördlichen Hunsrück und ins Siegerland. Auch in Teilen des Saarlands und in grenznahen Gebieten von Frankreich und Belgien wird Moselfränkisch gesprochen.

Der Dialekt ist nicht einheitlich, sondern unterscheidet sich von Region zu Region, teilweise sogar von Dorf zu Dorf, sowohl in der Sprachmelodie als auch in der Betonung. Die Moselländer bezeichnen ihren Dialekt als *Platt.*

Eine Besonderheit der moselfränkischen Mundart ist das Voranstellen eines Artikels vor den Namen einer Person. Folglich geht *die Lisbeth innkaafe* (einkaufen) oder *der Pitter fuddelt* (schummelt). *Uff Platt,* also auf Moselfränkisch, sagt man statt „nehmen" *holen.* Man hat also nicht etwa zwei Kilo abgenommen, wenn der Hosenbund wieder besser sitzt, sondern zwei Kilo *abgeholt.*

Im **Trierer Platt,** der im Raum Trier gesprochenen Variante des Moselfränkischen, heißt „sterben" *frecken.* Die 2010 gedrehte Gangsterkomödie „Freck langsam – Der heilige Rock unterm Hammer" war 2010 ein Überraschungserfolg und wurde in Trier zum Kultfilm. Zurzeit drehen die Macher *Michael Schu* und *Jürgen Becker* eine Fortsetzung, ebenfalls auf Trierer Platt und mit Laiendarstellern. Wer mal in das Trierer Platt reinhören möchte: Kurze Ausschnitte des Films sind auf YouTube zu finden.

Im Moselfränkischen gibt es zahlreiche **Lehnwörter aus dem Französischen,** bedingt durch die lange Besatzungszeit der Region durch die Franzosen, so z.B. *Plümo* für Federbett, *Flitt* für ein dünnes Baguette (franz. *flûte,* „Flöte“) oder *Pesche* für Pfirsiche *(pêche).* Auch **jiddische Begriffe** haben im Laufe der Zeit Einzug ins Moselfränkische gehalten, etwa *Bohei* machen für lärmen oder viel Aufwand betreiben, *Tacheles* reden für Klartext reden und *Schlamassel* für eine verfahrene Situation.

Die luxemburgische Sprache, das **Lëtzebuergesch,** ist eine Variante des Moselfränkischen. 1984 wurde es zur Nationalsprache von Luxemburg erhoben. Seither ist es neben Französisch und Deutsch die dritte Amtssprache im Großherzogtum.

**Buchtipp:** Einen wunderbaren Einblick ins Moselfränkische gibt das Buch von *Yvonne Treis:* „Ein Kaffee zum Mitholen, bitte! Moselfränkisch lieben und verstehen lernen“, Michel Verlag, 2014. Das Buch der promovierten Sprachwissenschaftlerin basiert auf einer Mundartkolumne, die sie für die Tageszeitungen „Trierischer Volksfreund“ und „Rhein-Zeitung“ geschrieben hat. Sie beschreibt darin auf höchst unterhaltsame Weise das Moselfränkische und seine liebenswerten Eigenarten, verpackt in kleine Alltagsgeschichten und illustriert mit zahlreichen Karikaturen.

# Architektur

## Fachwerkarchitektur

Reich geschmückte Fachwerkhäuser sind typisch für die Region. Manche Moselorte sind besonders schöne Beispiele **rheinischer Dorfbaukunst:** Schmale Gassen, gesäumt von schmucken Fachwerkhäusern, prägen Dörfer wie Ediger-Eller, Bremm oder Enkirch. Mit kunstvollen Strebefiguren und ornamentalen oder figürlichen **Schnitzereien** sind die teils jahrhundertealten Gebäude oft aufwendig gestaltet. Das Storchenhaus in Bremm (s.S. 253) ist nach seiner geschnitzten Verzierung benannt, ebenso wie das Christophorushaus in St. Aldegund (s.S. 245), das eine geschnitzte Figur des Heiligen aus dem Jahr 1710 ziert. In St. Aldegund gibt es noch viele weitere pittoreske Fachwerkhäuser zu sehen.

140mo kn

Typisches Fachwerkhaus mit gemauertem Untergeschoss in Bremm

Sie sind nicht nur liebevoll restauriert, sondern haben teilweise noch die für die Gegend typischen **Flurküchen,** die direkt von der Straße oder dem Hof betreten wurden und der Mittelpunkt des Hauses waren, in dem sich das Alltagsleben abspielte. Eine Feuerstelle, auf der auch gekocht wurde, sorgte im Winter für Wärme.

In den beiden historischen Ortskernen von Bruttig-Fankel (s.S. 269) gibt es eine weitere Besonderheit: Dort haben einige Fachwerkhäuser einen **Schwebegiebel.** Dieses frei vor die Giebelwand gesetzte Sparrenpaar sieht man nirgends an der Mosel öfter als in dem hübschen Doppelort.

## Burgen und Kapellen

Das Moseltal zählt zu den burgenreichsten Gegenden Deutschlands. Hoch über dem Fluss thronen zahlreiche **trutzige Wehranlagen auf Felsspornen.** Auch in den Seitentälern der Mosel sind sie zu finden, darunter die berühmte Burg Eltz (s.S. 302), die mit ihren vielen Türmen

141mo kn

und Erkern nicht nur eine der schönsten, sondern auch der Inbegriff der Burgenromantik ist. Die meisten der Wehranlagen an der Mosel wurden im Laufe der Zeit zerstört und sind heute Ruinen. Doch einige wurden wieder aufgebaut, so die Reichsburg Cochem, die Ehrenburg bei Brodenbach, die Burg Thurant

Burg Metternich oberhalb von Beilstein wurde nicht wieder aufgebaut

hoch über Alken oder die Burg Arras bei Alf. Sie entführen Besucher in längst vergangene Zeiten. In manchen gibt es ein Museum, ein Café oder Restaurant, andere beherbergen ein Hotel oder Ferienwohnungen, in denen man stilvoll übernachten kann.

Typisch für die Moselregion sind auch Kapellen, die auf hoch liegenden Felsen oder Anhöhen stehen. Oft wurden sie an Stellen errichtet, die **ursprünglich keltische Kultplätze** waren. Beispiele findet man in St. Aldegund, auf dem Bleidenberg oberhalb von Oberfell oder in Neef.

## Moderne Weingutarchitektur

Eigentlich haben die Moselwinzer schon immer Wert auf schöne Bauten gelegt. Vor allem in der Gründerzeit entstanden in den Winzerdörfern und Moselstädtchen eine ganze Reihe prachtvoller Villen. Dennoch hat man mancherorts den Eindruck, die Zeit sei in den 1960er und 1970er Jahren stehen geblieben. Aber immer öfter stößt man auch auf Neues, **moderne Vinotheken,** die Weinliebhaber zum Verkosten im passenden Ambiente einladen. Überall an der Mosel entstehen ambitionierte Neubauten oder stylische Anbauten, schicke Probier- und Verkaufsräume, die vor allem bei der jüngeren Kundschaft gut ankommen. Schöne Beispiele für moderne Weingutarchitektur sind das Weingut Rudolf Pauly in Lieser (s.S. 156), die Rebenhof Rieslingmanufaktur in Ürzig (s.S. 191), das Weingut F.J. Regnery in Klüsserath (s.S. 129) oder das VinoForum in Ernst (s.S. 273).

128mo ct

# 8 Anhang

Moselriesling

# Literaturtipps

## Krimis

■ *Ernst Heimes:* **Moseltalbrücke,** Brandes & Apsel Verlag 2009. Ein Toter wird unter der Autobahnbrücke bei Winningen gefunden, doch entgegen der polizeilichen Ermittlungen glaubt sein Freund Ako nicht an einen Selbstmord. Er geht auf eigene Faust den Spuren nach, die ihn bis nach Kroatien führen. Trotz viel Lokalkolorit ist „Moseltalbrücke" nicht nur ein moselländischer Regionalkrimi, sondern ein spannendes, politisches Buch.

■ *Werner Schmitz:* **Wald der toten Jäger,** Kosmos-Verlag 2016. Reporter Hannes Schreiber, der ein Sabbatjahr in seiner Jagdhütte an der Mosel verbringen will, gerät unter Mordverdacht, als im Nachbarrevier ein Unternehmer erschossen wird. Als herauskommt, dass die Tatwaffe Schreibers Waffe ist, ermittelt er auf eigene Faust. *Werner Schmitz,* der viele Jahre als Reporter beim „Stern" gearbeitet, ist selbst Jäger. Sein spannender Krimi mit überraschendem Ende gibt Einblicke in die Welt der Jäger und gleichzeitig in die Arbeit der Journalisten.

## Biografisches

■ *Stefan Andres:* **Der Knabe im Brunnen,** Wallstein Verlag 2011. Der Schriftsteller *Andres* erzählt in seinem Roman einfühlsam und sensibel von seiner geborgenen Kindheit im Dhrontal, einem Seitenfluss der Mosel. Er ist das jüngste von sechs Kindern und Sohn eines Müllers. Später muss die Familie nach Schweich ziehen, der Bau einer Talsperre vertreibt die Müllers aus ihrem idyllischen Tal. Der autobiografische Roman wurde zu einem der erfolgreichsten Werke von *Andres.*

■ *Hanns-Josef Ortheil:* **Die Moselreise,** Luchterhand, München 2010. 1963 wanderte der damals elfjährige *Hanns-Josef Ortheil* mit seinem Vater an der Mosel entlang. In seinem Reisetagebuch beschreibt er aus der Kinderperspektive und mit überraschender Beobachtungsgabe seine Erlebnisse, die Region und ihre Menschen. Ergänzt werden die Tagebucheinträge durch die Erfahrungen, die *Ortheil* machte, als er Jahrzehnte später diese Reise wiederholte.

■ *Achim Reis:* **Das Glück braucht tiefe Wurzeln,** Ullstein Buchverlage 2014. *Achim Reis* ist von Berlin in seine Heimat zurückgekehrt, um in Briedel den elterlichen Betrieb zu übernehmen. In dem autobiografischen Buch schildert er, wie wenig erfüllend sein Leben in Deutschlands Hauptstadt war und wie sehr es sich änderte, als er beschloss, Moselwinzer zu werden. Der Leser erfährt viel über die Arbeit in einem kleinen Weingut, über die Weinproduktion und den Weinmarkt.

## Bildband

■ *Andreas Pacek:* **Leuchtende Mosel,** idee-media Verlag 2014. Der Bildband vereint 160 stimmungsvolle Fotos des Fotografen *Andreas Pacek.* Er reiste von den Vogesen bis nach Koblenz, um das Moseltal und seine Kulturschätze bei Nebel, bei Sonnenauf- und Sonnenuntergängen zu fotografieren und die besonderen Stimmungen der verschiedenen Jahreszeiten mit der Kamera einzufangen. Die kurzen Begleittexte sind auf Deutsch, Englisch und Niederländisch.

## Kochen

■ *Maria Gietzen:* **Mosel-Tapas,** Leinpfad Verlag 2015. Die Winzerin aus Hatzenport hat in ihrem Buch mehr als 50 originelle Rezepte von Winzern und Köchen der Moselregion zusammengetragen. Köstliche Kleinigkeiten wie Forellen-Kroketten, Wingertspießchen mit Kappes-Teerdisch oder gebackene Feigen mit Rieslingschaum sind die passende Grundlage für einen guten Moselwein.

## Wanderführer

■ *Ulrike Poller, Wolfgang Todt:* **Moselsteig-Wanderführer,** ideemedia 2016. Der offizielle Moselsteig-Wanderführer enthält ausführliche Streckenbeschreibungen, Streckenprofile sowie Einkehr- und Übernachtungstipps, außerdem Informationen zu Anfahrt, QR-Codes und GPS-Tracks. Auch die Partnerwege des Moselsteigs, die sogenannten Seitensprünge und Traumpfade, werden vorgestellt. Alternativ gibt es das Moselsteig Premiumset, zu dem zusätzlich drei topografische Wanderkarten (1:25.000) gehören.

■ *Annette Schäfer, Christel Wedra* und *Hildegard Wey:* **Die Pflanzenwelt im Moseltal,** Quelle & Meyer Verlag 2016. Für Wanderer, die sich für die Pflanzen am Wegesrand interessieren, ist das Buch der beiden Geografinnen und der Biologin gedacht. Neben den 18 Entdeckungstouren zwischen Perl und Koblenz gibt es einen großen Anhang mit bebilderten Pflanzenporträts, vom französischen Ahorn bis zur gewöhnlichen Zwergmispel.

## Wir bitten um Ihre Mithilfe

**Dieser Reiseführer** ist gespickt mit unzähligen Adressen, Preisen, Tipps und Infos. Nur vor Ort kann überprüft werden, was noch stimmt, was sich verändert hat, ob Preise gestiegen oder gefallen sind, ob ein Hotel, ein Restaurant immer noch empfehlenswert ist oder nicht, ob ein Ziel noch erreichbar ist oder nicht, ob es eine lohnende Alternative gibt usw.

Unsere Autoren sind zwar stetig unterwegs und erstellen ca. alle zwei Jahre eine komplette Aktualisierung, aber auf die Mithilfe von Reisenden können sie nicht verzichten.

**Darum: Schreiben Sie uns,** was sich geändert hat, was besser sein könnte, was gestrichen bzw. ergänzt werden soll. Nur so bleibt dieses Buch immer aktuell und zuverlässig. Wenn sich die Infos direkt auf das Buch beziehen, würde uns eine Seitenangabe die Arbeit sehr erleichtern. Gut verwertbare Informationen belohnt wir mit einem Sprachführer Ihrer Wahl aus der über 220 Bände umfassenden Reihe „Kauderwelsch". Bitte schreiben Sie an:

**Reise Know-How Verlag**
Peter Rump GmbH | Postfach 140666 | 33626 Bielefeld
oder per E-Mail an: info@reise-know-how.de
**Danke!**

# Stadtführer | CityTrip Koblenz und Trier

## von REISE KNOW-HOW

**CityTrip Koblenz**

Günter Schenk

**ISBN 978-3-8317-2660-8**

**CityTrip Trier**

Joscha Remus

**ISBN 978-3-8317-2861-9**

Mit begleitendem Service für Smartphones, Tablets & Co.:
→ GPS-Daten aller beschriebenen Örtlichkeiten
→ Stadtplan als GPS-PDF
→ Verlauf der Stadtspaziergänge

inklusive WEB APP

- Viele reisepraktische Informationen
- Sorgfältige Beschreibung der interessantesten Sehenswürdigkeiten
- Historische Hintergründe der Stadt und Geschichte der Region
- Detaillierte Stadtpläne und City-Faltplan zum Herausnehmen
- Empfehlenswerte Unterkünfte und Restaurants aller Preisklassen
- Erlebnisreiche Stadtrundgänge | 144 Seiten | **11,95 Euro [D]**

**www.reise-know-how.de**

# Reiseführer Eifel

## von Reise Know-How

**Eifel**

Barbara und Hans Otzen
**ISBN 978-3-8317-2918-0**
324 Seiten | **14,90 Euro [D]**

- Reisepraktische Informationen von A bis Z
- Sorgfältige Beschreibung aller sehenswerten Orte und Landschaften
- Ausführliche Kapitel zu Geschichte, Gesellschaft, Kultur & Natur
- Unterkunftsempfehlungen für jeden Geldbeutel
- Hinweise zu allen Verkehrsmitteln
- Kulinarische Tipps
- Tipps für Aktivitäten | Zahlreiche Wandervorschläge
- Ortspläne und Karten
- Viele ansprechende Fotos
- Extra-Tipps für Kinder

**Reisen? We know how!**

Rheinland-Pfalz
GENERALDIREKTION
KULTURELLES ERBE

# KULTURSCHÄTZE ENTDECKEN ENTLANG DER MOSEL

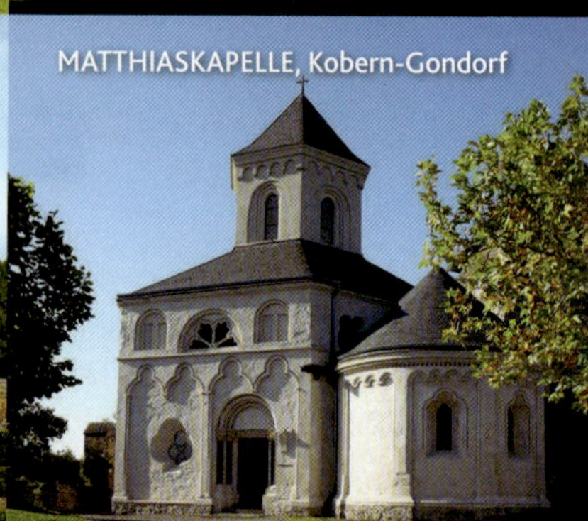


Abwechslungsreicher können Kulturschätze nicht sein. Im Zentrum der Antike Trier begegnen Sie UNESCO-Welterbestätten auf Schritt und Tritt. Bei Mayen verzaubert Sie das märchenhafte Schloss Bürresheim mit einem der ältesten Barockgärten in Rheinland-Pfalz. Und hoch über der Mosel bei Kobern-Gondorf gibt es die Matthiaskapelle zu entdecken, ein faszinierendes Denkmal staufischer Baukunst.

www.zentrum-der-antike.de • www.gdke.rlp.de

**Wir machen Geschichte lebendig.**

# Register

# Die Autorin

**Katja Nolles,** 1971 in Trier geboren, ist an der Mosel aufgewachsen. Schon als Kind half sie mit Begeisterung in den Weinbergen ihrer Tante in Mehring mit. Nach dem Studium der Kunstgeschichte, Germanistik und Ethnologie arbeitet sie heute im Bereich Presse- und Öffentlichkeitsarbeit und als freie Journalistin und Autorin. Seit 15 Jahren lebt sie mit ihrem Mann und zwei Kindern im Hunsrück. Das Moseltal, eine von Menschen geschaffene Kulturlandschaft voller historischer Zeugnisse, begeisterte sie schon immer. Neu für die Autorin ist die Aufbruchsstimmung, die man überall entlang der Mosel spürt. Der Wille zur Erneuerung, weg von dem altmodischen Image weinseliger Schiffsfahrten, Römerweingläser und Plastikweinlaub. Die Mosel wird Stück für Stück zu einem modernen Reiseziel, für Aktivsportler, anspruchsvolle Weinliebhaber und Genießer regionaler Spezialitäten. Im Reise Know-How Verlag ist von Katja Nolles bereits der Reiseführer „Hunsrück" erschienen.

169hu kn